제4판

행정학의
샘물

이도형

연세대학교에서 행정학 박사학위를 취득한 뒤 현재 한국교통대학교 행정학과 교수로 재직 중이다. 『행정학의 샘물(제4판)』, 『지방자치의 하부구조』, 『행정철학』, 『비교발전행정론(제4판)』, 『정부의 전략적 인적자원관리』, 『참발전 이야기』, 『생태주의 행정철학』(대한민국학술원 우수학술도서), 『우리들의 정부: 시민속의 정부가 사람을 위한 정책을 만든다』, 『당근과 자율: 나라살림꾼 키우기의 키워드를 찾아서』(세종도서 학술부문 선정도서) 등의 책을 썼다. 『사유(思惟)』라는 제목의 개인 에세이집도 있다. "세상은 스토리 텔러: 사진을 통한 세상 속 자연, 문화, 철학적 메시지 읽기"라는 제목 하의 포토 에세이 블로그를 운영하고 있다.

e-mail: ledoh@hanmail.net; ledoh@ut.ac.kr
blog: http://blog.daum.net/ledoh

행정학의 샘물 | 제4판 |

2000년 2월 2일   초판1쇄 발행
2001년 3월 5일   초판2쇄 발행
2006년 3월 10일 전정증보판1쇄 발행
2008년 2월 20일 전정증보판2쇄 발행
2012년 3월 5일   제3판1쇄 발행
2014년 2월 10일 제3판2쇄 발행
2020년 9월 10일 제4판1쇄 발행

지은이 이도형 | 펴낸이 이찬규 | 펴낸곳 선학사 | 등록번호 제10-1519호
주소 13209 경기도 성남시 중원구 사기막골로 45번길 14, 우림2차 A동 1007호
전화 02-704-7840 | 팩스 02-704-7848
이메일 sunhaksa@korea.com | 홈페이지 www.sunhaksa.com
ISBN 978-89-8072-267-9 (93350)

값 22,000원

제<big>4</big>판

행정학의
Public Administration
샘물

이도형 지음

선학사

제4판에 부쳐

오랜만에 책을 보강해 제4판을 내놓는다. 제3판을 낸 뒤 그간 필자의 전공인 행정철학, 발전이론, 인사행정 공부를 계속하며『생태주의 행정철학』,『우리들의 정부』,『당근과 자율』등의 학술저서들을 펴냈다.『사유(思惟)』라는 제목으로 개인 에세이집도 한 권 펴냈다.

이제 필자의 첫 번째 저작물인 이 책으로 다시 돌아와 책을 보완해 내놓는다. 이 책은 필자의 처녀작이다. 그래서 초심으로 돌아온 느낌으로 책을 개정했다.

책의 뼈대는 크게 손대지 않았다. 애초에 책을 구상하며 첫 삽을 뜰 때 필자의 머리와 마음에 담겼던 책의 기본 취지를 존중하기 때문이다. 단, 행정책임 강화를 위한 내부 행정통제와 지방소멸 시대에 대응하기 위한 지역 재창생 전략, 행정가치 구현을 위한 숙의 민주주의형·기회균등형 실천전략, 적극적 공직윤리 강화를 위한 적극행정의 제도화 조치, 공무원 연금개혁의 합리적 방향 등을 새로 추가해 논의했다.

책의 기존 내용 중 설명이 더 보태질 필요가 있는 부분들도 적극 보강했고, 시대적 탄력성을 상실해 군더더기가 되어버린 내용들은 과감히 삭제했다. 빛바랜 오랜 통계자료와 어느덧 낡은 얘기가 된 사례들도 최근의 통계자료들과 현실감 나는 최근 사례들로 많이 대체했다.

지난 제3판에서는 뒷걸음질만 치는 우리네 삶의 현실을 여실히 보여주는 사례들을 많이 소개해, 행정학을 배우는 청년들이 행정의 본질과 정부의 존재이유에 대해 진지하게 성찰해볼 기회를 부여했다. 반면 제4판에선 푸른 꿈을 갖고 행정학에 입문한 새내기들이 전공에 대한 희망과 지적 호기심을 갖고 활기차게 공부할 수 있도록 정부행정의 밝은 면과 입지역동하는 공무원들의 모습을 담은 발전적 사례들도 많이 추가해 보았다.

하지만 새도 두 날개로 날듯이 학문하는 사람은 연구대상인 현실세계의 명과 암을 다 볼 줄 알아야 한다. 그런 점에서 뼈아픈 성찰을 요구하는 우리 사회의 아픈 단면을 보여주는 최근 통계자료들과 사례도 반영해, 행정학을 배우는 많은 청년들이 행정세계의 밝은 면과 함께 개선의 여지가 있는 부분도 균형감 있게 들여다보며 공부할 기회를 마련해 보았다.

행정학이라는 학문이 현실세계의 모순을 걷어내고 많은 사람들이 삶의 돌파구를 찾는 데 길잡이가 되는 그런 쓸모 있는 학문이 되길 진심으로 빌며 제4판의 서문을 마친다.

2020년 8월
저자 이도형

제3판에 부쳐

　전정판을 내고 오랜만에 책을 손질해 내놓는다.

　책의 큰 줄기와 논지에 대해선 크게 수정을 가하지 않았다. 단 점차 심화되는 우리 사회의 양극화 문제를 해소하는 데 필수적인 행정의 민주성, 형평성 제고 등 가치규범적 측면의 논의를 책의 곳곳에서 좀더 강조해 보았다. 그리고 다소 빛이 바랜 통계자료들과 어느덧 옛 이야기가 되어버린 낡은 사례들을 최근의 통계자료들과 현실감 나는 사례들로 대체했다.

　최근 이 땅에 사는 누구에게나 세상살이가 참 힘들어졌다. 물가도 많이 올랐고 취직도 잘 안 된다. 세금은 많이 내는데 정부로부터 돌아오는 공공서비스의 체감 만족도는 무척 낮아, 늘 영하의 추운 날씨를 연상케 한다. 나라 살림꾼으로서의 정부행정의 진면목이 좀처럼 잘 드러나지 않고 있는 것이다.

　그래서 정부행정의 밝음보다는 어두움을 드러냄으로써 행정학을 배우는 우리로 하여금 뼈저린 성찰의 시간을 갖게 해줄 사례들을 추가해 보았다. 그리고 뒷걸음만 치는 우리네 삶의 현실을 여실히 보여주는 최근 통계자료들로 보완해, 행정학을 배우는 많은 청년들이 행정의 본질과 정부의 존재이유에 대해 다시금 생각해 볼 기회를 마련해 보았다.

　우리는 지금 뼈아픈 성찰이 올곧은 행동으로 필히 연결되어야 할 시점에 와 있다. 행정학이라는 학문이 더 이상 힘세고 많이 가진 자들의 학문적 도구로 자족하지 않고, 정의롭고 성실한 나라 살림꾼들을 많이 키워내는 실사구시의 학문으로 지탱되길 빌며, 제3판의 서문을 마친다.

2012년 1월

저자 이도형

전정증보판에 부쳐

"행정은 사회적 진공 속에 존재하지 않는다"라는 이 책에 수록된 말처럼, 지난 몇 년간 행정의 변화맥락을 둘러싸고 많은 논의가 전개되어 왔다. 예컨대 신자유주의적 세계화, 지방화, 정보화 등의 시대적 변수가 우리에게 주는 시대적 함의 분석, 거버넌스라는 행정의 대안적 개념 모색, 또 정부혁신에 대한 실천적 요구 등이 논의의 중심에 있었던 것 같다.

이런 맥락에서 행정의 수행주체인 현대정부의 성격을 놓고도 이익갈등 중재자나 정책 네트워크 형성자로 탈바꿈해야 한다는 등 변화를 희망하는 많은 메시지들이 있었다. 또 지방자치의 성공적 제도화를 위한 자치의 인프라 구축에 대한 사회적 수요도 무척 컸다. 한편으로는 자본세계화가 초래하는 사회의 양극화현상을 극복하기 위해 사회안전망으로서의 정부 역할이 강하게 부각되기도 했다.

따라서 행정학을 처음 접하는 학생들에게 그간의 이러한 행정현상의 변화맥락을 기존의 행정학 입문서 지식과 더불어 쉽게 전해 주어야 할 필요성은 매우 크다. 그래야만 학생들이 학문세계의 생동감을 느끼며 흥미롭게 전공을 공부해 나갈 수 있을 것이다.

필자도 이런 점에서 2년 전부터 이 책을 개정할 필요성을 절실히 느껴 왔고 출판사의 개정요구도 있었지만, 필자의 다른 저서 작업들이 계속 밀려 있어서 실로 5년 만에 이 책을 개정하게 되었다. 5년이 지난 책을 다시 고쳐 쓴다는 것이 생각보다 쉽지 않았지만, 그간 밀린 숙제를 충실하게 하기 위해 집중력을 갖고 개정, 증보하였다. 그 내용들을 살펴보면 다음과 같다.

첫째, 행정의 새로운 변화맥락인 거버넌스를 기존의 행정개념, 행정 변수, 행정과정 설계, 행정개혁 및 통제, 지방자치 부문들에 각각 연결 시켜 보기 위해 다음과 같이 많은 내용들을 추가하였다.

제1편 제1장 행정의 개념에서는 그간의 정부 주도적 행정을 주된 행 정개념으로 하되 거버넌스를 그 보완적 행정개념으로 해석하는 등 현 대행정의 개념을 나름대로 재정립해 보았다. 제3장에선 거버넌스를 포 함시킨 행정개념 논의의 연장선상에서 정책 네트워크 형성 및 공생산 등을 현대정부의 역할범위에 추가시켰다. 그리고 제2편의 제5장 행정 환경 변수에서는 '성숙한 국민이 좋은 행정을 만든다'는 생각 아래 시민 의 거버넌스 참여능력을 강조했다.

제3편 행정과정의 설계에서는 거버넌스를 행정 실세계에 구체적으 로 적용시킬 수 있는 부분들을 적극 발굴해 기존의 행정과정에 연결시 켜 보았다. 예컨대 제7장 정책결정 단계에서는 관-민 공동의 정책의제 형성, 제11장의 재무행정 과정에서는 주민참여예산제도, 그리고 제12 장 공공서비스의 공급과정에서는 관-민 파트너십 하의 공생산 방식들 을 새롭게 추가했다.

거버넌스의 추가적 논의는 계속되어 제4편에서는 행정개혁 및 행정 통제에 있어서의 거버넌스 활용 가능성을 타진해 보았고, 제5편 지방 자치에서는 로컬 거버넌스(local governance)를 자치의 구성요소로 추가 했다.

둘째, 세계화 시대의 행정학적 함의를 담아보기 위해, 제3장 현대정 부의 역할범위에서 거시적 국가발전 전략 차원의 정부기능 논의를 새 로 추가했고, 제5장 행정환경 및 제13장 행정개혁 부분에서도 세계화 지향적 행정 콘텐츠를 부분적으로 보강했다.

셋째, 제5편 지방자치 부분에서는 기업가적 지방정부 등 지방경영의 맥락을 강조했던 초판과는 달리, 자치의 성공적 제도화를 위해선 역시

자치시대를 이끌어 갈 사람들의 마인드 혁신이 중요하다는 생각 아래, 중앙엘리트, 자치단체장 및 지방공무원, 지역주민들의 역할정체성 학습과 역할구조 설계 등 '자치의 사회적 인프라 구축' 논의를 행정학 입문서 수준을 크게 넘어서지 않는 범위 내에서 새로 추가해 보았다.

넷째, 필자는 극심한 취업난 때문에 공직시험을 준비하고자 행정학부(과)를 지원하는 학생들이 많지만, 그들이 행정학 입문과정에서부터 너무 가치중립적 지식과 기법 위주로 행정학을 접하게 됨을 그간 안타깝게 생각해 왔다. 따라서 이번 전정증보판에선 물론 학생들이 행정학을 열심히 공부해서 일단 공무원이 되는 것도 중요하지만, 그들이 훌륭한 공무원으로 계속 성장하기 위해 필히 이해해야 할 논점들을 책의 곳곳에서 강조해 보았다. 예컨대 공무원이라는 직업의 생성적 함의(제2장 공무원의 존재이유)와 그 직업세계에 담겨져 있는 철학(제5장 사람변수로서의 공무원)을 분명히 인식하고, 어떻게 하면 좋은 공무원이 될 수 있을까를 고민하는 데 유용한 정보들(제6장의 5절 공직윤리 확보전략, 제10장 인사행정의 공무원 채용철학, 교육훈련, 임용제도의 다양화, 제13장 행정개혁 중 공무원의 가치관 재정립과 행정능력 개발방향)을 자세히 소개했다.

다섯째, 참여정부의 인사개혁 및 지방분권 로드맵 등 최근 정부혁신의 내용을 반영하고, 책에 수록된 통계자료들을 가능한 한 최근 수치로 보완했다.

여섯째, 그밖에도 초판에서 소홀히 다루어졌던 부분들, 예컨대 탈 행정국가화 전략, 민주주의의 전제조건, 적정규모의 정부(resizing), 시민운동의 활성화 부분을 새로 보강했다. 또 리더십의 최근동향과 공직윤리, 인사행정, 재무행정, 행정개혁 부분들도 많은 내용을 추가하거나 새로 썼다. 그리고 제12장의 공공서비스 공급방식은 현대적 틀에 맞게 재구성했다.

일곱째, 그러나 행정학 입문서가 두꺼워질수록 학생들의 전공에 대한 흥미가 떨어질 것을 우려했던 초판의 집필정신을 잃지 않기 위해서,

초판의 내용 중 그간 시대적 탄력성을 상실한 내용들, 입문서 차원에서 군이 소개될 필요가 없는 너무 자세한 부분들, 또 오래된 통계표들은 행정학 입문서의 리엔지니어링 차원에서 다시 한번 과감히 추려서 생략했다.

한편 이번 전정증보판에선 독자들의 책 내용에 대한 이해도와 가독성을 높이기 위해 방법론상의 많은 변화도 추구해 보았다.

첫째, 장(章)으로 편성되었던 초판의 체제와 달리, 이번 전정증보판에서는 책의 편제를 크게 5편으로 나누고 5편 속에 16장을 편성시켜, 대개 16주로 편성되어 있는 각 대학 한 학기 수업에서 소화할 수 있는 내용과 목차를 안내해 보았다.

둘째, 성공한 행정, 실패한 행정 등 행정의 명암을 극명하게 보여주는 사례들을 대폭 추가하고 가시화시켜 보았다. 행정학에 막 입문한 학생들에게 행정의 명암(明暗)을 명확히 전달해 주어 처음부터 좋은 행정의 영상을 가슴 속에 담고 행정학을 대하도록 하고자 하는 마음에서 초판에서도 사례를 소개했으나, 그때는 사례수가 빈약했고 그것도 각주 형태로 사례가 소개되어 사례교육의 효과가 떨어진다는 생각을 평소 많이 해왔다. 따라서 이번 전정증보판에서는 관련 사례들의 수를 대폭 늘렸고 사례를 박스 형식으로 가시화시켜 본문 안에 소개함으로써 그만큼 가독성을 높였다.

셋째, 독자들의 책 내용 이해와 학문에 대한 관심도를 높이기 위해, 책의 내용과 관련된 역사적 지식과 시사적 정보들, 그리고 난해한 용어의 해설 및 본문 내용의 보완적 논의들을 〈내용 보태기〉 형식으로 추가해 보았다.

넷째, 그밖에도 〈표〉, 〈그림〉 등을 많이 추가했고, 다소 호흡이 긴 서술 부분에는 소(小)타이틀을 많이 집어넣어, 독자들의 가독성과 책 내용의 이해도를 높여보려고 노력했다.

그래도 부족한 부분들에 대해선 계속 보완해 나갈 생각이다. 독자 여러분들의 따뜻한 지적과 격려를 계속 부탁드린다. 책을 개정, 증보할 기회를 주신 선학사 이찬규 사장님과 까다로운 편집일을 맡아주신 편집담당자 선생님께 깊이 감사드린다.

2005년 12월 28일
추운 겨울날 조그만 서재에서
저자 이도형

이 책은 행정학 개론서이다. 행정학 개론은 행정학도들에게 있어 매우 중요한 과목이다. 이제 막 행정학에 입문한 학생들에게 앞으로 4년에 걸쳐 배우게 될 전공학문의 전반적 체계와 주요 논점을 소개하는 귀중한 안내과목이기 때문이다.

시작이 반이란 말이 있듯이, 전공 입문시간인 행정학 개론의 수강효과가 얼마나 큰가에 따라, 행정학도들의 전공에 대한 관심과 접근도가 크게 좌우될 것이다.

행정학 개론시간은 이런 측면에서 행정학을 배우고자 들어온 학생들에게 4년간 배울 행정학의 전체적 구조와 논점을 뚜렷이 잡아 주어야 한다. 또 학생들이 자신의 전공인 행정학에 대해 학문적 흥미를 느끼고 계속 전공에 대한 지적 욕구와 문제의식을 가질 수 있도록 안내자 역할을 제대로 해야 한다.

이 책은 위와 같은 교육적 함의를 충실히 담고 있는 '개론서다운 개론서'가 되기 위해, 다음과 같은 측면들에 역점을 두고 서술되었다.

첫째, 우선 이 책에서는 개론서의 리엔지니어링이란 차원에서 개론 강의시간의 군더더기에 해당되는 부분들은 아예 빼거나 그 에센스만 간추렸다. 기존의 행정학 개론서 중에는 16주에 불과한 한 학기 강의 시간에서는 거의 다룰 수 없는 각론 차원의 구체적 논의가 많아 개론서가 필요 이상으로 두껍고, 학생들 또한 책의 방대한 양에 압도되어 행정학의 큰 줄기를 잡는 데 혼란을 겪었다. 따라서 이 책에선 개론차원의 행정학 강의에서 자세히 다룰 필요가 없는 논의는 과감히 생략하거나 간추려 소개함으로써, 학생들이 큰 부담 없이 전공에 대한 전반적 체계와 논점을 뚜렷이 잡을 수 있도록 논의의 에센스만 간추렸다.

둘째, 행정학에 입문한 학생들이 이왕 행정학을 배울 바에는 처음부터 좋은 행정의 영상을 가슴 속에 분명히 담고 4년 동안 행정학을 배울 수 있도록 규범적 입장에서 행정학을 소개해 보고자 했다. 기존의 개론서들은 가치중립적으로 쓰여, 무엇을 어떻게 하는 것이 국민의 삶에 도움이 되는 행정인지에 관한 정확한 정보를 학생들에게 명쾌하게 전달해 주지 못하는 감이 있다. 이 책은 이런 점을 성찰하기 위해 입문서 수준을 크게 벗어나지 않은 범위 내에서 좋은 행정이란 과연 어떤 것이고 그것을 구현하기 위해서는 행정이 어떻게 설계되고 운영되어야 하는지를 가치판단적, 가치실천적 관점에서 논의해 보았다. 이런 맥락에서 이 책에선 좋은 행정의 설계란 각도에서 정부의 본질, 행정변수에 대한 심층적 논의와 더불어, 행정가치, 행정과정 설계, 행정개혁 등의 실천전략이 그 개념적 설명과 균형을 이루며 논의될 것이다.

셋째, 행정의 명암(明暗)을 잘 보여 주는 국내외 행정사례들을 책에 많이 소개해, 강의에 대한 학생들의 이해도를 높이고, 전공에 대한 문제의식과 지적 접근도를 높여 보고자 했다. 현장경험이 없는 학생들에게 어려운 개념과 외국의 이론들을 아무런 사례도 들지 않고 추상적으로 전달하는 것은, 학생들로 하여금 자칫 입문과정에서부터 학문적 흥미를 잃게 할 우려가 있다. 이 책은 행정의 구체적 단면과 그 명암을 잘 보여 주는 좋은 사례들을 학생들이 많이 접하게 함으로써, 행정이란 것이 실제로 어떻게 운영되며 그것이 국민의 삶에 얼마나 큰 영향을 미치는가를 간접 체험할 수 있게 하고, 나아가 좋은 행정을 배우고 실천하기 위한 학문적 긴장감을 계속 가질 수 있게 했다.

넷째, 새로운 행정 실세계로 부각되고 있는 지방행정의 중요성도 감안해, 지방자치에 대한 이론적 설명과 더불어 자치의 정착을 위해 반드시 논의되고 명심해야 할 기초적 논점들을 지방경영이란 각도에서 다루어 보았다. 오늘의 행정은 지방영역을 중심으로 그 큰 축이 또 하나 형성되고 있다. 이러한 맥락에서 지방화 시대를 맞아 지방자치의 순조로운 정착과 효과적인 지방정부 운영을 위해 반드시 논의되고 명심해야 할 기초적 논점들을 다루어 보았다.

다섯째, 행정학의 단순한 지식과 기법전달에 그치지 않고, 시대정신의 구현이란 측면에서 시민 교양교육적 차원의 행정학적 함의도 고려해 보았다. 왜냐하면 행정은 시민을 상대로 해 이루어지는 것이며, 행정학도들이나 행정실무자들 역시 궁극적으로는 행정의 영향을 받는 일반시민의 입장에 있기 때문이다. 좋은 행정은 관과 민이 더불어 할 때 보다 더 가능해짐을 전제로 해, 시민으로서의 우리가 정부와 행정에 대해 무엇을 어떻게 요구하고 협조해야 할지에 관해서도 살펴보았다.

이 책이 행정학 개론서임에도 불구하고 책 이름을 『행정학개론』이 아니라 『행정학의 샘물』이라 이름 붙여 본 것은, 방대한 양으로 압도하면서도 무엇이 좋은 행정인지에 대한 정확한 안내를 해주지 못함으로써 행정학도들을 미궁에 빠뜨리고 전공에 대한 지적 회의에 빠지게 하는 일부 행정학 개론서들의 전철을 밟지 않겠다는 저자의 작은 의지를 담기 위해서이다.

더 이상의 잡다한 지식 나열적 개론이 아니라, 조그만 산 속에 고여 있는 옹달샘에서 작은 표주박으로 샘물 한잔을 떠먹어도 우리 몸에 좋고 명징한 맛을 선사하는 그런 약수를 제공하는 행정학 입문서를 한번 써보자는 것이다.

그럼으로써 많은 행정학도들이 행정학의 샘에서 시원한 샘물을 달게

맛보듯 일단은 전공인 행정학에 학문적 재미를 느끼게 하고, 옹달샘에 끊임없이 샘물이 고이듯 행정학도들이 계속해서 전공에 대한 지적 욕구와 문제의식을 가질 수 있도록 안내자 역할을 잘해, 그들이 좋은 행정의 세계에 안착할 수 있도록 하고 싶은 마음에서 감히 책이름을 『행정학의 샘물』이라 붙여 보았다.

　이 책은 위의 특징들을 보다 가시화하고 한층 더 농익게 하기 위해 계속 수정, 보완될 것이다. 따라서 이 책의 실수요자인 독자 여러분들의 적극적인 솔직한 평가와 문제의식의 공유를 기대한다.

2000년 1월
나무와 숲이 보이는 조그만 연구실에서
저자　이　도　형

제2편 좋은 행정의 구성요소

제3편 행정과정의 바람직한 설계

제12장 공공서비스의 공급

제4편 좋은 행정의 제도화를 위한 행정개혁과 행정통제

제13장 행정개혁

제5편 지방자치의 가치와 성공조건

행정의 개념, 정부의 본질, 정부실패

엿보기

행정학을 배우는 행정학도들에게 있어 행정이라는 단어는 하나의 화두(話頭)와 같다. 행정 개념에 대한 이해는 모든 행정연구의 출발점이자 학습의 방향타이기 때문이다. 이 책의 제1장에서는 행정을 '국민을 위한 정부의 제반활동'으로 일단 정의한 뒤, 정부가 국민을 위해 무슨 일을 어떻게 하고 있는지를 정책과 관리라는 두 개념을 중심으로 살펴본다. 그러나 최근엔 특정의 공공문제에서는 거버넌스라는 형태를 취하며, 관-민 간 파트너십 하에 민간부문이 행정에 참여하고 있다. 따라서 거버넌스적 행정형태를 정부 주도적 행정의 보완개념으로서 아울러 설명해보고자 한다.

정부는 왜 국민을 위해 존재하는가? 또 국민은 왜 자신들이 해결할 수 없는 사회문제를 정부에 해결해 달라고 요구하는가? 정부가 우리의 사회문제를 잘 해결하지 못할 때, 왜 우리는 거버넌스의 형태로 공공문제 해결에 직접 관여하고자 마음먹기도 하는가? 우리는 이에 대한 답을 구하기 위해, 이 책의 제2장에서 현대행정의 수행주체인 정부의 역사적 생성맥락과 그 의미를 살펴본다. 이를 통해 국민과 정부의 기본 역학관계가 주인-대리인 관계임을 이해해 본다. 그리고 행정사적 접근을 통해, 시대적 흐름 속에서 정부의 성격이 어떻게 변해 왔으며, 이에 따라 행정의 역할은 어떻게 확대되어 왔는가를 분석함으로써, 현대정부의 본질을 규명해 본다. 그러나 국정대리인인 정부가 특정 이유로 인해 제기능을 발휘하지 못할 때, 특정사안별로 국민이 직접 국정에 개입해야 하는 거버넌스의 필요성도 아울러 설명해 본다.

제3장에서는 현대정부의 역할이 커지고 행정기능이 강화된 이유를 시장실패(market failure)와 정부의 사회경제문제 치유라는 각도에서 자세히 분석해 봄으로써, 정부의 존재이유와 정부가 국민을 위해 무슨 일들을 해야 하는지 그 광범위한 존재론적 과제들에 대해 보다 구체적으로 이해해 보고자 한다.

한편 정부의 역할이 커지고 그 권한이 늘어나면서 오늘날 각종의 그릇된 정부활동들이 국민의 삶에 부정적 영향을 미치고 있다. 시장의 실패를 치유하기 위해 메스를 든 정부라는 의사마저 심각한 병에 걸리고 있는 것이다. 제4장에서 우리는 정부실패(failure of government) 현상을 다각도로 성찰해 보고 그 원인도 구체적으로 따져 볼 것이다.

행정의 개념과
근대 이후 행정사의 개관

제1절 **행정의 개념**

1. 행정이라는 용어의 쓰임새: 광의의 행정과 협의의 행정

행정이란 무엇인가? 먼저 행정이라는 단어의 광범위한 사용실태 속에서 이 개념을 이해해 보자. 광의로 행정을 정의해 보면, 행정은 목표달성을 위해 취해지는 고도의 합리성을 수반한 '인간협동행위'이다 (Simon, Smithburg & Thompson, 1973: 4; Waldo, 1955: 4-11).

광의의 행정 개념은 우리의 실제생활에서 적지 않게 사용되고 있다. 예컨대 대학행정, 교회행정, 병원행정이란 말이 있다. 대학, 병원, 교회 등의 조직이 그 존립목적을 달성하고 뜻한 바대로 잘 운영되기 위해서는, 사람들이 그 속에서 긴밀히 상호작용하며 합리적인 협동행위를 할 필요가 있는데, 이를 행정(administration)이라고 부르는 것이다. 이

때의 행정은 공·사를 막론한 모든 조직의 목표달성체계나 그 기본 운영체제를 말한다고 볼 수 있다.

　그러나 행정에 대한 보다 일반적이고 정확한 해석은, 많은 조직 중에서도 '정부라는 공공조직'을 중심으로 이루어지는 협의의 개념으로 보는 것이다. 이때의 행정은 공공행정(public administration)을 가리키며, 행정학도들이 화두처럼 늘 그 의미를 헤아리며 올바르게 사용해야 할 행정의 개념은 바로 이러한 공공행정이다.

　물론 광의의 행정 개념에서 보는 바와 같이 공공 이외의 영역에서도 행정이라는 용어가 많이 사용된다. 그러나 학문적으로 엄격히 말할 때 사적 영역에서의 병원행정, 교회행정, 사립대학 행정 등 사행정(私行政) 분야는 경영(business administration)이라는 용어로 표현되는 것이 옳다. 그리고 오늘날 우리는 관용어법상 공공행정이라는 용어를 줄여서 그냥 행정이라고 부르고 있다. 이 책에서도 우리는 행정에 대한 보다 일반적인 개념규정과 관용어법에 따라, 공공행정을 그냥 행정이라고 부를 것이다.

표 1-1 행정 용어의 쓰임새

광의의 행정	조직의 목표달성을 위한 인간 협동행위 / 조직의 목표달성체계 및 기본 운영체제	대학행정, 교회행정, 병원행정 등등	이 중 사적 영역의 행정은 경영(business administration)으로 통일
협의의 행정	정부라는 공공조직 내의 인간 협동행위 / 공공조직의 목표달성체계 및 기본운영체계	공공영역의 행정(정부행정)	공공행정을 행정(public administration)으로 줄여서 부름

2. 종래의 다양한 개념정의들

행정을 이처럼 협의로 해석해 공공행정으로 국한시켜 이해한다 해도, 이에 대한 명확한 개념정의는 그리 쉽지가 않다.

왜냐하면 행정 현상은 시대와 국가에 따라 크게 달라져 왔기 때문이다. 따라서 이에 대한 적절한 개념정의는 상황적응적 접근(contingency approach)을 따를 수밖에 없다. 특히 현대사회에 들어와 계속 확대되고 있는 행정수요에 대응하기 위해, 각국의 행정 내용과 범위는 양적으로 크게 늘어나고 질적으로도 크게 변화하고 있다(Nigro, 1965: 3).

그렇기에 행정에 대한 개념정의는 매우 다양하다. 참고로 지금까지의 행정학설사 및 실제 정부기능에서 찾아볼 수 있는 행정에 대한 가장 대표적인 개념정의들을 소개해 보면 다음과 같다(Stillman II, 1978: 2-4; 오석홍, 1996: 14-20).[1]

1) 법 집행

행정에 대한 가장 고전적인 개념정의로서, 행정은 법과 정책을 집행하는 수단이라는 것이다. 즉 행정은 공법(公法)의 상세하고도 체계적인 집행이며(Wilson, 1887), 공공정책의 집행을 위한 공동의 노력을 조정하

---

1) Muhammad(1988)도 이와 유사한 맥락에서 행정을 i) 국가 및 법의 도구로 보는 입장, ii) 합리성과 관리기법의 강조와 더불어 행정을 관리수단으로 보는 입장, iii) 행정의 정치화 및 대중적 반응성을 중시해 행정을 민주주의와 대중참여의 수단으로 보는 입장, iv) 행정을 국가발전의 수단으로 보아 행정의 역할을 촉매자, 기업가, 경제관리자 및 조정자로 보는 입장으로 나눈다.

　　Rosenbloom(1983) 역시 행정의 i) 법집행적 성격, ii) 관리적 성격, iii) 정치적 성격을 감안해, 행정을 규제적·봉사적 기능에 관한 입법, 사법, 집행부의 위임사항들을 실현하기 위한 관리적·정치적·법적 이론 및 과정의 사용으로 정의한다. 따라서 그는 행정가는 관리자, 정책결정자인 동시에 헌법해석의 변호인으로 불려야 한다고 강조한다.

는 것이다(Piffner & Presthus, 1955).

2) 관리작용

행정은 조직의 목표를 달성하기 위해 사람과 물자를 관리하는 것이며, 사업을 능률적으로 운영하는 것이라는 견해이다(White, 1926).

상기한 1), 2)는 초기 행정학에서의 대표적인 개념정의이다. 행정학이란 학문을 최초로 정립한 W. Wilson은 행정은 정치가 결정한 것을 기계적으로 집행하는, 그래서 경영관리와 유사한(business-like) 것으로 보았다. 이는 엽관(獵官)주의적 임용과 도시정치 부패 등 학문 태동 당시의 혼탁한 정치영역과의 차별성을 강조하며, 기업경영에서 활발하게 적용된 F. Taylor의 과학적 관리법(예: time study, motion study) 등을 응용해 정부의 효율적 운영을 강조한 것이다.

그러나 이와 같이 공법의 기계적 집행이나 조직 내의 자원관리 영역으로 국한해 행정을 이해한다면, 이는 현대행정의 본질을 지나치게 축소해서 해석하는 오류를 범하는 것일 수도 있다. 예컨대 Gordon Chase에 따르면, 행정은 조직운영에 필요한 관리기법 + 알파이다. 따라서 행정학이라는 학문도 조직관리의 근본 내용에 알파를 추가하여 가르쳐야 한다는 것이다(윤성식, 2000). 그렇다면 여기서 '+ 알파'에 해당하는 것은 과연 무엇일까? 그것은 바로 다음과 같이 공공문제를 해결하기 위한 의사결정, 더 나아가 국가정책의 형성과 집행이라고 볼 수 있다.

3) 의사결정

행정의 핵심임무는 의사결정이고, 조직은 의사결정구조이며, 행정인은 의사결정자라는 견해이다(Simon, 1957). 행정은 정부라는 특정조직

내에서 공무원들이 공공문제의 해결을 위해 행하는 일련의 의사결정
과정이다(조석준, 1984).

4) 정치적·정책적 역할

행정은 법집행적, 관리적 기능뿐만 아니라 정책형성의 기능도 함께
수행한다는 견해이다. 행정은 정치과정의 하나이며(Sayre, 1958), 정치
적 요소와 관리적 요소를 함께 갖고 있다는 것이다(Lambright, 1971). 따
라서 행정은 정책의 형성과 집행을 위해 공공자원을 조직화하고 조정
하는 과정이다(Chandler & Plano, 1982). 이는 우리나라에서도 널리 수용
된 개념으로서, 박동서(1984)는 "행정을 정치권력을 배경으로 한 공공
정책의 형성 및 구체화"로 정의한다. 우리는 행정의 이러한 복합적 성
격을 아래의 그림 속에서 확인해 볼 수 있다. 즉 아래의 그림 중 '정(政)'
과 '행(行)'을 포괄한 것이 바로 행정이다.

출처: 이대희(2005: 26).

그림 1-1 행정의 복합적 성격

5) 거버넌스로서의 행정

그런데 상기한 개념정의들이 현대행정의 특징을 전부 대변하는 것은
아니다. 최근 거대정부(big government)의 역기능과 무능력이 자주 노정
되면서, 그 폐해를 극복하기 위해 공공문제 해결과정에서 관·민 간 협력
의 필요성이 강조되고 있다. 이에 따라 정부 관료제를 중심으로 이루어
지는 기존 행정활동, 즉 정부 주도적 행정(government administration)뿐

만 아니라, 공공문제의 해결을 위한 공-사조직 간 정책 네트워크의 구성
이나 공공서비스의 공급을 놓고 관-민 간 파트너십을 강조하는 쪽으로
새로운 행정의 틀2)이 만들어지고 있다. 우리는 이러한 관-민 간 상호작
용 형태를 기존의 정부 주도적 행정과 구별해 거버넌스(governance)라고
부른다.3)

3. 이 책에서의 행정 개념

위에서 살펴보았듯이, 행정의 개념을 규정함에 있어 그 고유의 시대
성과 사회성을 모두 초월하고, 또 각종의 정부형태를 총망라한 단 하나
의 개념 틀(conceptual scheme)을 정립한다는 것은 매우 곤란한 일이다
(박연호, 1994: 21-24). 그러나 행정에 대한 개념규정이 어렵긴 해도, 우
리는 그 복잡 다양성 속에서도 행정의 최대 공약수, 즉 행정이라는 실제의
공통적, 보편적 요소들을 어느 정도는 추출해 낼 수 있다.

---

2) 예컨대 우리사회에서도 빈곤아동의 수가 1백만 명을 넘어서면서, 이 아이들에게 교
   육, 보건, 영양 등 성장과정에서의 기초적 서비스를 제공하고 또 후견인을 맺어주기
   위해 We Start 운동이 전개되고 있다. 이 운동은 각 지방자치단체들과 시민사회단체,
   기업, 지역복지관 등 각종 사회주체들로 구성된 거버넌스식 도움체계로서, 미국의
   Head Start, 영국의 Sure Start와 유사한 형태이다. 경기도 성남, 군포, 안산시의
   위 스타트 마을이 대표적 예인데, 한 마을당 4명의 관내 공무원이 빈곤아동들을 돌보
   고 있지만, 사회복지단체, 학교, 병원, 기업 등에서도 많은 자원봉사자가 가세해 교육,
   보건, 영양 등 기초서비스를 공동으로 생산해 아동들에게 제공하고 있다. IMF 한파
   이후 실업자 대책차원에서 실시된 지역 내 자활공동체 후견사업도 복지 거버넌스
   (welfare governance) 맥락에서 이루어진 또 하나의 대표적인 관-민 간 공생산
   (co-production)과정의 예이다.
3) Frederickson(1997: 86)은 거버넌스를 상호간에 연계되어 공공활동에 종사하는
   광범위한 유형의 제도들, 즉 다중(多重)조직적 체계나 느슨하게 연결된 망(網)들의
   상호작용 유형으로 개념 규정하면서, 어떤 공공목표를 달성하기 위해 정부, 비정부,
   영리조직 및 비영리조직, 지방정부 및 지방정부 간 등 광범위한 조직들이 행정의
   행동망(network of action)에 포함되어, 수평적, 수직적인 여러 조직망 안에서 혹은
   조직망들 사이에서 작업을 상호 수행하는 것으로 본다.

먼저 우리는 행정의 수행주체를 말할 때 관(官), 즉 정부4)를 일차적으로 떠올린다. 또 우리는 정부가 국민을 위해 직간접적으로 수행하는 많은 일들을 행정행위 혹은 행정활동이라고 부르고 있다. 이런 맥락에서 행정은 '국민을 위한 정부의 제반 활동'이라고 일차적으로 정의할 수 있다.

행정의 출발점은 국민의 문제를 파악하는 것이고 그 수행 주체는 정부이다.5) 행정이 국민을 위해 정부가 하는 여러 일들을 의미한다면, 그렇다면 정부는 무슨 일을 어떻게 하고 있는가?

1) 공공문제 해결과 관련된 정부의 정책 활동: 정책결정과 정책(법)집행

우리가 살고 있는 사회 내에는 불특정 다수의 국민이 직면해 있지만 그들 혼자만의 힘으로는 해결할 수 없는 사회문제들6)이 많다. 또 어느

---

4) 정부에는 여러 종류가 있다. 지방자치가 발달하지 못한 중앙집권국가에는 그 나라의 수도에 있는 중앙정부가 유일한 정부이지만, 지방자치가 발달된 나라에서는 자치계층에 따라 다수의 정부가 존재한다. 예컨대 미국에는 연방정부, 주정부뿐 아니라 시정부, 카운티 정부 등의 지방정부가 있고, 우리나라에는 중앙정부와 광역자치단체, 기초자치단체가 있다. 이 책에서의 정부는 주로 국가행정 차원의 중앙정부를 말한다. 단이 책의 제3편 끝부분에서 논의되는 공공서비스 공급 부분과 제5편 지방자치 부분에선 지방정부에 대해 집중적으로 논의한다.

5) 물론 현대행정의 새로운 틀인 거버넌스에서는 관·민 간 파트너십을 전제로 하는 점에서 민간부문도 또 하나의 행정주체가 될 수 있다. 그러나 거버넌스는 그 성격상 행정의 모든 부분에 적용할 수 있는 보편성의 측면에서 한계를 보인다(예컨대 국방, 외교, 안보는 정부 고유의 기능이다. 이 점에 대해선 뒤에서 자세히 논하기로 한다). 따라서 이 책에선 거버넌스를 그것의 효율성이 십분 발휘되는 특정사안들에서는 행정의 '보완 개념'으로서 자세히 소개하되, 나머지 부분에서는 정부 주도적 행정을 전제로 해 논의를 전개하고자 한다. 이런 점에서 행정의 주요 수행주체는 여전히 정부라고 볼 수 있다.

6) 국민이 직면하는 문제에는 한 나라의 사회제도나 경제구조가 잘못되어 발생하는 구조 귀인(歸因)론에 의해 발생하는 문제가 있고, 개인 한 사람 한 사람이 못나서 스스로 책임을 져야 할 개인귀인론에 입각한 문제가 있을 수 있다. 예컨대 빈곤 혹은 실업의 원인이 개인이 공부에 게으르고 열심히 취업하려고 노력을 안 해서 발생한 것이라면 개인귀인론이지만, 그 나라의 고용구조, 산업구조 및 교육제도의 병폐로 인해 사람이 아무리 노력해도 쉽게 교육이나 고용의 기회가 오지 않아 그 결과 가난하고 실업상태에 처해 있다면, 이는 구조귀인론에 따른 문제이다. 여기서 말하는 사회문제는 바로

사회에서나 다수 국민의 공통적 생활욕구가 존재한다.

실제생활과 관련된 사회문제나 공동의 생활욕구에 직면해 있는 국민은 그 해결을 정부에게 요구한다.7) 그 요구의 내용은 정부가 어떤 문제에 대해 무슨 조치든 취해 주어야 한다는 국민의 일반적 주장에서부터 특정조치의 제안에 이르기까지 무척 광범위하다.

우리는 이처럼 정부가 국민의 생활영역에 관여해 필히 해결해 주어야 할 사회문제나 다수 국민의 공통적 불만요소들을 공공문제8)(public problems; public affairs)라고 부른다.

이러한 구조귀인론에서 기인한 문제들을 말한다.

표 1-2 빈곤과 실업의 원인분석과 공공문제의 성격 규명

개인귀인론	평소 개인이 공부에 게을렀고 취업준비에 대한 의지부족 및 대비 소홀로 구직난을 겪는 경우	개인문제
구조귀인론	양극화된 사회구조와 경제정의가 구현되지 않는 경제제도 및 시장주의적 교육제도의 병폐로 인해, 교육, 고용기회의 불평등에서 발생한 구직난의 경우	공공문제 (사회문제)

7) 국민은 왜 정부에 자신들의 문제를 해결해 달라고 요구하고, 또 정부는 이에 대응해야 하는지 그 이유에 대해선 제2절 근대정부의 생성맥락에서 자세히 논의될 것이다.

8) 일상생활 속에서 다수 국민이 직면하는 대표적인 공공문제로서 우리는 도시문제를 들 수 있다. 즉 주택문제, 교통문제, 대기 및 수질오염, 생활폐기물 등 보건위생문제뿐 아니라, 육체적·정신적 건강을 위한 근린시설과 녹지공간의 부족 등은, 폭발적 산업화와 무계획적 도시화 과정에서 많은 국민이 공동으로 직면하고 있지만 혼자 힘으로는 해결할 수 없는 대표적인 생활관련 공공문제들이다.

내용 보태기 **1-1** **국민의 정당한 분노는 공공정책의 출발점**

한 나라의 경제발전 단계는 엥겔 계수로 가늠한다. 소득이 증가하면 식비는 줄고 문화비 비중은 늘게 마련이다. 그러나 한국에선 이 이론이 잘 통하지 않는다. 소득이 늘어도 여윳돈이 없어 삶의 질 증진이 잘되지 않고, 물가 상승으로 불가피하게 늘어난 필수품목의 비중만 높아졌다. 예컨대 주유비가 지난 2년 동안 16%나 상승했고, 통신비도 2년간 총지출 증가분의 7.4%에 이른다. 의료비도 신용카드 이용 증가분의 5.7%를 차지하는 등 이른바 '강요된 소비'로 인해, 여가비의 여유는 없었다. 교육비는 원래 선택적 소비인데, 한국에선 강요된 소비로 분류된다. 식품비, 교육비, 주유비는 줄이기 쉽지 않은 필수품목이다. 이런 '분노소비'에 시민들 허리가 휜다. 현재 한국인은 4대 강요된 소비의 함정에 빠져 있다. 공교육 실패로 인한 사교육 의존, 물가관리 실패에 따른 생활물가 급증, 유류, 통신 등 기반산업의 과점화, 노령인구 증가에 대비한 의료시스템 미흡 등 4대 분노지출을 시급히 잡아야 한다(매일경제, 2011.9.26.자).

그렇다면 한국인의 마음의 고향, 시골은 평안한가? 다음의 시 구절은 우리 농촌의 생존위기 수위가 이미 턱까지 차 있음을 잘 말해준다.

저 가을나락 농민의 것 아니다
서울을 키운 이 들녘, 농민의 것 아니다
그러면 농사를 짓지 않아도 되나?
아니란다, 서울이 위험하단다
그것이 분한 것이다
저 빈손에서 무엇을 더 앗겠느냐
너희가 머리 띠 매고 서울로 간 까닭은
윗돌 빼서 아랫돌 괴는 빚더미가 아니라
아랫돌 빼서 윗돌 괴라는 농업정책 때문이다
- 이중기, 집회현장에서 듣는다

국민을 위해 존재하는 정부는 공공문제를 해결하거나 공중의 일반욕구를 충족시켜 주기 위해, 공공문제의 해결방침이나 공중욕구의 충족기준을 설정해야 한다. 이처럼 정부가 공공문제를 해결하기 위한 지속적 노력의 과정에서 문제해결을 위한 노력의 산물로서 채택하는 일관성 있는 문제해결방침들을 우리는 정책(policy)이라고 부른다. 따라서 공공문제와 정부의 정책은 불가분의 관계를 갖는다.

내용 보태기 1-2 우리가 정책이라고 부르는 것들

정부의 정책은 실제로 다양한 형태로 나타나고 있다. 예를 들면 정책은 법의 형태(예: 청소년 육성법)뿐 아니라, 계획(예: 경제사회발전 5개년계획, 국토종합개발 10개년계획, 환경보전 중장기계획), 시책 또는 대책(예: 물가안정시책, 부동산투기억제대책, 농어촌 종합발전대책), 제도(예: 사회보장제도, 의료보험제도), 사업(예: 도시영세민 취로사업), 조치(예: 과외금지조치) 등 여러 가지 형태로 나타난다(민진, 1995). 이 외에도 정책은 요강(要綱), 통지, 기본방침의 형태로도 나타나면서, 국민생활에 크고 작은 영향을 미치고 있다(박연호, 1994). 상기한 정책 유형 중 기본법과 계획은 미래의 이상사회를 미리 설계해 봄으로써 공공문제가 아예 발생하지 않게 하려는 사전 예방적 접근에 해당된다면, 대책, 조치, 사업 등은 이미 곪아터진 사회문제의 사후 해결을 위한 대응적 접근에 해당한다.

정부는 공공문제의 해결에 유용한 정책들을 개발한 뒤, 그 정책에 의거해 국민의 생활문제들을 실제로 해결해 주고 공공욕구를 충족시켜 주는 데 유용한 공공재화(public goods)와 공공서비스(public services)를 만들어 국민에게 신속하게 전달해 주어야 할 의무를 부여받고 있다.

따라서 행정은 정부가 공공문제의 해결방침을 결정하는 과정인 '정책결정'과, 그 방침대로 문제해결을 도모하기 위해 공공재화와 공공서비스를 만들어 국민에게 전달하는 과정인 '정책집행' 등 제반 정책활동과 일차적으로 관련된다고 볼 수 있다. 한편 많은 경우 정부의 정책안

표 1-3 **정부의 정책 산출물인 공공재화와 공공서비스**

공공재화	그 소비에 있어 국민 모두가 배제되지 않고 또 경합 없이 사용하는 공공시설물들	도로, 교량, 공원 등
공공서비스	국민에게 제공되는 공무원들의 인적(人的) 도움체계에 의한 산출물들	민원서비스, 복지서비스, 치안, 소방서비스 등

은 국회의 의결을 거쳐 법으로 확정되므로, 정부의 정책집행은 달리말해 '법 집행' 과정이라고도 볼 수 있다.

2) 정부조직 내부의 관리활동: 조직화와 자원관리

아무리 목표와 문제해결방침이 정부의 정책결정과정에서 잘 정해진다고 해도 그것이 저절로 달성되는 것은 아니다. 모든 일엔 순서가 있고 비용이 따르기 마련이다. 목표를 달성하는 데 필히 요구되는 각종 수단들을 순서에 맞게 잘 구비할 때, 우리의 목표 달성도는 훨씬 높아진다.

마찬가지로 정부도 공공문제의 해결방침인 정책을 잘 결정하는 것도 중요하지만, 정책을 집행해 나가는 과정에서 필히 요구되는 각종 자원과 정책수단들을 사전에 효과적으로 적절히 강구하는 등 여러 가지 준비작업을 잘할 필요가 있다.

예컨대 정부는 공공문제 해결의 전담 기관으로서 정부조직과 행정기구들을 상황에 따라 적절히 신설하거나 개편해야 한다. 또 행정을 담당할 공무원들을 잘 뽑아 적재적소(適材適所)에 배치하며 그들이 공무를 잘 수행하도록 능력개발과 사기앙양 조치 등 인력관리의 측면에서도 효과적으로 보살펴 줄 필요가 있다. 또 공공문제 해결이나 조직운영에 소요되는 비용과 물자들을 국민으로부터 세금(tax)으로 알맞게 거두어 지출용도에 적합하게 합리적으로 배분하는 등 재정, 예산활동도 효율적으로 수행해야 한다.

실제로 정부의 활동 중에는 이러한 조직 내부적 일들이 매우 큰 비중을 차지하고 있는데, 우리는 정부의 이러한 활동을 관리(management)라는 개념으로 부르고 있다. 관리는 조직의 목표를 달성하기 위해 요구되는 조직의 신설, 개편(organizing)과 인력관리(staffing), 재정자원의 동원, 배분(budgeting) 등 제반 자원을 합리적으로 체계화하는 조직 내부의 활동과정으로서, 정부의 대외적 정책활동을 지원해 주기 위한 조직 내부의 간접적 활동이다.9)

위의 두 가지 논의를 종합해 볼 때, 결국 행정은 '정부가 공공문제의 해결을 위해 행하는 제반 정책활동과 그 내부적 관리활동'으로 정의할 수 있다(Caiden, 1982: 1-3). 좀 더 부연하면, 행정은 국민 다수가 직면해 있는 공공문제들의 해결방침을 정부가 일차적으로 강구한 뒤, 그 문제를 해결하기 위해 요구되는 행정조직을 구성하고 필요한 인적·물적 자원들을 동원, 활용해, 공공문제의 해결에 유용한 공공재화와 공공서비스를 만들어 국민에게 전달해 주는 제반 과정이라고 할 수 있다.10)

3) 거버넌스를 반영한 행정 개념의 재정립

오늘날 공공문제 해결을 위한 관-민 간 상호작용이 거버넌스라는 형태로 부각되며, 다음과 같이 정부 주도적 행정을 보완하고 있다.

---

9) 따라서 관리요소들인 집행기구와 전담요원, 예산 등은 정부의 목표달성을 위한 보조적 정책수단들이다(박성복·이종렬, 1994: 166).

10) 이런 점에서 볼 때 앞에서 언급한 행정에 대한 다양한 개념정의들(예컨대 행정은 법 집행이다, 자원관리이다, 정책결정이다, 목표달성이다, 서비스전달이다 등등)은, 마치 코끼리 몸의 한 부분만을 만져본 여러 명의 장님이 자기가 만진 부분만을 중심으로 그것이 코끼리의 전부인 것처럼 주장하는 것과 같다. 물론 코끼리의 본질이 장님이 만져본 각각의 부분들의 총합인 것처럼, 행정도 위의 면면들을 다 포함하고 있는 포괄적인 개념이다.

예컨대 i) 시민대표나 시민단체를 정책결정과정에 참여시켜 그들의 정당한 의견이 정책과정에 구조적으로 반영되게 하는 '관-민 공동 의사결정체제'(예: 시민원탁회의, 공론조사, 주민참여예산 등)를 제도화하는 경우, ii) 사회경제 문제들을 해결하기 위해 사회갈등의 당사자들(예: 노동자, 농민, 자본가 등)을 국가정책과정에 골고루 참여시켜 자신의 입장을 직접 대변하게 하고 상호간의 이익을 조율하게 하는 '사회갈등 관리시스템'(예: 노사정위원회) 구축, iii) 공공서비스의 양과 질을 효율적으로 확보하기 위해 정책집행의 일환으로 추진되는 '관-민 간 공생산'(co-production) 활동(예: 자율소방대 결성, 생활도로 건설에 주민참여) 등이 거버넌스라고 불리며 현대행정의 새로운 맥락으로 대두하고 있다.

 사례 1-1 행정과정에서의 거버넌스 사례

관-민 간 상호작용을 강조하는 국내외의 거버넌스 사례들을 들어보자. 미국의 경우 평상시에 일반시민이 정책수립과정에 다양한 방법으로 참여하는 장치가 제도화되어 있다. 우선 시민들을 포함한 공개적 논의가 공청회, 시의회를 통해 이루어진다. 특히 각 카운티마다 1달에 2번 열리는 '지역대표회의'는 지역의 주요사안에 대해 시민들이 실질적으로 정책과정에 참여하는 심의기구 역할을 수행한다. 또 국민참여를 보장하기 위한 제도도 실행된다. 예컨대 도시개발 정책결정에 있어 시민참여는 1960년대의 '빈곤과의 전쟁' 때부터 법적으로 보장되고 있다. 물론 국민의 의사로 공직자를 임기만료 전에 해직시키는 '국민소환제'도 가능하다(김정아, 2004).

EU에서는 NGO 등 시민사회단체가 공공정책의 집행기능을 정부와 공유하는 관-민 간 파트너십이 활발하다. 예컨대 상담, 환경보호, 청소년보호, 노숙자 숙식제공, 노약자 보호 서비스의 제공이 자발적 자원봉사자들에 의해 이루어지고 있다. 또 소비자, 의료, 환경, 복지, 여성문제 등 특정 정책분야의 경우에는 시민단체의 참여를 확대시켜 이들의 이해와 관심사를 정책과정에 충실히 반영함으로써, 정부실패, 시장실패가 낳은 정부정책의 비효율성과 역기능 문제를 수정해 나가고자 한다. 특히 복지정책 집행과정에서 NGO의 참여에 의한 복지서비스 전달은 영국보수당 정권의 기본정책이었다.

한국의 경우도 정책의제 설정단계부터 민간 NGO의 문제제기와 입법제안이 정책결정에 영향을 미치기 시작했고, 정책집행 과정에서도 시민참여가 확대되고 있다. 먼저 사회갈등 조정의 예로는 의약분쟁 당시 NGO가 의약분업 시행의 정당성을 강조하며 갈등을 중재한 점, 또 쓰레기 하치장 및 폐기물시설 건립시 NGO가 지방정부-주민 간 의견대립에 개입해 공익 지향적 결정에 기여한 점들을 한국 거버넌스의 단초적 사례로 들 수 있겠다. 또 거버넌스는 정부가 잘하지 못하는 특정 전문영역에서 서비스의 질적 향상과 비용절감에 기여할 수 있다. 특히 사회복지영역인 기초생활보장에서 NGO의 역할이 증대하고 있는데, 일례로서 자활후견사업은 정부보다 지역실정을 더 잘 아는 지역복지관, 지역 시민단체가 주된 역할을 맡고, 정부는 그에 대한 행·재정 지원을 맡는 형태로 역할분담이 이루어지고 있다(주성수, 2004). 거버넌스 개념을 보다 쉽게 이해하기 위해, 일례로 지역 자활지원 네트워크의 실질적 구성체계 및 그 활성화를 위한 참여자의 역할분담 내역을 정리하면 〈그림 1-2〉와 같다(이도형, 2004).

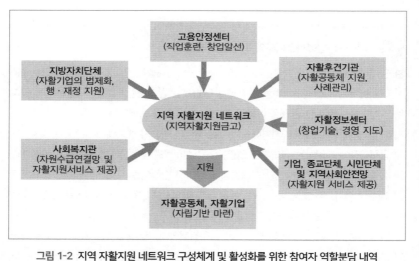

그림 1-2 지역 자활지원 네트워크 구성체계 및 활성화를 위한 참여자 역할분담 내역

그러나 거버넌스는 아직은 행정의 모든 부문에 골고루 적용될 수 있을 만큼의 보편적 가치를 갖지 못한다. 예컨대 외교, 안보, 국방은 정부 고유의 기능으로서 민간과 같이 수행하기 보다는 정부가 책임지고 단독 수행하는 것이 안전성과 효율성 면에서 더 낫다. 따라서 거버넌스는 기존의 정부 주도적 행정을 완전히 대체할 만큼 성숙한 개념은 아니라고 볼 수 있다.

이런 점에서 이 책에선 정부 주도적 행정을 논의의 주된 개념으로 삼고, 거버넌스는 그것의 효율성이 십분 발휘되는 특정의 경우에만 행정의 '보완개념'으로서 자세히 소개하고 활용하고자 한다. 이런 내용들을 그림으로 정리하면 〈그림 1-3〉과 같다.

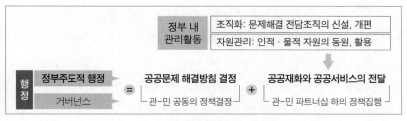

그림 1-3 행정의 개념

제2절 근대 이후 행정사의 개관

그렇다면 정부는 왜 국민들을 위해 존재해야 하는가? 국민은 자신들이 해결할 수 없는 사회문제들을 왜 정부에게 해결해 달라고 요구하는가? 그 요구의 권리는 과연 어디에서 연원하는가? 또 정부가 여러 이유에서 본연의 역할을 다하지 못할 때, 왜 국민이 거버넌스의 형태로 행정에 직접 참여하고자 하는가? 그 이유들에 대해 자세히 알아보자.

1. 근대정부의 생성맥락과 그 의미

1) 중세시대의 극복

일반적으로 국민과 정부의 관계는 주인과 대리인(principal-agent)의 관계라고 한다(Kass, 1990; Kettl, 1990). 이는 민주주의 원칙상 주권재민 (主權在民)이며, 따라서 나라의 주인은 국민이고, 정부는 국민의 대행자 혹은 심부름꾼이라는 얘기이다.11)

정부가 국민의 대행자나 심부름꾼이라는 것은, 국민이 정부에게 자신의 공동문제를 대신해서 해결해 달라고 요구할 권리가 있고, 정부는 이를 대신해 주어야 할 신성한 의무가 있다는 것을 뜻한다.

그렇다면 국민과 정부 간에는 왜 이러한 역학관계가 설정되는가? 이를 이해하기 위해서는 역사를 거슬러 올라가 근대정부의 생성맥락과 그 함의를 간략하게나마 이해할 필요가 있겠다.

흔히 서구의 중세시대를 암흑(暗黑)의 시대라고 부른다. 여기서 암흑의 시대는 특정시대를 사는 다수의 인간에게 정치, 사회, 경제, 종교 등여러 측면에서 많은 난관이 집중되어 그들의 인간적 삶이 크게 상실되는 시대적 위기상황을 말한다. 실로 중세는 다음과 같은 측면에서 그러한 암흑의 시대였다.

중세의 인간들은 신의 노예이자 농노(農奴)였다. 먼저 그들은 신국(神國) 창조라는 교회의 교조(敎條)와 정치적 권위 속에서, 원죄의식에 빠져 인간으로서의 주체성을 상실한 채, 단지 천국에 가기 위해 면죄부(免

---

11) 대리인이론(agency theory)을 연구하는 조직경제학(organizational econo-mics)에서는 주인-대리인 관계를 이렇게 규범적으로 설정하고 논의하기보다는, 대리인이 '정보의 불균형'과 '이익의 상충'이라는 부정적 측면에서 주인을 배반하고 도덕적 해이(moral hazard)를 일으키는 현상에 주로 연구의 초점을 맞춘다. 그러나 이 책에서는 '민주주의의 운영원리'에 따라 국민-정부의 관계를 '나라의 주인-국정대인인'이라는 규범적 관계로 설정해 주로 논의하되, 국민의 대리인인 공무원들이 국민의 뜻을 배반하는 도덕적 해이를 보이는 '대리인 실패' 현상에 대해서도 자세히 논하고자 한다.

罪符)를 사는 신의 노예(神奴)가 되어 왔다. 또 그들은 봉건제(封建制)적 중세 경제체제 하에서 귀족의 장원(莊園)을 가꾸는 농노의 신분을 강요 받았다.

내용 보태기 1-3 중세시대 교황청의 신정 정치

기독교를 박해하던 로마제국이 붕괴하면서 중세의 기독교는 빈자(貧者)들의 종교로서 확산되었다. 그런데 당시는 분할된 국가를 선호하는 봉건적 분위기였고, 제후들 역시 자신들의 통치기반이 미흡해 종교를 부추겼다. 교회 역시 자신의 물적 기반을 확보하기 위해 부자에게 재산을 헌납하게 하는 등 종교의 세속화가 진행되었다. 이러한 기독교적 확산 속에서 중세의 인간은 2개의 도시, 즉 인간이 살고 있는 지상의 도시(the earthly city of men)와 신의 도시(the city of God)에 모두 종속된 존재였다. St. Augustin에 의하면, 인류의 역사는 이들 두 도시 간의 투쟁의 역사였다. 하나님의 이성과 전능에 의해 인도되는 교회만이 좋은 공동체를 규정하며, 국가는 교회보다 열등한 존재로서, 인간을 지상의 도시에서 신의 도시로 이동시키는 역할을 수행한 다고 보았다. 따라서 기독교 사회에는 2개의 정부가 있지만, 종교지도자인 교황청이 권위의 최상이었고, 세속적 국가의 통치자들(civic ruler)은 일시적 사안에 대해서만 위임된 권력을 행사하는 교황의 위성(satellite)에 불과했다 (Argyle, 1994: 3-4). 이로써 교황청 중심의 신정(神政)정치가 가능해졌다.

그러나 중세의 암울함 속에서도 인간성을 구해 내려는 휴머니즘 (Humanism) 운동은 다각도로 전개되었다. 일례로 Luther와 Calvin의 종교개혁은 신과 인간의 직접적 관계를 재정립하려는 인간 개개인의 권리를 확언했고, 고대 그리스국가의 문예부흥을 꿈꾸는 르네상스 운 동은 인간이 신의 노예 신분에서 벗어나 스스로의 인간성을 되찾게 하 는 등 인간성의 재발견을 촉발시켰다(Argyle, 1994: 4-6).

르네상스와 종교개혁을 통한 인간성의 재발견은 근대 국민국가의 대

두에도 중대한 영향을 미쳐, 자유와 인권을 부르짖는 일련의 정치혁명
은 앙샹레짐이라 불리는 구 정치체제를 무너뜨리며, 새로운 정치형태
인 공화국(a Republic)을 출범시켰다. 한편 18C부터 유럽에서 전개된
산업혁명과 민법(民法)상 계약체결의 자유원칙은 장원의 농노들을 산업
화가 시작된 도시의 독립된 노동자로 탈바꿈시켰다.

2) 사회계약으로서 근대 시민정부의 형성

실로 이는 평민들의 승리였다. 사람들은 노예의 신분에서 벗어나 정
치적 시민이자 독립된 경제 생산자로서 모두 자기 삶의 주인이 되었다.

그러나 이런 개인적 자유주의에서 큰 문제가 싹텄다. 즉 모두가 자신
의 자유와 권리만 주장함으로써 인간사회는 이익갈등과 극한대립의 장
이 될 소지가 커졌던 것이다. Hobbes가 말하는 '만인의 만인에 대한 투
쟁 상태' 혹은 '공유지의 비극'12) 상황이 도래할 우려가 커졌던 것이다.

'자유의 사회성'은 이러한 상황적 배경에서 나온 중요한 사회관념이었
다. 즉 근대에 들어오면서 정치적, 경제적으로 자유로워진 사람들은 자
신의 자유와 권리가 중요한 만큼 타인들의 자유와 권리도 중요함을 인식
해야 했다. 또 자신의 자유와 권리를 지키기 위해서는 타인의 자유와
권리도 함께 보호해 주고 지켜 주어야 함을 깨닫게 된 것이다(Pateman,
1970: 23).

여기서 근대적 의미의 정부가 생성된다. 모든 국민의 생명과 재산과
자유를 보호하기 위해서는, 국민 개개인이 개인적 자유를 앞세워 갈등
과 대립이 난무하려고 할 때, 이를 중간에서 중재하고 심판하며 사회
질서를 유지해 주기 위한 심판관(umpire)으로서 객관적인 국가기구가
필요함을 인식하게 되었다. 따라서 시민들은 이런 일들을 도맡아 처리

---

12) 이는 각자 소를 키우는 복수의 농부들이 공동으로 소유하는 목초지에서 각 농부가
자행하는 극단적 자유로 인해 서로가 신뢰하지 못해 손해를 입게 되는 경우를 말한다.

해 줄 공화국의 핵심기구로서 근대 시민정부(civil government)를 출범시킨다.

근대 정부의 생성 및 그 구성의 이면에는 다음과 같은 또 하나의 문제가 있었다. 국가와 사회의 주인은 물론 국민 개개인이다. 민주주의의 원칙상 주권재민(主權在民)이며, 모든 국민은 자기 삶의 궁극적 결정주체이다. 그러나 국민 모두가 생업(生業)을 포기하면서까지 한 자리에 모여 국정(國政)에 직접 관여할 수는 없다. 즉 직접 민주주의는 점차 불가능해졌다.

따라서 사람들은 자신의 뜻을 잘 헤아려 국정을 대신 맡아 줄 사람들이 필요했고, 자신의 뜻을 받들어 국정을 수행할 능력과 의지가 충만한 사람들을 직접 선출하거나 간접적으로 임명해 정부 안에 포진시키며 국정을 대행하게 했다. 결국 서구의 근대국가와 근대정부는 당시의 시대적 필요성에 의해 만들어진 하나의 사회계약물(social contract)이었다.

내용 보태기 | **1-4** | **사회계약의 두 차원과 대의제 구상**

근대 사회계약론에선 사회계약과 통치계약(정부계약)이라는 2가지 관념이 논의되었다. 전자인 사회계약은 평등하고 독립적인 개인들이 자신의 자유로운 의사결정을 통해 정치공동체인 국가를 수립하기로 동의함으로써 맺어진다. 즉 이 계약의 당사자는 사회구성원들 각자가 된다. 반면 후자인 통치계약 혹은 정부계약은 통치행위를 발생시키는 계약 혹은 정부를 구성하는 계약으로서, 이때의 계약 당사자는 통치자와 신민(臣民)이다. 이 계약이 성립하기 위해선 공통된 사회적 의지로 결집된 잠재적 신민집단과 그 의지에 부응해 통치부담을 떠맡을 태세가 된 잠재적 통치자가 존재해야 한다. 사회계약 자체는 만장일치의 합의로 이루어지지만, 사회계약 이후 수립된 정치공동체가 활동하고 존속하려면 다수의 동의가 모든 개인을 구속해야 하기 때문이다. 여기서 정치공동체가 다수의 의지와 결정에 따라 그 공동체를 움직일 정부를 수탁자로 임명하고 공동체의 권위를 위해 통치를 대행하게 하는 대의제(代議制) 구상이 나왔다. 대의제 구상에 따라 정치공동체는 신탁자로서 수탁자인 정부와 통치계약을 맺는다(문지영, 2011).

2. 국민과 정부의 기본 역학관계: 주인-대리인의 관계

1) 주인-대리인 관계

근대정부는 이러한 맥락에서 국민의 국정(國政)대리인으로서의 소임을 부여받게 된다. 어디까지나 나라의 주인은 국민이고 국민이 주권을 갖지만, 국민 모두가 직접 나랏일에 관여하지 못하기 때문에 국정을 대행해 줄 대리인 역할의 필요성에 따라, 근대정부라는 국정 대리인이 생성된 것이다.

소유와 경영이 분리되어 있는 주식회사에서는 기업의 소유주인 주주들이 직접 회사를 경영하지 않고 전문경영인을 고용해 자신이 해야 할 일을 대행시킨다. 또 그것에 대한 대가로서 대리인인 고용사장에게 월급을 준다.

마찬가지로 나라의 주인인 국민들은 혼자 힘으로는 해결할 수 없는 사회문제의 해결과 공공욕구의 충족을 대리인인 정부에 요구할 수 있다.13) 또한 국민들이 자유롭게 사회경제적 생활을 영위하다가 국민 상호간에 마찰이나 대립이 발생할 때 싸움의 잘잘못을 헤아려 주는 심판자이며 중재자인 정부에게 그 조정을 의뢰한다. 그러면서 이에 드는 비용은 고용사장에게 월급을 주듯이 세금(tax)으로 충당해 준다.

내용 보태기 **1-5** **서구식 사회계약, 대리인, 행정 개념에 대한 동양식 해석**

동양적 전통에서는 엄밀한 의미에서 서구식의 사회계약 개념은 없었다. 그러나 통치자가 백성을 행복하게 해주기 위해 자신의 도덕적 통치의무를 다할 때 백성들도 지도자를 도와줄 도덕적 의무가 있다는 호혜성(互惠性;

---

13) 국민의 권리 위임설에 따르면, 대통령은 국민의 가장 일차적인 대리인이고, 정부 최일선의 행정실무자는 정부조직 내의 여러 복잡한 주인-대리인 관계를 거쳐 국민의 복(複)……복대리인이 된다(김진호 외, 2001: 54-55).

reciprocity)이라는 유교의 핵심 개념이 서구의 사회계약 개념과 유사하다고 볼 수 있다(Frederickson, 2002).

또 오랜 기간 왕조체제를 유지해온 동양사회에 서구 근대정부의 생성맥락을 그대로 대입할 수는 없다. 그러나 비록 시민계급의 사회계약에 따른 공화정 건설은 아니더라도, 동양의 왕권사회에서도 민심은 천심(天心)이며 왕은 민심의 대행자(代行者)라는 의식, 따라서 덕 있는 사람만이 왕이 되어 선정(善政)을 베풀어야 한다는 유덕자 군주론(有德者君主論)과 위민행정이 강조되었고, 만일 왕이 이를 이행하지 못하는 경우에는 역성(易姓)혁명도 가능하다는 견해를 보였다.

일찍이 공자 역시 "백성의 신뢰가 없으면 나라가 설 수 없다"(無信不立)는 생각 아래, 군자가 지켜야 할 최고의 도(道)로서 신(信)을 강조하며, 나랏일에 대한 백성의 신뢰를 통치에 있어 중시했다. 따라서 그는 법치주의보다 예로써 다스리는 덕치주의를 강조해, 행정을 나랏일을 시행하되 덕과 예로써 올바르게 잡아나가는 일이라고 정의한다(원한식, 1999). 우리는 이런 논의를 통해 동양사회에도 위정자의 민심 대행자 의식과 동양적 행정 가치가 존재했음을 어느 정도 확인할 수 있다.

2) 국민의 정부 개폐권과 시민 불복종

결국 정부는 국민의 동의하에 국민의 기본권, 즉 생명과 재산의 보호, 자유의 신장, 행복의 추구를 도모하는 일을 수행해야 한다. 만일 이를 제대로 수행하지 못하는 정부는 국민에 의해 개폐될 수 있다(Locke, 1690; 이문영, 1992: 136에서 재인용).14) 마치 기업의 발전에 도움이 되지 못한 고용사장이 주주총회나 이사회의 의결을 통해 기업에서 퇴출되듯

---

14) 사회계약론을 현대적으로 재구성한 Rawls(1971)의 『정의론』에서는 정부가 정의 (justice)에 어긋나는 법이나 결정을 내릴 경우 시민 불복종 행사를 인정한다. 이는 정의의 일정한 한계를 넘어서는 그릇된 법이나 정책을 변경시키기 위한 국민의 집단행동으로서, 국민의 자유와 기회균등이 정부에 의해 장기간에 걸쳐 고의로 명확히 침해될 때에 한해 정당화된다.

이 말이다.15)

국민의 이러한 정부 개폐권은 시민 불복종(civil disobedience)의 정신에서 기인한다. 시민 불복종 선언의 주창자인 헨리 데이비드 소로(Henry David Thoreau)의 다음과 같은 언설(言說)은 주인-대리인 관계인 국민-정부 간의 바람직한 관계설정의 진면목을 생생하게 보여 준다.

소로의 시민 불복종 원문의 함의를 음미해 보면, 인간은 생명, 자유, 행복을 추구할 기본권을 갖고 있고 이를 확보하기 위해 정부를 조직했다는 것이다. 따라서 정부의 권력은 인민의 동의(同意)로부터 나오며, 정치체제는 인민의 행복 추구에 봉사할 때에만 정당한 것이기에, 그렇지 못할 경우엔 기존의 정부는 아예 없애 버리고 새로운 정부를 도입해야 한다는 것이다.

내용 보태기 1-6 헨리 데이비드 소로의 시민 불복종 선언

"국민에게 가장 좋은 정부는 가장 적게 다스리는 정부이며, 더 나아가서는 전혀 다스리지 않는 정부이다. 그러나 소수의 권력자들이 정부를 자신의 도구로 이용해서 문제가 발생한다. 그러나 단 한 사람의 국민의 힘만으로도 정부를 움직일 수 있다. 우리는 먼저 인간이어야 하고 그 다음에 국민이어야 한다. 법에 대한 존경심보다는 먼저 정의에 대한 존경심을 길러야 한다. 법에 대한 존경심 때문에 선량한 사람들조차도 매일 불의(不義)의 하수인이 되고 있다. 정부라는 기계가 불의를 행하는 하수인이 되라고 요구하면 법을 어겨라. 시작이 얼마나 작아 보이는가는 중요하지 않다. 어떤 일이든 한번 제대로 행해지면 영원히 행해지기 때문이다. 소수가 온힘을 다해 불의를 가로막으면 그 힘은 불가항력이 된다.

---

15) 이러한 측면에서 지방정부를 하나의 주식회사로 보면서, 주민을 주주로, 지방자치단체장을 고용사장으로, 지방의회를 주식회사의 이사회로 비유하는 시각이 지방자치의 본격적 시행 이후 우리사회에서도 보편화되고 있다.

정부는 치료약을 더 나쁘게 만든다. 왜 정부는 항상 눈을 크게 뜨고 잘못을 지적해 달라고 시민들을 독려해 스스로 잘못을 교정하려고 하지 않는가? 나는 지금 당장 정부의 폐기를 요구하는 것은 아니다. 지금 당장 더 나은 정부가 되기를 요구하는 것이다. 모든 사람은 각자 자기가 존경할 만한 정부가 어떤 것인지를 밝혀야 하며, 이는 그런 정부를 얻을 수 있는 길로 나아가는 첫걸음이다.

정부는 피치자의 허락과 동의를 얻어야 한다. 내가 양도한 것 말고는 정부는 내 신체나 재산에 대해 어떠한 순수한 권리도 갖고 있지 않다. 국가가 자신의 권력과 권위의 원천으로 개인을 더욱 고귀하고 독립된 힘으로 인정하고 대접하지 않는 한, 진정으로 자유롭고 계몽된 국가는 없다. 나는 모든 사람을 공정히 대하고 개인을 한 이웃으로 존중하는 그런 국가를 기쁜 마음으로 상정할 뿐이다"(앤드류 커크, 유강은 역, 2005에서 재인용).

상기한 논의는 결국 국민이 나라의 주인이며 정부는 국민의 필요에 의해 만들어진 하나의 사회계약물임을 다시 한번 말해준다. 여기서 국민과 정부는 쌍방적 권리-의무관계를 갖게 된다. 즉 국민은 나라의 주인이므로 대리인인 정부에게 그들의 삶에 필요한 서비스를 요구할 권리와, 만일 정부가 이를 충족시켜 주지 못할 때에는 정부를 개폐할 수 있는 권리를 갖는다. 그러나 국정운영에 드는 제반 비용을 충당해 줄 납세의 의무가 있다.

반면 정부는 국정대리인으로서 국민의 공공문제를 해결하는 데 유용한 공공재화와 서비스를 제공할 의무가 있고, 그 대신 이에 소요되는 비용을 요구할 징세권이 있다.

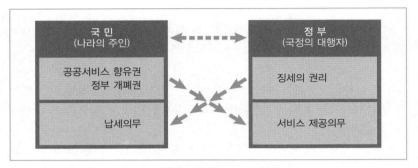

그림 1-4 국민과 정부 간의 쌍방적 권리-의무관계

내용 보태기 **1-7** **3권 분립과 입법부의 우위**

강력한 중앙집권체제 하에서 국가를 통일한 절대군주시대의 권력은 차츰 군주권(입법권, 통수권)과 통치권(사법권, 행정권)으로 분화되었다. 이어 군주를 대신해 통치권을 수행하는 기구로서 정부관료제가 형성되었고, 군주권을 협찬하는 기관으로 등족회의(等族會議), 삼부회(三部會)가 개설되었는데, 이는 나중에 근대 의회제도의 원형이 된다. 그러나 자본주의 발달에 따른 신흥 부르주아 계급의 대두로 말미암아 국가-사회 간에 긴장관계가 현재화되면서, 군주는 자신의 주권의 절대성에 제약을 가하는 양보를 한다. 즉 '입헌군주제'가 등장하면서 군주권의 근간을 이루던 입법권은 납세계층으로부터 선출된 대표들로 구성된 의회에 위양되었다. 이렇게 해서 비로소 입법, 사법, 행정의 개념이 확립되고 '3권분립'의 기원을 이루게 된다. 한편 3권 사이의 새로운 관계를 규율하는 규범으로서 '법치주의'가 등장한다. 그것은 의회가 제정한 법률은 그 밖의 기관이 제정한 일체의 명령에 우월하다는 것이다. 이런 구조 하에서 행정활동은 의회가 제정한 법률에 의거해 행해지지 않으면 안 되고, 군주권에 종속되어 있던 정부관료들은 이젠 입법권에 종속되게 되었다(西尾 勝, 강제호 역, 1997).

3. 입법국가 시대의 행정부 위상:
정치-행정 이원론 하에서의 집행적 대리인

1) 3권분립 하의 행정: 집행적 대리인

우리가 일상적으로 사용하는 정부(government)라는 단어는 입법부(the branch of legislature), 사법부(the branch of judicature), 행정부(the branch of executive)를 포괄하는 광의로 사용되기도 하고, 혹은 행정부만의 협의의 정부를 가리키는 말로 이해되기도 한다. 바로 위에서 살펴본 근대 정부는 입법부, 사법부, 행정부를 포괄한 광의의 정부 개념으로서, 국가라는 말과 거의 같은 의미를 갖는다.

한편 국가의 3권 중 하나인 행정부는 근대 국가에 있어 자유주의적 권력분립주의의 영향 아래 성립된 관념이다. 그러므로 엄격한 3권 분립체제 하에서의 행정은 국가작용에서 입법과 사법을 공제한 나머지의 작용으로 인식되었고, 국가의 일반의지(general will) 및 국정의 기본방향 설정은 국민의 직접적 대표기관이자 정치적 대리인인 입법부가 장악하였다.

여기서 정치의 영역과 행정의 영역은 완전히 구별되었다. 어디까지나 국정의 주요 방향은 정치적 대리인인 의회가 결정하고, 행정부는 단지 의회의 결정을 충실히 집행하는 '집행적 대리인'의 역할에 국한되었던 것이다. 즉 국민의 의사를 결정하는 정치와 그것을 집행하는 행정은 별개의 차원으로 인식되었던 것이다. 우리는 이를 '정치-행정 이원론'(二元論)이라고 부른다.16)

---

16) 현대행정학을 창시한 Wilson(1887)은 당시의 이런 분위기 속에서 "행정은 정부 속에서 가장 가시적인 부분인 집행부분, 즉 집행부(the executive)의 활동으로서, 입법부의 활동과는 분명히 구분되는 일종의 사무 영역이자 기술적 영역"이라고 보았다. 따라서 그는 행정학을 최소의 비용을 들여 최대의 집행결과를 가져오게 하는 능률의 문제를 연구하는 학문으로 한정지었다. 또 그는 "행정을 이처럼 기술적 능률의 문제로 규정하고 정치-행정이원론의 논리로 보면 정치와 행정의 갈등은 전혀 문제가

2) 최소정부론, 제한정부론

근대적 상황에서는 절대 군주체제에서와 같은 정치적, 행정적 병폐를 차단하기 위해 행정부의 자의로부터 국민의 생명과 재산을 보호하고자 하는 의도에서도 행정부의 집행권에 대한 의회의 입법권 우위를 인정하지 않을 수 없었다. 더욱이 당시는 자본주의 발달의 초기 단계여서 국가의 역할보다는 신흥 부르주아지 개개인의 사적인 활동이 중시되었다. 국가는 가능한 한 그들의 활동에 간섭해선 안 된다는 생각이 지배적이었다.

결국 19세기까지의 행정부는 국민의 직접적 대표기관인 입법부가 제정한 법률과 정책을 기계적으로 집행하는 '집행적 대리인'에 불과했다. 또 국민의 생명과 재산을 지키기 위해 야경(夜警)활동을 수행하는 최소한의 역할에 그쳤다. '최소의 정부가 최선의 정부'라고 생각되는 값싼 정부(cheap government) 또는 제한정부론(limited government)이 당대의 사고를 지배했다.

4. 행정국가 시대의 행정부 위상: 정치-행정 일원론 하에서의 수탁자

1) 의회실패의 원인

전통적으로 볼 때 정책결정은 헌법적, 규범적 이분법에 근거해 입법부의 권한에, 그리고 정책집행은 행정부의 권한에 속하는 것으로 인식되어 왔다. 궁극적으로 국민의 투표에 의해 통제를 받는 입법부가 국가정책의 내용을 결정해야 한다는 것이 의회 민주주의의 기본원리였기 때문이다. 또 그것이 행정부에 대한 의회의 민주적 통제를 확보할 수 있는 핵심논리이기도 했다.

그러나 문제는 입법부 우위의 이런 논리가 현대에 들어와서는 국가사

_____

안 된다'고 인식했다.

회의 기능적 요건들을 제대로 충족시켜 주지 못한다는 점이다. 왜냐하면 사회의 복잡화, 전문화로 인해 입법부의 정책결정능력은 상당히 약화된 반면, 공공문제의 해결능력을 점차 갖추어 나가는 행정부가 정책결정을 비롯한 제반 정책과정에서 주도적 역할을 담당하게 되기 때문이다. 특히 이는 후진국 사회에서 더욱 두드러진다(박성복·이종렬, 1994: 186). 이런 상황변화의 맥락을 상술해 보자.

많은 나라에서 산업화, 공업화와 도시화가 전개되면서 각국의 행정부들이 단순한 집행적 대리인의 역할에서 벗어나 국정에 깊게 개입하지 않으면 안 되는 사건들이 폭발하였다. 즉 산업화가 야기한 산업재해, 노사분규, 빈부격차, 또 동시다발적으로 전개되는 숱한 도시생활문제와 환경오염은 국민의 생활현장에서 시급히 해결해야 할 초미의 과제들이었다. 그러나 불행히도 국민의 직접적 대표기관인 의회는 이러한 문제들을 신속하게 해결하기 위한 정책결정의 측면에서 볼 때, 다음과 같이 그 대응성이 점차 떨어져 갔다.

민생현안의 해결방침을 조속히 결정하려면 국회의원들이 신속하게 한 자리에 모여야 하는데, 이것이 재빨리 이루어지지 못했다.17) 또 이들이 어렵게 한 자리에 모인다 해도 법안상정과 법안심의 및 본회의에서의 최종결정에 이르기까지의 번잡스런 의회절차상 공공문제의 해결방침이 국회에서 결정되기까지는 한참의 시일이 요구된다. 그러나 산업화 당시 국민의 생활현장에서 발생한 급박한 문제들은 이를 기다려

---

17) 국회의원들은 의사당에 모여 공공문제 해결의 대강을 결정하는 법을 만드는 일보다는 자신의 정치적 생명을 좌우하는 지역구 사업에 더 열성적인 경향이 있다. 금귀화래(金歸火來: 대부분 서울에 거처를 둔 국회의원들이 금요일에 지역구에 내려가 화요일에 지역구에서 올라온다는 얘기임)라는 말이 나오는 것은 바로 이러한 현상을 잘 보여 준다. 물론 의원들이 유권자의 요구에 부응하기 위해 지역구 문제에 관심을 갖고 열심히 노력하는 것은 바람직하다. 그러나 만일 의원들이 일년 중 얼마 안 되는 국회 회기 중에도 국회를 지키지 않고 지역구의 일에만 매달린다면, 이는 국정방향의 결정과 국정감사라는 본연의 역할을 망각한 처사로 볼 수밖에 없다.

줄 시간적 여유가 없었다.

2) 수탁자로서의 행정부 대두

여기서 의회보다는 생활현장에서 국민과 피부로 접하는 일선 행정관청에 사회문제들이 자연스럽게 먼저 접수되었고, 행정부는 우선 이를 처리해 주기 위해 의회의 고유역할이었던 '문제해결방침의 결정역할'을 떠맡게 되었다. 국민요구의 급속한 변화와 그 와중에서 노정된 각종 사회문제 해결의 시급성은, 행정부측에 우선적으로 관여의 부담과 더불어 권한을 부여했던 것이다.

표 1-4 역대 국회의원들의 당선회수 비교

구 분	의원정수	초선	재선	3선	4선	5선	6선	7선	8선	9선
13대(1988)	299	166	59	43	16	7	5	2	1	-
14대(1992)	299	117	86	46	29	9	6	3	2	1
15대(1996)	299	137	67	48	21	15	4	5	1	1
16대(2000)	273	111	82	34	25	14	5	-	1	1
17대(2004)	299	187	53	42	9	7	1	-	-	-

출처: 정대화(2005: 131).

의회의 기능 약화는 이것뿐만이 아니다. 재선이라는 정치적 부담을 안은 정치인들은 국정체험의 단절을 감수해야 하는 경우가 많아, 자연히 '국정의 기본방향 설정역할'까지도 행정부가 맡지 않으면 안 되게 되었다.

국회의원들은 선거에서 다시 당선되지 않는 한 국정과 관련된 지식과 정보와 기술을 계속 축적시켜 나갈 수 없다. 그런데 불행히도 다음 선거에서 재선될 확률은 위의 표에서 보듯이 그리 높지 못하다.

우리나라 역대 국회의 초선의원 비율은 상당히 높다. 1988년의 13대 총선에선 55.5%, 14대에선 39.1%, 15대에선 45.8%, 16대에선 40.7%, 17대에선 62.9%, 18대에선 44.8%, 19대에선 49.3%, 20대에선 44%나 차지한다. 14대 국회를 제외하곤 모두 40%대 이상이며 17대 국회에선 무려 63%에 육박했다. 2020년에 치러진 21대 총선에서도 초선의원은 152명에 이르러 50%를 상회한다.

현재 우리나라 국회의원의 평균 선수(選數)는 1.9선인데 비해, 미국은 하원의원의 평균 선수가 4.4선인 것으로 나타났다. 또 우리나라는 2015년 현재 국회의원의 절반이 초선의원인 반면, 미국은 초선의원 비율이 13%대에 그쳤다(이투데이, 2015.4.8자).

초선의원이 많다는 것은 의정활동에 신선한 새 피(new blood)를 수혈한다는 측면에선 긍정적 의미가 있다. 하지만 한 부문에서 일가를 이루어 전문가가 되려면 오랜 절차탁마가 필요함을 의미하는 '10년 법칙,' '1만 시간의 법칙'이라는 측면에서 보면, 초선의원의 비중이 압도적이란 것은 그만큼 국회의원들의 입법역량이나 국정감사 등 행정부 감시에 있어서 의원들의 전문성을 기대하기 어렵다는 반증이기도 하다.

초선 의원일지라도 유권자의 대표성이 높으면 이는 큰 문제가 아닐 수 있다. 하지만 학력이나 재산, 직업영역 등에서 시간이 갈수록 국회의원들의 엘리트적 성격이 두르러진다. 일례로 20대 국회의원들의 출신학교를 보면 서울대 81명, 고려대 37명, 성균관대 27명, 연세대 23명, 이화여대 8명 등이다. 이처럼 5개 대학 출신이 18대엔 60.7%, 19대엔 54%, 20대엔 58.7%를 차지한다. 20대 국회의 신규 재산등록 의원들의 평균재산은 34억 원이나 되고, 이중 상위 20명의 재산총액은 무려 8,239억 원에 이른다. 18대 국회의 경우 법조인 출신이 60명으로 20.1%인데 비해, 노동자는 3명, 농민은 1명에 불과하다. 이런 점에서 국회의원은 엘리트18)시민으로 규정된다. 입법부는 갈수록 유권자

들과는 다른 존재가 되어가고 있다(이지문, 2018: 121; 이도형, 2019에서 재
인용).

반면 공무원들은 직업공무원제(career civil service system)의 강력한
신분보장 아래 국정과 관련된 전문지식과 정보, 기술을 계속 습득, 축
적해 나갈 수 있었다.19) 따라서 국정의 기본방향 설정과 관련된 정보
나 기술적 능력 면에서도 행정부가 의회보다 앞서 나갔다.

행정부의 활동이 이처럼 증가함으로써 그 활동을 관리하는 사람들의
양적 규모와 권력 확대도 수반되었다. 특히 정부의 개입분야가 늘어남
에 따라 수행해야 할 과업도 좀더 복잡 다양해졌고, 이를 위해 행정부
는 더 많은 자유재량권을 갖게 되었다(Etzioni-Halevy, 1983: 57-58).

여기서 입법부와 행정부 간의 역학관계에 대역전이 일어나게 된다.
즉 이제까지 입법부가 행해 오던 문제해결의 방침결정권과 국정의 기
본방향 설정권까지도 행정부가 차지하게 된 것이다. 행정부가 정책결

---

18) 국회의원의 엘리트적 성향은 우리만의 문제는 아니다. 미국도 마찬가지여서, 전체
   미국인 중 법학 석사학위 소지자가 200명 중 1명인데 비해, 하원의원은 3명 중 1명,
   상원의원은 2명 중 1명으로서 유권자와의 학력 차가 매우 크다. 미국인의 중위소득은
   연간 4만5천 달러인데, 하원의원은 그 10배이고, 상원의원은 그 이상이다. 과거엔
   민주당 의원은 지역노조, 지역학교 출신이고, 공화당은 지역 기업체의 장, 지역사회단
   체장 출신으로서 지역에 정치적 연고와 뿌리가 깊었다. 그리고 의원직을 내려놓으면
   대부분 고향으로 돌아왔다. 하지만 지금은 대도시에서 사업, 금융, 법조계, 연방공무
   원, 보좌관으로 일하며 초기 경력을 쌓다가 이후 정치적 야심이 생기면 비로소 지역구
   로 내려와 정치활동을 시작하는 등 과거에 비해 지역구와의 연대(連帶) 정도가 많이
   약해졌다. 의원직을 그만둔 후에도 선배들과는 달리 이익이 큰 자리가 많은 대도시에
   거주한다. 한마디로 지리적 문제에서부터 생애의 경험에 이르기까지 엘리트 국회의원
   들은 유권자인 대중과 스스로를 분리해 본다(뭉크, 함규진 역, 2018: 118-119).
19) 입법부는 복잡한 문제의 세부사항까지 규정할 능력이 없고, 정치적 피임용자인 장관
   들 역시 집행에 대해 완벽한 지시나 명령을 내릴 수 있는 시간적 여유나 전문성이
   없다. 반면 경력직 공무원들은 젊은 나이에 공직에 들어와 직업공무원제의 강력한
   신분보장 하에서 공직이라는 한 우물을 파며 오랜 기간 공직 경력을 쌓아 왔고, 결정과
   판단이 내려져야 할 분야에 대한 정보를 충분히 소지하며, 특정사업에 대한 규칙과
   규정을 적용하는 전문가로 성장했다(Pfiffner, 1987: 57-65).

정의 역할까지 맡는 이러한 현상을 우리는 '정치-행정 일원론(一元論)'
이라고 부른다. 이는 단순히 정책을 집행만 해오던 행정부가 정책형성
이라는 정치적 역할까지 맡게 되었음을 보여 주는 것이다.20)

이제 행정부는 국정관련 전문지식과 기술, 정보의 지속적 축적 위에
서 국민의 권한을 포괄적으로 위임받아 책임지고 수행하는 수탁자(受託
者; trustee) 혹은 공익 안내자(guardian)로서의 위상을 확보하게 되었다
(Catron & Hammond, 1990: 246). 따라서 국민과 행정부 간의 기본 역학
관계인 주인-집행적 대리인이라는 틀은 '위임자-수탁자'(truster-trustee)
의 틀로 바뀌었다.

물론 국민과 의회는 헌법상으로는 아직도 행정부의 위에 위치한다.
그러나 국민의 대표기관인 의회는 기술적 전문성의 결여와 시간, 인력
의 부족 때문에 행정부에 구체적 지시를 내리기보다는, 점차적으로 일
반 법률 외에 세부적 입법은 포기하지 않을 수 없다. 특히 국정업무의
전문화, 기술화로 인해 법률에서 구체적 사항을 규정하기 어렵게 되면
서, 의회의 법률에서는 그 대강만 정하는 골격입법(skeleton legislation)
이 이루어지고 법 집행 시 필요한 구체적 사항은 행정입법에 대폭 위임
한다(이은호 외, 1994: 13-14; 김항규, 1998: 41).21)

의회는 종종 행정부가 만든 법안을 수정하거나 거부권을 행사하지
만, 대개는 행정부의 안을 인준하는 통법부(通法府)나 거수기(擧手機)의

---

20) 특히 경제행정, 개발행정, 사회행정 분야는 법의 수권(授權)이 광범위한 규범적
    형성의 여지를 허용하는 개괄조항 또는 일반조항의 형태를 띠는 경우가 빈번하다.
    이렇게 볼 때 현대 행정부는 몽테스키외의 권력분립 이론에서처럼 단순히 기계적으로
    법을 집행하는 데 머물지 않고, 법을 보충하고 구체화하며 나아가 법의 내용을 형성하
    는 적극적, 형성적 기능을 수행한다고 볼 수 있다(홍준형, 1998: 110-113).

21) 현대에 들어와 이러한 해석은 더욱 유력해지고 있다. Lipsky(1980)에 의하면, 정책
    은 의회나 상층부에 있는 고위 정책결정자들뿐 아니라 국민에게 실제로 서비스를
    공급하는 일선관료들에 의해서도 결정된다. 그들이 확립한 전형적인 규정들, 그리고
    그들이 불확실성과 작업부담을 피하기 위해 고안해 낸 기법들이 실질적으로 그들이
    수행하는 공공정책이 된다.

역할에 그치며(Grosser, 1964: 228), 기껏해야 행정부의 안을 채택하는 정책선택(policy selection) 과정에서만 자신의 존재의미를 찾는다. 결국 입법 주도권과 그에 상응하는 권력이 의회로부터 행정부로 넘어가고 있는 것이다(Etzioni-Halevy, 1983: 58-60).

의회가 입법부로서의 독자적 위상을 확립하지 못하면서, 행정부에 의해 입법 활동이 좌우되는 '정부의 의회지배'와 '입법의 정부 주도 현상'이 일상화된다.

우리나라의 경우를 예로 들면, 제헌국회부터 14대 국회 전반기까지 접수된 법률안 총 5,933건 중 정부 제출안이 55%이고, 의원 발의안(發議案)은 45%인데, 이 중 정부 제출안은 72%의 높은 가결률을 보인 반면, 의원 발의안은 38%의 가결률을 보였을 뿐이다.

 사례 1-2 의회실패의 단면들

▷ 법안이나 정책안이 국회의원에 의해 발의되는 경우도 많다. 그러나 이런 경우도 그 이면을 자세히 들여다보면 국회의원이 발의한 법안 역시 실제로는 행정부에 의해 만들어진 것이 발의만 의원에게 부탁해 이루어지는 경우도 적지 않다. 이런 경우는 대개 한 부처에서 만든 법안이 타 부처의 의견과 대립될 때 의견상충을 피하기 위한 전략으로서, 또는 국무회의, 법제처 등 정부 내부의 복잡한 심의과정을 피하기 위해, 한 부처가 법안을 만들되 그 발의는 국회의원으로 하여금 대신하게 하는 데서 발생한다. 왜냐하면 국회의원이 발의하면 행정부 내에서의 모든 복잡한 절차를 생략하고도 그 부처의 의견을 입법으로 관철시킬 수 있는 편리한 점이 있기 때문이다. 이를 '반정반의(半政半議)입법'이라고 부른다(한국경제신문, 1994.5.2자). 반정반의 입법 등 국회의 입법능력 부족만 문제가 되는 것이 아니라, 아래 사례처럼 국회의원들의 법안 심의 태도도 많은 문제를 남기며 의회실패의 또 다른 면을 보여준다.

▷ 국회 보건복지위원회가 도마 위에 올랐다. 상임위 소속 의원들이 2011년엔 감기약 슈퍼 판매법안(약사법 개정안)은 논의하지 않기로 한 데 이어, 미래세대에 큰 짐이 될 기초노령연금 인상안(국민연금 가입자의 월평균 소득의 5%에서 6%로 노령연금을 올리는 안)엔 재빨리 합의한 것이다. 국회의원들이 약사 표를 얻으려고 감기약

슈퍼 판매에 찬성하는 다수 국민(83%)의 의견은 도외시한 채, 이젠 노인 표를 얻으려고 미래세대를 무시하는 합의를 서둘렀다는 비난이 드셌다. 약사법 개정안은 의원들이 약사회 눈치를 보느라고 의견도 제대로 내지 않았다. 약사 표는 무섭고, 국민은 핫바지 취급한다는 누리꾼들의 지적이 드셌다(중앙일보, 2011.11.21자). 여론이 나쁘자 국회는 2012년 초 재심의했지만 의결정족수 미달로 2번이나 처리가 무산됐다.

비교적 17, 18대 국회에 들어와서는 '일하는 국회' 분위기의 확산으로 의원 법안발의가 증가했다. 과거엔 국회의원들이 국정 감사장에서 큰소리나 지르고 지역구의 경조사나 잘 챙기면 되었지만, 이젠 입법 활동이 국회의원의 생명선이므로, 국회의원들이 경쟁적으로 법안을 발의하고 있는 것이다. 실제로 14대 국회의원 중 법안을 1건이라도 발의한 의원은 전체 의원 중 1/3에 불과했지만, 17대 국회에선 1년도 채 안되어 83%의 국회의원들이 이미 한 번씩 발의했고, 18대 국회에 들어와선 의원 1인당 발의건수가 21.1건으로 역대 국회에 비해 높게 나타났다. 이른바 '입법풍년'을 맞고 있는 듯하다.

 사례 1-3 입법풍년의 이면

그러나 17, 18대 국회의원들의 법안발의건수 증가가 곧 국회의원들의 입법능력을 말해 주는 것은 아니다. 여기엔 입법실적을 올리기 위해 서로 동의 서명(同意署名)해 주는 품앗이 성격의 입법이 적지 않다. 혹은 선심성의 입법발의와 생색내기용 입법발의도 많다. 재탕입법, 새끼치기 법안도 적지 않다. 그러다 보니 같은 이름의 법안들이 의원들 간의 사전 조율도 없이 수십 건씩 발의된다. 외국의 법률을 토씨 하나도 고치지 않고 베끼는 경우도 있다고 한다(중앙일보, 2005.5.6자; 법률신문, 2009.4.27자).

상기한 바와 같은 입법풍년의 부정적인 이면 때문에, 1~2년 동안 법제처 및 관련 부처와의 협의를 거쳐 국회에 제출되는 정부의 법률안들에 비해, 의원입법은 현실성과 전문성이 크게 떨어지기 쉽다. 한마디로 부실법안이 많다 보니, 이것들이 모두 국회에서 통과되지도 못한다. 특히 법안의 최종 처리 시까지 국회의원들이 끝까지 관심을 갖고 지켜보며 가결(可決)되도록 노력하는 책임 있는 자세는 매우 부족하다.

표 1-5 **역대 국회의원 발의안과 정부제출 법률안의 가결비율** (단위: %)

구분	정부제출 법률안	의원 발의안
13대	87.2	30.0
14대	92.4	37.1
15대	81.9	39.6
16대	72.4	27.0
17대	51.1	21.2
18대	40.8	13.6

출처: 국회 의안정보시스템(likms.assembly.go.kr)에서 참고.

의원발의 법안의 최종 통과비율은 17대 국회부터 크게 떨어지고 있다. 19대 국회의 경우는 의원 발의안 중 1만 건 이상의 안건이 폐기의 운명에 처해졌다. 그만큼 법안이 시민의 생활문제 해결에 기여할 수 있는 정책 전문성을 제대로 반영하지 못한 결과이다. 또 국회의원들이 발의한 법안도 법률의 신규 제정보다는 기존 법률의 개정으로서, 건수 등 실적 올리기 용이 많다고 한다. 단순히 자구(字句) 몇 개를 수정한 안도 있다. 이런 엄청난 비효율로 인해 의회소속 법제관 1인당 매년 125건의 법률안을 검토해야 한다(홍성수, 2016).

3) 행정국가화 현상

2차 대전 이후 독립한 많은 신생국들에선 행정부에 의한 정책결정 빈도수가 매우 높다. 대개 이들 나라에선 형식적으로는 대의제 민주주의 정치구도에 따라 국민과 정부 간에 주인-대리인 관계 혹은 위임자-수탁자 관계가 형성된다. 그러나 실제로는 정부가 국민 위에서 사회변동을 이끌어 가는 변화의 역군(change agent)으로 작용한다.

신생 독립국의 입장에서 볼 때, 정부조직이 그래도 가장 근대화된 조직이며, 민간부문의 미성숙으로 인해 정부조직에 많은 인재들이 모인다. 따라서 행정부를 중심으로 하여 유도된 근대화(guided modernization)가 단행되며, 이런 맥락에서 국민과 의회에 대한 행정부의 자율성은 더욱 높아진다.

돌이켜 보면, 현대사회의 많은 문제들을 해결하기 위해, 우리는 대규모 조직과 전문인력 및 많은 정보를 가진 행정부에 그 해결을 호소할 수밖에 없었다. 그런데 이런 현상이 반복되면서 범세계적으로 행정부가 국정운영에 있어 의회보다 우위에 서게 되었던 것이다.

현대 행정부는 한편으로는 입법부로부터 위임입법과 재량행위의 증가, 정책결정권 행사 등 입법권을 흡수하고, 다른 한편으로는 사법부로부터 행정소송 등 각종 재판권을 흡수했다(민진, 1995: 42).22) 바야흐로 20세기는 행정국가(administrative state)시대였던 것이다(Caiden, 1982: 255-256).23)

---

22) 일찍이 Henry Taylor는 하급관리들의 법집행 경험이 법 제정 작업에 절대적 영향력을 행사한다는 데 주목해, 특수법규를 집행하는 과정에서 마지막 손을 대는 관리들의 경험이 또 하나의 입법지침이 되는 사실을 중시하며, administration 개념을 비 입법기관에 의한 법 제정의 개념과 비 사법기관에 의한 법 집행의 개념으로 정의했는데, 이는 현대행정의 준입법적 기능과 준사법적 기능에 일치하는 것이다(유완빈, 1993: 32-35).

23) 의회가 행정부보다 우위를 보였던 19세기까지의 시대적 상황을 입법국가 시대라고 한다면, 역으로 행정부가 입법부나 사법부보다 국정운영에 있어 우위를 보이며 영향

표 1-6 시대의 흐름에 따른 행정부의 위상 변화

시 대	행정영역	행정부 권한·책임	행정부 위상	의회의 역할
입법국가 시대	기계적인 법, 정책 집행+내부관리	단순 집행권	집행적 대리인	정치적 대리인, 국민의 일반의지 결정
행정국가 시대	정책결정 및 정책, 집행+효율적인 자원관리	정책결정권 등 정치권력과 이에 상응하는 국정책임	정치적 수탁자, 공익 안내자	골격입법에 그침, 통법부, 거수기의 역할

5. 행정국가의 한계성 및 탈 행정국가화 전략

1) 행정국가의 폐해와 정부불신 고조

20세기 행정국가 시대 하에서 현대 정부들은 국민 다수의 이익을 위해 나라경제를 관리하고 시민의 복지를 향상시키는, 매우 힘 있고 능력 있는 존재로서의 위상을 유지하며 국가발전의 견인차로서의 자리를 지켜 나갔다. 물론 공공행정도 이를 촉진시키는 정부의 효과적인 도구로 간주되었다(Caiden, 1982: 256). 사람들은 공공(public)이라는 개념을 자비롭고 바람직한 그 어떤 것으로 보면서, 공익, 공공서비스, 공공지출, 공공투자, 공기업 등 공공 개념의 장점을 누누이 강조해 왔다. 공공서비스의 범위도 대중교통 서비스에서 공공도서관 서비스에 이르기까지 무척 광범위해, 영국에선 "한번 공공서비스는 영원한 공공서비스"라는 말까지 회자되어 왔다(고든 털럭 외, 김정완 역, 2005).

그러나 행정부에 한껏 힘을 실어 주고 정부권력의 확대를 용인해 주는24) 이러한 행정국가화 현상은, 자칫 행정권의 남용과 행정의 과부하

력을 행사한 20세기부터는 행정국가 시대였다.
24) 당시엔 학자들까지도 행정국가화를 용인하는 다음과 같은 발언들을 일삼았다(로버트 위브, 이미옥 외 역, 1999). "시민의 정치참여가 민주주의의 보증은 아니다"라는 그로진스의 말, "미국인의 10%만이 실제 공공정책을 입안하고 공공이익의 정의를

(overload)를 초래하기 쉬웠고, 이는 자연히 국민의 자유와 창의성을 억압하며 사회·경제적 비용을 증가시키는 주요인으로 작용하기도 했다(오석홍, 2004). 실제로 현대국가의 정책결정은 주로 행정부의 고급 관리들과 몇몇 힘 있는 시민들 간의 배타적 협상으로 파편화되었고, 따라서 정책은 비밀리에 입안, 실행되는 것이 일상화되었다. 또 그만큼 일반 시민들의 관공서 접근은 점차 곤란해졌고, 시민의 정치적 역할은 관람객 수준에 불과해졌다(로버트 워브, 이미옥 외 역, 1999).

자연히 이러한 현상은 정부에 대한 강한 불신으로 연결되기 시작했다. 미국의 경우를 예로 들면, 1964년의 연방정부에 대한 신뢰도는 75%였지만, 1995년 여론조사에서는 신뢰도가 15%, 1997년엔 22%까지 하락했다. 연방정부에 비해 비교적 높은 신뢰를 받아오던 주정부와 지방정부들도 1995년 23%, 31%, 1997년 32%, 38%를 각각 기록했을 뿐이다. 미국 정부에 대한 국민 신뢰도의 저하는 정부의 비효율성과 낭비요소(81%) 및 엉뚱한 잘못된 분야에의 정부지출(79%) 때문인 것으로 밝혀졌다(조셉 나이 외 편저, 박준원 역, 2001: 29-30).

2) 신자유주의와 탈 행정국가화 전략

더욱이 20세기 말경 거대정부를 혐오하는 신자유주의 이데올로기의 급속한 확산 속에서, 정부가 공급하는 것보다 더 좋은 서비스를 민간부문으로부터 구매할 수 있다는 자유시장경제의 신념이 확산되면서, 표준화되고 획일적인 정부서비스에 대한 불매운동이 가속화되기 시작했다. 일례로 시민들은 비싸고 품질이 형편없는 공공서비스를 보며 조세 환불을 요구하고, 민영주택과 관영주택 중 자신이 더 선호하는 주택을 고를 수 있게 해주는 주택 바우처(voucher) 제도나, 공공병원의 기나긴 줄서기를 피하게 해주는 건강 바우처 제도, 또 자녀들의 최악의 공립학

내리는 집단과 관련된다"라는 샷슈나이더의 발언 등이 그것이다.

교 진학을 피하기 위한 교육 바우처 시스템을 희구했다. 즉 "국민을 위
해 정부가 무엇을 해야 하는가?"에서 이제는 "국민이 정부 이외의 부문
에서 더 좋은 서비스를 발견할 수 있을 때, 정부는 무엇을 할 수 있는
가?"로 관심의 초점이 바뀌고 있는 것이다(고든 털럭 외, 김정완 역, 2005:
167-177).

우리나라에서도 국민의 정부불신은 심각한 수준에 이르고 있다. 헌
신적 봉사직(committed service)이어야 할 공직의 기본 마인드가 상실된
채, '서비스 정신'이라는 말은 오랫동안 국민 위에 군림해온 우리 공무
원들이 가장 싫어하는 단어가 되었고, 관공서가 다른 관공서를 믿지 못
해 만들어낸 많은 서류들이 아직도 민원서류의 주종을 이룬다는 분석
이다(최동석, 1998).

정부에 대한 이러한 불신은 우리로 하여금 행정국가화 현상에 대한
근본적 성찰을 촉진시켰고, 이에 따라 작은 정부의 구현, 분권화와 경
쟁원리의 도입, 정치적 통제와 시민의 적극적 참여, 법치주의 확립 등
탈(脫) 행정국가화 전략이 대두했다(Lambright, 1971; 오석홍, 2004: 134).

실제로 1980년대 말에 이르러 OECD 국가를 중심으로 행정에 큰
변화가 나타나기 시작했다. 즉 행정을 사회문제의 해결자보다는 오히
려 국가발전의 장애물로 보면서, 새로운 공공관리기법을 도입해 '작지
만 강한 정부'를 구현하기 위한 정부혁신이 다음과 같이 단행되기 시작
했다.

1980년대 이후 OECD 국가들이 선도적으로 추진하고 있는 이러한
정부혁신은, 기존 정부 중심의 사고틀을 전환(paradigm shift)시키는 데
그 특징이 있다. 즉 반(反)관료주의, 반 조세(anti-tax)로 특징되는 현 상
황에서 행정에 대한 새로운 정의와 창의적인 관리이론이 요구되고 있
는 것이다.

먼저 Caiden(1991)은 종래의 정부는 너무 거대정부이고, 경제, 사회

의 보증자로서의 그 자신에 대한 책무를 너무 많이 부과하고 있다고 진
단하면서, 새로운 개혁의제로서 민영화, 공생산(co-production), 탈 관료
제화, 조직개편, 효과적 공공관리, 경비 효용성(value for money) 등을 제
시한다.

Kaul(1997: 13-14)도 자유화, 민영화, 군살빼기의 새로운 전략적 의
제 하에서 이제 정부의 역할은 사회경제적 발전의 주요 견인차(vehicle)
에서 그 발전을 안내, 촉진하는 쪽으로 변해야 한다고 강조한다. 아울
러 그는 지난 20년간 신자유주의 영향 하에서 보다 능률적·대응적·
신축적인 공공서비스 전달을 목적으로 정부조직구조와 체제상의 관리
혁신을 가져온 정부업무상의 근본적 변화를 신행정(new public administ-
ration)이라고 부른다.

6. 거버넌스로서의 행정 대두

1) 거버넌스의 기본취지와 현대행정적 함의

최근 이런 맥락에서 탈 행정국가화 전략의 하나로 거버넌스 개념이
대두하고 있다. 신세대 학자들은 정부조직과 민간기업 모두 20세기의
상당기간 동안 수직적 관료주의 통치모델에 의존해 왔지만, 기존의 이
러한 수직적 지시-통제시스템이 공공정책 산출의 적절한 피드백이나
모든 사회행위자들의 정치적 투입을 불가능하게 했다고 비판하면서,
국가통치에 '과정적 접근법'을 활용하는 개방시스템으로의 대체를 주장
한다. 즉 정부-기업-시민사회를 망라한 모든 행위자들이 국가의 정책
입안, 협상, 합의과정에 똑같이 참여하자는 것이다. 여기서 정부는 여
러 행위자들 중의 하나에 불과하며, 수평적으로 조직된 정책 네트워크
에 적합한 과정지향적 통치모델이 새롭게 대두한다(제러미 리프킨, 이원기
역, 2005).

그간의 정부 주도적 행정(government-led administration)을 지양하고 이처럼 정부 외의 여타 부문들을 행정과정에 끌어 들여 정책 네트워크를 형성하자는 것이 거버넌스의 기본 취지인데, 이러한 변화를 꾀하게 했던 구체적 요인은 과연 무엇인가?

현재 국가는 사회 행위자들에게 점차 의존적이 되어 간다. 그 까닭은 공공서비스를 전달할 수 있는 국가의 자원 낭비, 또 권력남용에 비해 책임행정을 시현하지 못하는 데서 오는 정치적 정당성의 결여 때문이다. 혹은 정부가 점차 통치 불가능해지는 환경에 직면하고 있기 때문이기도 하다(Pierre & Peters, 2000: 1-2). 이런 점에서 정부와 민간부문이 서로 손을 잡고 공공문제를 같이 해결해 나가는 거버넌스 이론이 생성되고 있다.

거버넌스가 현대 행정에 주는 함의는 자못 크다. 예측 가능했던 기존의 행정환경에 비해, 오늘의 행정환경은 무질서, 상호 의존성, 혼돈, 예측 불가능성을 특징으로 한다. 특히 날로 지방화, 글로벌화해 가는 현대 행정환경 속에서 정부 주도적 정책결정체제는 여러 한계를 보이기 쉽다. 따라서 정부가 종래와 같이 사회 제 세력을 일방적으로 지도, 조정, 통제하긴 어렵고, 다양한 관계망 속에서 다양한 사회세력들과의 상호작용을 통해 정책문제에 협력, 연합, 조정하는 방식으로 대처할 필요성이 점점 커진다(Pierre & Peters, 2000: 3-5). 이런 점에서 거버넌스는 공치(共治) 또는 협치(協治)라는 말로 번역되기도 한다.

2) 거버넌스의 제 차원

거버넌스는 한 나라 안에서만의 공간 제한적인 개념도 아니다. P. Kennedy(1993)는 "오늘의 정책문제는 한 나라가 수행하기에는 너무 크거나 혹은 너무 작은 일들이 되어가고 있다"고 분석하는데, 우리는 여기서 거버넌스의 보다 다양한 형태들을 포착할 수 있다.

첫째, 글로벌 거버넌스로서, 국가권력이 초국가적 조직에로 상향 이동(moving up)하는 것을 말한다. 즉 월경(越境)성 환경오염 문제의 처리, 경제의 세계화에 따른 국제무역규범(예: 우루과이라운드, 노동라운드, 환경라운드 등)의 설정 등 범지구적 차원의 문제들(global problems)을 해결하기 위해, 한 나라의 정부가 국제적 네트워크를 형성해 타국 정부 및 국제기구, 국제 NGO 등과 긴밀한 관계를 형성하는 것이다.

둘째, 분권화로서, 지방정부로의 분권화, 하위기관으로의 분산화 등 국가권력의 하향이동(moving down)을 말한다. 정부 간 정책조정 강화도 광의의 한 예이다.

셋째, 사회화로서, 관료제로부터 한 팔 거리에 떨어져서 작용하는 사회기관들에로 국가권력이 수평이동(moving out)하는 것이다. 예컨대 자율적 이해갈등 조정기구(예: 노사정위원회, 각종 정책협의회)의 제도화나 기업화(corporatization), 민간화(privatization)가 그 예이다(Pierre & Peters, 2000: 83-91; 정무권, 2000: 357).

거버넌스 개념은 결국 정부–비정부, 영리–비영리, 중앙–지방정부, 국제기구 등이 다양하게 서로 연결된 조직 네트워크를 포괄함으로써 행정의 영역을 크게 확장시킴과 동시에 간소하면서도 근육질의 정부조

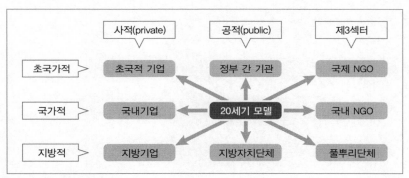

출처: Nye(1999: 4).

그림 1-5 거버넌스의 8방 분산

직을 만들 것을 지향한다(Frederickson, 1997: 78-87). 이제 국가의 운영
은 국가 간, 국가와 초국적 조직체 간, 국가와 지방단체 간, 또 정부와
민간부문 간의 다각적, 조직적 협력을 통해 일궈내는 입체적 작업을 요
한다. 문태현(1999)은 이런 점에서 거버넌스를 "다조직(多組織) 시스템
이나 네트워크 간의 상호작용 활동"으로 정의한다.

　종래의 행정이론이 집권적 계층제, 규정 중심의 관리, 공무원의 익명
성과 정치적 중립성, 실적주의 공무원제도, 기관형성, 과학적 행정, 관
료적 권위에 의한 규제집행, 집합적 공익론에 바탕을 둔 반면, 거버넌
스로서의 새로운 행정이론은 시장논리, 민영화, 외부계약, 권한위임과
분권화, 평면조직, 과제 중심의 네트워크, 시민의 선택권 부여, 국제협
력 등에 바탕을 두고 있다(김중양, 1997: 55). 따라서 공−사 부문 간 파트
너십, 나아가서는 중앙−지방 간 파트너십, 국가−국제기구 간 파트너십
이 종래의 권한계층제와 정부독점을 대체하게 된다.

현대정부의 본질과
공무원의 존재이유

제1절 정부의 재발견과 재정립

1. 거버넌스의 한계와 행정 보완재적 성격

그렇다면 거버넌스는 행정의 완벽한 대안인가? 즉 기존의 정부 주도
적 행정을 완전히 폐기처분해도 좋을 만큼 행정의 보편적인 대체재로
자리 잡을 수 있는가?

최근 행정의 대안적 용어로서 거버넌스 개념이 대두되고 있지만, 행
정의 완전한 대체재가 되기에는 적지 않은 미숙함을 내재하고 있는 것
도 사실이다.

일례로 Frederickson(1997: 87-92)은 거버넌스의 문제점으로서, 의
사결정의 정점을 강조하지만 관료들이 시민과 접촉하는 일선현장을 등
한시하는 점, 또 질서와 안정을 추구하지만 사회 형평성의 가치를 소홀

히하는 점 등을 든다.

문태현(1999: 108-109)은 정부의 정당한 권한 축소, 민영화를 지향해 불가피하게 행정능력이 감소할 우려가 있는 점, 관료제의 허약화와 공공서비스의 가치 저평가 등을 거버넌스의 여타 문제점으로 지적한다.

거버넌스는 국가의 쇠퇴를 증명하는 민주적 정치개혁 프로그램으로 이해되지만, 사실은 국가에 의해 전략적으로 선택된 것이라는 지적도 있다. 임의영(2005)에 의하면, 좋은 거버넌스의 모델화는 신자유주의적 지구화를 촉진하는 과정에 불과하다는 것이다. 왜냐하면 자본주의국가가 위기를 벗어나기 위해 자본가, 노조 등의 기존 파트너에다가 시민이라는 중간계급의 참여를 추가해, 국가의 의사결정 파트너를 시장, 시민사회 등의 추상적 범주로 설정함으로써, 노동계급의 구체적 현존과 그들의 열악한 상황을 희석시키는 수단으로 변질될 수도 있기 때문이다. 즉 시민사회가 국가와 시장의 제3의 대안이기 보다는 정치적 동의에 근거한 헤게모니 확보의 계기이자 자본주의의 근본모순을 은폐시키는 공간으로 악용됨으로써, 민간부문의 다양한 참여라는 미명 하에 정부의 책임회피, 속죄양 만들기를 가능하게 해, 그 기본취지가 국가에 의해 심하게 왜곡될 우려가 있다는 것이다.

더욱이 거버넌스 개념은 사회 내의 갈등관리와 특정 서비스의 공생산 등 특정 정책 사안별(case by case)로만 적용되는 보편성의 한계에서도 아직은 자유롭지 못하다(이도형, 2004). 특히 거버넌스는 정부주도적 행정에 비해 민주성과 절차적 정당성 확보에 기여하는 과정 중심적 접근이란 점에서 분명히 강점이 있음에도 불구하고, 정책과정에 이해관계자들이 참여할 경우 이해관계자 간에 갈등이 고조될 수 있고 그에 따라 실제로 문제해결이 지연되는 등 다각적 문제점을 드러내기도 한다(장용석, 2019: 135).

따라서 거버넌스는 행정의 완전한 대체재라기보다는, 특정한 경우에

한해 그 장점을 활용해야 할 '행정의 보완재'로서의 의미를 더 갖는다고 보아야 할 것이다. 물론 정부가 잘 하지 못하는 특정 서비스의 공생산 방식과 사회갈등의 정책조정기제로서 우리가 거버넌스를 활용할 여지 는 많지만, 거버넌스가 모든 행정과정을 완전히 대체할 수 있는 것은 아니라는 것이다.

2. 신자유주의적 대안인 시장의 한계

그렇다면 20세기 후반 신자유주의 추세에 힘입어 정부의 또 하나의 대안으로서 각광을 받았던, 신자유주의자들이 그렇게 흠모해 마지않던 시장이란 곳은 정부를 대체할 만큼 완벽한 곳일까?

경쟁, 고객 지향성, 효율을 강조하는 시장의 논리는 현대 거대정부의 역기능과 비능률을 해소하는 데 있어 유용한 처방책으로 작용할 수 있 다. 그러나 윤성식(2002)은 "시장은 결코 어른이 되기 어려운 어린아이 로서, 조금만 소홀히 다루면 금방 어린아이가 된다"고 말한다. 시장은 혼자 완전할 수 없다는 것이다. 예컨대 국민은 자기가 접하는 기업이 정부보다 깨끗하다고 생각해 정부가 더 부패하다고 보지만, 기업은 고 객과의 관계에선 덜 부패할지 모르지만, 탈세, 장부조작, 분식회계 등 내부 운영에선 정부보다 훨씬 부패해 있다는 것이다.

우리는 시장의 자유를 외치면서도 그 근본정신인 창의성, 공공질서, 신뢰, 선의의 경쟁, 정직을 애써 외면하는, 가면 쓴 신자유주의자들을 경계해야 한다. 따라서 시장경제의 발전을 원한다면, 시장의 불완전성 을 치유하고 시장을 양육해 내려는 정부의 역할이 그만큼 더 필요할 것 이다(윤성식, 2002).25) 시장양육을 위해선 정부의 적절한 규제가 필수적

---

25) 이 점에 대해선 이 책의 제3장 시장실패 치유자로서의 정부의 역할 부분에서 보다 자세히 논의해보자.

이라는 것이다. 특히 정보화와 세계화는 새로운 규제의 필요성을 시사한다. 따라서 정부기능의 축소는 단기적 조정현상이지, 장기적으로는 정부의 역할을 축소시키지 않는다. 그 대신 시장의 문제를 시정·예방하기 위한 정부의 조정 기능이 증가할 것이다(김준한, 2000).

3. '필수품으로서의 정부'의 재발견과 재정립 필요성

상기한 논의는 신자유주의의 한계로 인해 시장문제 치유자로서 현대 정부의 역할이 재평가될 여지가 얼마든지 있다는 점을 다시 한번 상기시켜 준다.26) 여기서 우리는 정부의 재발견과 재정립(refounding govern-ment)을 시도하지 않을 수 없다.27)

정부가 가진 해결능력에 많은 의구심이 드는 것은 사실이다. 하지만 역설적이게도 책임성이 명확하게 부여되어 있는 정부 외의 문제해결 주체를 떠올리는 것도 쉽지만은 않다. 거버넌스 해결방식으로 적극적 전환을 꾀해 민간에게 책임을 떠넘기기엔 결과에 따른 책임 소재가 불명확해지는 단점도 있다(장용석, 2019: 135-136).

---

26) 근대 이후 정부는 필요선(necessary virtue)으로 인식되어 사회로부터 존경과 신뢰를 받아왔다. 단 최근 들어와 정부의 존재가 불필요악(unnecessary evil)으로 치부되고 있지만, 행정학 위기의 '역사적 순환가설'에 의하면, 지나친 시장주의의 폐해가 향후 시장실패를 초래하고 이를 기다려 정부성공의 시대가 도래할 것이라는 예측마저 나온다. 따라서 조만간 신자유주의, 작은 정부론의 시대는 가고, 신제도주의와 큰 정부론의 지배이데올로기가 반드시 도래할 것이라는 주장이 나오고 있다(황윤원, 2000). 실제로 미국인들은 정부에 대한 강한 불신에도 불구하고, 환경보호, 제품안전, 작업환경 개선, 불법고용, 연금기금 고갈문제 등은 무엇보다도 정부가 잘 해결하리라고 믿는다(조셉 나이 외 편저, 박준원 역, 2001: 29-30).

27) 실제로 직업공무원제에 대한 불신이 커지자, 이에 대한 반작용으로 1980년대 후반부터 1990년대 초반에 걸쳐 직업공무원제도를 옹호하는 '정부의 재정립 운동'이 등장했다. 예컨대 Svara는 기존 정치-행정 이원론을 재해석해 정책과정에서의 공무원의 적극적 역할을 옹호했고, Goodsell 등은 정부를 재창조하기보다는 재발견해야 한다고 주장했다(이종수·윤영진, 2005: 133-136).

우리는 최근 들어와 사회공헌에도 부쩍 신경을 쓰기 시작했지만 역시 돈벌이에 혈안이 되기 쉬운 시장 내 기업들의 상기한 문제점들을 지켜보면서, 또 거버넌스의 한 축인 시민단체의 일부가 〈사례 1-4〉와 같이 정신의 빈곤을 보이며 관변화해 가는 한계를 안타깝게 지켜보면서, 역시 국민이 믿을 만한 최후의 보루 및 안전판은 정부여야 한다는 점을 부인하기 어려운 상황에 직면하게 된다. 더욱이 현대 대의제 정치체제하에서의 다음과 같은 의회실패 상황도 이러한 점을 더욱 각인시킨다.

 사례 1-4 일부 시민단체의 관변화와 재원마련에 대한 모르쇠 의원입법

▷ 문민정부 출범 이후 정권에 참여한 운동권 인사들의 수는 권위주의 정권시절 요직에 진출한 육사출신 비중과 비교해도 결코 뒤지지 않았다. 일부 시민운동단체는 권력형 비리에 대해 과거처럼 비판하고 저항하지도 않았다. 따라서 '시민운동의 관변화', '정부의 홍위병'이라는 비판을 듣기도 했다. 일부 시민운동단체가 정치에 참여해 권력을 잡겠다는 발상은 경제활동에 참여해 돈벌이를 하겠다는 발상만큼 자가당착적이다. 시민단체가 '권력견제, 시장감시'라는 본연의 모습을 보일 때만 사회 전체적 공감대가 형성되는 것이다(유석춘, 2001).

▷ 의회의 제 역할 부족은 국회의원들의 입법능력 부족에서도 확인되지만, 재원 마련에 대한 '모르쇠' 의원입법 상황에서도 거듭 확인된다. 예컨대 17대 국회 개원 이후 2005년 9월까지 집권당인 열린우리당은 168건에 103조 9,453억 원의 재원수요를 요하는 법안을 제출했고, 이에 뒤질세라 제1야당인 한나라당도 163건에 91조 7,607억 원의 재원수요를 요하는 법안을 제출했다. 이렇게 돈 많이 드는 일을 발의하면서 한편으론 감세법안도 마냥 쏟아냈다. 당론으로는 감세(減稅)를 하자면서 정작 정부지출을 대폭 늘리는 법안만 쏟아놓았던 격이다. 예컨대 "제대하는 모든 현역 사병에게 퇴직금으로 288만 원(중사 계급의 최저호봉 3개월치)을 지급하자"는 의원발의도 나왔다(중앙일보, 2005.11.28자).

물론 현대 정부에는 많은 문제가 내재해 있다. 그러나 정부는 우리가

너무나 당연한 것으로 여기지만 공중의 욕구충족에 매우 핵심적인 서비스들(예: 우정, 오물수거, 도로수선, 아동교육)을 꾸준히 제공해 왔다. 또 어떤 서비스들(예: 공공안전, 보건, 고속도로, 군대, 경찰, 소방서비스)은 정부만이 제공한다.

정부는 또 다수 국민의 이익을 지키기 위한 규제자로서 은행의 재정상태와 식품안전 및 식당음식의 질을 감시하고, 또 엔지니어로서 상수도 및 하수도 시스템의 안전을 유지해 왔다. 정부는 또 식량 증산자(extension agent)로서 농업 생산성에 기여했으며, 환경기술자로서 우리의 대기 및 수질오염을 정화시킨다. 그리고 어떤 공공서비스는 비용-효과분석에서 민간 서비스보다 월등하게 경쟁력이 있다. 예컨대 가난한 대학생들을 위한 공공 고등교육(예: 미국 주립대학 시스템)은 가장 성공적인 공공서비스의 하나이고, 대중교통도 여타 사적인 교통수단보다 저렴하고 광범위하게 이용할 수 있다.

이처럼 정부는 국민 공동자산의 보호자(예: 물, 공기의 보호)이자, 권리의 보장자(예: 장애인 적극고용조치, 인권보호)로서, 또 사기업이 이윤이 없다고 포기한 사회문제들의 해결자로서 그 존재이유를 갖는다. 한마디로 우리 국민에겐 필수품(as necessary) 같은 것이 정부인 것이다(Holzer & Callahan, 1998: 7-9).

그래서 우리는 때때로 정부를 너무 당연한 것으로 여기고 무시하기도 한다. 또 정부의 성과는 국민에게 잘 안 알려지는 반면, 정부의 실패는 쉽게 뉴스의 초점이 된다(Holzer & Callahan, 1998: 30). 그러나 사람들이 건강하게 일하고 먹고 마시고 입고 평화롭게 잠드는 사회 안엔 이처럼 정부가 굳건히 자리 잡고 있다. 정부가 국민생활의 필수품이기에, 신자유주의의 파고 속에서도 정부는 크게 축소되지 않았고, 비록 공공규제의 영역과 폭은 줄었다고 해도 정부라는 종(種) 자체가 사라지진 않았다. 실제로 20세기 후반의 미국 행정학은 신자유주의 물결에 공공

생산성의 향상으로 웅전하며 그 위엄을 상실하지 않았다. 정부가 시장
에게 안방을 내주지 않은 것이다.

우리는 여기서 현대정부의 가치를 다시금 발견하게 된다. 즉 정부는
사람들이 만들어 놓은 사회계약물로서(최연홍, 2001), 향후 정부에 대한
종합적 지식연구와 적절한 개혁조치를 동반한다면, 정부는 여전히 사
회협력의 중심(a center of social cooperation) 또는 사회적 지혜의 통합체
(synthesis of social wisdom)로 작용할 수 있다(Raadschelders, 2000). 정부
에게는 국가-사회 간의 중간적 위치에서 객관적 대안을 제시하는 중심
축으로서의 경쟁력이 잠재해 있는 것이다. 따라서 우리는 민간부문의
한계도 지적하며 그 장단점을 연구해 정부의 존재이유를 더욱 부각시
켜야 한다(조성한, 2001). 오늘날엔 시민사회의 성장으로 인해 비정부기
관, 비영리기관 등 시민단체의 관리도 정부활동의 주요 분야가 되고 있
다. 따라서 정부를 중심으로 한 관-민 간 협력관리(governance)능력의
개발도 절실하다(김판석, 2003).

제2절 **현대정부의 본질**

1. 무한책임 공공보험장치로서의 정부

현대정부가 한없이 커진 규모와 막대해진 권력에 비해 때로는 제 역
할을 못하면서, 시장과 시민사회의 일정한 역할을 국가정책과정에 반
영하기 위한 거버넌스라는 대안체제가 강조되고 있지만, 아직은 그것
이 완전히 행정을 대체할 수 있을 정도로 제도화, 보편화된 것은 아니

다. 또 현대정부는 많은 비난의 화살을 맞으면서도 공공문제 해결에 깊이 관여함으로써 국민에게는 하나의 '필수품' 같은 존재로 여전히 그 필요성이 인정되고 있다.

그리고 "한국은 아직도 행정국가"라는 분석도 나오고 있다(김진호 외, 2001: 34-35). 일례로 교육부의 한마디에 전국의 모든 대학교들이 학부제를 실시한다는 것이다. 이처럼 우리의 일상생활에 현대정부의 정책과 행정이 미치지 않는 곳이 없다. 정부는 아직도 실질적인 통치활동의 주체로서 존재하고 있는 것이다.

 사례 1-5 국민생활에 깊게 개입하는 '작동 중의 정부' 활동

정부가 작동하며 국민생활에 깊숙이 개입하는 예는 얼마든지 쉽게 발견된다. 작동 중의 정부의 미국 사례를 몇 가지 들어보자.

▷ A가정은 대도시에 살며 3자녀를 두고 있다. 이들은 모두 공립병원에서 출생했고 공립학교에 통학한다. 부모는 대중교통을 이용해 통근한다. 비록 개인 소유의 건물에 임대해 살지만 그들(공식 빈곤선 바로 위의 소득자)의 임대료는 연방정부가 보조해 주고, 그들은 공공도서관에서 책을 빌리고 공공치안 서비스를 받는다.
▷ B가정은 교외에 거주하며 취학 전 딸아이를 둔 편모로 구성되어 있다. 엄마는 매일 공공 고속도로를 달려 출근하며, 정부가 보조해 주는 데이 케어 센터에 딸을 등록했다. 자신도 주당 2일은 카운티 내의 공립 지역대학에 다닌다.
▷ C가정은 농장에 거주하며, 부모와 5명의 아이로 구성되어 있다. 그들의 농작물 판매는 연방보조를 받으며, 자녀 중 한 명은 장애인으로서 지역 교육구로부터 교육과 카운슬링 서비스를 제공받는다(Holzer & Callahan, 1998: 10).

오늘의 정부는 위의 사례들에서 보듯이, 국민 생활영역에 상당히 광범위하게 또 깊숙이 관여하고 있다. 이제 현대정부는 나라의 주인이자 국가권력의 위임자인 국민의 국정대리인(代理人)이자 수탁자(受託者)임

을 다시 한번 명심하고, 국민생활 증진에 대한 강한 책임감 아래 재차 그 본분을 다해야 할 것이다.

현대정부는 이런 점에서 언제 어느 때든지 가능한 모든 위험으로부터 국민을 책임지고 보호해 주어야 할 일종의 무한책임 보험장치(unlimited-liability insurance system)에 진배없다(King, 1975: 286; Etzioni-Halevy, 1983: 45).

사람이 살다 보면 화재, 도난, 교통사고, 질병, 상해 등 미래의 재난에 노출되기 쉬운데, 만일 그 재난이 닥치면 혼자서 복구하기는 매우 어렵다. 그래서 같은 위험에 노출되기 쉬운 사람들이 보험장치를 만들어 보험료를 내고 해당분야의 보험을 든다. 이와 마찬가지로 정부 역시 다수의 국민이 직면할 우려가 있는 많은 생활문제들을 책임지고 커버해 주어야 한다는 점에서 보험회사와 크게 다를 것이 없다.28) 물론 정부가 민간 보험회사보다 공공성이 훨씬 강한 보험장치가 되어야 함은 재론의 여지가 없다.

그렇다면 이제부터는 정부를 무한책임 공공보험장치로 개명(改名)해서 자신의 역할에 대한 보다 강한 책임의식을 갖게 하는 등 책임행정을 재강조해 나가야 할 것이다. 사람도 태어날 때 지은 이름이 마음에 들지 않으면 개명을 하고 그 새 이름에 걸맞게 행동하려고 노력하듯이 말이다.

내용 보태기 1-8 **무한책임 공공보험장치로서의 정부라는 말에 담긴 함의**

무한책임 보험장치라고 해서 정부가 국민의 모든 사적인 문제까지 다 책임져야 한다는 것은 물론 아니다. 사회제도나 경제구조가 잘못되어 다수의 국민이 직면하지만 혼자 힘으로는 감당하기 어려운 그런 구조귀인론에서 기인한 공공문제들에 대해서만은 정부가 보다 강한 책임의식을 가져보자는

---

28) 실제로 우리는 정부가 운영하는 정책이나 제도에 연금보험, 의료보험, 고용보험, 산재보험, 장기요양보험 등 보험이라는 단어가 들어가 있는 경우를 많이 본다.

것이다.

 그리고 또 한 가지 유의할 점은 무한책임 보험장치라고 해서 정부가 공공문제의 모든 것을 혼자서 다 해결해야 한다는 것을 의미하는 것도 아니다. 정부가 책임감을 갖고 국민의 공공문제를 놓치지 않되, 그 문제를 해결하는 데 있어 정부가 과욕을 부려 자신의 혼자 힘만으로 무리하게 추진하다가 실패하기보다는, 민간부문의 아이디어와 역량이 더 나을 때는 언제든지 그 힘을 빌리기 위해 관-민 파트너십 하의 거버넌스 구조를 슬기롭게 갖추는 것, 또 민간부문과의 상호작용에서 자신의 적절한 역할을 방기하지 않고 열심히 수행하는 것 또한 여기서 말하는 무한책임의 소임을 다하는 것으로 볼 수 있다.

 정부는 사회유지에 있어 최종 안전판(safeguard)이 되어야 하며, 그 역할은 불확실한 미래에 대비하는 것이다. 이를 위해 정부가 제공하는 공공재화와 서비스는 많은 경우 사회를 유지하는 보험과 같은 역할을 한다(송하중, 1994: 19). 여기서 국민이 내는 세금은 보험료이고, 정부가 국민에게 제공하는 재화와 서비스는 보험금과 유사하다.

 결국 정부는 국민의 위험을 책임 분산시키며 평소엔 보험료에 해당하는 세금을 알뜰히 관리하고, 국민의 위험이 발생할 경우에는 언제나 신속히 문제현장으로 달려가 피해를 최소화시켜 주고 복구해 주는 일종의 무한책임 보험장치이다.

 현대정부는 이러한 공공 보험장치로서의 무한대의 책임과 역할을 다하기 위해 약 36,000가지의 각종 기능을 수행한다고 한다. 즉 이미 사회문제가 곪아터져 시급히 그 대책을 마련해야 하는 대응적 접근 차원에서는 사회문제 치유자(social doctor) 및 공공서비스 제공자(public service provider)로서의 역할을 수행한다.

 한편 사회의 위험소지를 미연에 방지하고 미래에 더 나은 사회를 건

설하기 위한 예방적 접근 차원에서는 미래사회의 설계가(social designer)
로서의 역할도 수행해야 한다(김진호 외, 2001). 또 특정사안을 해결하기
위한 거버넌스 체제 하에서는 공공문제 해결을 위해 지역 내 공-사부문
의 사회자원을 총 집결시키고 체계적으로 연결시키는 정책 네트워크의
중심핵 역할과 공생산자로서의 임무도 최근 정부에 부가되고 있다.

표 1-7 현대 정부의 역할정체성

행정국가 하의 정부	공공보험장치로서의 social doctor(대응적 접근) / 미래사회의 social designer(예방적 접근)
거버넌스 하의 정부	공-사 부문 연결 및 사회자원 집결을 위한 networker / 서비스 공생산 과정의 co-producer

2. 현대정부의 바람직한 역할방향

그러나 우리가 시장의 한계나 시민사회 거버넌스의 미성숙을 이유로
현대정부의 존재가치에 너무 지나치게 함몰되다 보면, 다시 한번 '행정
국가의 망령'에 빠질 수밖에 없다. 따라서 행정국가로서의 권력남용을
막기 위해, 현대정부는 국정의 권한을 국민들로부터 위임받았어도 이
를 자의적으로 남용해서는 절대 안 된다.

정부는 참된 수탁자로서 국민의 요구에 귀 기울여 문제점을 적극 파
악하고 이를 완벽하게 해결해, 국민에게 이익을 최대한 배분하고 피해
는 최소화시켜야 할 역할을 부여받고 있다. 그것도 국민의 세금을 아껴
쓰면서 말이다.

따라서 현대정부의 바람직한 역할규범은 참여(more participation) 행
정, 고객지향(client-oriented) 행정, 생산적(more services) 행정, 능률(less
taxes) 행정이어야 한다.

이러한 몇 가지 규범을 소중히 준수하며 자신의 본분을 다하려고 노

력하는 정부만이 우리에게 참된 정부로서의 진면목을 보여 줄 수 있다.
왜냐하면 그런 정부는 참여적, 고객 지향적, 능률적, 형평적 행정의 실
천을 통해 국민의 삶을 책임지려는 무한책임 보험장치로서의 소임을
다하고 있기 때문이다.

제3절 공무원의 존재이유

1. 공무원이라는 직업의 생성적 의미

국민의 삶에 무한대의 책임을 지는 공공보험장치의 소속직원인 공무
원들은 어떤 사람들이고 또 어떤 존재가치를 갖고 있는가?

공무원이라는 직업에 대해 논할 때마다 느껴지는 한 가지 재미있고
도 의미심장한 사실은, 정부와 같은 공공부문에서는 그 종사자가 주인
이기도 하고 동시에 대리인이기도 하다는 점이다.

즉 정부의 구성원인 공무원은 나라의 주인인 바로 우리 국민 모두가
국정에 직접 관여하지 못하기 때문에, 국민 전체의 뜻을 잘 받들고 또
그것을 실행할 만한 능력과 의지를 갖춘 누군가를 우리들 중에서 뽑아서
정부 안에 들여보낸 우리의 대리인이다. 따라서 그들은 공무원이기도
하지만, 시민권의 과업을 수행하기 위해 동료 시민들에 의해 고용된 국
민의 한 사람, 즉 대표시민(representative citizen)인 것이다(Frederickson
& Chandler, 1997: 209-210).29)

---

29) 그렇기에 우리 주변의 공직자들을 자세히 살펴보면, 그들은 나와 완전히 무관한
일개 직업인이 아니라, 가깝게는 우리의 형제, 동료, 친지, 친척 중의 한 사람이며,

공무원은 이런 점에서 국정대리인이지만 주권자인 시민이기도 하다. 즉 낮엔 공무원 신분이지만 밤엔 '야간시민'으로서 동료 공무원들이 제공하는 공공서비스를 사용하는 또 하나의 서비스 수혜자이자 납세자이다. 우리는 여기서 공무원이라는 직업의 생성적 의미를 정확히 이해할 수 있다.

내용 보태기 1-9 공무원이라는 직업에 내재된 깊은 뜻

공무원은 국민을 대표하는 '대표시민'(representative citizen)이자 사익에 절대 지배당하지 않고 공익의 실현에 전념해야 하는 슈퍼시민(super citizen)이기도 하다(Frederickson, 1997).

그렇기에 공무원은 민간부문의 종사자들에 비해 사익과 경제적 유인보다는 공익과 사회적 후생 증대에 더 큰 관심을 가져야 하고, 또 이타주의적 희생정신과 정치적 봉사심에 입각해 정책과정에 참여하는 것을 즐기는 등 공공부문 특유의 동기부여요인(public service motivation)에 대응적인 사람이어야 한다(Perry & Wise, 1990; 이근주, 2005). 물론 이런 동기부여요인이 높은 사람들을 공무원으로 선발할 수 있는 공직채용제도가 중요함은 두말할 나위가 없다.

---

2. 공무원의 존재이유

공무원은 주권자인 국민의 대표로서 직업상 민간기업 종사자들과는 사뭇 다른 상황에 직면하게 되는데, 여러 학자들의 논의를 통해 이 점을 부연해 보자(Holzer & Callahan, 1998: 5).

먼저 Nalbandian & Edwards의 직업가치 비교조사에 의하면, 사

멀게는 동향인이나 문중의 한 사람일 수도 있다. 즉 공무원들은 나와 완전히 무관한 사람들이 아닌 것이다.

기업 종사자들은 능률 가치를 중시하는 반면, 공무원들은 공익 실현에 더 많이 동기부여되는 사람들이다. Cacioppe & Mock에 의하면, 공무원은 타인을 돕기 위한 서비스 제공, 자기계발과 자기충족(self-development & self-fulfillment)에 의해 동기부여되며, 사기업 종사자들보다는 복지, 교육, 실업 등의 문제와 사회적 형평성에 더 관심이 많다. Rainey, Backoff & Levine에 의하면, 공무원은 타인에의 봉사, 의미 있는 일, 권력 및 명예 등 내적 보상 동기에 의해 동기부여된다. 특히 광범위한 헌법상의 가치와 시민권 및 자유, 공적 위엄(integrity), 적법한 절차 존중 등의 공법정신이 공무원으로 하여금 국민을 위해 봉사하게 유도한다.

물론 세상의 모든 공무원들이 이런 동기부여요인에 입각해 행동하는 것은 아니다. 일례로 발자크의 『관료생리학』(1841)과 도스토예프스키의 작품을 보면, 직업관료 세계의 부정적인 단면들이 적나라하게 묘사되어 있다.

내용 보태기   1-10   발자크와 도스토예프스키가 묘사한 공무원세계의 부정적 단상

발자크는 "공무원은 먹고 살기 위해 봉급을 필요로 하지만, 직장 떠나는 자유를 스스로 포기한 자이다. 그들에겐 품의(稟議)하고 결재자료를 작성하는 능력만 있다. 고급 공무원은 정부에 도움이 되기보다는 정부를 자기에게 도움이 되도록 이용하는 데 능숙한 기술자이다. 관료들은 의무적으로 9시간 일하게 되어 있지만, 이 중 4시간 반은 잡담, 식사, 험담, 인사정보 교환, 눈치 보기로 근무시간을 보낸다. 보고서 꾸미기는 일종의 연기이자 책임회피 수단이다. 게으르고 무책임하고 거드름만 피우고 줄 대기에 바쁜 게 공무원의 전형이다"라고 말한다(김정길, 1998에서 재인용). 러시아의 문호 도스토예프스키 역시 "지난날 규정을 자꾸 들추며 민원인에게 안 된다고 떠들며 권한을 즐겼다"라고 자신의 과거 공무원생활을 고백하고 있다(윤성식, 2002에서 재인용).

그러나 실제로 많은 공무원들은 자신에 대한 부정적인 이미지와 적은 월급, 작업상의 여러 역경에도 불구하고, 고대 그리스 시대의 공직자 취임선서30)의 정신 아래 동료 시민들을 위한 봉사의 길을 택한다.

그들의 업적은 뉴스가 될 만한 가치도 없어 국민이 거의 인식하지 못하지만, 공직에 대한 그들의 헌신은 매우 심층적이다. 그러나 사기업보다는 돈을 덜 쓰며 일해야 하는 어려움도 있다. 한 사회복지요원의 다음과 같은 말이 이런 심정을 잘 대변한다.

> "우리는 기업처럼 호화로운 사무실을 갖고 있지 못하다. 또 민간 전문가들처럼 좋은 대접도 받지 못한다. 그러나 우리 사무실은 매우 전문적이다. 우리는 여기에 오는 모두를 잘 돌보아야 한다. 기업과 달리 우리는 고객을 고르고 선택할 수 없다. 그러나 나는 벌써 25년이나 이곳에서 밤낮으로 근무하고 있다"(Holzer & Callahan, 1998: 2).

흔히 미국경찰은 법의 화신, 영국경찰은 절대 총을 안 쏘는 시민의 친구, 일본경찰은 친절한 도덕교사에 비유된다. 또 영국의 시민헌장, 미국의 서비스기준, 유럽의 공공서비스기준 등 OECD 소속 대부분의 국가가 서비스 헌장을 실시한다. 반면 우리는 직업관료 지배적인 관주주의(官主主義)가 팽배해 있어, 향후 공무원들의 서비스 정신을 고취시키기 위한 제도개선과 행태혁신이 꼭 필요하다(김정길, 1998).

우리나라 공무원들이 공무원이라는 직업의 생성적 함의와 존재이유를 십분 이해할 때, 우리는 관주주의에서 빠져 나와 정부라는 무한책임 보험장치의 소속직원으로서 자기 임무에 전념하는 맑고 향기로운 공직자들을 행정일선에서 많이 발견할 수 있을 것이다.

---

30) 미국 시라큐스 대학교 맥스웰 스쿨에 새겨져 있는 이 선언에는 "우리는 끊임없이 공적 의무감을 소생시키며 이 도시를 돈이 덜 들고 더 위대하며 더 좋고 더 아름답게 전환시킬 것이다"라는 소중한 내용이 담겨져 있다.

내용 보태기 **1-11** **제자리 지키는 공무원, 행정 안정성 확보의 지름길**

2011년 11월 7일 현재, 벨기에에 정부가 없는 지 512일째이다. 2010년 6월 13일 총선을 치렀지만 연립정부 구성을 위한 정당 간 협상이 아직 최종 타결되지 않은 결과이다. 못 사는 남부 왈로니아(프랑스어권)와 잘 사는 북부 플레미시(네덜란드어권) 간의 지역 반목과 대립이 그 배경이다. 선거 결과는 언제나 칠분팔열이어서, 무지개 연정이 벨기에 정치의 트레이드마크이다.

그러나 어디에도 아나키즘의 무질서와 혼란은 없다. 모든 공공행정, 공공서비스는 정상적이고, 대중교통은 차질 없이 운행된다. 경찰차와 청소차도 분주히 거리를 오간다. 시민생활에 밀접한 업무는 연방정부가 없어도 별문제 없이 공무원들이 제자리를 지켜 혼란이 없다. 정책연합을 통한 연정(聯政)이 불가피한 정치구조이지만, 정권이 변해도 정책변경의 여지는 크지 않아 이런 현상이 나타난 것이다. 내각책임제의 덕도 있지만, 기본적으론 사회가 성숙하고 행정이 안정되어 있기에 가능한 일이다(배명복, "무지개 연정 벨기에 무정부상태 512일째, 아무 문제 없어요", 중앙일보, 2011.11.7자).

현대정부의 역할확대와
존재론적 과제들

제1절 현대정부의 역할 확대: 시장실패의 치유자

　자유자본주의 경제체제 하에서 시장(market)은 자원의 효율적 배분이 이루어지는 곳으로 전제되어 왔다. 신고전파 경제학자로 대표되는 시장주의자들은 시장이 완전경쟁의 상태에 있을 때 최적의 자원배분이 이루어진다고 본다.

　왜냐하면 보이지 않는 손(invisible hand)이라는 시장의 힘이 시장 내의 상충적 욕구를 조절하고 무질서한 혼돈상태에 균형이라는 질서를 부여함으로써, 개인의 사익과 사회의 공익을 조화시킨다고 보기 때문이다. 이들에게 있어 시장은 자율 규제적이고 자기 충족적인 메커니즘에 의해 균형상태를 유지하는 합리적 배분기제였다. 따라서 시장 안의 개인은 사회전체에 대한 파급효과를 고려할 필요 없이 자신의 사익을 추구하기만 하면 된다는 것이다(임혁백, 1992: 174-181). 시장에서의 가격이라는 자동조절장치에 의거해 자원의 합리적 배분이 이루어질 것으로 예상했기 때문이다.

그러나 시장은 공급자의 대규모 공급역량 부족과 서비스 가격책정에 있어 공급자 간의 담합, 횡포 등 시장기제의 불완전성 문제를 노정한다. 또 수요자의 구매력 차이에 따른 자원배분 결과의 불공평 등 시장기제의 비형평성 문제도 있다.

시장은 이런 2가지 측면에서 효율적 자원배분기제로서의 위상을 상실할 수도 있다. 이른바 시장실패(market failure) 현상이 나타나는 것이다(김항규, 1998: 74-84).

정부는 이러한 시장31)실패를 치유하기 위해 그 역할범위의 외연(外延)을 넓혀 나가야 한다. 즉 공급자의 수나 공급규모가 작아 시장을 통해서는 서비스의 공급이 시원하지 않을 때, 정부가 직접 국민의 생필품을 만들고 경제활동을 보완해 주어야 한다. 또 정부는 기업이 환영하지 않는 가난한 수요자들도 적극 지원해 주어야 한다. 여기서 우리는 행정의 존재론적 과제들과 정부의 역할방향을 보다 자세히 잡아낼 수 있다.

1. 공공재 생산을 위한 공기업 활동

시장에서의 수요는 수요자의 구매력(demand)을 전제로 해 성립된다. 그러나 국민의 삶에 불가피하지만 시장을 통해선 제대로 충족될 수 없거나 활발히 공급되지 못하는 재화와 서비스도 많다. 국방, 치안, 도로,

---

31) 물론 협의의 시장은 우리가 필요로 하는 물건을 사고파는 곳, 즉 재래시장뿐 아니라 동네 구멍가게, 슈퍼마켓, 편의점, 대형할인점 등을 말한다. 그러나 여기서의 시장은 이러한 협의의 개념에 해당하기도 하지만 그것을 넘어서는 곳으로 해석해도 좋다. 즉 우리가 일하고 살아가는 곳, 그렇기에 거기서 필요로 하는 물건이나 인력을 사기도 하고 팔기도 하는, 말하자면 우리들 사회경제적 행위가 이루어지는 장소이자 우리네 삶의 터전 같은 곳으로 시장을 이해해도 무방하다. 그렇다면 시장은 사적 영역, 민간부문의 또 다른 표현이라고 볼 수 있다.

내용 보태기 1-12 공공재에 속하는 것들

공공재에 가장 잘 해당하는 것이 바로 공기(air)와 등대이다. 예컨대 내가 지금 이곳에서 숨을 쉰다고 해서 같은 곳에 있는 다른 사람이 숨 쉴 공기가 완전히 없어지는 것은 아니다. 또 내가 세금을 체납했다고 해서 하느님이 나에게서만 대지의 공기를 빼앗아가지는 않는다.

등대 역시 대표적인 공공재인데, 어떤 배가 등대의 불빛을 보고 뱃길 안내를 받았다고 해서 다른 배들이 그 등대의 혜택을 전혀 못 받는다고 말할 수 없는 점에서 공동소비가 성립된다. 또 등대 부근을 항해하는 배는 어떤 배라도 별도의 요금을 내지 않아도 등대의 불빛 혜택을 받을 수 있다는 점에서 비배제성의 조건도 만족시키는 재화이다.

공공재와 그 반대개념인 사적재(私的財)는 군대와 사설경비원의 비교를 통해 차이가 보다 분명해진다. 군대는 그 나라 국민이면 누구나 다 외적의 침입으로부터 지켜 준다. 또 군대는 대개 일정지역을 기본단위로 해 작전을 수행하기 때문에, 내 이웃이 외적으로부터 보호를 받았다고 해서 내 집이 군대에 의해 보호를 받지 못하는 경우는 발생하지 않는다. 반면 사설경비원은 일정액을 지불하고 계약한 집만 지킬 것을 원칙으로 하므로 대조적인 사적재이다(고바야시, 이호동 역, 1997).

공중위생, 전기, 수도 등 흔히 공공재(public goods)32)라고 불리는 것들이 이에 해당된다.

공공재는 왜 시장에서 활발히 공급되지 못하는가? 그것은 공공재의 비경합성과 비배제성 때문이다.33) 여기서 비경합성은 어느 한 사람이

---

32) 국방과 치안서비스가 순공공재인 반면, 전화, 통신 서비스는 사유재의 유사 속성이 있는 준공공재이다(김승욱 외, 2004).

33) 한편 public goods를 공공재보다는 공개재로 번역해야 한다는 의견이 있다(배득종, 2001). 예컨대 우리는 비배제적, 비경합적 성격의 재화들로서 TV 전파, 학술지에 발표된 지식, 공개된 S/W, 한산한 국도, 국경일의 불꽃놀이 등도 들 수 있다. 반면 서울대학교는 고도로 배제적, 경합적인 재화이다. 한편 멋있는 스포츠카는 사유재이지만, 이를 바라보는 것은 비배제적, 비경합적이다. 같은 맥락에서 민간기업의 문화사

일정량의 재화를 소비하는 것이 같은 재화에 대한 타인의 동일량 소비를 전혀 방해하지 않는 것, 즉 공동소비의 성립을 의미한다. 한편 비배제성은 어떤 소비자가 구매력이 없다고 해서 그 사람이 소비에서 완전히 배제되지 않는 것을 말한다(Ostrom & Ostrom, 1977).

따라서 공공재는 그 성격상 요금을 내지 않아도 이익을 향유할 수 있는 무임승차자(free rider)의 문제를 발생시킨다. 공공재는 기본적으로 비경합성도 지니므로 다수의 공동소비를 충족시킬 만큼 공급규모도 매우 커야 한다. 하지만 아래의 표에서 보듯이 아무리 월드 클래스 급의

표 1-8 대기업집단 고용현황(2017년 말 기준) (단위: 명)

구 분	인 원
LG	127,601
삼성	190,886
현대자동차	156,433
SK	50,653
롯데	56,591
신세계	41,786
두산	16,175
한진	22,816
KT	46,512
현대중공업	26,031

출처: CEO Score(http://www.ceoscoredaily.com)에서 참고.

업, 친절한 사람, 옆집 화단도 유사하다. 결국 상기한 예들은 public goods는 민간부문에서도 얼마든지 생산될 수 있다는 얘기이다. 따라서 공공재에 대한 정의를 굳이 비배제성, 비경합성에서 찾는다면 이를 공공재보다는 공개재로 번역해야 맞다는 것이다. public은 '공개된'이라는 의미를 갖기 때문이다. 예컨대 public place는 공개된 장소이다. 한편 공유재는 비배제적이지만 경합적인 재화로서, 정부의 예산지원, 공무원 정원, 보조금, 어족(魚族) 자원, 깨끗한 물, 쾌적한 교통 등이 이에 해당된다. 그러나 여기서는 용어상의 혼동을 피하고 통일을 기하기 위해 그간의 통용어인 공공재라는 말을 계속 사용한다.

유수한 기업집단(재벌)들일지라도 전 국민이 필요로 하는 공공재를 한 재벌그룹이 다 생산하기엔 피고용인 수와 재무구조 등 공급규모 면에서 한계가 있다.

　이윤을 추구하는 기업의 입장에서는 공공재를 활발히 공급하려고 하지 않는다. 민간이 공급하기엔 규모가 너무 크고, 설사 애써 공급해도 무임승차의 소지가 크기 때문이다. 따라서 시장 내의 기업을 통해선 공공재가 활발히 공급될 수 없다.

　공공재는 이런 속성 때문에 정부(또는 공기업)에 의해 공급되어야 하며,

내용 보태기　1-13　공기업의 민영화에 대한 논쟁

공기업은 국가 또는 공공단체가 공익을 추구하기 위해 출자(出資)하고 관리하는 기업적 성격을 가진 조직체를 말하며, 정부기업, 국영기업체라고도 불린다.

　최근 일부 공기업의 방만한 체제와 운영상의 비효율성 때문에 공기업의 민영화 논의가 활발했다. 흔히 공기업 민영화의 찬성근거로서, 통신, 전력 등의 네트워크 산업 관련 기술발달로 인해 민영화가 가능해진 점과, 민영화에 따른 능률성 제고 및 세입 확대, 또 외국인 투자유치과정에서 첨단기술을 이전받고 선진 경영기법의 도입이 가능하다는 점 등이 제기된다.

　그러나 공공재의 비경합성과 비배제성 때문에 모든 공기업이 전부 민영화될 수는 없다. 특히 철도, 발전, 가스 등 핵심 사회기간시설이 민영화될 경우 공익이 침해될 우려가 있다(김승욱 외, 2004). 일례로 런던철도는 민영화 이후 철로보수작업이 원하지 않아 사고가 잇따랐고, 중남미 나라들은 물 산업 민영화 이후 물값 폭등으로 곤욕을 치렀다. 따라서 공공성이 상대적으로 약한 분야의 공기업은 민영화를 적극 고려해 보되, 공공재적 성격이 강한 사업을 취급하는 공기업의 경우엔 민영화보다는 전문경영인의 고용위촉과 경영성과 측정관리방법 등을 통해 그 생산적 운영을 적극 도모해 나가는 방향을 모색해야 한다. 이 외에도 공기업조직 활성화, 경영 합리화, 지배구조 개선 등 여러 가지 민영화 대체방법이 있을 수 있다.

여기서 정부의 존재이유가 발생한다. 정부는 국가경제상 민간자본의 부족을 대신 충당해 주는 차원에서, 공공재를 생산하기 위해 공기업 (public enterprise) 활동을 수행한다. 실제로 여러 나라에서 전기, 수도, 가스, 도로, 전신전화 등을 공기업 형태로 운영하고 있다(민진, 1995: 203-205).

2. 시장의 외부 불경제성에 대한 규제

외부성(外部性; externality)은 한 사람의 경제행위가 의도하지 않았는데도 다른 사람에게 경제적으로 이득이 되거나 피해를 입히는 현상을 가리킨다(Weimer & Vining, 1989). 실제로 경제현상 속에는 행위자들의 경제행위로 인해 외부성이 적지 않게 나타난다.

일례로 고속도로 건설이 의도하지 않았는데도 도로가 지나는 지역의 고용 및 소득증대를 가져오는 경우(외부 경제성; 사회적 편익)도 있고,34) 한 지역 내의 공장설치가 의도하지 않았는데도 그 지역의 환경오염을 유발해 지역주민들에게 큰 피해를 주는 경우(외부 불경제성; 사회적 비용)도 있다. 이 외에도 비행기가 날아다니는 항로 아래 동네 주민들의 비행기 소음문제도 외부 불경제성의 대표적 예이다. 국제적으로는 월경(越境)성 환경오염이 대표적 예이다. 일례로 영국과 독일의 공업화로 인한 스웨덴 지역의 산성비와, 최근 우리나라를 괴롭히는 미세먼지 문제 중 일부가 중국 때문에 발생한 것이란 점도 그 예 중 하나이다.

여기서 특히 문제가 되는 것은 외부 불경제성이다. 무한책임 공공보험장치로서의 정부는 이런 외부 불경제성이 발생할 때, 피해를 입힌 가해자 측에 적극 규제를 가해 피해자의 손해를 보상하게 하거나 피해의 재발을 막는 역할을 적극적으로 수행해야 한다.

---

34) 양봉업자의 양봉행위가 인근 과수원에 미치는 긍정적 영향도 외부경제성의 예이다.

외부 불경제성이 발생할 경우, 이에 대한 정부의 구체적 전략으로는 외부성 발생금지, 격리, 기준설정(예: 공해감축 목표량 및 목표율의 달성), 규제 등 다양한 방법이 있을 수 있다. 한편 지원, 과세 및 부담금 설정, 오염배출권 거래제도도 이용할 수 있다. 예컨대 사립대학의 벽을 허무는 대신 조경비용의 일부를 지방정부가 지원해 주어 대학 캠퍼스를 지역주민과 공유하도록 하거나, 공해를 배출하는 공장 인근에 사는 주민들의 세탁비, 의료비 증가 문제에 정부가 개입해 공장으로 하여금 공해배출을 금지하게 하거나 범칙금을 부과하는 것 등이 이에 해당된다(김승욱 외, 2004: 35-36).

3. 독과점 규제

자유자본주의 체제 하에서는 약육강식의 논리가 전개되기 쉽다. 즉 많은 자원을 가진 대기업이 자본, 노동, 기술 등의 생산요소 측면에서 열악한 중소기업을 누르고 시장을 독과점하기 쉽다.[35] 이렇게 되면 시장에서의 가격은 더 이상 합리적인 자원배분장치가 되지 못한다.

왜냐하면 특정상품의 공급을 독과점하는 대기업들이 제한된 경쟁 하에서 의도적으로 공급량을 조작해 가격을 인상시키기 쉽기 때문이다. 그리되면 소비자들은 울며 겨자 먹기 식으로 비싼 가격으로 특정상품을 구입할 수밖에 없다.

다수 국민의 이익을 책임져야 하는 무한책임 공공보험장치로서의 정부는 서민경제의 안정이라는 차원에서 시장의 독과점 상황을 규제해

---

[35] 통계청의 통계개발원이 발표한 『우리나라의 산업집중 및 시장구조 실태분석 보고서』에 의하면, 상위 100대 기업이 전체 매출액의 30% 가량을 차지하는데, 특히 광업 및 제조업 부문 제품 중 23.5%는 독점형 시장(1개사 점유율이 50% 이상)이었고, 11.6%는 과점형 시장(3개사 점유율이 75% 이상)으로 집계되었다. 즉 1,887개 품목 중 23.5%인 444개 품목이 독점형이고, 11.6%인 219개 품목은 과점형 시장이다.

물가안정을 도모해야 한다. 또 기업의 가격이나 산출량을 규제하는 등 적극적 행정조치에 의해 독과점기업의 부당한 행동을 통제함으로써 자원배분의 최적화에 접근해 나가야 할 것이다.

4. 약한 시장기제를 돕기 위한 경제적 지원 및 조장

우리는 경쟁력이 있는 좋은 기술과 아이템을 개발하고도 대량생산을 위해 필히 요구되는 생산자본이 없어 무더기로 도산하는 약체 중소기업들을 많이 목격한다. 이렇게 되면 그 기업에 종사하던 많은 사람들이 졸지에 실직하게 되고 그 가족들은 생활고에 직면한다. 정부는 이들 중소기업을 경제적으로 지원해, 도산에 따른 많은 문제들을 방지하는 '경제 지원자'로서의 역할을 할 필요가 있다.[36) 예컨대 혁신형 기술과 아이디어를 가진 스타트 업 기업에게 초기 창업자금을 지원해 주거나, 젠트리피케이션으로 인해 소중하게 일군 삶의 터전을 불가피하게 떠나가야 하는 소상공인들에 대한 장기 안심상가 지원, 소상공인 상가매입 지원 등이 경제 지원자 역할의 예이다.

개발도상국의 경우에는 특히 민간자본이 열악해 경제 활성화에 지장이 많다. 이런 경우 정부가 나서서 경제성장을 주도하며 국내 기업들이 본궤도에 오르도록 다각도에서 지원·조장해야 한다. 이런 맥락에서 Evans(1979: 216-226)는 급속한 산업화를 추진하기 위한 개발도상국의 자본축적 기능으로서, 토착자본의 취약성에 따라 하부구조적 생산을 직접 선도하는 '기업가'적 역할과, 국내자본가를 지원하며 산업화를 추

---

36) 자유자본주의가 가장 발달된 미국사회에서도 정부의 중소기업 지원기능은 예외가 아니다. 미국 연방정부는 이를 수행하기 위한 전담조직체로서 중소기업청을 두고 있다(Stillman II, 김번웅·김동현·이홍재 역, 1992: 52). 우리나라에서도 중소기업 지원의 전담조직으로서 중소기업청을 1996년에 신설한 바 있다. 중소기업청은 이후 2017년에 중소벤처기업부로 승격되었다.

진하는 '지원자'적 역할을 강조한다.37)

정부의 경제조장 활동은 개발도상과정에서만 있는 것은 아니다. 경제성장을 신속히 이룬 우리 사회에서도 종종 경제가 어려울 때 정부의 경기부양책 발표를 듣는다. 즉 경기침체를 막고 생산적 부문에의 투자와 조업률을 높이기 위해 시중에 돈을 풀고 공장의 전기료, 수도료를 깎아 주는 등 정부의 의도적인 경제조장책이 나타난다. 1996년에 전개된 '국가경쟁력 10% 제고운동'이 그 대표적 예이다. 2009년의 4대강 정비사업도 건설 카르텔의 경기부양을 위해 정권 차원에서 결정된 공격적 공공 프로젝트였다(제임스 카드, 2010). 2020년 코로나19 사태로 인해 지역경제가 얼어붙고 영세 자영업자들이 실제로 큰 타격을 받자 지역경제 활성화 차원에서 지급된 재난긴급지원금 등도 정부의 경제 조장활동의 비근한 예이다.

정부의 경제조장 정책이 공업부문에만 해당되는 것은 아니다. 흔히 농산물은 보관하기가 어려워 농민들이 생산비의 일부라도 건져 보려고 손해를 무릅쓰고 작물을 시장에 싸게 내다 팔므로, 풍년이 오히려 농부들에게 큰 손실을 가져다준다고 한다. 우리는 이를 '농부의 역설'이라고 부르는데(김승욱 외, 2004: 304), 여기서도 생산비 보조 및 판로확보 등 정부의 경제조장 활동이 요구된다.

5. 시장의 비형평성을 치유하기 위한 사회적 지원 및 이익중재

시장에서는 가격을 지불할 용의와 지불능력이 있는 사람만이 자유롭다. 구매력(demand)이 있는 사람만이 시장을 통해 생활에 필요한 물품을 구입하거나 서비스를 향유할 수 있기 때문이다.

---

37) 개발연대 하의 우리 정부는 시장에 개입해 정책금융, 세제감면, 수출장려제도 등을 적극 활용하며 민간기업을 도왔고, 해외시장에서의 상품판로 개척에까지도 깊이 관여해 왔다. 따라서 우리 정부는 '한국주식회사'로 불리기도 했다(김진현, 1978).

불행하게도 사회구성원들 중에는 구매력이 없는 사람들도 적지 않다. 아동, 노후 대비능력이 없는 노인층, 직업이 없는 여성, 심신 장애우 등이 바로 그들이다. 물론 이들의 경우도 가족 내 다른 구성원이 이들을 부양할 능력이 충분히 있는 경우에는 시장에서의 구매에 별 지장을 받지 않을 것이다. 그러나 그렇지 못할 경우 이들은 단지 구매력이 없다는 이유만으로, 시장을 통해서는 인간으로서의 최저한의 생활에 필요한 생필품조차 얻을 수 없다. 이른바 경제활동 자유의 사각지대(死角地帶)에 놓이게 되는 것이다.

시장은 보편적 인간의 필요(need)에 대응하는 것이 아니라, 소비자의 구매력에 의해 측정되는 수요(demand)에만 대응하는 비형평적 배분기제에 불과하다. 따라서 시장은 빈자의 결핍과 필요에 무관심하는 등 사회정의를 보장하지 못하는 윤리적 결함을 근본적으로 내재한다.

시장을 통한 배분이 공정하지 못할 때, 시장에서 결정된 가격은 사회후생의 적절한 표현물이 될 수 없다. 즉 아무리 사회후생의 총합(總合)이 높아도 시장 안의 한 이득자가 다른 손실자에게 보상해 주는 사회적 메커니즘이 결여될 때, 특정집단의 이득은 다른 집단의 손실에 의해 정당화될 수 없는 것이다(Moore, 1981: 16-17).

내용 보태기 1-14 국가라는 '보이는 손'

국가주의자들은 시장이 수행할 수 없는 재배분 문제를 해결해 주는 대표적인 비시장적 사회기구로서 국가를 등장시킨다. 국가는 다른 경제조직과 달리 보편적 회원제(membership)와 강제력을 갖고 있어 세금을 부과할 수 있고 거래비용을 감소시키며, 공공재의 공급에 있어 무임승차를 제재할 수 있다. 따라서 이들은 시장의 보이지 않는 손이 이기적 추구라는 사적인 악을 사회복지의 극대화라는 공적인 덕성으로 바꾸는 데 실패할 때, 국가라는 보이는 손(visible hand)이 이에 효과적으로 대처할 수 있다고 본다(임혁백, 1992).

　무한책임 공공보험장치로서의 정부는 경제제도 및 사회구조의 미흡한 점을 치유하고 국민에게 인간다운 생활을 보장하기 위해, 시장에서의 자원배분 결과를 누진세 등의 계층 간 소득이전 형태로 재배분함으로써, 복지서비스의 제공에 들어가는 돈을 만들어내 사회경제적 약자들의 생활을 적극 지원해 주어야 한다. IMF 이후 우리 사회에서 그 필요성이 크게 강조된 바 있는 사회안전망(social safety network)의 구축이 그 한 예이다.

 사례 1-6 행복한 사회를 만드는 덴마크의 사회안전망

덴마크에서는 사람이 태어날 때부터 개인 주치의가 배정되고, 보건 의료비와 대학까지의 교육비가 무료이다. 교육과 의료의 사회화를 통해 사람들이 자기 인생을 스스로 설계하며 멋진 삶을 영위할 수 있도록 기초보장제도가 잘 마련되어 있다. 교육과 보건, 의료라는 생명의 그넷줄(trapeze)이 생애주기상 적시에 나타나 튼실하게 유지되면, 사람들은 자기 노력 여하에 따라 아주 풍성하고 행복한 삶을 설계할 수 있다. 덴마크는 실직자에게도 2년간 월급의 90%에 해당하는 실업자 보조금을 주고, 2년 뒤에는 실업자 보조금의 70%에 해당하는 생활자금을 제공한다. 이는 실직이라는 인생의 나락에 떨어져도 크게 다치지 않고 몸을 추스를 수 있는 사회 안전망(safety net) 같은 것이다. 실직후 2개월 뒤부터는 일자리 계획을 세우고 직업 재훈련을 체계적으로 받는 등 일자리알선제도의 적극적 도움을 받는다. 이는 바로 실업자가 인생에 재도전하는 데 요구되는 도약대(trampoline) 같은 것이다. 덴마크에서는 기초보장제도와 사회 안전망이 든든하고 사람들이 그것을 피부로 느낄 수 있다. 그러니 부자들도 소득의 50%를 세금으로 내는 것에 불만이 없고 세금 내는 것을 아까워하지 않는다. 혹시 자신이나 자손에게 예기치 않은 불행이 닥쳐도 언제든 재도전할 수 있는 든든한 복지망 혹은 사회안전망 안에 사람들이 모두 들어가 있을 수 있기 때문이다(오연호, 2014에서 발췌).

　시장기제의 비형평성 문제는 이에서 그치지 않는다. 자본주의 경제체제 하에서는 경제활동 능력이 있는 사람들조차도 다음과 같은 생산

요소의 역학관계 때문에 시장에서의 구매에 제한을 받는 경우가 적지 않다.

자본주의 하에서 노동이라는 생산요소는 자칫 보호받기 어렵다. 노동자들이 생산이익 배분의 불평등에 저항할 때 자본가는 이들을 얼마든지 대체시킬 수 있기 때문이다. 대체인력은 노동시장이나 인력시장에 가면 지천으로 깔려 있다. 반면 자본이라는 생산요소는 상대적으로 희귀하다. 따라서 노동자, 농민은 노동에 상응하는 대가를 지불받지 못하기 쉽고, 이로 인해 시장에서의 구매력이 상대적으로 높지 못하다.

정부는 이를 방치할 것이 아니라 노사분규의 중재, 조세형평책 등 경제정의 지향적 조치를 통해 배분의 불평등 상황을 해결함으로써 사회경제적 약자들의 구매력을 확보해 주는 사회적 지원자 및 이익중재자로서의 역할을 수행해야 한다.

Self(1985: 166-171)는 오일쇼크 이후 시장철학(market philosophy)에 입각한 작은 정부(small government) 추세가 1980년대의 지배적 패러다임으로 강조되었으나, 시장제도의 불평등으로 인해 형평적 할당을 위한 사회서비스의 강화가 재차 강조되어야 할 필요성을 지적하고 있다.

실제로 각국 정부의 역할 중 산업화과정을 거치며 지속적으로 확대되어 온 분야는 시장기제의 비형평성을 보완하는 것들이었다. 경제규제, 교육, 환경, 보건, 복지 등이 바로 그런 기능들이라고 할 수 있다.38)

---

38) 일례로 미국의 경우 농무부, 상공부, 내무부 등은 19세기와 20세기 초에 생긴 데 비해, 보건후생부, 주택도시개발부, 교육부, 환경청 등은 20세기 중반 이후 설립되었다(송하중, 1994: 16).

표 1-9 시장기능과 정부기능의 비교

구 분	시 장	정 부
별 칭	보이지 않는 손	보이는 손
수단, 신호	가격	법, 규제, 명령
문 제	시장실패	정부실패
부 문	민간	공공
주요구성원	소비자 등 가계, 생산자 등 기업	중앙정부, 지방정부, 공공단체
행위동기	소비자는 효용 극대화, 기업은 이윤 극대화	사회후생의 극대화
참여방식	자발적	강제 집행
경제 개념	무수한 시장의 집합체	소수에 의한 지배, 불공정 게임이 가능한 곳
균 형	무수한 구매자, 판매자	개입, 규제로 시장기능 회복, 유지
효율성	시장을 통한 분배가 가장 효율적임	시장실패에 대한 정부의 개입으로 효율성 제고
역 할	자율적 조정기제	심판자, 조정자, 중재자인 정부

출처: 김승욱 외(2004: 54).

제2절 현대정부의 존재론적 과제들과 역할범위

지금까지 시장실패를 치유하기 위한 정부의 시장 개입근거를 공공재생산, 규제, 지원, 조장 및 이익중재라는 각도에서 살펴보았다. 이는 현대정부의 역할이 과거의 야경국가처럼 사회질서 유지에 한정되어 있는 것이 아니라 무한책임 보험장치라고 불릴 만큼 그 역할이 커지고 다양해지고 있음을 말해준다.

King(1975: 288)의 말처럼, 옛날에 사람들은 하느님에게 세상의 질서를 간구하였다. 이후엔 시장이 모든 걸 해결해 주길 바랐다. 그러나 이제 인간은 정부에게 그 역할을 기대하고 있는 것이다.

야경(夜警) 및 사회질서 유지자로서의 최소한의 역할에서 시장실패 치유자로서의 역할까지 확대된 현대정부의 존재론적 과제들과 역할범위를 유형화시키면 다음과 같다. 현대정부의 과제를 거시적 차원과 중범위 차원, 그리고 미시적 차원으로 나누어 설명해 보자. 우리는 이를 통해 국민의 생활문제가 구체적으로 무엇이며, 정부는 이를 해결하기 위해 어떤 정책들을 문제해결방침으로 구상해야 할지 이해할 수 있다.

1. 세계화 시대의 정부기능 분류: 거시적 국가발전전략 차원

1) 국부(國富)의 신장

지구촌 사회, 지구촌 경제로 표현되듯이, 세계경제의 상호의존 경향은 얼핏 보면 국가 간 무역경쟁을 배제하는 것처럼 보인다. 그러나 그 이면을 자세히 들여다보면, 아래의 사례처럼 현 지구촌 경제가 오히려 국가 간에 치열한 무한경쟁을 촉발시키고 있음을 알 수 있다.

 사례 1-7 지구촌 경제의 무한경쟁 논리

일본의 기업이 기획하고 이태리에서 디자인한 상품이 중국에서 생산되어 전 세계에서 판매될 수 있는 것처럼(삼성경제연구소 편, 1994), 세계경제는 급속하게 하나로 통합되고 있다. 따라서 단일한 국제 무역규범이 필요하다는 논리 하에 후발국들에게 끊임없이 시장개방을 강요하는 선진국들의 전략적 공세주의와 통상압력이 드세다(문정인, 1996). 또 인건비가 싸고 시장성이 높은 타국에 아예 해외법인을 두고 그곳에서 상품을 생산, 판매하는 생산기지의 해외이전 현상과 국내 공장의 공동화(空洞化), 또 각국에서

치열하게 전개되고 있는 과학·기술경쟁 등은, 세계화 시대의 국가간 무한경쟁을 생생히 보여 주는 직접적 사례들이다(이도형·김정렬, 2019: 343-346).

따라서 타국과의 경제전쟁, 기술전쟁에서 이길 수 있는 힘, 즉 국가경쟁력을 키우는 것이 세계화시대를 살아가고 있는 우리에게 하나의 정언명령(定言命令)으로 다가온다(김상균, 1996: 27). 실제로 한국경제는 고효율의 선진국과 저비용의 후진국 사이에서 너트 크래커(nut cracker; 호두 까는 도구)에 끼여 압살되고 있는 호두의 운명에 처해 있다는 비판마저 제기된 바 있다(성경륭, 1998: 41). 이는 우리가 중저가 품목에서는 중국 및 제2 신흥공업국들의 추격에 경쟁력을 상실하고, IT와 가전제품 등을 제외한 여타 고부가가치 품목에서는 선진국 시장을 쉽게 파고들 수 없는 기술적 한계를 노정하고 있음을 보여준다.

무한의 기술전쟁, 경제전쟁을 강조하는 현 세계화는, 우리에게 경제위기에서 살아남는 경제적 생존능력, 특히 고부가가치의 첨단상품을 만들어 해외시장의 점유율을 신장시켜 나가기 위한 수출경쟁력을 요구한다.

수출경쟁력 강화를 통한 국부 신장은 국가발전의 물적 토대를 강화시켜 주고 국민생활의 물적 수준을 향상시켜 주므로, 우리 국가발전전략의 매우 중요한 부분이라고 할 수 있다.

2) 국질(國質)의 제고

세계화 시대에는 국부의 신장에 못지않게 '나라의 질', 즉 국질을 갖추는 것도 중요하다. 근대화 시대에 국가의 목표가 부국강병에 있었다면, 세계화 시대에는 부민안국(富民安國)에 초점을 맞추어야 한다는 것이다(세계화추진위원회 편, 1995; 김중웅, 1997). 또 세계화시대에는 경제대

국, 문화대국, 군사대국, 스포츠강국이라는 말은 퇴색하고, 일류 선진
국, 이류 후진국 등 국가의 제 부문에 대한 총체적 평가만이 존재한다
는 주장도 있다(김진현, 1996; 이한구, 1995). 그렇다면 세계화는 어떤 근
거에서 국질이라는 색다른 과제를 우리에게 제기하는가?

무한경쟁이 치열해지고 유연적 생산체제 확립과 공장 자동화 등 생
산 합리화를 위한 자본의 공세가 전면화되면서, 특히 산업구조조정 과
정에서 사양산업 근로자들은 대량실업의 위기에 놓일 수 있다. 시장논
리를 앞세우는 세계화 시대의 신자유주의적 개혁은, 생산자원을 소유
하지 못한 사람들의 생존기회를 박탈하고, 나아가 하나의 국민을 두 국
민(부자와 빈자)으로 분열시켜, 범죄·빈곤·실업문제 등 다양한 사회비
용을 유발시킬 소지가 있다(임혁백, 1996: 123-127).

무한경쟁식 세계화의 이러한 이면은 결국 '정의로운 사회' 건설이 세
계화의 주요 전제임을 말해 준다. 정의로운 사회만이 사회 안정과 사회
통합을 궁극적으로 보장해 주기 때문이다(김성한, 1996: 361-362). 따라
서 우리는 사회경제적 약자들을 보호하기 위한 국내 보상기제를 철저
히 준비해야 한다.

자본과 기술의 이동이 자유로운 세계화 시대에서 가장 중요한 경쟁력
원천은 미래의 양질의 노동력, 즉 인적 자본(human capital)인데, 이것
또한 정부의 인력개발정책과 내실 있는 교육제도 및 보건제도 운영, 재
분배정책의 지원 없이는 절대로 확보될 수 없다(이내영, 1996: 398-399).
이제 우리는 기존의 경제결정론에서 벗어나 인간안보(human security)나
복지서비스 등 국질의 문제를 최우선과제로 설정해야만 하는 시대적 당
위성을 깨닫고, 국민 삶의 질을 개선시켜, 장기적으로는 경제적 효율성
도 함께 강화해 나가는 길을 모색해야 할 것이다.

3) 국격(國格)의 완비

20세기 말의 세계사적 경향인 전지구화 현상은 우리에게 나라로서의 격조, 즉 '국격' 갖추기의 필요성 또한 제기하고 있다. 현재 국민국가 개념이 약화되면서 범지구적 가치와 협력적 관행이 확산되고 있다.

그 이유는 향후 인류의 생존을 위협하는 환경오염, 생태계 파괴, 과잉인구, 일부지역의 절대빈곤, 국지적 분쟁, 핵문제, 다국적기업의 부정적 행태 등 범지구적 차원에서 다루어야 할 국제 문제들이 많아지고, 이에 따라 지구촌의 생존과 건강을 위해 국가 간 협의와 협조가 불가피해지고 있기 때문이다(남덕우, 1996: 22).

결국 세계화는 국가 간 경쟁(competition)이 치열해지는 동시에 국제 협력(cooperation)과 상호분업이 정착되는 또 하나의 과정이다. 신 세계 질서(new world order) 하에서 기존의 지방편협주의(parochialism)는 그 설 땅을 잃고 있다. 이제 많은 국제문제들의 해결은 국제적 정책결정망을 통한 범세계적 기반 위에서 이루어질 것이다(Caiden, 1991).

최근 우리는 그간의 경제력 증진에 힘입어 OECD에 가입했다. 그러자 국제사회에서의 비중 있는 역할을 잘 소화해 내는 모범국이 되어야 한다는 국내외의 목소리가 높다. 이는 우리가 격조 높은 나라를 만들기 위한 국격 완비에 진력해야 함을 말해 준다. 따라서 국제사회의 협력자가 되기 위한 타국과의 공존전략이 국가발전의 기본원리로서 시급히 자리 잡아야 한다(이도형·김정렬, 2019: 348).

2. 정부의 활동영역에 의한 분류: 중범위 차원

지금까지의 논의가 국가발전전략 차원의 거시적 논의로서 다소 대외 지향적이고 추상적인 정부과제를 든 것이라면, 이제부터는 국민생활문제와 직결시켜 좀 더 가시적이고 실제적인 정부의 과제들을 살펴보자.

먼저 행정이 추구하는 목적과 활동영역을 중심으로 중범위 차원의 정부 역할범위를 살펴보자.

1) 사회안정화 기능(social stabilization function)

정부는 대내적으로는 법과 질서의 유지, 공공사업, 징세 등을 수행하며, 대외적으로는 외교·국방의 업무를 수행한다. 이는 정부의 가장 고전적 기능으로서 사회질서와 사회제도를 유지, 안정시키는 것을 주목적으로 한다. 따라서 사회안정화 기능은 주로 법집행, 관리, 통제기능적 성격을 띠고 있다.

2) 국민형성기능(nation building function)

오늘날 정부는 국기, 국가 등 국민적 상징(national symbols)을 통해 국민 일체감을 높이고, 지역적, 정파적 이익보다는 공익을 우선시함으로써 국가의 공동목표에 대한 국민의 지지와 국민적 통일성(national unity)을 촉진시킨다. 또한 교육, 종교, 문화활동에 대한 적극적 지원을 통해 국민의 주체의식을 고취시킴으로써 국민 사회화(nation socialization)에도 기여한다.

3) 경제관리기능(economic management function)

비록 정도상의 차이는 있으나, 어느 국가를 막론하고 정부는 국민경제의 변동에 대한 지도와 관리의 책임을 맡고 있다. 특히 개발도상국에서는 정부가 경제발전의 주도적 역할을 담당하고 있다. 정부가 수행하는 경제관리기능으로는 민간부문에 대한 보조금, 기술 제공 등 원조, 국민경제 규제, 공기업을 통한 공익사업 운영, 국민경제에 대한 기획과 안정화 기능 등을 들 수 있다.

4) 사회복지기능(social welfare function)

현대국가는 복지국가로 불릴 만큼 복지기능의 중요성이 커져 왔다. 인간다운 최소한의 생활을 보장하는 국민 최소한(national minimum) 확보와 미래 양질의 노동력을 사회적으로 선매(先買)한다는 측면에서 국가의 복지기능은 매우 중요하다(Esping-Andersen, 1992).

국가경제가 어려울 때도 사회복지는 실업자 구제, 직업 재훈련 등의 다양한 방법으로 자국의 경제난국 타개에 기여할 수 있다. Friedman은 이를 trapeze(공중 곡예줄: 의무교육, 고용보장), trampoline(도약대: 직업 재훈련), safety net(사회안전망: 국민기초생활보장제도) 등으로 명명한다(프리드먼, 신동욱 역, 2000).

그 밖의 사회복지 기능에는 보건·위생기능, 각종 사회보험 및 연금제도 실시, 공적 부조(公的 扶助), 아동, 노인, 부녀자, 장애인 등에 대한 개별 사회서비스 제공, 의무교육, 사회주택(social housing) 건설 등이 있다.

5) 환경 및 인구관리기능(environment and population control function)

산업 고도화와 과학기술의 발달은 공해를 비롯한 각종 환경문제를 야기하고 있다. 따라서 정부는 국민전체의 생활수준 향상을 위한 경제성장과 더불어, 생활의 질적 향상을 위한 환경통제기능을 수행해야 한다. 즉 자원보호, 환경보전, 국토개발계획의 신중한 수립 및 추진, 각종 환경오염의 방지를 위한 환경통제와 자원의 한계를 고려해야 하고, 국민생활의 질적 향상을 위한 인구통제기능도 수행해야 한다(Caiden, 1982: 102-127). 물론 최근 저출산 문제를 해결하기 위해 도입되기 시작한 다자녀 가족 지원정책도 광의의 인구통제기능으로 볼 수 있다.

코로나 바이러스 19 사태처럼 전 세계적 팬데믹 상황에서 자국민의 생명과 안전을 지켜내기 위한 집단방역과 진료활동 등도 생명관리정치

시대의 인구관리 기능으로 중시되어야 할 것이다.

내용 보태기 **1-15** **위험사회와 위험의 부메랑 효과**

산업화의 결과 현대사회는 위험사회(risk society)적 특징을 많이 갖고 있다. 인간이 과학기술의 위대한 힘만 믿고 자연을 함부로 파헤치고 개발한 결과, 이제 자연이 자신을 괴롭혀온 인간에게 대반격을 가해 오고 있는 것이다. 이를 '위험의 부메랑 효과'라고 한다(Beck, 1995). 지구 온난화, 엘리뇨, 라니뇨 현상, 인간 호르몬 체계의 파괴 등이 그 예이다.

---

3. 정부의 대 민간 활동 과정의 성질에 의한 분류: 미시적 차원

정부는 국민을 위해 존재하며 행정은 국민을 상대로 직접 행해진다. 정부가 상기한 목적을 달성하기 위해 과정적 차원에서 보이는 대(對) 민간활동의 성질을 감안해(민진, 1995: 191-214), 정부의 역할을 미시적 차원에서 분류해 보면 다음과 같다.

1) 정부규제

규제(regulation)는 정부가 공익을 달성하기 위해 행정대상인 국민, 기업, 집단의 특정한 활동이나 그들의 권리와 이익을 일부 제약하는 소극적 작용을 말한다. 현대정부의 기능 중 70~80%는 소위 규제행정과 강제행정이다. 즉 다수 국민의 행복을 위해 잘못을 저지른 소수를 제재하고, 또 정부가 옳다고 생각하는 정책방향을 설정해 국민을 속박하는 것이다. 이런 점에서 공무원은 '대 국민 싸움꾼'으로 비춰질 수도 있다(이대희, 2005). 그러나 다음과 같은 점들은 정부규제가 불가피한 속사정을 잘 말해 준다.

정부규제는 사회적 능률을 제고시킨다. 사적 시장은 자유경쟁을 기본으로 하지만, 때로는 경쟁이 결여되어 독과점기업의 등장이 가능하다. 또 공해 등 외부성 문제도 있다. 이때 정부가 적극적으로 나서서 독과점을 해소하고 갈등을 조정해 주면 자원의 최적배분이 가능해진다. 이를 '경쟁촉진적 규제'라고 한다.

정부규제는 사회적 형평을 증진시키기 위해서도 필요하다. 자본주의 경제의 단점은 소득배분의 불공평성이 상존한다는 점인데, 규제를 통해 이를 해결할 수 있다. 또한 정부는 집단과 집단 간의 대립이 있을 때 사회적 약자의 보호를 위해 강자를 규제한다. 최저임금제 등이 있는데, 이를 '보호적 규제'라고 한다.

정부규제의 대상은 민간부문의 활동이며, 이는 개인, 집단, 기업, 조직 등을 모두 포함한다. 규제의 대상분야는 경제분야(독과점규제)에 그치지 않고, 사회분야(환경파괴규제), 문화분야(퇴폐공연예술규제), 정치분야(비민주적 정당활동 규제) 등 모든 분야를 망라한다. 또 규제내용에는 행위(시내버스노선 변경금지), 구조(독과점 정도의 규제), 업적(산업재해율)에 대한 규제가 포함된다.

2) 정부지원

정부지원은 정부가 공익을 달성하기 위해 행정대상인 국민과 기업의 삶이나 특정 활동을 조성하고 촉진시켜 주는 적극적 작용이나 의도이다. 이는 국민 개개인의 능력이 부족할 때 정부차원에서 도와줌으로써 국민의 완벽한 활동을 가능하게 해 준다는 점에서 꼭 필요한 행정활동이다.

정부지원의 대상은 국민전체를 포함하는 경우(국민의료보험, 국민연금)가 있고, 특정 개인·집단·부문에만 국한될 수도 있다(저소득층, 노인, 낙후지역, 중소기업 등). 지원방법으로는 정부지원 혜택이 국민 개개인이나 집단 등 지원대상에 직접 귀속되는 직접지원(보조금 지급, 세제감면, 금융지원, 무상임대, 정신적 위로)과, 도로항만 등 사회간접자본의 형성이나 기초 공업 지원 및 첨단산업 육성 등을 통해 경제활동을 조장·촉진시키는 간접지원의 방법이 있다.

3) 정부중재

정부중재는 서로 갈등을 빚는 국민들 사이에 정부가 개입해 양측의 협상을 돕거나 협상과정의 문제점을 감소, 제거시킴으로써, 갈등이 사회의 수용 한계를 벗어날 정도로 악화, 확대되는 것을 막고 유리한 결과를 가져오도록 돕는 과정이다.

사회 내에 정부 외에는 사회갈등을 해결할 수 있는 능력과 의욕을 갖고 있는 세력이 없을 때, 정부는 이익 중재자로서의 적극적 기능을 행사해야 한다. 노사분규의 중재, 국세심판, 기타 정부가 중재하는 이익 분쟁협상이 그 예이다.

4) 행정지도

행정지도(administrative guidance)는 공무원들이 그 관할 내에서 어떤 목적을 달성하기 위해 국민에게 영향력을 미치려는 활동의 하나로서, 법적 구속력을 직접 수반하지 않는 권고, 협조요청, 알선행위 등을 말한다.

행정지도는 법적 구속을 받지 않는 사실행위(事實行爲)로서, 신속·간편하며 따라서 관-민 관계를 원활하게 할 수도 있다. 그래서 어느 나라에서나 숙달된 행정인은 법적 강제조치에 앞서 행정지도 차원에서 권고적·경고적 조치를 먼저 취한다. 또 행정수요는 빨리 변하는데 입법조치가 탄력적이지 못할 때와 행정수요가 임시적, 잠정적이어서 법적 대응이 곤란할 때, 법 제정 이전의 과도기적 단계로서 행정지도가 많이 활용된다(Shiono, 1982: 239-246). 이 외에도 행정지도는 민간부문의 정부의존도가 높을수록, 또 관-민 간에 유대가 잘 될수록 유용성이 커진다.39)

행정지도의 유형으로는 대개 물가행정지도와 같은 규제적 지도, 윤락여성에 대한 직업지도, 알선, 농촌지도와 같은 조성적·권고적 지도, 노동쟁의의 조정과 같은 조정적 지도 등이 있다.

5) 관-민 간 정책 네트워크의 형성

현대정부는 효율적인 사회갈등관리나 민주적인 의견수렴을 위해, 사회 내 관-민 모두가 참여하는 공동의 의사결정절차를 국가 정책과정에 설계하고 민간부문의 의견을 정책결정에 제도적으로 반영하는 정책 네트워크 형성의 기능도 맡는다.

6) 공(동)생산

정부는 공공서비스 생산과정에서의 정부의 비능률과 낭비를 막기 위해, 복지서비스 등 특정 공공서비스의 경우 민간부문의 효율성 제고기법을 적극 응용해 민간부문과 함께 서비스를 생산, 공급할 수도 있다.

---

39) 그러나 행정지도가 실제 행정일선에서 이렇게 좋은 면만 보여 주는 것은 아니다. 쉽게 말해 행정지도는 정부가 바라는 방향으로 민의 활동을 합치시키는 것이다. 그런데 이런 식의 지도논리는 후진국 사회에서는 물론 권유형식을 취하긴 하지만, 실제로는 민이 관의 지도를 무시할 때 관이 다른 문제를 들고 나와 불이익을 위협하므로 민이 할 수 없이 따라야만 하는 문제를 발생시키기도 한다. 이 점을 감안해 행정지도가 보다 신중히 이루어져야 할 것이다. 이런 얘기는 앞에서 논의된 정부규제의 경우에도 해당된다. 규제만이 능사는 아니다. 특히 국민이 언제나 나쁜 일을 할지도 모른다는 '국민성악설'에 의거해, 정부가 규제강화를 일삼는다면 이는 정말 곤란하다(강형기, 1998). 규제는 어디까지나 공익을 해치는 특정 사익의 제한에만 그쳐야 한다.

표 1-10 현대정부의 존재론적 과제들과 그 역할범위

존재론적 과제	역할범위	특징 요약
공공재 생산을 위한 공기업 활동	공급규모가 너무 크거나 무임승차의 소지가 큰 공공재 생산	공기업 공장을 가동해 국민 생필품 제조하기
규 제	공익, 사회질서를 파괴하는 사회 내 일부의 이익, 권리, 자유 제한	다수 국민을 위해 소수 국민 강제하기
지원, 조장	사회경제적 약자의 이익보호 및 이익증진을 위한 자원 배분	국민생활에 필요한 갖가지 도움 주기
이익중재	이익갈등과 대립을 보이는 집단 간 협상중재 및 이익의 재배분	민-민 간의 싸움 말리고 합의 중재하기
행정지도	정부방침대로 따라줄 것을 민간에 권고, 협조요청, 알선행위	민에게 올바른 길 훈수 두기
네트워크의 형성	사회 내 갈등관리나 민주적 의견수렴을 위해 관-민 모두가 참여하는 공동 의사결정과정 설계	어려운 사회적 관문의 통과를 위해, 민과 어깨동무하며 스크럼 짜기
공(동)생산	민간부문과 복지 등 특정 서비스의 생산을 같이함	필요 서비스의 창출을 위해 관-민이 함께 서기

현대행정의 팽창추세와
정부실패의 우려점들

제1절 정부역할 확대에 따른 현대행정의 팽창추세

다각도로 전개되고 있는 위와 같은 정부기능들을 종합해 보면, 결국 현대정부가 '무한책임 공공보험장치'라는 생각을 다시 한번 해보지 않을 수 없다. 즉 현대정부는 국민의 생활과 관련된 많은 일들에 깊숙이 관여하고 있는 것이다. 따라서 이들 기능을 수행하기 위한 정부규모의 팽창은 하나의 보편적 현상이다.

1. 정부조직의 양적 팽창

정부의 일거리가 늘어나면서 정부규모는 자연히 팽창한다. 일례로 미국의 경우 예컨대 취업인구의 1/6이 공공행정 분야에 종사한다. 정부예산도 200년 동안 약 21만 배나 증가했다(정우일, 1995: 21-23).40)

또 연방정부의 경우 26억 평방피트의 사무실 공간을 차지하는 등 미국 전토지 면적의 1/3을 정부가 소유하고 있다(Savas, 1987).

신생국 정부들의 정부조직 규모의 팽창도 만만치 않다. 그 이유는 특정업무를 담당하기 위한 새로운 부처(예: 과학기술부, 환경부)의 설립이 정부조직의 정당성을 확보하는 가장 손쉬운 방법이기 때문이다. 즉 기능적 필요성에 따라 조직이 생기기도 하지만, 정부의 상징적 행위라는 정치적 이유에서도 정부조직의 세분화와 세계적 수렴, 구조적 동형(同形)화가 많이 이루어졌다.

예컨대 신생국들도 경제발전과 국민의 복리증진을 위해 노력하는 '문명국가'(文明國家)임을 적극 표방하며, 선진국에 의해 정당화된 기존의 정부형태들을 그대로 답습해 세계적으로 제도화된 신화를 따라가는 것이다. 그러나 자국이 처한 정치·경제·사회·문화적 여건에 맞춰 특별히 고안된 자국만의 정부구조를 창출해야 하는데도 불구하고, 이런 정치적 이유에서 무비판적 도입에 따른 지나친 정부조직 확대가 진행되면서 자국의 경제발전에 부정적인 효과로 작용하는 등 악순환이 되풀이되고 있다(김영수, 장용석, 2002).

정부규모의 팽창은 우리나라에서도 찾아볼 수 있다. 먼저 정부조직의 팽창현상을 살펴보자. 현대 한국의 정부조직은 사회경제적 환경변화에 따른 방대한 행정수요에 구조적으로 대응하기 위해 급격히 팽창해 왔는데, 행정환경 및 행정기능 변화와 연관시켜 중앙부처의 신설·강화 맥락을 살펴보면 다음과 같다.

정부수립 이후 1950년대까지는 국가기능의 근간 및 사회질서 유지 기능과 관련된 고전적 부처들이, 1960~1970년대에는 경제개발부처

---

40) 레이건 정부만 해도 정부지출이 5,900억 달러에서 1조 1천억 달러로 증가했다. 매년 1월이 되면 상하원 의원들이 유권자의 민원이 가득 들은 가방을 들고 워싱턴에 도착한 뒤, 그 후 300일 동안 500~1,000개의 새 법안을 통과시키는데, 새로운 법안들은 새 부처, 새 건물을 짓기 위한 새로운 지출을 유발한다(샘 힐, 형선호 역, 2004).

들이 주로 신설되었다. 1980년대에 들어와서는 산업화과정에서 노정된 사회경제문제들의 치유와 국민 생활의 질적 제고를 위해 사회개발 부처를 신설하거나 관련 정부기관들의 법적 지위나 내부구조를 강화시켜 현대적 부처로서의 위상을 외형적으로 갖추게 했다.

비록 1990년대에 들어와 작은 정부 추세 속에 축소지향적 조직개편이 한때 나타나기 시작했지만, 정부의 팽창추세는 지속되고 있다. 예컨대 중앙행정기관 수는 1948년의 11부 4처에서 출발해 1960년 1원 12부 1처 4청, 1972년 3원 13부 4처 12청, 1982년 2원 16부 4처 14청으로 계속 늘어났다. 이런 추세는 1991년의 2원 16부 6처 15청으로 계속되다가 1994년 2원 13부 5처 15청으로 약간 줄었으나(총무처연보, 1996), 1997년 2원 15부 5처 15청으로 다시 늘어났다. 1998년에 17부 2처 16청으로 다시 줄었다가, 1999년 17부 4처 16청, 2005년 18부 4처 16청으로 다시 늘었다. 이후 '작고 효율적인' 정부를 표방한 이명박 정부 시절 15부 2처 18청의 약간 줄어든 규모를 유지하다가, 이후 박근혜 정부에선 중앙행정기관 수가 17부 3처 17청으로, 문재인 정부에 들어와서 18부 5처 17청으로 조금씩 느는 추세이다.

역대정권의 초기에는 작은 정부의 구현과 대(大) 부처주의를 말로는 표방하지만 극소수의 정부조직만 줄여 규모 면에서 큰 차이가 없고, 정권의 중후반으로 갈수록 조직개편에 따라 부처 수가 늘어나고 있는 것

표 1-11 김영삼 정부 이후 정권초기 중앙행정기관 변화추이 (단위: 개)

구분	김영삼 정부	김대중 정부	노무현 정부	이명박 정부	박근혜 정부	문재인 정부
부	14	17	18	15	17	18
처	5	2	4	2	3	5
청	14	16	17	18	17	17
종합	33	35	39	35	37	40

출처: 통계청 e-나라 지표(http://www.index.go.kr)에서 참고.

이다(유상엽, 2019: 87).

2. 공무원 수의 증대

현대 정부기능의 확대로 인해 공무원 수도 크게 늘어나고 있다. 우리
나라를 예로 들어보자. 관련 통계자료가 비교적 체계화되기 시작한
1960년대 이후부터 최근까지 한국 공무원 수의 변화를 개괄적으로 살
펴보면 다음과 같다.

1960~1990년 동안 전체공무원은 약 3.73배, 행정부 공무원은 약
3.72배가 늘어났다. 동 기간 동안 공무원 수가 이처럼 크게 늘어난 것
은 관 주도적 경제개발과 국토종합개발 등 행정기능의 양적 팽창에 따
른 인력수요와 교육공무원 수의 급증에 연유된 바 크다. 한편
1960~2010년까지 전체인구는 2배가량 늘어난 데 비해 공무원 수는
4배 늘어, 동기간 동안 전체인구 증가에 비해 공무원 수가 2배가량 늘
었음을 확인할 수 있다.

표 1-12 부문별 공무원 수의 변화 (단위: 명)

연 도	인구수(천명)	전체공무원	국가공무원	지방공무원	행정부공무원
1960	25,012	237,476	123,037	111,180	234,217
1971	32,883	436,636	359,600	72,161	431,671
1980	38,124	596,431	438,454	150,566	589,020
1990	42,869	818,121	539.869	264,375	804,244
1998	45,991	933,899	559,063	357,202	916,265
2010	50,610	972,563	610,873	338,394	949,367
2018	51,164	1,060,632	656,665	377,897	1,034,562

출처: 박동서(1992); 예산청(1999); 행정자치부(1998); 행정안전부(2011), 인사혁신처(2018) 등
을 참고해 재구성.

　2018년 기준으로 우리나라 공무원 수는 총 1,060,632명이며, 그중 행정부 소속 국가공무원은 656,665명, 지방공무원은 377,897명이다. 지방공무원 숫자는 지방자치와 교육자치 부문을 합친 수이다.

　물론 OECD 국가들의 정부인력 규모와 비교할 경우 우리나라의 전체인구 대비 공무원 수는 낮다. 우리나라의 정부인력 규모는 2005년의 인구 1천 명당 24.1명에서 2012년 기준 32.3명으로 늘어나긴 했지만, 여전히 OECD 평균 40% 미만이다(김태일, 2012).

표 1-13 OECD 국가들의 정부인력규모 비교

국 가	인구(천명)	공무원수(명)	공무원 1인당 인구수	인구 천 명당 공무원수
한 국	48,082	1,161,025('05년)	41.4	24.1
일 본	126,926	4,176,432('00년)	30.4	32.9
스페인	39,927	1,858,506('00년)	21.5	46.5
이탈리아	57,762	2,929,103('99년)	19.7	50.7
독 일	82,188	4,347,300('00년)	18.9	52.9
뉴질랜드	3,873	220,170('00년)	17.6	56.8
미 국	282,425	18,442,558('00년)	15.3	65.3
프랑스	60,594	4,447,037('99년)	13.6	73.4
영 국	59,778	4,485,000('05년)	13.3	75.0

주: 공무원 수는 "국가공무원＋지방공무원＋공공기관 종사자"의 총계.
출처: http://노동리뷰_OECD.PDF에서 참고.

　그러나 우리나라 공무원 수를 국제적 기준에 의거해 다시 계산하면 지금보다 2배가량 늘어나는 것으로 나타난다. 우리의 경우는 비정규직 공무원 수를 통계에서 누락시키는데, OECD나 IMF 등 국제기관은 인건비를 정부가 부담하는 경우 모두 공무원으로 본다. 임시직도 공무원에 포함하는데, 우리는 중앙정부, 교육계, 정부산하기관의 비정규직

340,972명을 공무원 수에 포함시켜 오지 않았다. 또 우리는 지방공사, 지방공단 직원과 전경, 의경 및 사립학교 교사를 공무원 통계에서 배제해 왔는데, 그간 통계에서 누락해 온 비정규직과 준(準) 정부부문의 고용인력 수를 다 감안하면, 우리나라 공공부문의 전체 인력규모도 결코 만만치 않다.

정부 인력규모의 질적 측면을 계속 평가해 보자. 2018년을 기준으로 볼 때, 행정부 소속 국가공무원은 656,665명으로 전체의 63.5%, 행정부 소속 지방공무원은 377,897명으로 전체의 36.5%이다. 대개 선진국은 국민 서비스의 강화를 위해 지방공무원의 수가 월등히 많은데 비해, 우리는 역으로 국가공무원이 많아 아직도 중앙-지방 간의 행정권한 및 기능 재배분에 문제가 많이 있음을 보여준다.

표 1-14 국가공무원 대 지방공무원의 비율 변화 (단위: %)

구 분	1989	1997	2000	2004	2011	2018
국가공무원	67.2	61.1	64.1	64.3	64.1	63.5
지방공무원	32.8	38.9	36.9	35.7	35.9	36.5

출처: 행정자치부, 『행정자치통계연보』각호; 『노동리뷰』, 2005년 10월호; 행정안전부(2011); 인사혁신처(2018) 참고.

3. 재정규모의 팽창

현대 정부의 일거리가 대폭 늘어남에 따라, 정부재정도 크게 늘고 있다. 특히 경제 대공황에 이어 시작된 제2차 세계대전은 국가지출의 확대를 초래해, 세계 주요 국가들의 경우 1980년까지의 황금시대를 맞아 GDP의 30~50%에 이르도록 정부지출을 확대했다. 이 시기는 케인지안 정책의 전성기로서, 정부는 자원의 배분, 재배분과 경제안정에 가장 효율적인 존재로 인식되었다.

　정부지출 규모의 증대현상은 우리나라도 예외가 아니어서, 일반재정
지출이 1960년의 419억 9천만 원에서 1970년에는 4천 4백억 원으로
10년 전보다 약 10배 팽창했고, 1980년에는 6조 4천 8백억 원으로
10년간 다시 15배 늘어났다(경제기획원, 1986). 이후 정부기능이 크게 확
대되면서 정부예산이 더욱 폭발적으로 늘어나, IMF 관리체제가 들어
오기 전까지 매년 약 10조 원씩 기하급수적으로 늘어나는 추세를 보였
다. 최근엔 증폭이 더 커져 2012년 326조 원, 2015년 375조 4천억
원에서 2016년엔 386조 7천억 원으로 크게 증가했다. 2017년엔 400
조 5천억 원으로 드디어 400조 원을 넘더니 이후엔 더욱 가파르게 늘
어나고 있다. 2019년엔 469조 5천억 원(통계청 연도별 정부예산안 참조),
그리고 2020년도 예산은 총 513조 5천억 원으로서 전년 대비 9.1%
증가한 액수이다. 분야별 예산은 아래의 표와 같다.

표 1-15 **2020년 예산, 어디에 얼마 쓰나?** (단위: 원)

분 야	예 산	분 야	예 산
보건, 복지, 고용	181조 6천 억	농수산식품	21조
교육	72조 5천 억	국방	50조 2천 억
문화체육관광	8조	외교통일	5조 5천 억
환경	8조 8천 억	공공, 질서, 안전	20조 9천 억
연구개발	24조 1천 억	일반, 지방행정	80조 5천 억
산업, 중소, 에너지	23조 9천 억	사회간접자본	22조 3천 억

출처: 기획재정부, 『2020년 나라살림 예산개요』 참고.

　한국의 조세부담률은 2015년 기준으로 OECD 35개국 중 33위이
다. OECD 평균 조세부담률은 25%인데, 한국은 18.5%로서 슬로바
키아와 함께 밑에서 두 번째이다. 참고로 주요국의 조세부담률을 살펴
보면, 덴마크는 45.8%, 스웨덴은 33.6%, 아이슬란드는 33.1%, 영국

은 26.4%, 독일은 23.1%, 미국은 20.0%, 일본은 18.6%이고, 멕시
코만 우리나라보다 적은 14%이다.

표 1-16 OECD 주요 국가들의 조세부담률 및 국민부담률 (단위: %)

구 분	2012	2016
한 국	18.7 24.8	19.4 26.3
미 국	18.6 24.1	19.8 26.0
덴마크	45.4 45.5	45.9 45.9
프랑스	27.8 44.3	28.5 45.3
독 일	22.5 36.4	23.4 37.6
일 본	16.5 28.2	– –
스웨덴	32.4 42.6	34.1 44.1
OECD 평균	24.4 33.3	– 34.3

주: 각국의 첫째 줄은 조세부담률, 둘째 줄은 국민부담률임.
출처: "OECD 주요국의 조세부담률, 국민부담률": 국회예산처 자료 참고.

　　향후 사회보장의 질적·양적 확대를 위해선 조세부담률과 국민부담
률의 증가가 더욱 불가피한 실정이다. 따라서 그만큼 나라 살림살이의
소요비용을 마련하기 위한 국민의 세금부담은 대폭 증가할 조짐이다.

제2절 **정부실패의 우려점들**

현대정부의 일거리가 늘어나면서 일의 양에 비례하는 정부규모의 팽창과 권력증대는 불가피한 일이다. 그런데 문제는 이 과정에서 정부실패(failure of government) 요인들 또한 상존하고 있다는 점이다.

시장실패, 즉 시장이라는 환자가 몸이 아파 정부라는 의사를 찾아 왔는데, 시장실패 치유자인 정부가 일이 많다고 자꾸 덩치를 키우다 보면, 의사인 정부 역시 비만증, 성인병에 걸리는 꼴이 된다. 이것이 곧 정부실패의 큰 요인이다.

1. 정부의 과잉팽창을 부추기는 일반적 요인들

무엇보다 정부가 제공하는 서비스는 값이 쌀 것이라고 생각하는 조세환상(tax illusion)이 필요 이상으로 정부규모를 팽창시키는 한 요인이 될 수 있다.

민간시장에서는 한 사람의 소비행동이 그에게 어떤 편익과 효용을 주는지가 즉각적, 직접적으로 드러난다. 그러므로 소비행위에 대한 비용–편익분석이 바로 가능하다. 그렇게 되면 좋은 품질의 물건을 보다 값싸게 사려는 알뜰주부, 또순이들이 많이 생겨날 수 있다.

그러나 공적 시장에서의 수요자인 국민은 서비스 공급자인 정부가 이윤을 창출하지 않기 때문에 공공서비스가 염가(廉價)일 것이라는 순진한 생각을 갖고 있다. 더욱이 공공서비스는 그 성격상 생산비용은 모두에 의해 공유되지만, 제공되는 서비스의 개별적 효용은 서비스 수수료인 세금의 가치와 직접적으로, 즉각적으로 연결이 잘 되지 않는다.

예컨대 내가 어느 시점에서 낸 세금이 우리 고장의 다리를 만드는 데 쓰였는지 아니면 다른 공공시설물을 만드는 데 쓰이는지를 직접 알 길이 없다. 혹은 내 세금이 우리 고장의 다리를 만드는 데 쓰였음을 알아도 그 다리가 몇 년 뒤에 가서야 완공된다면 세금의 편익효과는 그만큼 반감되는 것이다. 또 만일 내가 그 다리를 자주 이용하지 않으면 그 편익은 전혀 내 것이 되지 못한다. 그렇게 되면 세금의 용도에 대한 국민의 관심은 자꾸 멀어진다.

특히 재선을 의식해 국민이나 이익집단의 비위를 맞추려는 정치인들로 인해 서비스의 편익은 강조되면서도 그 비용은 더더욱 무시되기 쉽다. 이렇게 되면 비용의 고려 없이 서비스 수요만 무분별하게 표출되기 쉽고, 따라서 필요 이상의 서비스를 공급하기 위한 정부규모의 팽창이 불가피해진다.

내용 보태기 1-16 정부 과잉팽창의 압출력

위와 같은 이유들로 인해 촉진되는 공공서비스 수요확대가 필요 이상의 정부팽창을 초래하는 견인력이라면, 보다 많은 서비스를 생산해 내려는 생산자들의 다음과 같은 이기적 욕망은 정부팽창의 압출력을 제공한다.

▷ 정치적 불가피성: 선출된 공직자들은 정부가 팽창할 때 상당한 정치적 소득을 얻는다. 따라서 정치가들은 공공재원을 선거에서의 지지를 위해 이용한다.

▷ 예산제국주의: 업무가 방만해지고 지출이 늘어나는 것은 공무원들의 보다 많은 봉급, 보다 높은 직위와 특전을 뜻한다. 또 공무원들은 남의 돈을 지출하는 데서 생겨나는 스릴과 만족감을 즐긴다.

▷ 정부독점: 경쟁자를 결여한 독점기관은 독점권을 행사해 안전성을 확보하려고 한다. 기관장은 예산감축을 요구받을 때 정치적으로 가장 가시적이고 인기 있는 사업계획에 초점을 맞춰 감축 예산안을 제시해 이에 저항한다. 또 공무원 수와 예산을 극대화하기 위해 '묶어서 판매하는'(tie-in sales) 식으로 납세자들이 요구하지 않는, 민간기업이 하면 더 잘할 수 있는 업무까지도 독점한다.

▷ 공무원들의 이기적 투표행위: 정부의 팽창이 자기들에게 이익이 되므로 지출을 확대하는 사업계획을 가진 정치 후보자에게 표를 던지는데, 이들은 선거에 영향을 미칠 만큼 수적으로 많다(Savas, 1987).

2. 테크노크라시(technocracy)의 한계

현대 정부규모의 과잉팽창도 문제이지만, 행정국가 하에서 정부권력이 적절히 견제되지 못한 채 지나치게 확대되는 것도 문제이다. 이를 테크노크라시, 즉 기술관료통치라는 개념을 통해 살펴보자.

기술관료통치는 정책형성의 영향력이 정부 내의 행정전문가나 경제전문가들에게 귀속되는 정치체제를 말한다(Etzioni-Halevy, 1983: 54-55). 여기서의 기술은 전기기술, 토목기술 등 공학적 개념의 기술만 지칭하는 것이 아니라 공공문제의 해결에 필요한 종합적 기술력, 즉 국가발전목표를 세우는 데 필요한 전문적 식견과 전문지식, 또 수단적 성격의 정보축적 및 행정관리기술 등을 총칭하는 개념이다. 따라서 기술관료는 기술직 공무원들만 의미하는 것이 아니라 오랜 기간 특정 공직에 근무하며 직무 전문성을 쌓은 프로행정가나 경력직 공무원들을 가리키게 된다.

기술관료통치는 행정·경제 관련지식과 관리기술 등 기술 전문성에 의거해 공무원들의 권력이 급팽창하고 있는 현대 행정실제를 반영하고 있어, 현대 정치·행정체제 하에서 이것이 이루어질 개연성은 매우 크다. 그 이유는 국회의원, 장관 등 정치인들의 국정에 대한 비전문성 심화 및 의회권력의 쇠퇴와 더불어, 정부과업의 양적 증대 및 복잡화, 전문화에서 찾을 수 있다.

장관 등 정치적 피임용자들은 특정의 대통령을 위해 채용되었다가 대통령 임기 중 혹은 임기만료를 전후해 자신의 본래의 직업 또는 다른 직업을 찾아 떠나가는, 즉 들어왔다 나가는 사람들(In-and-Outers)이다. 따라서 그들의 재임기간은 평균 1~2년으로 짧다. 그렇기 때문에 자연히 국가의 주요 정책결정권은 행정과 경제문제에 전문적 식견과 지식, 정보를 두루 갖춘 고급 직업공무원들에게 집중된다.

물론 공무원들이 자신에게 부여된 참된 수탁자(trustee)로서의 본분을 인식하고 '대응적 수탁자'로서의 진면목을 보이기 위해 최선을 다한다면 아무런 문제가 없다. 그러나 이들이 전문성을 앞세워 전문가적 권력을 남용하며 '자의적 수탁자'로 대두할 때 다음과 같은 문제가 생긴다.

첫째, 기술관료들은 대중적 정서를 헤아리기 보다는 자신에게 익숙한 경제적, 기술적 계산논리에 따라 밀실에서 정책결정을 수행한다. 능률성을 위주로 하는 이들의 편협한 행정은 적절한 목표의 설정보다는 측정 가능한 목표를 더 선호하게 한다. 이처럼 목표가 협소해지니까 국민을 위해 해결해주어야 할 문제보다는 자신이 해결할 수 있는 문제만 해결하려고 한다. 따라서 국민이 요구하는 중요한 생활문제가 자기들의 계산논리에 딱 들어맞지 않을 때는, 외형적인 체제신장능력 제고 등 '제한된 가치의 선택'만이 정책결정에 반영된다. 따라서 국민의 삶에 이롭지만 경제적 계산의 논리로는 딱 떨어지지 않는 질적인 생활문제들 혹은 장기적으로 해결을 요하는 문제들의 해결은 국회의원은 물론 이들에게서조차 기대하기가 쉽지 않다. 따라서 이들에게서 대중적 정서를 읽는 능력과 기술적 전문계산능력을 둘 다 요구하긴 어렵다는 평가이다(Friedrich, 1966).

둘째, 기술관료들은 유권자에 대한 정치적 책임을 면제받고, 임명권자인 통치자에게만 책임을 진다. 따라서 통치자가 비민주적 성향을 지닐 때 이들의 역할은 결과적으로 권위주의정권을 수호하는 역할에 한

정되기 쉽다.

셋째, 이들의 충원은 자기 임명적(self-appointed) 엘리트 체제이다. 즉 상위관료가 하위관료를 임명하는 것이다. 이는 비민주적이어서 대중의 불만을 야기한다.

넷째, 이들은 압력집단의 요구에 대응하면서도 그들을 자신의 계획을 지원하도록 유도하고, 나아가 자신의 권력을 확장하는 데 이용하려고 한다(Etzoni-Halevy, 1983: 60-61).

Finer(1957)는 이러한 맥락에서 특수계층을 형성하고 있는 방대한 정부관료군이 자기가 형성한 원리에 따라서만 행동하며, 그들과 국가의 동일성을 요구하고, 국민을 지도하는 것으로만 알아 민중의 지도를 인정하지 않는다고 지적하면서 이들의 비민주적 독선 성향을 비판하고 있다.

물론 행정국가에서 기술관료통치 시스템은 가장 능률적인 사회관리 방식이다. 그러나 위의 이유들로 인해 기술관료통치는 정부실패의 한 요인이 될 수도 있다. Etzoni-Halevy(1983: 61)는 이러한 리바이어던(Leviathan)을 어떻게 길들임으로써 행정의 능률성과 민주성을 조화시킬지, 이것이 현대행정의 커다란 과제로 남는다고 우려하고 있다.

3. 공무원의 기회주의적 속성

공무원은 국민의 봉사자로서, 국민이 낸 세금 등 각종의 자원을 효율적으로 활용하면서 국민의 뜻을 잘 받들어 행정을 수행해야 한다. 즉 책임행정의 수행을 요구받고 있다.

그러나 실제로는 책임을 다하지 않는 공무원들의 부정적 행태가 나타나기 쉽다. 이는 Williamson(1985)의 '기회주의 인간'(opportunistic man)의 모습에서 쉽게 찾을 수 있다. 모든 공무원이 다 그렇다는 것은

내용 보태기 **1-17** **주인-대리인 간 정보의 불균형**

▷ 나라의 주인인 국민은 현행 공무원채용시험 및 면접제도의 한계로 인해 공무원 충원과정에서 공직 지망자가 과연 공직자로서의 능력과 자질, 양심 및 윤리의식을 골고루 갖춘 사람인가를 정확히 판단할 정보가 없다. 반면 공직 지망자들은 공직이 주는 여러 가지 혜택에 대한 정보를 이미 갖고 있어 역선택(逆選擇)의 소지가 많다. 따라서 머리는 좋지만 마음은 나쁜 비양심적이고 무책임한 사람이 공직을 지망할 때 그를 마땅히 골라낼 장치가 부족해 공무원으로 충원되어서는 안 될 그런 사람이 충원될 수도 있는 것이다.

▷ 정보의 불균형의 또 하나의 예를 들면, 주인인 국민은 국정에 직접 관여하지 못하므로 국정 관련정보를 충분히 갖고 있지 못하다. 반면 국정대리인인 공무원들은 직무관련 비밀정보를 많이 갖게 된다. 문제는 일부이긴 하지만 공무원들이 이러한 상황을 자기 사익의 추구에 악용(예: 개발 예정지에 먼저 투기하는 경우)하거나 자신에게 불리한 정보를 국민에게 은폐시킬 때 좋은 행정이 이루어질 수 없다는 점이다.

아니지만 공무원들이 늘 업무에 책임만 지는 것은 아니다. 기회를 보아 책임지지 않아도 되고, 설사 자신의 무책임함이 드러나도 큰 불이익이 없을 때, 그들은 사적 이익에 몰두하기도 한다.

기회주의 행태는 주인-대리인 간의 정보 불균형과 이익의 상충에서 기인한다. 먼저 정보의 불균형(asymmetric information)은 나라의 주인인 국민에 비해 공무원들이 국정과 관련된 정보를 더 많이 갖고 있어 이를 사익 확보에 활용하거나, 혹은 국정운영에서 발생한 자신의 실수를 주인인 국민 몰래 은폐하는 것을 말한다.

이익의 상충(conflict of interest)은 주인인 국민은 비용을 덜 들이고 대리인인 공무원에게 최대한 일을 시키려 하지만, 공무원 역시 인간인 한 일은 덜 하면서 봉급 등 혜택은 더 많이 받으려는 이기적 행태를 보이

| 내용 보태기 | 1-18 | 주인-대리인 간의 이익상충 |

관료들은 자기의 본업인 공공문제를 심도 있게 고려하고 해결책을 찾고자 하는 업무상의 동기부여보다는, 직업이 주는 수입, 권력, 사무실 규모, 여가, 지위향상에 더 강한 동기부여를 보이기도 한다. 예컨대 미국 연방법원의 판사나 대학교수들조차 법적 진실의 규명이나 신뢰가 가는 연구성과보다는 자기 여가의 극대화를 추구한다고 한다. 특히 고위직 공무원들은 사업계획의 복잡성에 대해 자신보다 더 많은 정보를 갖지 못한 정치가들과 관계를 맺어 자기이익 실현을 위주로 관료제를 운영한다. 즉 공무보다는 자기에게 미칠 개인적 영향력을 항상 염두에 둔다는 것이다. 따라서 대리인인 관료제의 목적은 주인인 국민의 목적과 불일치하기 쉽다(고든 털럭 외, 김정완 역, 2005).

는 것을 뜻한다.

따라서 기회주의 속성이 강한 자들은 공무수행과정에서 조직 내 여유(slack)를 두고 이를 사익 확보의 수단으로 이용하려는 경향이 적지 않다. 일례로 예산 극대화와 남용, 태업, 자리 늘리기, 뇌물수수, 책임면피주의가 행정일선에서 적지 않게 나타난다. 결국 공무원들의 기회주의 행태 속에는 도덕적 해이(moral hazard) 요소가 많이 내재해 있다(김석태, 1991: 759-761). 관청 간 책임전가, 핑퐁행정, 부정부패, 비리 근절의 지난함은 무엇보다도 큰 병폐이다.

공무원의 기회주의적 속성을 우리나라와 서구의 실제 행정현상 속에서 몇 가지 예를 들어 살펴보면 다음과 같다.

1) 위인설관(爲人設官)

위인설관은 기능상 불필요한데도 단지 사람을 위해 무리하게 조직 내에 자리가 만들어지는 것을 말한다. 우리는 실제로 승진과 자리확보를 노리는 공무원들의 개인적 이익동기가 작용해, 기능상 불필요한데도 조직이 신설되거나 혹은 기존 조직 내에 자리가 늘어나는 경우를 적지 않게 목격한다. 특히 공직사회에 만연된 인사적체를 해소하기 위한 차원에서, 관료들의 개인적 이익을 도모하는 내부조직의 신설이나 조직 강화가 조장되곤 한다.41)

위인설관을 위한 자리확보는 조직의 외부정원을 만드는 데서도 잘 나타나고 있다. 부처 내의 한정된 보직으로는 이들을 다 수용할 수 없기 때문에, 산하기관이나,42) 지방 및 해외로의 파견관직 신설이 크게 늘어난 적도 있다.

관변단체의 생성·확대에서도 이런 경향은 잘 드러난다. 공직에 오래 근무한 사람에 대해서는 공직을 그만둔 뒤에도 직장을 마련해 주든가 특혜를 주는 일이 자주 이루어지게 됨에 따라, 관변단체들이 우후죽순처럼 생겨나고 그 운영은 부실해진다(조석준, 1994: 35). 관료적 이기심에서 기인한 이러한 조직의 군살들은 자원낭비와 조직의 비능률적 운영 등 적지 않은 문제점을 발생시키는 등 정부실패의 또 하나의 유형이다.

2) 파킨슨 법칙(Parkinson's law)

정부가 해야 할 일이 늘어나면 이에 비례해 공무원 수의 적절한 증대도 요망된다. 국민이 내는 세금으로 정부가 운영되는 점을 고려하면 소수정예의 인력으로 나랏일을 하는 것이 마땅하지만, 그래도 일이 제대로 수행되기 위해서는 적정규모의 인력확보는 필수적이다. 그러나 이

---

41) 따라서 우리 공직사회에는 대형사고나 큰 재난이 발생했을 경우 "공무원들이 화장실에 가서 혼자 웃는다"는 비난 섞인 농담마저 있었다(최동석, 1998). 사건이 터지면 이를 빙자해 새로운 조직과 자리가 생겨 자신의 승진기회가 늘기 때문이라는 것이다.

42) 과거 우리나라의 경우는 총무처(현 행정안전부의 전신)의 조직심사를 거치지 않아도 되는 공사, 출연기관이 필요 이상으로 양산되었다. 즉 각 부처마다 출연기관인 연구원, 개발원 등을 경쟁적으로 두는 것이 유행이었고, 보건복지부의 의료보험관리공단처럼 각 부처마다 소속기관으로 공사나 공단을 만들기도 했다.

것과는 상관없이 공무원 스스로의 이익을 위해 전체공무원 수가 증대하는 현상도 발생하는데, 우리는 이를 파킨슨 법칙이라고 한다.

Parkinson(1957)은 본질적으로 정부의 일이 늘어나지 않았는데도 전체 공무원 수가 증가하는 데는, 공무원이 자기 밑에 부하직원을 많이 둠으로써 자기의 위신과 편리함을 높이고자 하는 심리구조가 깔려 있기 때문이라고 본다. 이는 엄청난 낭비의 온상이 되기 쉽다.

내용 보태기 1-19 파킨슨 법칙

약간의 과중한 일을 맡은 사람은 동료와 업무를 나누기보다는 그를 보조해 줄 부하를 보충받기를 원한다. 상사가 지켜보기 때문에 동료가 자신의 일을 도와주면 무능한 사람으로 찍혀 인사 시즌에 승진이나 성과급에서 손해를 보기 때문이다. 따라서 늘상 자원타령[43]을 하며 하위자를 보충 받는다. 이를 '부하배증의 법칙'이라고 한다.

이렇게 해서 부하직원 수를 늘리면 자연히 이를 정당화시키기 위해 상사-부하 간에 명령, 지시, 보고, 승인, 감독 등의 파생적 업무가 창출되어 본질적 업무의 증가 없이도 정부규모가 커지게 되는데, 이는 '업무배증의 법칙'이다. 그런데 이것이 다시 부하배증의 법칙을 초래해 그 악순환 속에서 정부의 인적 규모는 계속 커지는 것이다.

---

3) 예산 극대화 현상과 연성 예산제약

시장의 경제행위자들은 이기적 행위자로 간주하면서 공무원만 이타적 행위자로 가정하는 것은 논리적 결함이 아닐 수 없다. 국가를 경영하는 공무원들 역시 예산 극대화(budget-maximizing)를 통해 자신의 권력과

---

43) 업무환경을 극복하겠다는 강한 의지 없이, 일부 공무원이 업무상 쉽게 대는 5가지 핑계는, 바로 "사람이 없다, 예산이 없다, 시간이 없다"는 자원타령과, "규정에 없다, 선례가 없다"는 규정타령뿐이다. 한 마디로 NATO(no action talk only), 즉 복지부동인 것이다(김진호 외, 2001: 119).

위신, 봉급 등 개인적 효용을 극대화하려는 이기적 행위자일 수 있다.

특히 공공재는 그 비용과 수입의 분리로 인해, 이용자와 비용 부담자가 항상 일치하지 않는다. 즉 내 호주머니에서 직접 돈이 나가지 않는 경우가 많아, 공금(公金)이 주인 없는 공돈처럼 인식되어 낭비되기가 쉽다. 그러면 자연히 내부성의 문제, 즉 제사보다 젯밥에 관심이 많이 가게 된다. 그러면 공공후생의 극대화보다는 자기 부서의 예산·조직·권한 확대 등 비공식적인 목표가 공식적인 조직전체의 목표보다 우선시된다. 경우에 따라선 팔이 안으로 굽듯이, 특정계층이나 특정지역에만 특혜가 가도록 자원을 나눠먹기도 한다(김승욱 외, 2004).

Niskanen(1971)은 이런 맥락에서 관료를 W. Wilson 등의 고전적 행정학자들이 보듯이 공익에 봉사하는 냉철·원숙한 사람, 유권자의 수요에 중립적·효율적 방법으로 대처하는 수동적 대리인이 아니라, 개인적 효용 극대화를 추구하는 경제적 주체로 보며, 공무원 행태에 '자기이익 극대화 가정'을 도입해, 이들이 승진, 역득(役得), 명성 등 자기이익의 극대화를 위해 예산을 극대화한다고 분석한다. 그 결과 정부산출물은 적정수준보다 평균 2배나 과잉 생산된다고 한다.

Migue와 Belanger(1974)도 그들의 '자유재량적 관료행동모델'에서, 관료가 정치가에 의해 승인된 예산을 공공서비스의 공급에 전부 쓰지 않는다고 주장하면서, 관료는 예산과 실제비용의 차액, 즉 잉여예산을 자신들의 이익을 위해 소비할 가능성이 있다고 지적한다(고바야시, 이호동 역, 1997: 210-212).

관료들이 이처럼 예산 극대화에 익숙해지면, 이른바 연성(軟性) 예산제약이 나타나, 국민의 혈세는 더욱더 돈의 가치 효용성(value for money)을 잃어버린다. 이렇게 예산제약이 느슨해지면, 돈을 흥청망청 써도 언제든지 국고는 꼬박꼬박 채워져 내년에도 쓸 돈은 얼마든지 마련될 수 있다는 관료들의 생각이 공공경제의 파산을 가져온다. 다음의

내용 보태기 1-20 연성 예산제약

연성 예산제약(soft budget constraint)은 예산의 씀씀이에 대한 피드백과 사후 평가가 약하고 특히 책임소재를 묻는 시스템이 부재해, 관료들이 예산집행 결과에 대한 책임을 지려 하지 않고 국민의 세금을 함부로 쓰는 것을 말한다. 즉 마구 퍼 써도 언제나 가득 채워지는 신비한 항아리인 화수분처럼, 국고도 국민의 세금으로 매년 꼬박꼬박 항상 채워지므로 예산운영의 효율성에 대해 관료들이 별로 신경 쓰지 않고 활동경비의 제약을 느끼지 않는 것을 말한다.

〈표 1-17〉처럼, 물론 불가피한 측면도 있지만 너무 자주 편성되는 추경예산 실태는 자칫 연성예산제약의 빌미로 작용할 수도 있어 우려스럽다.

　정부가 나름대로 애써 고민하여 시장실패의 교정에 혼신의 힘을 쏟는 조치를 내려도 예기치 않은 부작용으로 인해 국민의 생활문제가 더욱 어려워지는 경우도 있다.44) 그런데도 불구하고 사회의 일반이익과 공공선보다 자신의 효용 극대화를 우선시하는 일부 공무원의 이러한 기회주의적, 이기적 행태들은, 정부조직의 비대화와 비능률을 초래하기 쉽다. 정부조직의 비대화는 행정체제 및 업무중복 현상을 초래하고, 심지어 행정 자체가 수혜자인 국민보다 관료의 이익을 위해 악용되는 목표전이(goal displacement)현상까지 발생시킨다(Johnson, 1986: 449-458). 또한 비대해진 행정 시스템과 방만한 조직관리로 인한 자원 낭비의 요소도 그만큼 커진다.

　지금까지 지적한 부정적 요인들이 행정 실세계에서 현실로 나타난다면, 정부는 국민의 대리인이나 참된 수탁자로서의 위상을 상실하게 된

---

44) 예컨대 전세 2년을 연장하는 임대차보호법이 집주인으로 하여금 2년 치 전세금을 한꺼번에 전세보증금에 반영하게 하는 등 파생적 외부성을 발생시킨다.

표 1-17 빈번하게 편성되는 추가경정예산(일반회계 기준)

연도/ 회계	규모 (조 원)	편성사유
1998 (2회)	5.3	외환위기 이후 6.8조 원의 세입부족 발생 및 금융 구조조정 비용
1999 (2회)	3.5	실업대책 강화, 어업 구조조정, 집중호우 및 태풍피해 복구
2000	2.3	저소득층 및 서민생활 안정, 법정 교부금 정산
2001 (2회)	5.1	건강보험 재정지원 확대, 재해대책 예비비 부족분 확보, 청년 실업 난 완화
2002	4.1	태풍피해 복구비 지원, 지방교부금 및 지방교육교부금 정산
2003 (2회)	6.6	경기회복 지원, 이라크 전후 복구비 지원, 태풍피해 복구비 지원
2004	1.8	일자리 창출, 서민주거 안정, 취약계층의 생활안정 지원
2005	4.8	세입보전, 저소득층 지원, 미군기지 용지 매입, 병영시설 개선사업 비 등
2008	4.8	경제 살리기, 고용창출 등
2015	6.2	메르스 대응, 민생안정, 지역경제 활성화 등
2019	6.7	미세먼지 대응 등 국민안전과 경제활력 제고, 일본의 수출규제 대응
2020	3.17	코로나 19 극복과 경제 활성화

출처: 중앙일보, 2005.12.5자; 기획재정부 관련자료 참고.

다. 의회권력의 쇠퇴를 보완하고 시장실패를 치유하기 위해 국민으로
부터 '무한책임 공공보험장치'로서의 역할기대를 한껏 받고 있는 정부
가, 국민이 위임해 준 문제해결의 방침 결정권을 남용해 자신의 개인적
위상과 권력을 높이는 쪽으로 악용하고, 기회를 틈타 국민을 배반하고
승진 자리나 예산 늘리기에만 열중한다면, 이는 바람직한 정부의 역할
과는 너무나 거리가 멀다.

이렇게 되면 국민에게 이익배분기구로 작용해야 할 정부의 본질은

사라지고, 정부는 국민을 상대로 한 피해배분기구로 전락한다. 국민이 사고 싶은 상품보다는 자신이 팔고 싶은 상품만 만들어 판매하기 때문이다. 그것도 국민의 세금이라는 비싼 돈을 낭비하면서 말이다. 그러면서도 공공재의 독점적 생산기구이기 때문에 시장에서 축출되지도 않는 모순이 있다. 오늘날 정부에 '무풍(無風)지대 하의 도산 없는 부실기업'이라는 좋지 않은 레테르가 붙어 다니는 데는 이런 연유가 있다.

4. 정부의 친(親)자본주의적 정책이해와 지대추구 사회

더욱이 자본주의국가의 정부는 특정계급과 계층의 편을 들어 주는 다음과 같은 구조적 한계마저 노정하고 있다. 자본주의 국가는 자본에 구조적으로 종속되는 경향이 있다. 이는 재계 인사들이 정치권에 정치자금을 항상 대 주거나 준조세인 성금을 많이 내주는 데에 대한 반대급부의 제공 때문만은 아니다.

자본주의 국가가 친자본주의적 정책이해를 보이지 않을 수 없는 구조적 이유를 그 인과적 경로를 중심으로 살펴보면 다음과 같다.

일례로 만일 정부가 일련의 반(反)자본주의적 정책(예: 토지 공개념 및 부유세 등 조세 형평책)을 시행하면 → 자본가는 투자환경의 악화로 인해 생산적 부문에의 투자를 줄이거나 회수하여, 주식거래나 부동산투기 등 자본가의 사적 이익만 도모해 주는 비생산적인 부문에로의 투기 심리가 성행하게 된다 → 그렇게 되면 생산적 부문에의 투자가 줄어들어 국가의 물적, 재정적 토대가 약화된다 → 따라서 경제위기가 오기 쉽고 → 이는 정권과 정부에 대한 국민의 강한 불신으로 연결되어서 → 정부는 국가정책의 이해를 다시 친 자본주의적 정책이해로 환원하지 않을 수 없다(Block, 1977).

결국 자본주의 국가의 정책이해는 근본적으로 자본가의 계급이해에 종속하지 않을 수 없다. 보편적으로 자본주의국가의 정책이해는 친 자본적인 것이다(Block, 1977; Etzioni-Halevy, 1983: 78-84). 이렇게 되면 시장기제의 비형평성을 치유하라는 서민들의 정부에 대한 역할기대는 무참하게 무너진다.

내용 보태기 1-21 기업 친화적(business-friendly) 정책의 한계

이명박 정부는 연 7%의 경제성장률을 공약했지만 7%는커녕 4% 남짓한 성장률에 물가는 5%를 넘어 '저성장 고물가 사회'가 되고 말았다. 수출 대기업에게 엄청난 이익을 안겨다 주는 고환율 정책과 저금리 정책, 대기업들이 중소기업과 자영업 영역에까지 손을 뻗쳐 골목상권까지 잠식하게 만든 노골적인 친 대기업 정책으로 인해 서민경제의 근간이 흔들리고 있다. 게다가 지속되는 내수 침체에 물가상승도 잡지 못한 채 세금감면, 자금지원 같은 단기처방에만 집중하는 정부의 경제정책에 강남의 자영업자들까지도 불만을 터뜨린다.

"자영업자가 자립하도록 대기업으로부터 보호받아야 한다.", "사회보장 제도를 확대해 자영업자의 노후걱정을 덜어줘야 한다.", "다음 선거 때 뭔가를 보여줄 것" 등등 강남 자영업자들의 불만 토로가 이만저만이 아니다. 이처럼 비즈니스 프렌들리 정책으로 인해, 서민 생활고 등 극심한 사회 양극화, 고물가, 청년실업은 경제정책의 3대 실패지표로 손꼽힌다. 경제는 수치상의 성장이 아니라 실제 생활인 것이다("이 땅에서 자영업자로 산다는 것", "갈수록 나빠지는 민심", 내일신문, 2011.9.5자).

오히려 이 와중에 정부에 의해 지대45)가 추구되기도 한다. 지대추구 (rent-seeking)는 신규시장 진입제한, 정책금융 등 자원의 흐름을 왜곡시

---

45) 지대(地代; rent)는 재화사용에 있어 그 재화 소유자에게 어떤 선택적 사용에 있어 요구되어지는 것보다 현저히 많이 지불하는 몫이다. 지대를 누린다는 것은 다른 시장참여자를 경쟁으로부터 제한하거나 시장진입을 방해하는 인간들의 이기적 행위결과이다.

키는 정부의 개입에 의해 발생되는 막대한 경제적 이득을 획득하기 위해, 기득권자들이 자원을 낭비하는 활동이다. 경제주체들은 지대획득을 위해 자신의 온갖 자원을 투입해 정부와 협상하려고 한다. 여기서 로비, 뇌물상납 등 부정부패가 만연하기 쉽다.

정부가 이처럼 자원의 흐름을 왜곡시킴으로써, 사회는 경쟁회피(진입규제), 가격왜곡(독과점)을 수단으로 거대한 이익을 얻고자 하는 경제주체들 사이에서 분배투쟁이 만연되는 지대추구 사회(rent-seeking society)가 된다(Buchanan, 1980). 이는 사회의 소유구조를 왜곡시키고, 국가경제의 침체를 초래한다. 특히 정보흐름에 둔감하고 조직력이 약한 일반 소비자들은 복지손실, 비용전가의 대상이 되고 있다(김항규, 1998: 118).

표 1-18 정부실패의 단면들

테크노크라시	권력남용, 정치적 책임면제, 경제적 계산논리에만 집착
기회주의 행태	승진 위해 자리 늘리기, 자기 위신을 세우기 위해 부하 늘리기
예산 극대화 연성 예산제약	공금을 눈먼 공돈으로 만들기, 예산 부풀리기, 세금 마구쓰기
친자본적 정책이해 지대추구	가진 자 편들기, 즉 1%를 위한 정부, 기업에 특혜 주고 떡고물 기대하기

지금까지의 몇몇 예에서 본 것처럼 시장실패를 수술하기 위해 메스를 든 정부가 또 하나의 병자(病者)가 되어 가고 있다. 국민의 대리인인 공무원이 주인의 목소리에 귀 기울이지 않고 자의적으로 권력을 행사하며 또 자기 이익을 위해 승진자리나 예산을 필요 이상으로 늘려 낭비를 일삼거나, 정부의 정책이해가 자본에 구조적으로 종속되고 지대추구에 놀아나는 이런 현상을 우리는 정부실패(failure of government)라고 부른다. 그렇게 되면 정부는 국민을 위한 이익배분 기구이기보다는 비민주적, 비능률적, 비생산적, 비형평적인 피해배분기구일 뿐이다.

여기서 우리는 정부라는 것이 항상 국민을 위해 긍정적으로만 작용하는 것은 아니며, 행정이 항상 국민의 편에 서는 것만도 아님을 깊이 명심해야 한다. 때로는 정부는 국민이 아니라 '관료의, 관료에 의한, 관료를 위한' 것이 된다.[46]

행정이 국민의 생활을 위해 꼭 필요한 것임에도 불구하고, 행정은 악한 것, 권위주의적인 것, 비능률적인 것, 번문욕례(繁文縟禮: red tape),

---

46) 정부실패를 이런 맥락에서 관료실패라고도 부른다. 이는 관료 개개인의 미시적 차원에서의 정부실패를 개념화한 것으로, 그 유형은 다음과 같다(Peirce, 1981: 111-125).

i) 부패(corruption): 관료행태의 법률적 기준은 물론 도덕적 기준을 일탈하는 가장 전형적인 유형이다. 정부의 예산, 물자 및 자산 손실은 물론 공무수행상의 시간손실도 포함된다. 또한 뇌물수수는 물론 공권력의 남용, 오용도 이에 포함된다.

ii) 배정의 실패(allocative failure): 공익을 위한 공공자원의 배분이 정당하지 못하거나 비효율적인 경우이다. 납세자에 대한 공공서비스 요금을 부당하게 올린다든지 소수 특정집단들에게 특혜를 주는 예를 들 수 있다.

iii) 기술적 비능률(technical inefficiency): 취약하고 비능률적인 행정관리를 의미하며, 그 예로서 비용편익분석에 있어 이율적용을 잘못한다든가 투입에 있어 과도한 비용이나 양을 들인다가, 관리에 있어 혼선을 빚거나 우유부단한 태도를 보이는 경우이다.

iv) 비효과성(ineffectuality): 투입보다 산출이 적거나 전혀 없는 경우이다. 비용을 많이 들여 실시한 정책에 대한 국민의 냉담 내지 거부가 그 한 예이다.

v) 고객, 이익단체와의 야합(subservience to client or interest groups): 규제기관이 고객이나 이익집단과 야합하거나 그들의 압력에 굴복하는 경우이다.

vi) 조정결여와 목표갈등: 중앙과 지방, 정부와 민간, 유관기관 간 조정이 취약하거나 행정목표가 판이해 갈등이 심화되는 경우이다.

vii) 정치인, 정당에의 예속: 관료가 소수 국회의원이나 위원회에 종속되거나 특정시민에게 예속되어 정실에 의존하거나 특혜를 남발하는 경우이다.

viii) 입법과 다른 정책의 추구: 입법의 의도나 법령에 순응하지 않는 행정행위, 권한을 부여받지 못한 프로젝트 수행, 관료의 선호에 따라서만 행정을 수행하는 것이다.

ix) 편향적 인허가(favoratism in distribution of sanctions): 규정이 모호, 복잡하거나 재원배정시 관료가 연고, 정실에 의해 특정인에게 특혜를 주는 사례이다.

x) 비정상적 지연행위(inordinately slow process): 업무를 질질 끌거나(foot dragging) 원치 않는 업무를 크게 지연시키는(bureaucratic sabotage) 경우이다.

부정부패의 표본 등으로 인식되고 있는가 하면, 지나치게 규모가 크다고 느껴지기도 하는 데에는 이러한 연유가 있는 것이다(민진, 1995: 18; Caiden, 1982: 53).

이제 우리는 정부가 반드시 그 본질에 입각해 옳은 행정만 하는 것은 아님을 경계하면서, 이왕 행정을 할 바에는 좋은 행정, 옳은 행정을 해야 하고 이를 위해서는 어떻게 해야 할지를 구체적으로 논의해야 할 중요한 시점에 와 있다.

제2편

좋은 행정의 구성요소

엿보기

시장실패를 치유해야 할 정부마저 병에 걸리면, 우리는 이를 어떻게 치유해야 하는가? 정부실패의 치유를 위해선 크게 2가지 치료법이 있을 수 있다.

첫째, 자가진단 및 자가치료이다. 이를 위해서는 근대 정부가 왜 만들어졌는지 그 과거의 참뜻으로 되돌아가 정부의 본질에 일치하지 않는 현재의 모순들을 해부한 뒤 그 대안을 모색해 보는 '정부의 르네상스' 정신이 필요하다.

둘째, 민간요법이다. 한때 정부의 환자였던 시장과 민간부문의 투병기에서 한수 배워, 시장의 개혁논리, 관-민 파트너십의 거버넌스를 공공부문의 환부에 끌어들여 치료하는 것이다.

행정학도로서 우리는 일단 첫 번째 방법을 택하는 것이 떳떳하다. 즉 자가진단과 자가치료를 주 치료법으로 하고, 미진한 점은 시장과 거버넌스의 장점들로 보완하는 것이 좋겠다. 보완점에 대해선 뒤에서 상세히 논하기로 하고, 여기선 먼저 다음과 같은 논의를 실타래 풀듯이 하나하나 풀어나갈 필요가 있다.

우리는 정부라는 것이 항상 국민을 위해 좋은 쪽으로만 작용하지는 않음을 이미 앞장의 말미에서 여러 실례를 들어가며 생생하게 느껴본 바 있다. 따라서 언제나 좋은 행정의 결과가 이루어지도록 하기 위한 공직자들의 인식 대전환과 이를 효율적으로 유도해 내기 위한 여러 가지 제도적 장치가 필요하다.

이 책의 제2편에서는 이를 위해 먼저 한 나라 행정의 결과를 좋게도 할 수 있고 나쁘게도 만들 수 있는 주요 관건인 행정변수에 대해 논한 뒤, 행정변수들이 행정과정에서 항상 +(陽)의 값, 즉 좋은 쪽으로 작용하도록 하기 위한 유도장치로서 행정가치와 공직윤리에 대한 얘기를 해볼 것이다.

행정변수의 재인식

일반적으로 변수(variables)는 어떤 관계와 범위 내에서 여러 가지의 값으로 변할 수 있는 수를 말한다(뉴 에이스 국어사전, 1990). 일례로 Y=AX라는 간단한 수식에서, A를 주어진 상수라 할 때, Y값은 X의 값에 따라 변화한다. 이때 우리는 X를 독립변수, Y를 종속변수라고 부른다.

그렇다면 행정변수는 무엇인가? 위의 수식적 함의를 응용해 그 개념 정의를 해보면, 행정변수는 한 나라의 행정을 특정한 방향으로 나아가게 함으로써(민진, 1995: 77), 한 나라 행정의 결과값을 좌우하는 '행정산출의 주 결정요인'이다.

행정변수는 한 나라 행정의 성패를 좌우하는 행정의 관건적 요소로서, 정부를 국민의 이익배분기구가 되게도 하고 피해배분기구로 전락하게도 만든다. 이런 점에서 행정변수에 대한 정확한 인식은 좋은[1] 행

---

1) 좋음(goodness)은 무엇을 뜻하는가? 좋음은 본질적으로 옳고 바람직한 것이기 때문에 언제나 희구되는 어떤 것을 말한다. 그러면 어떤 경우가 실제로 좋음의 상태인가? 일반적으로 좋음에 대한 최선의 기준을 찾아내는 데 보편적으로 타당한 하나의 공식은 존재하지 않는다. 그러나 우리가 실제적 수준에서 도출할 수 있는 좋은 상태의 요건으로는, i) 정치·경제적으로 현실적이어서 사회의 생존 가능성을 높이는 것과, ii) 더

정의 구성요소로서 매우 중요한 함의를 지닌다.

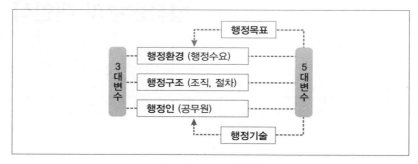

그림 2-1 대표적인 행정변수

흔히 행정변수로는 i) 행정환경(특히 행정수요의 표출), ii) 행정조직 및 절차 등 행정구조, iii) 행정인(공무원) 등 3가지가 대표적으로 언급되고 있다(박동서, 1990: 152-160). 물론 여기에다가 행정목표, 행정기술 등 2가지를 더 추가할 수도 있다. 그러나 행정목표는 행정수요 변수와 연관되고, 또 행정기술은 행정인 변수와 직간접적으로 연관되므로, 여기서는 앞의 3대 변수를 중심으로 집중 논의하고자 한다.

상기한 행정변수들이 다음의 그림에서 보듯이 +(陽)의 값, 즉 긍정적 방향에서 작용하면 행정결과가 좋아져 행정은 성공하고 정부의 본질이 구현될 확률도 높아진다. 그러나 행정변수들이 음(陰)의 영역에서 머물 때, 앞에서 설명한 정부실패 요인들이 경쟁적으로 나타나고 결국 행정은 실패하는 것이다.

나아가 사회의 지속적 향상을 가져오는 바람직한 상태를 들 수 있다(박성복·이종렬, 1994: 107). 이런 맥락에서 Doig(1995: 151~152)는 좋은 정부(good government)의 요건으로서, i) 정치적 정당성(민주선거, 평화적 정권교체, 야당 인정, 대표적 정부), ii) 국민에 대한 책임성(권력분립, 효과적 회계검사, 낮은 수준의 부패 등), iii) 관료들의 행정역량(훈련된 공무원, 실질적 정책, 낮은 국방비 등), iv) 종교와 집회의 자유와 같은 인권보장, v) 불편부당하고 누구나 접근 가능한 사법체계 등을 들고 있다.

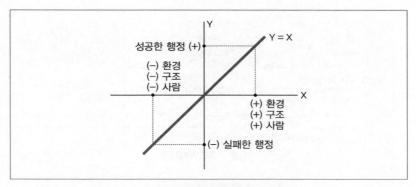

그림 2-2 변수 개념의 행정학적 함의

제1절 환경변수: 행정수요

---

1. 행정환경과 행정수요의 의미

행정은 사회적 진공(social vacuum) 속에서 존재하지 않는다. 한 나라의 행정도 그것을 에워싸고 있는 환경 속에 있는데, 여기서 환경은 조직의 경계 밖에 존재하는 모든 것(everything outside an organizational boundaries)을 말한다(Robbins, 1990: 204).

환경은 크게 일반환경(또는 제도환경)과 과업환경(업무환경)으로 구분되는데, 전자는 사회 내의 모든 조직에서 일반적으로 나타나는 것으로서 그 범위가 넓고 조직에 간접적인 영향을 미치는 환경이다. 여기에는 정치적 환경, 경제적 환경, 사회적 환경, 문화적 환경, 법적 환경, 국제적 환경, 자연환경 등이 있다. 반면 후자인 과업환경은 조직의 전략수립 및 목표달성을 위한 의사결정에 직접적 영향을 미치는 것으로서 조직

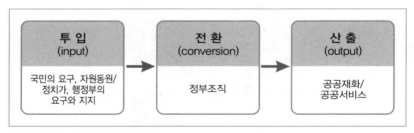

출처: Sharkansky(1978)에서 참고.

그림 2-3 **행정체제이론**

의 주요 이해관계자들로 구성된다. 물론 이는 조직의 활동영역에 따라 달라지는데, 정부조직의 경우엔 의회, 언론, 지역사회, 이익집단, 시민단체가 이에 해당된다(박경원 · 김희선, 1998: 121-123).

행정은 자신을 둘러싼 환경들과 상호작용하며 영향을 끊임없이 주고받고 있다. 따라서 행정은 환경의 요구에 적절히 대응할 때에만 존립, 발전할 수 있다. 여기서 행정이 필히 해야 할 바를 결정짓는 환경의 구체적 요구들, 즉 행정수요(需要)라는 개념이 대두한다.

체제이론(system theory)에선 행정에 가해지는 환경의 제반 영향을 투입(input)이라고 한다. 일반적으로 행정투입에는 국민의 요구와 지지, 각종 자원의 동원, 정치가와 행정부 내의 요구와 지지까지도 포함된다(Sharkansky: 1978). 그러나 행정투입의 핵심은 무엇보다도 '국민의 요구'이다. 국민의 구체적인 요구내용이야말로 환경에 대응하기 위해 정부가 해야 할 바를 결정짓는 일차적, 직접적 유입물(inflow)이기 때문이다. 이런 맥락에서 Steiss & Daneke(1980: 92)는 수요(demand) 또는 요구라는 개념을 투입(input)의 보다 현실적인 개념으로 보고 있다.

결국 행정수요의 표출주체는 나라의 주인인 국민2)이며, 그 충족주

---

2) 행정수요 표출주체로서 국민의 범위는 다양하다. 먼저 이익집단(예컨대 대기업, 중소기업 등 사업자단체, 노동자, 농어민단체 등)은 서구에서 대표적인 이익결집 및 표출주체로 활동해 왔다. 한편 일반 시민도 개인적 · 집단적 차원에서 각종 민원을 제기할

체는 국정대리인인 정부이다. 또 행정수요의 내용은 정부에 의해 충족
되기를 바라는 국민의 각종 요구사항, 즉 국민이 그들의 다면적 생활문
제의 해결과 공중생활 욕구의 충족을 위해 정부에 제기하는 '특정시점
에서의 제반 행정과제'들을 말한다. 따라서 행정수요는 특정 정책목표
의 구체적 설계기준이나 한 나라 국가정책의 기조(基調)로 작용한다.3)
즉 행정기능 설정의 주요근거가 되는 것이다.

2. 행정수요의 구체적 내용

새로운 행정수요는 대개 행정환경이 변하거나 새로운 행정환경이 조
성될 때 대두한다. 따라서 우리는 행정환경에 대한 구체적인 논의를 통
해, 새로운 행정수요의 형성요인 및 변화요인들을 도출할 수 있다.

행정환경은 크게 국내환경과 국외환경으로 구분되며,4) 국내환경은
다시 사회경제적 환경과 정치적 환경으로 대분된다.

사회경제적 환경요인에 의한 대표적인 행정수요로는, 도시화에 따른

수 있다. 최근 공익구현을 위한 시민운동이 활발해지면서, 시민운동단체 등 NGO에
의한 행정수요 표출도 중시되고 있다. 언론도 사설 및 독자투고란 등을 통해 국민의
행정수요를 대행 표출해 주는 기능을 갖는다.

3) 일례로 특정 행정서비스와 관련된 국민의 구체적 요구를 뜻하는 서비스 수요(예:
범죄율-치안서비스, 문맹률-교육서비스)와, 대부분의 행정서비스에 공통으로 관
련되는 수요인 서비스 조건(service condition: 예: 인구밀도, 인구증가율)은 국가
정책기조나 다양한 행정기능의 방향을 설정하는 근거로 작용한다(이승종, 1993:
12).

4) Dalton(1988: 97-117)은 시민들의 이슈를 국내영역과 국외영역으로 나누고 있다.
국내 이슈로는 i) 범죄추방, 공해퇴치, 노인문제, 직업보장, 소수인종의 권리보호,
소득불평등 해소, 성차별 억제, 의료 및 교육서비스 제공 등의 사회경제적 이슈, ii)
이혼, 동성애, 낙태, 종교 등 사회적 이슈를 들고 있다. 한편 국외 이슈로는 국가
이미지, 무역, 전쟁과 평화를 들고 있다. 이들 국내외적 정책이슈는 바로 행정수요의
구체적 내용을 가리키는 것이다. Sullivan III(1991: 1)은 이를 종합해 세계평화,
경제적 복리, 생태적 균형, 사회정의, 정치참여를 5대 지구적 가치(five global
vaules)라고 부른다.

각종 도시생활문제들,5) 산업화로 인한 산업재해, 빈부격차, 노사갈등의 문제들, 또 고령화 사회 등 인구구성비 변화에 따른 노인문제와 노동인력 부족현상 등이 있다. 다음의 〈표 2-1〉에서 살펴볼 행정수요 유형 중 생활수준 향상과 경제정의, 복지, 환경 등 국민생활의 질적 향상에 대한 정책적 요구들이 이에 해당된다.

이 외에도 복잡 다양한 사회경제적 조건들이 정책변화를 일으키는 주요요인이 되고 있다. 예컨대 경제성장, 인플레이션, 실업, 사회계층화, 교육수준 향상, 산업구조 변화 등 여러 요인들이 대부분 공공문제와 연결되어 있고, 정부의 사회·경제 정책적 대응을 필요로 하고 있다 (이은호 외, 1994: 82).

내용 보태기 2-1 사회경제적 환경변화에 따른 새로운 행정수요들

▷ OECD에서 발표한 대한민국의 실업률은 2016년 2분기 기준으로 3.7%이다. 하지만 청년 실업률은 2000년대부터 꾸준히 증가해 2016년 2분기 기준으로 10.9%이다. 더욱이 30만 명 이상의 청년 공시족과 20대 남성의 병역의무를 고려하면, 청년 실업률은 실제로 매우 높은 편이다.

▷ 참여연대의 『노동시간 근로감독 분석보고서』(2018)에 의하면, 우리나라는 OECD 기준 3위에 해당하는 장시간 노동을 한다. 한국의 1인당 연평균 노동시간은 2,024시간으로, 지난해 기준 OECD 주요국 중 멕시코 (2,257시간), 코스타리카(2,179시간)에 이어 3위이다. 또한 전체 취업자의 5분의 1가량이 주당 최대 노동시간인 52시간을 초과해 일하는 상황이다.

▷ 입소스 코리아의 이슈 리포트 『소비자 물가상승 현황과 시사점』(2018. 9.12자)에 따르면, 소비자물가지수는 하방 경직성이 강해 2009년 글로벌 위기 때도 2.8%나 증가해 세계적으로 높은 편이다. 글로벌 금융서비스기업인 UBS의 발표에 의하면, 2018년 전 세계 도시생활비 중 서울은 77개 도시 중 16위를 차지했다.

---

5) 급속한 도시화에 따라 대두되는 주요 도시생활문제로는 주택난, 교통난, 상하수도시설, 보건위생시설, 여가시설, 문화 및 녹지공간 등의 결핍이 지적되고 있다.

▷ 상위 1%와 상위 10%의 소득 집중도가 빠르게 상승해, 한국의 상위 10%의 소득 집중도는 일본, 영국, 프랑스보다 높으며, 소득집중도가 심화되는 속도는 오히려 미국을 앞지르고 있다(조윤제 엮음, 2016: 23-24). 자산 불평등의 경우 소득 상위 10%가 총자산의 45%를, 상위 1%가 13.3%를 점유하고 있다.

▷ 한국의 교육격차는 경제력을 반영하는 사교육 시장진입을 통해 그 격차가 확대되었다. 구체적으로는 소득 10분위가 1분위에 비해 사교육비를 18배 더 지불한다. 또 사교육에 참여하는 학생일수록 성적이 상위권에 속하는 특징도 나타난다. 이렇게 벌어진 격차는 대학교 진학 여부와 그 내부의 격차로 이어진다. 이는 고용 형태와 임금수준으로 이어지며, 세대 간 계급 재생산으로 나타나고 있다(전병유, 2016).

▷ 한국의 가계부채는 2018년 기준으로 1,493조 원에 달한다. 이는 2008년보다 2배 이상 증가한 수치로서 GDP 대비 가계부채는 지난해 기준 94.8%까지 상승했다(KBS 월드라디오, 2018.10.15자).

▷ 한국의 공정사회 지표는 1995년 0.44에서 2009년 0.51로 상당히 개선되었지만, 국가별 순위는 28위로 여전히 최하위권을 유지하고 있다. 순위 상승을 보이는 일부 지표도 절대적 순위는 여전히 최하위권에 머무른 경우가 대부분이다(장용석 외, 2017).

▷ 2013년 경제협력개발기구(OECD)가 삶의 질 수준을 '행복지수'로 환산한 결과에 의하면, 한국은 하위권인 27위에 그친 것으로 나타났다. 한국은 안전(9.1)과 시민참여(7.5), 교육(7.9) 같은 영역에서 높은 수준을 보였지만, 주거(5.7)와 고용(5.3), 소득(2.1)에선 중하위권에, 환경(5.3), 일과 생활의 균형(5.3), 건강(4.9), 삶의 만족도(4.2) 등에선 하위권에 머물렀다. 특히 공동체(1.6) 지수는 터키(36위), 멕시코(35위)와 함께 최하위권(34위)이었고 일과 생활의 균형지수도 33위에 불과했다(호주한국일보, 2013.6.10자; 이도형·김정렬, 2019: 36-42).

한편 정치적 환경요인을 중시하는 사람들은, 국민의 정치이념과 가치관 변화, 사회구성원의 질적 성숙과 정치세력화에 따른 민주화 욕구

폭발을 새로운 행정수요로 강조한다(Fisher, 1980: 188-189). 다음 표의 행정수요 유형 중 사회 자율화, 민주적 절차를 위한 참여장치의 제도화, 서비스 지향적 행정제도 강화 등은, 정치적 요인의 변화에 따라 국민이 제기하는 행정수요로 볼 수 있다.

세계화 시대를 맞아 국외적 환경도 행정수요 표출요인으로 강조되고 있다. 냉전체제 하에서는 국제정치 및 지정학적 입장에 따른 안보수요가 강했다. 그러나 1990년대부터는 UR 등 일련의 라운드(다자간 무역협상), 자본 세계화에 따른 외채위기 및 모라토리움(국가부도 유예상황), 그리고 FTA 체결 등 급변하는 국제 경제환경과 북한의 핵개발 위협 등 국제관계 이슈들의 국내적 파급효과가 매우 커지고 있다. 〈표 2-1〉의

표 2-1 행정수요의 유형과 그 구체적 내용

환경요인	유 형	구체적 내용
사회 경제적 환경	사회안정과 안전	민생치안, 공공시설물 안전관리
	생활수준 향상	경제성장, 고용기회 확대, 물가안정, 기초수요 충족을 통한 물적 결핍 해소
	삶의 질 제고	복지서비스, 주거생활 환경개선, 문화·여가·생활정보 서비스의 확대, 직장생활의 질 증진
	경제정의 및 경제민주화	조세형평, 빈부격차 해소, 노동자 권익보호, 금융실명제, 토지공개념의 정착
정치적 환경	행정의 정보화 및 전자화	공공서비스의 D/B 구축, 전자정부 실현 및 사이버 윤리헌장 실천, 유비쿼터스, 모바일 서비스 제공
	정치 및 행정민주화	정치·행정과정의 참여, 사회의 자율화·다원화, 비민주적 행정절차 개선, 서비스 지향적 행정제도 구축
국외적 환경	남북 통일에의 대비	북핵 위협 해소, 북한난민 처리, 정치적 통일 및 사회경제적 통합비용 마련, 남북한 행정체계의 통일
	경제자유화 및 국가경쟁력 제고	경제규제 완화, 민영화, 첨단산업 육성·지원, 사회간접시설 확충, 국가 통상능력 강화, FTA 체결에 따른 국내 피해산업 보전·지원

행정수요 유형 중 국가안보 및 국가경쟁력 제고를 위한 제반 정책적 요구가 이에 해당된다.

3. 행정수요 표출의 변수적 함의와 거버넌스

그렇다면 우리는 행정환경의 변화와 그것이 제기하는 행정수요들을 왜 행정변수로 보아야 하는가? 그 이유를 자세히 알아보자.

첫째, 행정환경이 제기하는 행정수요는 한 나라의 정부가 특정시점에서 필히 행해야 할 새로운 국가정책이나 행정기능 설정의 중요한 근거가 되기 때문이다. 정당한 행정수요가 많이 제기될수록 국민을 위해 필히 수행해야 할 정부의 좋은 일거리들이 많이 발굴되어 정부의 정책창구에 접수될 수 있다.

둘째, 행정수요의 표출빈도(頻度)나 강도(强度)에 따라 행정의 결과가 달라진다. 환경변화에 따라 새로운 행정수요의 여지가 다양하게 발생해도, 이를 사회 내의 어떤 집단이 얼마나 강력하게 표출해 주느냐에 따라, 국민이 제기한 행정수요가 행정과제로서 정부에 의해 채택되는지의 여부와 그 채택되는 정도가 달라진다.

정부가 항상 국민의 요구를 충족시켜 주는 것은 아니다. 국민의 삶이나 사회발전을 위해 공공재화와 서비스를 필히 제공해야 하는데도 정부가 이를 적시에 제공하지 못했기 때문에 행정수요가 발생하는 경우도 많다. 이런 점에서 행정수요는 특정시점에서의 정부에 대한 국민의 불평불만 표시이기도 하다.

행정수요에는 특정의 불만상황에 대한 국민의 시정요구뿐 아니라, 예측되는 환경변화에 대응하기 위해 또는 보다 발전된 미래상황을 구현하기 위해, 정부의 적극적 정책대응을 기대하고 표출되는 것도 많다 (Steiss & Daneke, 1980: 92). 특히 행정환경이 복잡 다양해지고 그 불확실성을 더해 가는 오늘, 정부로 하여금 향후의 행정수요를 정확히 예측, 진단하게 하는 것은 보다 대응적이고 발전지향적인 행정목표를 설정하는 좋은 계기가 될 수 있다.

따라서 행정환경을 구성하는 국민들이 나라의 주인으로서 자신의 문제를 얼마나 적극적으로 표출해 정부로 하여금 이를 해결하도록 적극적으로 압력을 가하는지 그 강도에 따라, 좋은 정책, 즉 좋은 행정목표가 설정되고 그것이 정부에 의해 달성될 여지가 달라진다.

한 개인이 그가 속한 조직으로부터 부당한 대우와 비윤리적인 명령을 받을 때 보이는 반응패턴에는 크게 세 가지가 있다(Hirschman, 1970). 즉 그 조직을 이탈 혹은 탈퇴(exit)하거나, 현실을 감수하며 미래에는 좀 더 나아지겠지 하고 묵종(默從; loyalty)해 버리거나, 아니면 그 부당성을 정식으로 지적하며 이의를 적극적으로 제기(voice)하는 것이다.

위의 세 가지 반응패턴은 정부와 국민 간 관계에서도 마찬가지로 적용될 수 있다. 정부가 자기의 생활문제를 해결해 주지 않는다고 외국으로 이민(예컨대 교육이민)을 가기는 매우 어려운 일이고 이민에 따른 위험부담(risk)도 매우 크다. 그렇다고 현실에 묵종해서는 문제해결이 안되고 오히려 문제가 더욱 꼬이기 쉽다. 국민이 권리 위에 잠자는 사자가 되어서는 안 된다. 힘들더라도 나라의 주인으로서 국민이 강하게 문제제기를 하고 정당한 절차를 통해 그 해결을 요구해야만 문제가 잘 풀린다.

행정수요의 표출주체들이 탈퇴, 묵종보다는 정당한 항거와 공중의 욕구를 올바르게 표출할 때,6) 국민의 문제해결에 근접한 좋은 행정목

---

6) 우리 국민은 자식의 모든 것을 해결해주는 부모처럼 정부도 매사에 만능이고 모든 일에 관여해야 한다는 생각도 아울러 갖고 있다. 이렇게 요구조건이 많은 까다로운 국민이므로 정부에 대한 불만사항도 많다. 그러나 여기서 한 가지 생각할 문제는 고객은 시장의 단순한 참여자이지만, 국민은 사회계약의 참여자라는 점이다. 그러므로 시민의 정부에 대한 입장이 민원인 → 고객 → 국민 쪽으로 갈수록 행정수요의 표출주체로서의 권리뿐 아니라 정치적 시민으로서의 의무도 강조된다. 따라서 국민은

표들이 설정될 수 있다. 이런 면에서 보면 행정변수로서의 환경 자체도 중요하지만 환경의 요구와 영향을 국민이 어떻게 이해하고 받아들이냐? 또 그것에 어떻게 대응하느냐의 여부 또한 행정변수로서의 큰 의미를 갖는 것이다. 따라서 행정환경으로서의 성숙한 국민은 좋은 정책을 설정하게 함으로써 좋은 행정을 가능하게 하는 대표적 행정변수의 하나라고 볼 수 있다.

반대로 국민이 정부에 대한 불만이 많아도 그냥 묵종해 버리거나 자신만의 이익을 위해 자기 민원만 먼저 해결해 달라고 정부에 급행료를 내거나 뇌물을 바치는 기회주의적 속성을 보인다면, 불특정 다수의 국민이 혼자 힘으로는 해결할 수 없는 급한 공공문제들이 정부에 의해 해결될 공산은 훨씬 작아진다.

그림 2-4 국민의 행정수요 표출정도와 행정과제로의 채택 가능성 관계

단순한 불만보다는 건설적인 이의제기를 해야 하며, 정부도 문제제기를 하는 소수의 민원인이나 고객의 입장보다는 모든 국민의 입장에서 공평한 행정을 해야 한다(윤성식, 2002).

사례 2-1 시민의견 수렴장치로서 각국의 숙의형 정책설계 실례

많은 나라들이 적극적 시민의견 수렴장치로서 숙의(熟議)형 정책설계를 발전시켜 왔다. 일례로 아이슬란드는 추첨으로 뽑힌 120명의 시민으로 구성된 시민의회가 2009년에 설립된 뒤, 이 나라가 어떤 정치에 의해 재건되어야 할지를 결정하기 위한 새 헌법을 채택하는 차원에서 국민이 선출한 25명의 시민으로 제헌회의를 구성하고 신헌법 초안을 결정했다. 독일, 미국의 시민배심원단은 추첨으로 수십 명의 배심원단을 결정한 뒤 1~2주 동안 내부토론과 전문가 의견을 청취하며 숙의와 토론을 거쳐 공공정책 현안에 대한 공민(公民)적 권고를 시도한다.

선진국에서만 이런 숙의형 정책설계를 하는 것은 아니다. 중국도 지난 10년간 숙의형 공론조사를 시행해 왔다. 이는 추첨으로 선정된 주민대표로 소규모 회의체를 구성한 뒤 심도 있는 숙의와 토의를 통해 시민의 의견을 정책과정에 수렴하는 방식이다(오현철, 2015; 2017). 예산편성과정에서 시민의 의견을 구하고 반영하는 브라질 포르투 알레그레 시의 주민참여 예산제도도 그중 하나이다.

상기한 사례는 현대 정책과정에서 시민의 정당한 행정수요 표출이 크게 요구되고 있고, 그런 점에서 각국에서 시민의견 수렴의 제도화가 이루어지고 있는 현상을 잘 보여준다. 향후 우리 사회에서도 불만스러운 행정상황을 개선하기 위한 국민의 목소리들, 즉 개별민원과 집단민원이 정당한 범위 내에서 적시에 제기되고, 각종 이익집단들의 조직화 및 시민운동의 자발적 결사체화가 보다 적극적으로 이루어져야 한다. 그래야 국민을 위해 정부가 해야 할 좋은 일거리들이 보다 많이 또 강도 높게 설정될 수 있을 것이다.

따라서 표출된 행정수요가 행정체제에 투입되는 첫 관문인 정책의제 설정과정에서부터 관-민 간 의사소통이 활성화될 수 있는, 특히 국민의 정당한 이의제기가 정책창구에 항상 접수될 수 있는 상설화된 관-민 공동 의사결정 시스템이 거버넌스 구조형태로 자리 잡아야겠다.7)

제2절 **구조변수: 조직과 절차**

정부가 행정수요 표출에 적극 대응해 아무리 훌륭한 행정목표를 설정해도, 그 목표를 달성하기 위한 수단들이 나빠서는 아무 의미가 없다. 따라서 그 목표달성에 적합한 행정구조가 마련되어 있어야 하는데, 여기서 구조는 단위 조직들 자체와, 또 단위조직들을 대내외적으로 서로 연결시키는 절차 및 조직 내의 의사소통 통로 등을 포괄하는 광의의 개념이다.

내용 보태기 **2-2** **코끼리 몸에 비유한 행정구조**

이를테면 행정을 코끼리에 비유할 때, 코끼리가 아무리 좋은 먹이를 많이 먹어도 코끼리의 내장이 이를 잘 소화시켜 영양분이 핏줄을 타고 코끼리 몸 곳곳에 전달되지 않으면 아무 소용이 없는 것이다. 이런 점에서 코끼리의 장기(腸器)를 보호해 주고 몸의 부분들을 잘 연결해 주는 뼈가 튼튼해야 한다. 또 힘줄이 늘어나 있거나 혈관에 콜레스테롤이 잔뜩 끼어 있어서도 안 된다. 여기서 코끼리의 몸통과 장기에 해당하는 것이 행정조직이고, 뼈, 힘줄, 핏줄 등에 해당하는 것이 행정절차이다.

---

7) 제1장의 사례에서 소개한 바와 같이, 시민대표가 한달에 2번씩 참여하는 미국 지방정부의 '지역대표회의' 같은 것이 우리의 정책과정에서도 제도화, 상설화되어야 한다.

1. 행정조직

　목표가 아무리 좋아도 그 목표를 전담 수행해야 할 행정기구들이 적절히 마련되어 있지 못하면, 그 목표는 쉽게 달성될 수 없다. 왜냐하면 행정목표를 효과적으로 달성하기 위해서는, 그것에 필히 소요되는 물적 자원과 기술 및 정보의 집결장소가 구조적으로 마련되어 있어야 하고, 또 목표를 달성하기 위해 상호 작용해야 할 공무원들의 행위연계구조가 명확하게 설정되어 있어야 하기 때문이다.

　행정조직은 이러한 물적 자원과 정보, 기술의 결집장소이자 행정인들의 행위연계구조로서, 행정목표 달성의 '주요수단'이다. 따라서 행정목표의 효과적 달성을 위해 행정조직이 얼마나 구조적으로 잘 구비되어 있고 실제로 잘 운영되느냐의 여부에 따라 한 나라 행정의 성패가 좌우된다.

　행정조직은 이런 점에서 환경변화에 구조적으로 대응해야 할 입장에 놓여 있다. 행정조직은 행정기능 혹은 행정목표 달성의 전담 수행주체로서 존재해야 하기 때문이다. 이러한 상관성을 자세히 살펴보면 다음과 같다.

표 2-2 행정환경 및 행정기능의 변화에 따른 행정조직의 구조적 변화방향

환경변화에 따른 새 행정수요 표출	불가피할 경우 전담수행조직 신설
환경으로부터의 특정기능 강화 요구	기존 전담조직의 내부구조나 법적 위상 강화
기존 행정수요의 감소나 기능약화	기존조직 축소, 폐지/타조직으로의 통폐합
환경의 복잡, 다양한 요구에 따른 행정기능의 연관성 증대, 기능 마찰	조직(기구)통합이나 별도의 조정기구 설치, 강화

　먼저 행정환경의 변화는 새로운 행정기능을 필요로 하고, 이로 인해 새로운 전담조직이 신설되어야 한다. 물론 작은 정부(small government)

의 추세에 맞춰 조직을 별도로 신설하지 않고 기존 조직이 이를 처리할 수도 있다. 그러나 문제는 기존 조직이 과부하상태일 때 그 조직에 추가된 새 기능은 쉽게 경시되거나 자꾸 뒤로 미루어지기 쉽다는 점이다. 따라서 작은 정부 하에서도 불가피할 경우 조직의 신설(예: 88올림픽 개최를 앞두고 정부 서열 6위로 신설된 문화부)은 필히 요구된다.

한편 특정수요에 대한 환경의 강한 요구는 기존 행정기능의 강화를 필요로 한다. 따라서 기존 전담조직의 내부구조를 확대 강화하는 쪽으로 조직개편이 필요하다. 그럴 때 조직은 내부 단위부서를 확대, 강화하거나 조직의 법적 위상을 강화시키는 등의 조치(예: 환경청 → 환경처 → 환경부; 중소기업청 → 중소벤처기업부)를 취해야 한다.

환경의 변화는 새로운 행정기능의 대두와 더불어 그간 정책 우선순위상 상당히 앞에 놓여 있던 기존 기능들의 축소나 약화를 초래하기도 한다. 이는 이들 기능을 전담 수행해 온 기존조직의 축소나 폐지(예: 경제기획원, 도시지역의 농촌지도소) 혹은 다른 조직으로의 통폐합을 요구한다. 행정수요가 없어지거나 크게 줄어들었는데도 불구하고 계속 잔존하는 조직은 엄청난 재정낭비 및 시간지체의 온상이 되기 때문이다. 그러한 비능률과 낭비요소를 없애기 위해서는 기존조직의 축소나 폐지 혹은 타 조직에로의 통폐합이 근본적인 문제해결책이 될 것이다.

한편 환경의 복잡다양한 요구에 따른 행정기능 간의 연관성 증대 및 기능 간 마찰은, 행정기능의 조정효과를 조직구조상 반영하기 위한 조직의 통합이나 별도의 조정기구를 설치할 필요성을 제기한다. 정책혼란 및 기능마찰로 인한 낭비요소를 줄이고 행정조직들을 전체목표의 달성에 통일시키기 위해서는, 조직의 과감한 통합이나 적절한 조정기구의 뒷받침이 있어야 하는 것이다(예: 프랑스는 환경부와 국토부를 아예 합쳐 환경부총리를 만들고 생태부가 국토 문제를 총괄하게 한다. 우석훈, 2019에서 참고).

행정환경의 변화 및 이에 따른 행정기능의 변화를 조직구조의 변화로 잘 반영시킨 행정조직들은 성공적인 행정조직이고, 그렇지 못한 경우는 구조적 개편의 여지가 많은 실패한 조직구성이다.

환경이 요구하는 수요를 행정조직이 자신의 목표나 고유기능으로 설정하고 이를 전담해서 수행하기 위한 구조적 대응에 얼마나 탄력성을 보이느냐에 따라, 국민에게 이익이 되는 공공서비스의 산출량과 그 질이 달라질 것이다.

따라서 좋은 정부는 브라질의 삼바축구를 연상시킨다. 마치 탄력이 좋은 고무공처럼, 환경의 요구에 적극적으로 대응하기 위해 정부 조직구조의 성공적 변화를 신속·정확하게 꾀할 것이기 때문이다.

여기서 행정조직은 행정변수, 즉 행정산출 결정요인의 하나로서 그 가치를 지닌다. 따라서 환경의 요구에 대응하기 위한 정부 조직구조의 재설계 노력은 좋은 행정을 지향하기 위해 끊임없이 전개되어야 할 것이다.

 사례 2-2 국내 정책조정 시스템의 부재현상들

국정 운영의 삼두마차라 할 수 있는 여당과 정부, 청와대 간 정책 엇박자가 혼선을 넘어 위험수위로 치닫고 있다. 연말정산 파동에 건강보험료 부과체계 개편안의 백지화, 정규직 해고완화 정책논란, 주민세·자동차세 인상 번복 등 좌충우돌, 갈지자(之) 사례를 일일이 손꼽기 힘들 정도이다. 당·정·청 간 사전협의 시스템과 정책 컨트롤타워가 제대로 가동됐다면 충분히 피할 수 있었던 사례들이다.

박근혜 대통령은 취임 이후 부처 간 '협업'을 여러 차례 강조했다. 그럼에도 부처 간 높은 칸막이가 해소되지 않고 당정 간 엇박자가 계속되면서 청와대가 조정자 역할을 제대로 수행하고 있는지에 대한 의구심까지 제기되는 상황이다. 청와대에 정책을 주도하는 컨트롤타워가 부재하다 보니 정부부처와 혼선을 빚거나 정책추진 동력이 떨어진다는 지적도 나온다.

정부 정책 혼선 주요 사례

2015년 경제정책방향 "6월 사학연금 개혁안, 10월에는 군인연금 개혁안을 차례로 내놓겠다" (2014년 12월 22일)	정종섭 행정자치부 장관, 언론 인터뷰에서 "지난해 실패한 주민세·자동차세 인상을 올해도 계속 추진하겠다" (1월 25일)	연말정산 세액공제 방식으로 전환 (2013년)	문형표 보건복지부 장관 "부과체계 개편은 중요한 정책이고 올해 중점적으로 추진하겠다" (1월 27일)
군인·사학연금 개혁	주민세·자동차세 인상	연말정산	건보료 부과체계 개편
하루 만에 없던 일로… 기획재정부 정은보 차관보 "충분한 논의 없이 경제정책 방향에 군인·사학연금 개혁이 포함됐다" (2014년 12월 23일)	행자부 "올해는 자치단체의 강한 요구와 국회의 협조가 없는 이상 지방세법 개정을 추진하지 않겠다는 것이 정부의 입장이다" (1월 25일 밤 10시)	후폭풍 우려 연말정산 보완대책 '3,000억 원 환급' (2015년)	하루 만에 백지화… 문 장관 "올해 안에는 개선안 만들지 않는다" (1월 28일)

사회주체들 간 정책갈등을 해소하고 사전 조정하는 역할을 맡은 총리와 부총리의 '역할 부재'도 도마에 오른다. 세월호 참사 이후 10개월 동안 사표를 들고 다닌 정홍원 총리가 언제 그만둘지 모르는 상황에서 국정조정 업무에 제대로 몰두했는지는 의문이다. 2013년 세제 개편안을 새누리당 원내대표로서 통과시킨 최경환 부총리는 이번엔 당정회의에 불려가 당의 소급적용 결정을 뒤늦게 수용할 수밖에 없었다. 그는 어설프게 정규직 해고완화 정책을 꺼냈다가 노동계의 거센 반발을 불렀다. 주무부처인 고용노동부나 노사정위원회와 전혀 협의가 안 된 상황이었다. 황우여 사회부총리는 교육부와 보건복지부 등 관할 6개 부처의 민감한 현안에 대해 조율할 의지를 보이지 않고 갈등해결에도 소극적이라는 비판을 받는다. 그러니 사회적 파장이 큰 건보료 개편안의 백지화 방침이 사회부총리와 사전협의 없이 발표되기도 했다.

청와대는 지난 23일 인사에서 종전의 국정기획수석을 정책조정수석으로 바꿨다. 청와대가 '정책갈등 요인을 사전에 없애고 문제를 풀어나가는 조정자 역할'을 하겠다는 뜻으로 받아들여진다. 하지만 관가에서는 자칫 또 하나의 시어머니가 될 수 있다는 우려도 없지 않다(김경운, "정책마다 사전조정 못하는 黨·政·靑… '엇박자 국정' 위험수위 朴 정부 정책 왜 춤추나", 서울신문, 2015.1.31자).

 사례 2-3 정책조정의 해외 성공사례

영국은 소외계층, 지역개발, 교통, 교육, 마약범죄 등 여러 부처가 연계되어 있는 이슈를 부총리실에서 총괄하여 분산된 정부기능을 연계해 관리한다. 내각부에선 다부처 연계사업을 발굴, 해결한다. 사회적 난제에 대해선 연계형 정부(joined-up government)라는 새로운 패러다임을 도입했다. 통합적 관점을 통해 기관 간 협업을 하도록 패러다임을 전환한 것이다. 예컨대 정책혁신을 위한 리빙 랩으로 policy lab이라는 정책조정 기능을 갖춘 중앙정부 차원의 전담조직을 설치하고 각 부처와 관련된 프로젝트에 해당 부처 공무원을 참여시켜 운영한다.

호주는 1997년 센터링크를 설립해 가족부, 노동부, 교육부 등 연방정부 10개 부처 및 25개 관련 정부기관의 140여 개 서비스를 수요자의 생애주기별로 제공하고, 2002년 이후부터는 지역사회와 민간까지 연계해 맞춤형 서비스를 분절 없이 제공하고 있다. 이는 연방정부 차원뿐 아니라 연방-지방정부-민간 간 협업까지 가능해지도록 해 서비스 전달체계 수준의 통합적 접근을 시도한 사례이다.

뒤늦었지만 우리나라도 정책혼선 방지를 위한 협업체계를 강화하려고 한다. 정책조정회의 성격의 국정현안 점검조정회의를 주1회 운영하고 있다. 또 2018년부터 각 부처의 협업, 조정 추진노력 성과를 정부업무평가에 새로 반영하기 시작했다(행정안전부, 한국행정연구원, 2019: 19).

2. 행정절차

행정은 양질의 서비스를 제공해 국민 복리를 증진시키는 데 그 목적이 있다. 따라서 국민의 편익을 위해 불필요하거나 불합리한 행정절차[8]를 추출, 개선해 행정의 간소화, 능률화를 도모해야 한다. 공공서비스의 질은 결과뿐 아니라 과정과 절차에 의해서도 좌우되기 때문이다(오희환, 1992: 87). 공공서비스의 전달에 지나치게 시간과 비용이 많이 들어서는 바람직하지 못하다. 특히 국민이 정부조직의 문을 노크하는 절차가 까다로워선 절대 안 될 것이다. 따라서 정부운영과정과 업무

---

8) 여기서 절차는 공공문제 해결과정에서 국민이 정부조직과 접촉하는 민원제기통로나, 행정조직 내 상하 간의 수직적 의사소통채널, 혹은 조직 간이나 조직 내 단위부서들을 서로 연결해 주는 업무흐름과정 등을 총칭하는 말이다.

처리절차의 끊임없는 쇄신이 요구된다.

유아의 몸속에는 성인에 비해 약 120개의 뼈가 더 있다고 한다. 애들이 어릴 때는 잘 넘어지므로 몸의 보호를 위해 뼈가 성인보다 많은 것이다. 따라서 아기들이 넘어져도 크게 다치지 않는 것은 이 때문일 것이다. 그런데 아기가 커가면서 추가로 있는 뼈들은 불필요해져 점차 퇴화한다. 몸속에 불필요한 뼈를 갖고 있어봤자 거동만 불편할 뿐이기 때문이다.

이와 마찬가지로 특정시점에서 필요하기에 만들어진 절차와 규정도 시대적 탄력성을 잃으면 적시에 사라져야 한다. 그래야 신속한 서비스 전달도 가능하고 비용도 적게 든다.

1) 국민성악설과 관료성악설에 기인한 기존의 행정절차들

그러나 그간 우리의 행정과정은 '국민 성악설'에 따라 매우 복잡하고 절차가 까다로워, 민원인들은 관청출입을 위해 불필요한 거래비용(transaction cost)을 지불해야 했다. 일례로 복잡하게 꼬여 있는 아파트 등기업무는 법무사에게 맡기지 않으면 안 되었고, 시골 촌로들은 물론 정규대학을 나온 시민에게도 복잡하게 느껴지는 행정서식은 행정사로 하여금 대신 쓰게 해야 했으며, 까다롭고 복잡한 세법을 몰라 세금 관계업무를 세무사에게 대행시키고 그 대행 서비스 수수료를 각각 지불해야 했던 것이다.

절차가 복잡다단하다 보니 단위사무를 완결짓는 데 걸리는 시간(cycle time)의 대부분이 서류가 기관 간, 부서 간에 이동하는 시간과 문서접수, 결재 과정 등 대기시간에 허비되었고, 반대로 실제 서류가 검토되는 시간은 극히 미미했다. 일례로 순수하게 서류가 검토되는 시간(processing time)과 대기, 이동시간(waiting time)의 비율이 1 대 100 이상으로 나타난 적도 있었다(박세정, 1994: 313-314).9)

시간이 곧 돈인 현대사회에서 이처럼 국민들은 막대한 대기비용
(waiting cost)을 지불하지 않으면 안 되었다. 따라서 복잡다단한 행정절
차 속에서 남보다 자신의 민원을 빨리 해결하기 위해 우리는 급행료
(express cost)를 내지 않으면 안 되었다.

우리의 행정에는 '관료 성악설'에 따른 시대착오적 관행에 의한 행정
절차상의 군살도 많았다. 복잡다단한 절차상의 군살은 보고·결재과정
에서 쉽게 찾아볼 수 있다. 일례로 하급기관은 연보(年報), 분기보, 반
기보, 월보, 반월보, 주보(週報) 등 상급기관에 대한 각종 보고에 허덕
이고, 쥐잡기 사업 실적보고, 바르게살기운동 추진실적보고, 알뜰살림
추진실적보고, 공직자 경제의식개혁 추진실적보고, 환경순찰 실적보고
등 각종의 비현실적 보고에서 자유롭지 못했다(강형기, 1998: 57-58).

2) 행정절차의 부분적 개선과 남은 문제점들

물론 행정절차의 복잡한 점들은 그간의 꾸준한 행정쇄신 및 행정의
전자화 작업을 통해 적지 않게 극복되어 왔다. 몇 가지 예를 들면, 공장
설립과 관련해 민원인의 승인신청 시 실무종합심의회를 구성해 원스톱
서비스를 구현하고, 가능한 한 처리기한도 짧아지게 되었다. 또 공장설
립 승인 변경승인절차를 간소화하기 위해 20% 범위 이내에서의 변경
시에는 사전승인 대신 사후보고로 대체해 간소화시켰다. 또 11층 이상
고층건물의 경우 그간에는 심의별 소요기간만 1년이 걸리고 용역비용
도 건축 1건당 1억 원이 들었는데, 이제는 이러한 복잡다단한 건축 인

---

9) 토종닭 협회는 그간 토종닭 산업의 숙원사업이었던 소규모 도계장(屠鷄場)이 첫발을
내딛었으나 '복잡한 법령'과 부정적 인식으로 인해 사업추진이 원활하지 않아 당혹스
러움을 토로하고 사업 희망자의 접수를 독려했다. 이날 간담회 참석자들은 소규모
도계장 추진에 있어 가장 큰 걸림돌로 '복잡한 행정절차'를 꼽았다. 도계장 허가를
위해서 축산과는 물론 환경과, 건축과, 농지과 등 관계 부서에서 검토를 받아야 하는
데, 이것을 개인 혼자 추진하기가 어려웠기 때문이다(라이프 팜 뉴스, 2019.9.23자).

허가 심의절차를 개선하기 위해 유사·중복되는 각종 심의를 3-4 단계로 통합 심의함으로써, 심의기간도 단축하고 금품수수 등 부조리의 소지도 줄일 수 있게 되었다(박동서, 1999).

그러나 아직도 우리는 복잡다단한 행정절차 속에서 자유롭지 못하고, 이는 국가경쟁력 확보측면에서 다음과 같이 우리의 발목을 여전히 잡고 있다.

 사례 2-4 복잡한 창업철자가 국가경쟁력에 걸림돌이 된다

한국경제연구원(이하 한경연)이 세계은행 기업환경 보고서의 창업환경을 분석한 결과 2019년 한국의 창업비용은 490만 원으로 OECD 36개국 중 이탈리아(514만 원)에 이어 두번째로 비싼 것으로 밝혀졌다. 490만 원은 OECD 평균인 113만 원에 비해 4.3배 수준이다. 창업비용이 저렴한 나라는 슬로베니아(0원), 영국(2만 원), 뉴질랜드(9만 원) 등이었다. 1인당 GNI를 감안해도 한국의 창업비용은 멕시코 다음으로 비싸게 집계되었다. 한국의 창업절차는 회사직인 제작(1일), 온라인 법인시스템 등록 및 법인 설립비 지불(3일), 세무서 등록(4일)으로 3개였고, 절차에 소요되는 시간은 8일이었다. 유환익 한경연 혁신성장실장은 "창업자금 확보문제는 국내 창업 장애요인"이라며, "일자리 문제를 해결하고 한국경제의 혁신성장 동력을 확보하기 위해서는 값비싼 창업비용을 줄여 창업을 활성화해야 한다"고 밝혔다. 한경연은 "정부의 노력으로 창업절차와 창업소요시간이 과거에 비해 단축된 것은 고무적이나, 창업소요시간은 여전히 OECD의 하위권(21위)으로 개선의 여지가 남아있다"고 평가했다. 창업절차 및 창업소요시간이 짧은 주요 국가는 뉴질랜드(1개, 0.5일), 캐나다(2개, 1.5일), 호주(3개, 2일) 등이다. 특히 뉴질랜드의 경우 '온라인 신청' 1개에 0.5일이 소요되어, OECD 국가 중 창업이 가장 수월한 것으로 나타났다(한국금융신문, 2020.2.4자).

행정절차가 복잡다단하다 보니, 공무원들은 국민을 위한 서비스의 신속한 생산과 전달(service work)보다는, 아직도 그릇된 관행에 따른 복잡한 내부절차를 밟고 문서작업을 하는 데 더 많은 시간을 소비해 왔다.

국민도 공공서비스의 수수료로서 엄연히 세금을 내고 있는데, 복잡다단하고 까다로운 행정절차로 인해 세금 말고도 거래비용, 대기비용, 급행료 등 안내도 되는 돈을 이중삼중으로 내고 있는 실정이다.

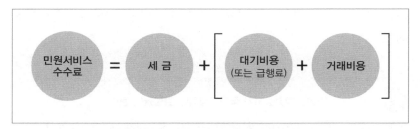

그림 2-5 복잡다단한 행정절차가 야기하는 민원인의 추가비용

희랍신화에 프로크루스테스(Procrustes)라는 강도가 나온다. 그는 아테네로 가는 길목에 서 있다가 지나가는 사람을 잡아 자기의 쇠침대에 누인 뒤, 만일 잡혀온 사람이 키가 작으면 목과 다리를 잡아당겨 쇠침대 길이에 억지로 맞추고, 반대로 키가 크면 침대 길이만큼 다리나 목을 잘라 내는 악인이다. 불행히도 이런 포악한 악인들이 자의든 타의든 법규 만능주의자인 프로크루스테스적 행정인이라는 모습으로 우리의 행정일선에서 적지 않게 나타난다.

내용 보태기 2-3   프로크루스테스적 행정인

일례로 시민의 생활문제가 심대해 관청에 가서 해결을 요구하면, "법적 근거가 없어 이를 해결해 줄 수 없다"라는 공무원의 답변을 종종 듣는다. 또 민원인이 인허가를 받으려고 서류를 꾸며 찾아가면 법적 근거라는 요식행위를 갖추기 위해 "이 서류도 더해 와라, 저 서류도 더해 와라"는 경우가 많다. 여기서 우리는 시민의 서비스 수요 잣대와 관청의 서비스 수요인지 및 공급의 잣대가 쉽게 합일점을 찾지 못한 채 끝없이 평행선을 달리고 있음을 느낄 수 있다.

3) 행정절차의 행정변수적 함의

정부와 국민의 만남은 매우 신성하다. 그래서 다른 사소한 만남과 구별해 '공적 만남'(public encounter)이라고 부른다(Goodsell, 1985: 3-7). 그러나 위와 같은 법규 만능주의적 행태가 복잡다단한 행정절차의 형식적 준수라는 명목으로 행정일선에서 자행된다면, 이는 공공서비스의 참된 제공과는 너무나 거리가 멀다. 서비스의 진면목은 양질의 서비스를 우리가 원하는 바로 그 시점에서 제공받는 '적시적 서비스'에서 찾을 수 있기 때문이다.

양질(良質)의 기업들은 형식적 절차와 규정의 준수보다는 일의 신속한 수행을 위해 결재단계를 크게 줄이거나 사내 공문서 납기제도를 신속히 도입하는 등 탄력적으로 움직이려고 노력한다. 또 외국 정부들의 대민업무 처리절차와 서비스 전달과정의 간소화 사례 역시 우리에게 큰 시사점을 던져 준다.

 사례 2-5 외국 정부들의 행정절차 간소화 사례

글로벌 금융위기 후 전 세계적으로 성장이 둔화하고 실업증가가 심해지자 창업 활성화를 통한 일자리 창출과 경제성장이 각국의 우선 정책과제가 되고 있다. 유럽 각국은 전자 기업등록 시스템을 도입하고 개인 유한책임회사법 개정, 각종 창업수수료 인하, 세금폐지 등 창업절차를 간소화하며 창업 활성화를 유도하고 있다(European Commission, 『EU 창업절차 간소화의 현황과 시사점』, 2014).

일례로 독일 정부는 비 유럽연합(EU) 출신의 외국인 고급인력을 유치하기 위해 입국·체류허가 및 자격인증 절차의 간소화에 나섰다. 독일 총리실은 외국인력 유치방안 모색을 위해 연방정부, 주정부, 노동계 및 경제계 대표들을 초청해 전문인력 정상회의를 개최했다. 이 회의에 참석한 경제계 대표들의 의견을 전폭 수용해 유럽연합 역외권, 즉 제3국 출신 외국인력이 독일 노동시장에 진입하는 데 있어 가장 큰 장애가 되는 까다롭고 오랜 시간이 소요되는 입국·체류허가 및 자격인증 절차를 간소화, 디지털화하기로 결정했다. 또한 외국에서 습득한 기술역량이나 자격이 독일의 커리큘럼과 편차가 있을 때 이를 독일 현지에서 보완, 보강할 수 있도록 사업장 내 교육시설을 마련하고, 독일어 구사력 향상을 위한 지원도 확대하기로 합의했다(http://eknews.net/xe/550145).

위의 사례들은 결국 우리에게 무엇을 말해 주고 있는가? 이들 사례는 행정절차가 우리처럼 아직도 복잡다단한가 아니면 외국 정부들처럼 절차를 간소화시키려는 노력이 많은가의 여부에 따라, 한 나라 행정의 성패가 크게 좌우된다는 점을 잘 보여 주고 있다. 우리가 사무처리절차를 간단화(streamlining)하는 등 구태의연한 업무관행과 불필요한 절차의 축소에 적극 노력한다면, 우리의 행정도 국민에게 이익을 배분해 주는 좋은 행정으로 탈바꿈할 것이다.

이런 점에서 최근 몇몇 공공기관들의 절차상의 개혁은 매우 큰 상징적 의미를 갖는다. 그 내용을 잠시 살펴보면 아래와 같다.

 사례 2-6 한국의 행정절차 혁신과 원스톱 서비스

고용복지플러스 센터에서는 다양한 고용서비스 전달체계 간의 협업을 통해 국민에게 통합적 서비스를 제공한다. 즉 고용, 복지, 서민금융 등의 상담과 지원을 한 곳에서 쉽고 편리하게 받을 수 있도록 원스톱으로 제공한다. 고용서비스와 관련된 원스톱 서비스를 제공하기 위해 고용센터(고용부)-새일센터(여가부)-자활센터(복지부)-일자리센터, 복지지원팀(지방자치단체), 서민금융센터가 참여해 협업함으로써 맞춤형 서비스를 제공한다. 즉 취업을 원하는 국민이 센터에 방문해 한번만 서비스를 신청하면 다른 기관을 일일이 방문하지 않아도 기관 간 연계를 통해 복합애로사항을 해결하는 등 수요자 맞춤형 통합서비스를 제공받을 수 있다(출처: 고용복지플러스센터 홈페이지, http://www.workplus.go.kr).

상기한 원스톱 서비스 사례가 큰 촉발제가 되어, 행정절차의 간소화가 범정부 차원에서 반드시 완결구조로 갔으면 하는 바람이다.

단, 규제(절차)의 풍선효과를 경계해야 한다. 풍선의 한 곳을 누르면 그곳은 쑥 들어가는 반면 풍선 안에 있던 공기가 풍선 안의 다른 부분으로 옮겨가 그 쪽이 팽창해, 결국 풍선 안의 공기량은 크게 변하지 않기 때문이다. 규제는 규제자의 입장에선 끗발, 즉 힘의 원천이자 돈줄이기 때문에 규제를 포기하기가 쉽지 않다. 그래서 특정 규제를 완화해도 다른 규제를 새로 만들어 내기 쉽다. 따라서 규제건수 줄이기에 집착하기보다는 불필요한 규제법령과 규제조직은 아예 없애는 것이 정답이다. 이를 위해선 규제 일몰제(sun set law)의 제도화가 필요하다.

행정절차의 간소화를 위해선 원콜 서비스, 민원처리 사전고시제, 자동승인제, 플랫조직화 등도 요구된다. 이런 방법 등을 통해 기존의 구태의연한 업무관행과 절차상의 군더더기를 축소해 내면 시민생활의 불편을 줄이고 경제 활성화에도 기여하는 좋은 정부로 탈바꿈할 수 있다. 단, 환경영향평가나 예비타당성 조사, 정책시행 전 대상집단의 동의를 구하는 절차 등은 충분히 확보되어야 한다. 이런 절차는 "돌다리도 두들겨 보고 건너자"라는 속담에 담긴 소통의 지혜와 절차적 정당성을 보장해 준다.

제3절 **사람변수: 공무원**

행정을 논함에 있어 사람은 환경, 구조와 더불어 행정의 3대 변수로 일컬어진다. 여기서 사람은 행정환경의 영향을 직접 받으며 정부조직 안에서 상호작용하면서 공공서비스를 직접 산출해 내는 공무원들을 말

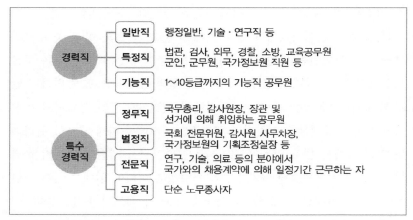

단, 기능직과 별정직은 2014년부터 일반직으로 전환되었다.
출처: 이종수·윤영진 외(2012: 378).

그림 2-6 공무원의 분류

한다.10)

　우리나라 공무원의 평균 자화상을 살펴보자. 평균 27세에 신규 임용되며, 평균연령은 43세이다. 평균 재직기간은 16.2년이다. 국가직 일반직 공무원은 대부분 9급으로 채용되며 9급에서 5급까지의 승진에 평균 24.4년이 소요된다. 20대 이하 여성공무원 비율은 60.2%로 가장 높다. 최종학력은 대졸 54.2%, 대학원 이상 21.8%이며, 전문대졸 13.2%, 고졸 이하는 10.8%이다. 5년 전보다 대졸 이상이 5.7% 늘었다(인사혁신처, 『2018년 공무원 총조사』에서 참고).

---

10) 정부의 일 혹은 국가사업에 관여하는 사람들로는 다음과 같은 여러 가지 유형이 있다. 먼저 정부에 임용되어 장시간 충실히 근무하며, 그 대가로서 정부로부터 특별한 대우, 즉 보수, 연금 및 신분보장을 받는 '직업공무원'이 있다(박동서, 1990: 388). 이와 달리 '공직자'라는 개념은 우리가 일반적으로 임용직 공무원이라고 부르는 사람 말고도 정부부문에 종사하는 여타의 사람들, 즉 대통령, 국회의원 등 선출직 공무원까지 포괄하는 광의의 개념으로 사용된다. 이 외에도 공기업 등 정부투자기관이나 정부출연기관 종사자 등 '준공무원' 신분에 있는 사람들도 있다. 이 책에서는 주로 정부에 장시간 근무하며 특별대우를 받는 직업공무원들을 논의의 주요대상으로 한다.

공무원은 행정환경으로부터 표출된 다양한 행정수요의 인지자(認知者)이자 정책결정 및 집행자인 동시에, 국민으로부터 동원된 각종자원을 배분·활용하는 공공자원 관리자이기도 하다. 따라서 국민이 제기하는 행정수요에 공무원들이 얼마나 대응적인 자세로 임하는지, 또 행정수요를 충족시키기 위해 필히 요구되는 자원관리 등 각종의 행정능력을 얼마나 잘 구비하고 있는지에 따라 한 나라의 행정성패가 좌우된다.

내용 보태기 2-4 행정변수로서의 공무원

필자는 몇 년 전 한 일간지의 같은 날짜 같은 지면에서 공무원 관련 2개의 기사를 우연히 접한 적이 있다.

그 하나는 정부가 외상매출채권 보험제도를 만든다는 내용이었고, 다른 기사는 공무원들이 자기 자리를 만들기 위해 보험성 직제(職制)를 늘리고 있다는 기사였다.

한 나라의 같은 공무원이라도 누구는 선의의 피해를 입을 수 있는 국민을 보호하기 위해 '외상매출채권보험제도'를 만들고, 누구는 자신의 일자리를 잃지 않기 위해 위인설관 등 '보험성 직제'를 만들어 정부예산을 낭비하기도 한다. 전자는 행정을 이끌어 가는 건각(健脚)이지만, 후자는 효율적 생산에 걸림돌이 되는 비만형 군살이다.

바로 이런 점에서 공무원은 주요 행정변수임에 틀림없다. 한 공무원의 다음과 같은 말이 이를 웅변으로 보여 주고 있다.

"저는 사명감을 가지고 공무원이 되기를 원하는 학생들에게 말하고 싶습니다. 공무원으로 들어와 제도 하나만 고치면 변호사 한 사람이 어려운 사람을 도와주는 것보다 수백 배의 사람들을 위해 일할 수 있다고 말입니다.

공직생활은 나 개인의 직장생활이기도 하지만 국민을 위한 업무라는 점에
서 다른 직업과 다르다고 볼 수 있지요. 그리고 그 점은 일반 직장인이 느끼
지 못하는 보람일 것입니다."11)

변호사는 자기에게 소송을 의뢰한 단 한 사람의 소송대리인이지만
공무원은 수십만, 수백만 국민의 국정대리인으로서, 자기 역할을 잘하
면 만인의 얼굴에 웃음을 짓게 해줄 수 있다는 것이다. 사람이 변수인
것이다.

흔히 '인사(人事)가 만사(萬事)'라는 말을 하는데 이 말의 함의를 이해
하기 위해, 예를 하나 들어보자. 예컨대 Y=AX에서 상수인 A를 100만
원이라고 가정할 때, Y의 결과 값은 독립변수인 사람 X의 마음가짐과
행동에 따라 달라진다. 즉 우리가 100만 원을 X_1, X_2, X_3 등 3인의 공
무원에게 각각 주었을 때, 일정시간이 지난 뒤 그 결과는 다음과 같이
달라질 수 있다.

만일 X_1이 100만 원을 1,000만 원으로 만들어 놓았다면, 이는 경쟁
력 있는 공무원이 열심히 노력해 조직의 생산성을 제고시킨 바람직한
경우이다. 반면 X_2가 받은 돈 100만 원을 그대로 갖고 있다면, 이는 복
지부동의 전형적 케이스이다. 그리고 X_3가 100만 원을 10만 원으로 줄
여 놓았다면, 이는 개인의 무능함이나 기회주의적 행태로 인한 관료실
패의 한 예가 될 것이다.12)

여기서 X_2, X_3의 어두운 결과를 초래할 우려가 큰 공무원들의 슬픈
단상을 목도한 변화관리 전문가 구본형의 안타까운 지적과 현직 공무

---

11) 이는 1996년 당시 총무처 인사기획과 강기창 과장의 인터뷰기사이다(『월간 리크루
    트』, 1996년 2월호, 47면).
12) 물론 예산을 1/10로 줄였다고 해서 그가 반드시 무능한 사람인 것은 아니다. 왜냐하
    면 새롭게 일을 창의적으로 해보려다가 단기적으로 성과가 나오지 않아 돈을 까먹은
    것처럼 보일 때도 있을 수 있다. 그러나 여기서는 X_1과의 비교상의 효과를 도모하기
    위해 X_3를 무능인으로 평가한다.

원 허명환의 자기성찰의 목소리를 경청해 보자.

내용 보태기 **2-5** **X₂, X₃에 해당하는 공무원들의 슬픈 단상**

▷ "과천종합청사에 가면 목이 죄는 것 같아 답답해진다. 공무원의 변화에 대한 압박이 커진 모양인데, 관악산 아름다운 곳 가장 쾌적한 일터 속에 있지만 그 안으로 들어가기 싫다. 훈시(訓示)라는 단어가 당당히 살아 위에서 아래를 무겁게 누르고, 실수에 따른 견책을 두려워 해 수없이 확인하지만 새로운 시도를 피하고, 부서 간 공조도 또 다른 점검일 뿐 시너지 효과를 창출해 내지 못한다. 지금 있는 곳과 가야 할 곳을 아는 사람만이 그 괴리를 줄이려 애쓴다. 이 차이를 인식하지 못하는 사람은 지금에 머물고 나아질 수 없다"(구본형, 2004).

▷ "공직생활을 오래 해 업무관련 통계수치와 업무내력을 잘 안다고 해서 전문가가 아니다. 전문가는 이론적 배경과 정책분석력 및 정책결정력을 갖고 있어야 한다. 또 자기가 담당하는 정책이 제대로 작동하는지 노심초사(勞心焦思)하는 것이 격무(激務)이지, 무작정 오래 앉아 있으면서 예쁜 보고서나 꾸미는 것이 격무는 아니다. 더욱이 공무원들이 '다음은 저 자리, 그 다음은 이 자리' 등 자기 나이가 얼마이니 정년까진 어디까지 갈 것이라고 예단하며 게걸음 하듯 보직경로를 밟으며 공직생활의 안정에 빠지다 보면, 오히려 경쟁력 있는 공무원들이 스스로 구조조정대상으로 전락하는 그레샴의 법칙이 나타난다"(허명환, 1999). 즉 자리나 보전하며 승진에 혈안인 비생산적인 공무원들(악화)이 자기 일에 노심초사하며 창의적으로 일하려다가 감사에 걸리는 착한 공무원(양화)들을 구축(驅逐)한다는 것이다.

 사례 2-7 규제개혁에서 드러난 공무원들의 보신주의(X₂) 실태

제2차 규제혁신 점검회의가 관련부처의 준비부족 탓으로 연기됐고, 문재인 대통령은 "답답하다"는 표현까지 사용한 것으로 알려졌다. 부처별 자료취합을 주도적으로 맡은 이낙연 총리가 미흡하다고 판단해 회의를 연기한 것이다. 문 대통령과 이 총리가 원하는 것은 규제개혁의 '계획'이 아니라 '결과'이다. 문 대통령이 "이해당사자들이 있어서 갈등을 풀기 어려운 혁신과제, 규제과제에 대해서는 이해당사자들을 10번이든 20번이든 찾아가서라도 규제를 풀어야 하지 않겠느냐"고 언급했다. 이는 공무원들이 책상에 앉아서 계획서만 작성하는 것이 아니라 현장에 직접 뛰어들어서 규제개혁의 결과물을 이뤄내야 한다는 것을 주문한 것이다.

이처럼 문 대통령과 이 총리가 공무원들의 보신주의를 질타하면서 현장에서 답을 찾으라고 주문했지만, 일선 공무원들이 과연 보신주의를 혁파할 수 있을지는 미지수다. 역대 대통령들 역시 현장주의를 강조해 왔다. 김대중 전 대통령은 1998년 규제개혁위원회를 설립해 규제개혁을 이뤄내려고 했지만 가시적 성과는 없었다. 이명박 전 대통령은 "규제 전봇대를 뽑겠다"고 말했고, 박근혜 전 대통령은 규제를 '손톱 밑 가시' 혹은 '암 덩어리'로 규정하면서 규제혁신에 나섰지만 모두 가시적 성과는 없었다.

규제개혁이 안 되는 이유는 이해당사자들의 이해관계가 너무 복잡하게 얽혀 있기 때문이다. 이런 복잡한 이해관계 실타래를 풀 수 있는 사람은 공무원이다. 공무원이 적극적으로 법규해석을 하고 적극 나서서 규제개혁을 혁파한다면 가능하다. 하지만 공무원들이 적극적으로 나서지 않는다는 것이 업계의 공통된 의견이다. 그것은 고질적인 보신주의 때문이다(김도형, "규제혁신 외쳤지만 일선 공무원들은 묵묵부답", 뉴스워치, 2018.8.29자).

좋은 제품은 좋은 마음만이 만들어낸다. 우리는 제품을 쓰는 것이 아니라 그것을 만든 사람들의 마음을 쓰는 것이다(구본형, 2004). 그런 점에서 볼 때 X_1 같은 사람들이 정말 공무원이 되어야 함은 물론이다. 그러면 이에 해당되는 한 공무원을 찾아 소개해 본다.

 사례 2-8 X_1에 해당되는 바람직한 공무원 사례

1985년 라자스탄 주에 지역 보건공무원으로 부임한 라헨드라 싱은 심각한 아동영양 결핍상태를 목격한 뒤 그것이 오랜 가뭄의 결과임을 발견하고 기아대책을 마련했다. 그는 연례행사처럼 지속되는 가뭄을 아동 영양결핍의 주요인으로 보고 식량증산 방법을

고민하던 중 농사를 지을 물이 절대적으로 필요하다는 판단에 이르렀다. 그래서 땅을 오목하게 판 뒤 진흙제방을 쌓아 그 안에 빗물을 모으는 조하드(johad)를 만들기로 했다. 조하드는 그 지역에서 13세기부터 농사에 활용해온 토착민들의 물 관리 방식인데 오랜 세월 잊혀져온 그것을 복원하려 한 것이다. 처음엔 사람들의 무시 속에 혼자 작렬하는 뙤약볕 아래서 하루 종일 땅을 팠다. 땅 파기를 오랜 시간 지속하자 드디어 조하드 하나를 완성할 수 있었다. 이후 그의 행동에 공감한 주민들의 협조에 힘입어 1년 만에 50개의 조하드를 만들었다. 메마른 지하수층을 다시 채우기 위해 제대로 된 수로망을 재건하는 등 자연의 물길을 되찾는 노력도 지속했다. 26년의 시간이 흐르자 이 지역은 600개의 수원(水源)을 확보할 수 있게 되었다. 덕분에 지역의 농업 생산성이 크게 증대되어, 이 나라 최저 생계비의 3배에 해당하는 농가소득을 올릴 수 있었다. 아동의 영양실조도 사라졌고, 하루에도 몇 번씩 멀리서 물을 길어오는 일을 도맡아 하던 여자들이 학교로 가자 교육의 힘 덕택에 지역소득은 더 올라갔다.

라헨드라 싱은 용수(用水)의 민주적 관리와 마을간 분쟁조정을 위해 집단관리체제를 세우는 데도 노력했다. 집집마다 한명씩 마을회의에 대표를 파견해 땅에 대한 주민의 자율적 의사결정능력을 강화했다. 그의 노력 덕분에 마을회의를 통한 지역민주주의 정신과 공동체의식을 되찾을 수 있었다. 라헨드라 싱과 주민들은 보건소 문을 열고 수많은 약초재배를 통해 지역 내 식물 다양성도 유지했다. 인근의 무리한 광산개발을 막고 자연보호구역을 만들어 야생생물 보호구역을 선포하는 등 지역 생태계 지킴이로도 나섰다.

반면 다른 공무원들은 조하드를 무허가 물 공급장치로 보고 그것을 구실로 불법 조하드를 없애라고 독촉해댔다. 그러다가 지역의 강이 되살아났다는 소문을 듣자 이젠 어업세를 걷으려고 혈안이 되었다. 다른 공무원의 이런 안이한 처사에, 주민들은 거부의사를 밝히고 세금을 내지 않는 방식으로 저항했다. 일종의 시민 불복종이었다(베네딕트 마니에, 2014에서 발췌).

공직이라는 직업은 안정된 소득과 노후보장 이상의 것으로서, 국가발전에의 목표의식, 사회에 대한 공헌감, 인간조건의 증진에 기여하는데에서 심리적 소득(psychic income)을 발견하는 직업이다(Brown, 2000: 123). 따라서 이런 가치를 존중하며 그것에 가깝게 가기 위해 많은 준비를 하는 사람들이 우선적으로 공무원이 되어야 한다. 그럴 때 공무원이라는 사람 변수가 행정성패에 항상 양(+)의 값으로서 작용할 확률이 높아질 것이다.

표 2-3 행정변수와 행정성패 간의 상관관계

행정변수	성공한 행정	실패한 행정
행정환경 및 행정수요의 표출정도	국민의 정당한 이의제기와 적극적 행정수요 표출을 위한 집합행동의 제도화	권리 위에 잠자는 사자처럼 현실에 묵종하거나, 기회주의적으로 급행료를 스스로 지불
행정구조 (조직, 절차)	행정기능 변화에 탄력적인 조직구조 재설계/ 군살 없는 신속·명확한 행정절차, paper work 보다 서비스지향적인 전자화된 행정절차	환경변화에 대응적이지 못한 기존 조직구조 고수/ 거래비용, 급행료, 대기비용을 야기하는 까다롭고 복잡다단한 행정절차
행정인	행정수요에 대응적인 정책설계자/ 조직군살을 빼기 위한 조직구조·절차의 합리적 쇄신자/ 조직의 건각(健脚)	행정수요의 적극적 인지를 포기한 무사안일주의자, 보신(保身)주의자/ 또 보험성 직제를 일삼는 조직의 비만형 군살

결국 행정변수인 환경, 구조, 사람이 어떻게 작용하느냐에 따라 행정은 국민에게 이익배분기구가 될 수도 있고 피해배분기구로 전락할 수도 있다. 따라서 좋은 행정이 되기 위해서는 이들 행정변수가 항상 양(陽)의 값에서, 즉 좋은 쪽으로 작용하도록 행정변수의 순기능적 작용을 유도해 내는 다음과 같은 장치들이 필요하다.

행정단계별 주요 행정가치의 실천과 공직윤리

제1절 행정가치의 개념과 그 규범적 함의

필자는 상기한 행정변수들 중에서 '사람' 변수가 제일 중요하다고 생각한다. 왜냐하면 아무리 성숙한 국민들이 행정수요를 적극적으로 표출해도 공무원들이 행정수요를 정확히 예측할 만한 의지와 능력을 갖고 있지 못하면, 좋은 행정의 출발점인 좋은 정책이 정부에 의해 설정될 수 없기 때문이다. 또 비록 공무원들이 행정수요에 대응적인 행정목표를 설정하기는 하지만, 이를 효율적으로 수행하는 데 필히 요구되는 개인적인 업무역량이나 구체적인 집행기술을 갖고 있지 못하면, 아무 소용이 없게 된다. 따라서 사람 변수가 제일 중요하다. 공무원들이 어떤 마인드와 어떤 능력을 갖고 행정을 수행하느냐에 따라 한 나라 행정의 명암(明暗)이 엇갈린다.

그렇다면 만일 이들이 무엇을 해야 할지를 잘 모를 때, 혹은 무엇을 해야 하는지는 알지만 그것을 어떻게 해야 할지 그 구체적인 방법을 잘 모를 때, 이들에게 업무에 참고할 만한 실천기준이나 규범적인 행동원리들을 명확히 잡아 줄 필요가 있다.

행정가치가 바로 이런 것이다. 즉 행정가치는 행정의 각 단계에서마다 행위자(actor)인 공무원들이 행정행위(action)에 앞서 반드시 참고하고 준수해야 할 지도적 행동원리(principle of action) 혹은 실천에 옮겨야 할 최고의 행동규범으로서 작용한다.

공무원이 좋은 생각이나 별다른 고민 없이 행정행위를 그냥 습관적으로 해버리면 아무래도 실수나 오류를 범할 확률이 높다. 또 그들이 더 나은 행정을 하겠다는 강한 의지 없이 전례나 관행대로만 행정을 수행하면 행정의 발전이 있을 수 없다.

그러나 행정의 주요 단계마다 이들이 꼭 참고하고 준수해야 할 지도적 행동원리들이 마련되어 있다면, 공무원들이 이를 참고하고 준수함으로써 실수를 많이 줄일 수 있고, 나아가서는 더 좋은 행정결과를 가져오는 바람직한 행동들을 습관화할 수 있을 것이다.

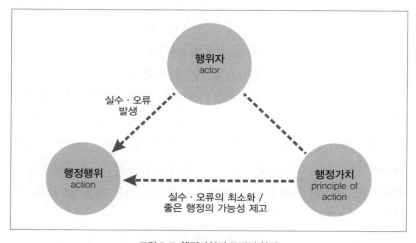

그림 2-7 행정가치의 규범적 함의

행정가치는 이처럼 공무원들이 정부실패나 관료실패의 오류에서 벗어나기 위해 적극적으로 방향을 모색할 때 혹은 좋은 행정의 방법을 잘 몰라 헤맬 때, 한줄기 빛처럼 다가오는 올바른 방향타이다. 따라서 공무원들은 귀찮더라도 등산용 로프나 자동차의 안전벨트처럼 자기의 올바른 행동을 인도해 주는 자율적 속박장치로서 행정가치의 함의를 이해하고 이를 필히 참고하고 준수해야 한다.

행정가치로는 민주성, 자유, 형평성, 평등, 능률성, 효과성, 생산성, 효율성, 합법성, 정치적 중립성 등 여러 가지가 논의될 수 있지만, 여기서는 행정단계를 크게 요구수렴단계, 정책결정단계, 정책집행단계 등 셋으로 나누고 각각의 단계에서 공무원들이 상대적으로 더 참고하고 필히 준수해야 할 주요 행정가치들만 뽑아서 집중적으로 언급하기로 한다. 그것이 잡다한 행정가치들을 나열식으로 하나하나 언급하는 것보다 더 큰 실천적 함의가 있을 것으로 생각된다. 즉 상기한 가치들이 모든 행정단계에 조금씩은 다 연관되겠지만, 특정 행정단계에선 특정 가치만큼은 반드시 실천에 옮겨져야 한다는 강한 의지를 담을 수 있다.

제2절 **요구수렴단계에서의 행정가치: 민주성**

1. 민주행정의 필요성

O'Conner(1978: 17)는 "선출된 국회의원들이 국민과 1촌 간이라면, 공무원은 국민과는 2촌 간이다"라고 말한다. 이는 그래도 국회의원들이 국민의 보다 직접적인 정치적 대변자임을 말해 준다. 과거엔 물론

의회가 국민의 이익을 어느 정도 대변하며 정부의 자의적 권력 행사에
대한 보호막 기능을 발휘했다.

그러나 이제 의회의 이러한 기능은 거의 사라졌다. 이른바 행정국가
화 현상 속에서 의회가 정책결정상 일반국민의 요구를 수용하는 비중
은 크게 감소되었다(Etzioni-Halevy, 1983: 80-81).

물론 우리나라의 경우 17, 18대 국회에 들어와 '일하는 국회' 분위기
의 확산으로 의원 법안발의가 다소 증가한 바 있다. 그러나 여기엔 앞
서 지적했듯이 입법실적을 올리기 위해 서로 동의 서명해 주는 품앗이
성격의 입법, 혹은 선심성, 생색내기용 입법발의도 많다.

이러한 의회실패 상황은 국민 각자의 힘으로는 잘 해결할 수 없는 공
공문제를 해결해 주고 공중의 욕구를 충족시켜 주기 위해 존재하는 정
부의 중요성을 재차 강조해 준다. 따라서 정부가 국민의 문제가 무엇인
지 혹은 그들에게 충족시켜 주어야 할 공중욕구가 무엇인지를 국민에
게 열심히 묻거나, 이를 얘기해 오는 국민의 목소리를 차분히 듣는 데
서부터 행정은 출발해야 한다.

국민의 요구를 잘 수렴하려면 정부는 어떻게 해야 하는가? 민주주의
는 국민의, 국민에 의한, 국민을 위한 정부(government of the people, by
the people, for the people)이다. 국민이 명실공히 나라의 주인(of the
people)이라고 공무원들이 확실히 인식할 때, 국민의 정치적 참여(by the
people)가 보장되고 이를 통해 국민을 위한 생활서비스(for the people)가
정부에 의해 활발히 마련되는 것이다.

그렇다면 정부는 일차적으로 자신의 주인인 국민이 살고 있는 생활
현장으로 다가와 그들의 욕구와 정책선호를 빠짐없이 잡아내려는 대응
성(responsiveness)을 지녀야 한다. 국민이 살고 있는 생활현장을 향해
한껏 낮은 데로 임해 국민의 생생한 욕구를 수렴하려는 정부의 적극적
의지가 필요한 것이다.13)

　정부는 또 누구의 문제는 들어 주고 누구의 욕구는 무시하거나 배제하는 등 국민의 욕구표출 및 대응에 있어 차별성을 두어서도 안 된다. 즉 국민이 그들의 문제와 요구를 어느 누구도 빠짐없이 골고루 표출할 수 있는 정치적 자유(freedom)와 의견표출의 기회균등(equal opportunity)을 보장해 주어야 한다.

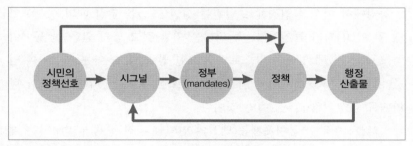

출처: Przeworski et al.(1999: 9); Roberts(2005: 360)에서 재인용.
그림 2-8 민주행정을 위한 시민-정부 간 연계

　이를 위해서는 정책과정의 첫 단계인 요구수렴단계에서부터 국민의 의사가 골고루 반영될 수 있는 상설화된 다각적인 참여장치가 필요하고, 이를 제도적으로 보장해 주는 권력의 분권화가 요구된다.

2. 한국 행정 민주성의 현주소

　민주행정의 필요성에 견주어 볼 때 우리 행정의 민주성 실태는 과연 어떠한가? 즉 우리나라의 행정수준은 얼마나 민주주의에 근접해 있는가? 이를 분석하기 위해서는 과거로부터 내려오는 통치이념과 행정문

---

13) 국민의 목소리에 귀 기울기 위해선 공무원들이 '귀다운 귀'를 갖고 낮은 데로 임해야 한다. 낮은 데로 임해야만 국민의 요구를 이해(under+stand)하고 민의를 적극 수렴할 수 있다. 또 국민과의 원활한 의사소통을 위해선 '입다운 입'도 필요하다.

화적 전통을 이해할 필요가 있다.

조선 왕조체제에선 위민행정, 민본행정이라는 통치이념이 있었다. 위민(爲民)행정은 유교정치문화를 배경으로 왕과 백성 간의 수직적 인간관계를 전제로 해 기본 사회질서를 유지하면서, 유덕자 군주론(有德者君主論)에 입각해 덕성(德性)을 갖춘 왕이 백성들에게 선정(善政)을 베푸는 것을 원칙으로 하는 통치 시스템이다.

동양에서 이상적 인격체로 일컫는 성인(聖人)을 말할 때의 성(聖) 자엔 귀 이(耳)자가 들어간다. 즉 귀다운 귀를 갖고 남의 말을 잘 들어야 하고, 그 다음에 입다운 입으로써 필요한 말을 할 줄 아는 사람만이 남을 이끌 위치(耳+口=王)에 합당함을 강조한다(김교빈, 이현구, 1998). 한마디로 내성외왕(內聖外王)인 것이다.

그러나 이러한 통치체제는 백성의 민의를 직접 정책과정에 담는 제도화된 민주적 참여정치(by the people)가 되지 못했으므로,14) 반드시 위민행정(for the people)으로까지 연결되진 못했다. 그러니 왕을 잘 만나면 선정의 꽃이 피지만, 왕을 잘못 만나면 백성은 관의 수탈에 허덕일 수밖에 없었다. 이런 점에서 위민행정과 유덕자 군주론은 왕권과 관료권의 권위주의적 행정을 포장하는 이념적 장치에 불과한 경우가 많았다.

유교 정치문화의 비민주성은 현대의 한국정부에서도 쉽게 치유되지 못하고 있다. 한국의 공무원에게서는 주인의식과 종의식의 병존현상이 나타난다(윤우곤, 1988: 212-215). 따라서 힘없는 평범한 국민의 요구에는 부정적으로 대응(no)하면서도, 윗분의 지시와 요구에는 적극 대응(yes)했다. 그러다 보니 국민의 정당한 수요표출마저 무시하는 것이 한동안 일선관료들의 일상적 행태였다.15) 김광주, 서원석(1992: 28-29)의

---

14) 물론 조선조 초기만 해도 좋은 의견을 널리 구한다는 박순채납(博詢採納)의 정신에 의거해 상소, 신문고제도 등 언로를 개방하려는 노력이 있었으나 이것이 백성들의 정치행정적 참여장치로 크게 제도화되진 못했다.

조사에 의하면, 국민의 불만에 대한 시정요구가 있어도 공무원들이 이에 소극적으로 반응을 보이거나(65.2%), 아예 이를 무시하는(21.7%) 경우가 더 많았다. 적극적 시정은 13.1%로 극히 저조했다.

지방자치 시행 이후 서비스행정 제도의 도입과 민원편의행정의 추진 등으로 공무원들의 대응성은 점차 나아지고 있다. 행정가치별 태도변화에 있어 공개성도 향상되었다. 실제로 행자부(현 행정안전부의 전신)의 지방자치 10년 자체평가를 참고하면, 지방자치 이후 공개행정은 매우 성공적인 것으로 평가된다. 즉 대부분의 자치단체가 주민 옴부즈만 제도 및 정책실명제의 도입, 재정운영 및 공개 관련 조례 제정 등 공개행정을 펼치려는 모습을 보여 긍정적 평가를 받았다(중앙일보, 2005.6.28자 6면 참조).

그러나 민주행정의 현주소가 그리 밝은 것만은 아니다. 공무원들의 친절성은 과거에 비해 많이 개선되었지만, 다음의 표에서처럼 성실성, 책임성, 무사안일 면에서 국민과의 인식 차이가 여전히 큰 것으로 보인다. 즉 공무원들의 외적 태도로서 친절성은 개선되었지만, 국민이나 민원인을 대하는 공무원들 내면의 심리적 기저에는 아직도 개선의 여지가 보인다.

---

15) 1990년 내무부 참고자료를 바탕으로 제주, 충북, 전남도청에서 발간된 '저질 대민지침서'는 과거의 비민주적 행정실태를 보여주는 대표적 예이다. 일례로 제주도청에서 발간된 『행정홍보의 길잡이』라는 소책자에는 대민작전요령 70개 항, 대민격파요령 77개 항이 들어 있는데, 이는 그간 정부가 민을 보는 빗나간 시각과 민의 요구에 바르게 대응하기 보다는 오히려 민을 적대시하고 이를 물리치기 위한 방법을 강구하려는 데서 나온 것이다. 그 내용을 살펴보면, "상대의 열등감을 자극하라, 부화뇌동심리를 이용하라, 대화의 진행을 자주 중단시켜라, 거짓말일수록 크게 하라" 등이다. 무엇보다도 국민을 작전·격파의 대상으로 삼고 있는 점은 단순한 대민차원이 아니라 대적(對敵)의 지침서라는 인상을 준다(안병영, 1990: 90-92). 이처럼 국민을 우민(愚民)시하는 시대착오적 발상과 국민통제수법이 불행히도 우리 공무원들의 의식 속에 잔존해 왔다.

표 2-4 공직윤리 수준에 대한 공무원과 국민의 인식 차이

인식 비교 대상	공무원	국 민	평균 차이
성실성	4.06	2.82	1.24
책임성	4.08	2.86	1.22
청렴성	4.28	3.14	1.14
무사안일	3.49	2.22	1.05
정치적 중립성	3.98	3.06	0.92
친절 봉사성	3.83	3.03	0.80
애국심(국가충성)	3.74	2.95	0.79
조직 헌신도	3.67	2.91	0.76
근무의욕(조직몰입)	3.63	2.94	0.69
전문성(업무능력)	3.45	2.89	0.56
창의성	3.27	3.22	0.05

출처: 권혁빈(2013); 김상묵(2016)에서 참고.

실제로 2017년 제주도청의 고객만족도 조사에서 도민들이 가장 바라는 사항으로 '주차시설 개선,' '신속한 민원처리' 등이 대부분을 차지했다. 해당부서의 업무처리 불만 개선사항으로는 고객 대응성에서 가장 많은 대답이 나왔고, 친절성, 편의성이 그 뒤를 이었다(제주신문, 2017.12.28자).

3. 민주행정의 실천전략

그렇다면 향후 정부가 기존의 권위주의 행정문화를 청산하고 의민(依民, by the people)행정, 여민(與民, with the people)행정을 적극적으로 이루기 위해서는, 비록 대의제 민주주의라고 해도 주권재민의 원칙에 따라 국민의 요구를 충실히 귀담아 듣고 국민이 하자는 데로 하려는 민주

행정의 적극적 자세가 필요하다. 그렇다면 민주행정을 구현하기 위한 공직 마인드의 혁신방향과 구체적 실천전략으로는 무엇이 있는가?16)

한 나라의 민주주의가 갑자기 구현될 수 있는 것은 아니다. 그것이 구현되기 위해서는, 다음과 같은 일정한 수준의 사회경제적 조건과 정치적 조건의 성숙이 필요하다.

첫째, 사회경제적 조건으로서, 한 나라의 경제성장이 국민교육 기회를 늘리고, 그것이 시민의 정치사회 의식을 높여, 정치적 여론의 중추세력이자 사회경제적 이해갈등의 완충지대로서 '중간계층 혹은 중산층'을 두텁게 형성해 주어야 한다.

둘째, 정치적 조건으로서, 중산층 등 시민들 자신이 정부개혁이나 공공이슈에 긍정적 영향을 미칠 수 있다는 정치적 효능감(political efficacy)과 정치적 관심을 폭넓게 유지하고 실천하는 것이 중요하다. 즉 '참여형 시민문화'가 형성돼야 한다.

그런데 상기한 2가지 요건이 다 갖추어진다고 해도, 하루아침에 권위주의적인 정부 관료제가 민주적인 관료제로 갑자기 전환될 수 있는지도 의문이다.

행정국가의 대두 이래, 과연 민주적 가치는 관료제적 가치와 조화될 수 있을까라는 논쟁이 줄곧 제기되어 왔다. 일반적으로 관료제적 에토스는 민주주의보다는 대중의 의지를 능률적이고 효과적인 방식으로 이행할 것을 강조한다. 여기서 국민에 대한 도덕적 책임감은 다소 제한된 시각에서 이해된다. 특히 관료제적 에토스는 정치가 → 행정기관장 →

---

16) 행정학 입문서 차원에서 이러한 행정가치 실천전략까지 구체적으로 언급할 필요는 없다고도 볼 수 있다. 그러나 기존의 가치중립적인 행정학 개론서들이 무미건조한 이론과 개념만 나열하고 넘어가다 보니 행정학도들이 가질 수밖에 없었던 전공학문에 대한 식상함을 덜어낼 필요가 있다. 또 우리가 행정가치의 구현에 좀더 노력하면 행정과 세상이 많이 달라질 수 있다는 점을 행정학 입문자들이 느끼게 함으로써, 그들이 전공에 대한 학문적 호기심과 사회문제에 대한 지적 열의를 지속시킬 수 있게 할 수 있지 않을까 하는 생각에서, 행정가치 실천전략을 간략하게나마 논의해 본다.

내용 보태기 2-6 한국 민주주의의 현주소

중앙일보와 성균관대 서베이 리서치 센터가 공동으로 추진한 2005년 종합
사회조사에서, 우리 국민의 정치활동과 관련한 참여경험은 조사대상 20 개
국 중 꼴찌였다. "국민이 정부정책에 영향을 미치는가?"라는 질문에 한국
인의 60.7%가 영향력이 없다고 답한 반면, 일본인은 76.7%가 이에 긍정적
으로 응답했다. "정부가 국민의 의견에 관심을 갖는다고 생각하는가?"라는
질문에 한국인 64.8%가 관심이 없다고 답해 정치참여로 정책을 바꿀 수
있다는 정치적 효능감은 매우 낮은 수준인 것으로 드러났다. "정부가 소수
의 권리를 보호한다고 느끼는가?", "정부가 모든 사람을 평등하게 대우한
다고 생각하는가?" 등 민주사회의 시민권리 행사의 중요도를 묻는 질문에
는 모두 최하위권인 18위의 답변에 머물렀다(중앙일보, 2005.12.21자 5면 참조).
　좀 더 객관적인 설명을 위해 국제적 시각에서 한국 민주행정의 현 단면을
살펴보자. 세계경제포럼의 국가경쟁력 평가에 따르면, 우리나라 정책결정
의 투명성은 137개국 중 98 위인 하위권에 머물러 있어, 실질적인 참여민주
주의 기제가 절실한 상황이다. 국민의 정부 신뢰도는 OECD 평균인 42%의
절반 수준인 24%로 최하위권인 32위이다(OECD, 2017).

관료적 계층제의 사다리를 타고 내려가는 수직적 의사소통 라인을 전
제한다. 따라서 하의상달식 민주주의와는 애당초 거리가 멀다는 것이
다(Woller, 1998: 86-91).

　특히 오랜 세월 동안 관료제적 에토스가 만연되어 온 우리의 행정조
직에서 민주주의의 꽃이 금방 피어나는 것은 그리 용이한 일은 아닐 것
이다. 따라서 이를 위해서는 정책과정의 첫 단계인 요구수렴단계에서
국민의 의사가 골고루 반영될 수 있는 상설화, 분권화된 참여장치가 다
각적으로 마련되어 있어야 하고, 또 이를 제도적으로 보장해 주는 민주
적 실천전략(strategy)들이 다음과 같이 체계적으로 강구되어야 한
다.17)

1) 행정수요자의 목소리에 귀 기울이기(I): 각종 여론조사의 정례화

영국 런던 시의 완즈워드 구청은 구(區) 내의 공원관리, 오물수거, 도서관 등 공공시설의 운용방향을 제대로 잡기 위해 구민들에게 정기적인 설문조사를 실시한다. 우리나라도 2000년부터는 행정구역조정이나 시·도청사 이전, 하수처리장, 공설운동장, 폐기물매립장 등 공공시설물 설치시 이로 인해 영향을 받는 주민들의 의견을 구하기 위해 주민투표를 의무화하고 있다.

여론조사가 돈이 많이 들고 시간이 많이 걸린다면, TV 저녁뉴스 시간대에 로컬방송별로 지역사회 내 일정안건의 처리방향에 대한 시민의 찬반의견을 ARS 방법을 통해 조사하거나 자치단체의 홈페이지 상에서 인터넷 투표를 시행하는 것도 간단한 여론조사방법이 될 수 있을 것이다.

2) 행정수요자의 목소리에 귀 기울이기(II): 고객접촉, 고객위원회 설치

미국의 플로리다 주에서는 행정고객의 기호파악 및 고객에 대한 서비스 개선을 위해, 고객과 직접 접촉하지 않는 직원들을 1년에 최소한 2일간 서비스현장에 근무하게 해, 고객의 생생한 의견을 듣게 한다. 미국의 루이빌 시 등 여러 시 정부의 주택국들은 주민들로 고객위원회[18]를 구성해 이들과의 정기적 접촉을 유지한다. 서비스 배출구에서의 '의견카드제'도 큰 비용이 들지 않으면서 고객 일반의 기호를 파악하는 고객접촉의 좋은 예이다.

---

17) 원래 공무원들이 일하는 곳인 관청(官廳)의 청(廳) 자를 자세히 들여다보면, 귀이(耳)자가 들어 있음을 알 수 있다. 그리고 좋은 정책이 만들어지려면 청책(聽策), 즉 국민의 요구를 잘 듣는 것에서부터 시작되어야 한다.

18) 고객의 구미를 파악하기 위한 대대적인 마케팅은 고비용을 요한다. 따라서 고객을 대표하는 몇몇 고객에 집중해 고객의 보편적 기호를 파악하는 것도 좋은 방법이다. 이는 마치 복강경시술(no touch technique)과 같다. 외과수술이라고 무조건 많이 째는 것만이 능사는 아니다. 조금 째고도 환부, 즉 고객수요를 정확히 파악하면 된다.

3) 행정수요자의 목소리에 귀 기울이기(III): 핫라인 및 시민 제안함 설치

　미국 캘리포니아 주의 산타모니카 시는 시민들이 시의 공중통신망을 통해 시 정부의 어떤 부서와도 자유로운 의사소통을 할 수 있게 함으로써, 행정 서비스의 하자 및 불만요인을 시정하게 하는 통로로 활용하고 있다. 메릴랜드 주 정부 및 조지아 주의 공공서비스 위원회는 시민들이 정부의 잘못된 행정사례를 제보할 수 있도록 '전화번호 800'이라는 공공 핫라인을 설치했다. 매디슨 시 등 여러 도시에서도 시민 제안함 및 제안제도를 실시해 시민의 행정수요를 적극 파악하려고 노력한다 (Osborne & Gaebler, 1992: 176-179).

　우리도 열린 정부체제 하에서 관청이 홈페이지를 구축한 뒤 정부와 시민 간의 대화방 코너를 마련하고 이를 적극 활용하는 등, 시민이 정부의 움직임을 상세히 알게 하고 또 그들의 알 권리를 충족시켜 주는 장치들을 보다 제도화시켜야겠다.

 사례 2-9 청와대 국민청원 및 시민입법 플랫폼 국민청원제

청와대 국민청원은 '국민이 물으면 정부가 답한다'는 국정철학을 지향하고자 청와대가 도입, 활용하는 소통수단 중 하나이다. 문재인 정부 출범 100일을 맞이하여 청와대 홈페이지를 국민소통 플랫폼으로 개편하면서 제도가 신설되었다. 국민청원은 정치개혁, 외교/통일/국방, 일자리, 미래, 성장동력, 농산어촌, 보건복지, 육아/교육, 안전/환경, 저출산/고령화대책, 행정, 반려동물, 교통/건축/국토, 경제민주화, 인권/성 평등, 문화/예술/체육/언론, 기타 등 17가지 카테고리로 분류되어 있다.

　청와대는 청원을 받기만 하는 것이 아니라 30일 동안 20만 명 이상 국민의 동의가 모일 경우에는 장관과 수석비서관을 포함한 정부 관계자의 공식 답변을 30일 이내에 들을 수 있도록 했다. 국민청원 16만 건을 분석한 결과 가장 많이 언급된 것은 '아기', '여성', '정책'이었다. 국민청원이 사회적 약자를 위한 호소가 전달되는 통로역할을 하고 있음을 알 수 있다(http://ko.wikipedia.org). 이 제도는 국민의 뜻이 어디에 있는지 구체적으로 살펴볼 수 있는 의미 있는 참여장치로서, 시민의 생활수요와 생활가치를 정책가치화 하는 데이터베이스로 활용 가능하다.

국민청원 플랫폼은 지방정부 차원의 정책형성에서 응용해볼 수 있다. 예컨대 시민입법 플랫폼을 개발해 시민의 제안이 일정 수 이상 온라인 서명을 받으면 지방의회에 자동 부의돼 입법화될 수 있도록 체계를 구축하는 방안이다(정세영, "시민배심제 도입, 참여민주주의 실현", 청주국제뉴스닷컴, 2018.4.23자).

4) 시민원탁회의 등 숙의민주주의 형 의견조사

차제엔 이런 미시적, 개별적 차원에서의 시민 수요표출 이외에 시민원탁회의 등 숙의민주주의(deliberative democracy) 참여방식을 민주행정의 제도화 차원에서 반영해 보는 노력도 필요하다.

시민원탁회의는 다수의 시민이 특정주제에 대해 해결방법을 모색하기 위해 일정 시간 동안 한자리에 모여 아이디어를 쏟아내는 타운홀 미팅을 의미한다.

시민원탁회의는 회의 개최 전 사전조사를 통해 쟁점을 도출하고, 회의당일 토론과 무선 전자투표를 통해 토론내용을 취합하고 쟁점사항을 재정리하는 방식이다. 참가자들이 주제에 대해 자유롭게 의견을 제시하도록 테이블별 개별 토론형식이 진행된다. 또한 참가자가 제안한 의견을 빈도별로 분류하여 참가자 전원에게 공개하고 다수 참가자가 제안한 의견에 대해 모든 참가자의 의견을 다시 수렴하는 방식으로 진행한다(http://www.daeguwontak.kr). 우리나라에선 2011년부터 대구를 비롯한 여러 지방자치단체에서 이 제도를 도입하고 있다. 가장 대표적인 사례를 하나 들어보자.

사례 2-10 서울시와 대구시의 시민원탁회의

서울시는 시(市)의 경제적 수준에 걸맞은 시민 삶의 질적 향상을 위해 연초에 서울시민 복지기준 추진위원회를 결성하고, 이를 주축으로 6개월간 전문가, 시민단체, 공무원들의 140여 차례에 걸친 회의와 온라인 시민 게시판, 청책(聽策) 워크숍, 시민 패널단 등 다양한 채널을 통한 시민의견 수렴과정을 거쳐 서울시민 복지기준안을 마련했다. 그리고 최종결정을 위해 2012년 8월 9일 1,000인의 서울시민으로 구성된 대규모 원탁회의를 개최했다. 현장에 모인 1천 명의 시민이 다양한 토론을 통해 내놓은 25개의 현장 제안정책까지 다 합쳐 53개 정책을 갖고 시민 대표들이 토론, 숙의한 뒤 개인에게 주어진 현장응답기를 사용해 최종 10개 핵심사업을 선정하게 했다. 우선 10명씩으로 구성된 100개의 원탁 테이블별로 참가자 전원이 토론에 직접 참여하고, 회의진행을 돕는 진행 도우미(facilitator)가 각 테이블에 1명씩 배치돼 이를 정리하고 도출된 정책을 중앙 시스템으로 보내 최종 핵심사업을 선정했다(서울특별시청 보도자료; http://welfare.seoul.go.kr).

대구시도 최근 신청사 건립과 관련해 그 방향을 묻는 시민원탁회의를 개최했다. 대구시는 지역사회 화합발전 방안과 시정발전 방향을 잡기 위해 분기별 원탁회의 개최를 제도화하고 있다(http://www.daeguwontak.kr).

5) 행정수요자 찾아가기: 민원처리 및 행정서비스 전달체계의 다각화

이동민원실을 별도로 설치해, 본청까지 찾아올 시간적 여유나 행정 관청에 대한 접근도가 낮은 시민들이 길거리에서 쉽게 민원을 처리하게 하는 것도 민주행정이라는 측면에서 매우 중요하다. 일례로 일본 이즈모 시는 시내 중심가에 있는 자스코 백화점에 행정서비스 코너를 신설해 민원인에 대한 접근도를 스스로 높이는 등 '찾아가는 행정, 현장행정'을 하고 있다.

서비스는 그 속성상 무형성(無形性)이 있어 서비스의 공급자가 어디에 있다는 시각(視覺)적 단서를 이용자들에게 많이 제시해 주어야 한다.

또 인적 서비스는 생산, 전달, 소비가 동시에 이루어지므로 공급체계가 소비자 가까이에 포진해 있어야 한다. 이는 곧 서비스조직의 '다양한 입지와 공간적 분산화'를 강조하는 것이며, 그만큼 이동 서비스체계의 강점 및 다각화 필요성을 강조하는 것이다.

따라서 시민들이 정부를 바로 곁에서 느낄 수 있도록 낮은 데로 임해 시민들이 쉽게 서비스 기관을 발견할 수 있도록 입지상의 전략적 분산을 꾀할 필요성과 아울러 이동민원 행정 등 서비스 전달의 다각화에 노력해야 한다. 또 서비스의 하자 발생 시 신속한 대응을 통해 행정고객인 시민들과의 평생관계를 유지하려는 노력도 병행되어야겠다.

 사례 2-11 서울시의 찾아가는 동주민센터

서울시는 찾아가는 현장서비스 모델로의 전환을 선도적으로 추진해 왔다. 찾아가는 동주민센터(일명: 찾,동)라는 이름의 서울형 복지전달체계로의 개편은, 크게 보건복지 통합서비스, 발굴주의에 의거한 복지 사각지대 해소, 민관 거버넌스 개념을 중심으로 한 실천전략을 바탕으로 추진되었다. 2017년 시민대상 조사결과 찾,동 사업의 복지 플래너 서비스와 방문간호사 서비스 만족도는 70% 이상으로 나타났다(서울시, 2017).

6) 행정수요자 제대로 인식하기: 서비스의 선택지를 많이 주는 지방정부

민주행정이 가시화되려면 지방자치의 제도화도 필요하다. 특히 주민참여를 통해 주민의 의사를 지방정부의 정책과정에 제도적으로 반영시키기 위한 참여장치의 상설화와 제도화가 필요하다.

오늘날 주민들은 이의제기가 별로 없는 수동적인 수혜자에서 변신해, 어떤 서비스를 어떻게 제공받을지를 결정하는 과정에 적극 개입하며 서비스의 종류와 그 양을 선택하려고 한다. 따라서 주민이 어떤 서비스를 어떤 수준으로 얻을 것인가에 대한 선택지를 그들에게 적극적

으로 제공해 주지 않으면 안 된다(Skelcher, 1992: 463-466). 한 가지의
지역 생활문제에 10가지의 해결방안을 제시해 주는 적극적 자세가 필
요한 것이다. 맛난 음식을 자유롭게 골라먹을 수 있게 하는 일류 뷔페
식당처럼, 지방정부 역시 주민에게 서비스 선택의 자유를 한껏 부여해
야 한다.

그런데 이는 관청이 행정서비스의 고객인 시민들을 어떻게 보느냐에
따라 그 성패가 좌우될 것이다. 즉 정부는 이윤추구조직이 아니기 때문
에 서비스가 염가(廉價)일 것이라는 조세환상에 빠져 스스로 또순이나
알뜰주부이기를 포기한 순진한 납세자(taxpayers)로 정부가 시민들을
보면, 이러한 다채로운 선택지의 제공은 이루어지지 않을 것이다. 반면
정부가 시민을 특정목적을 갖고 서비스를 이용하는 사람(end-user)으로
볼 때, 시민을 VIP(very important person)로 보고 VIP(variety, instant,
peace)식 서비스를 제공할 것이다.

여기서 공공서비스 선택지의 다각화(variety)가 비로소 확보된다. 물
론 이러한 민주행정 징후들이 표를 의식하는 자치단체장의 전시행정으
로 끝나선 안 된다. 주민에 대한 VIP식 인식에서 비롯된 다각적인 서비
스 제공이 좀더 제도화되어야겠다.

7) 또 하나의 행정수요자 발견하기: 정부조직 내의 내부고객이론

민주행정이 더욱 발현되려면 정부조직 내의 민주주의도 필요하다.
생활현장에서 국민과 피부로 접하면서 국민의 욕구를 직접 듣고 행정
을 수행하는 주된 공무원은 일선관료들(street-level bureaucrats)이다.19)

만일 이들이 공직생활에 불만이 많아 국민의 욕구에 귀 기울이지 않

---

19) 일선관료는 업무 수행과정에서 시민과 직접 접촉하며 업무수행을 하는 공무원들을
말한다. 사회복지요원, 경찰, 교사, 동사무소 직원들이 바로 그들이다. 이들의 업무는
문서 처리보다는 사람 처리적 업무가 주이다(Lipsky, 1980).

거나 혹은 불만을 참고 귀 기울인다 해도 이들이 파악한 국민의 문제제
기가 정책과정에 전혀 반영되지 않는다면, 국민의 요구수렴이 잘 될 수
없다.

기업에서 고객만족과 더불어 내부고객인 '종업원 만족'을 주창하며,
'신명나는 일터'의 창출을 강조하는 것은 이에서 연유한다. 이를 잠시
부연해 보자.

서비스는 그 노동집약적 성격 때문에, 고객은 서비스 구매 시 서비스
를 제공하는 사람을 구매하는 것과 같다. 고객과 접촉 가능한 최일선에
위치한 종업원은 고객에 관한 정보를 수집하는 가장 중요한 정보원으
로서 고객의 요구를 잘 이해할 수 있다. 또 그들은 최종 소비자에게 전
달되기 전에 자사(自社) 상품의 제1차 고객이자 상품 관련지식과 정보
를 갖고 최대의 구전효과(words-of- mouth effect)를 보일 수 있는 제2의
판매원이다. 따라서 노동집약적 서비스기업에서 종업원의 질은 서비스
의 품질에 직접 영향을 미쳐 서비스 마케팅의 효율성에 영향을 준다.

그러므로 고객에게 만족할 수 있는 양질의 서비스를 제공하기 위해
선, 먼저 조직 내부의 종업원이 고객의 기대에 부응할 수 있는 체제를
갖추어 주는 것이 우선되어야 한다. 내부고객인 종업원 만족 없이 외부
고객의 만족이 이루어질 수 없기 때문이다. 따라서 기업에서는 내부고
객으로서의 종업원을 체계적, 전략적으로 관리하는 내부 마케팅이 중
시된다(유필화·권혁종, 1996: 246-249).

공공서비스를 제공해야 하는 정부도 예외가 아니다. 정부 역시 '내부
고객이론'의 취지에 따라 조직의 분권화와 참여장치의 내실화를 기해
일선관료들의 직무만족과 하의상달식 참여를 활성화시켜야 할 것이다.

특히 하의상달식 참여라는 점에서 공무원들이 직무상의 진실을 말할
수 있는 조직 분위기(organizational climate)를 만들어 주는 것은 조직 내
민주주의에서 매우 중요하다. 이와 관련해 무엇보다도 상-하위자 간의

정책 토의와 심의제도를 활성화시킬 필요가 있다. 심의(deliberation)는 참여자들이 실질적인 정보를 고려해 무엇이 좋은 정책인지를 고민하고 상호간에 설득하는 이성적인 토론과정이다. 특히 경력직 공무원들은 오랜 실무경험과 직무전문성에서 비롯된 제도적 기억력과 정책문제에 대한 통찰력을 갖고 있으므로, 이들에게 논쟁적 발언의 기회를 증진시켜 주는 것이 좋다(Golden, 2000: 168-171).

제3절 정책결정단계에서의 행정가치: 공익, 사회적 형평성

정부는 다각적 참여장치와 수요표출장치의 제도화를 통해 국민의 요구를 골고루 수렴한 뒤, 그들의 문제를 해결하기 위한 문제해결방침이나 욕구충족기준을 잘 잡아내야 한다. 물론 이러한 정책결정단계에서도 공무원들이 필히 참고하고 준수해야 할 지도적 행동원리로서 공익과 사회적 형평성 가치가 있다.

1. 공익(public interest)

공익은 일반적으로 사회 일반이익, 공동선, 공동이익 등으로 정의된다. 보다 쉽게 말하면 공익은 사회 내 불특정 다수의 이익 혹은 사회 내 많은 사람들의 이익을 말한다.

공익은 왜 행정과정에서 중요한 가치로 인식되는가? 행정은 그 자체를 위해 존재하는 것이 아니라 대다수 국민 혹은 시민의 일반이익을 위

해 존재하는 것이다. 그렇다면 행정의 결과는 보다 많은 국민에게 이익
이 되도록 이루어져야 한다. 그렇기 때문에 원래 행정의 개념에서도 공
공성(publicness)이 제1차적 요소로 강조되고 있다.

Easton(1953: 128)은 정치를 '사회가치의 권위적 할당'이라고 정의한
다. 현대 행정국가 하에서의 행정의 정치적 성격은 바로 이러한 사회가
치의 할당과 직접 연관된다. 정책형성이라는 정치적 역할까지 맡고 있
는 오늘의 정부는 문제해결 방침을 마련함에 있어 그 방침에 보다 많은
사람들의 이익이 반영될 수 있도록 사회가치를 잘 할당해야 할 것이다.

사회가치는 권력, 부, 명예로 압축된다. 가치가 미분화된 후진 사회
에서는 이들 가치가 소수의 사람에게 집중된다. 즉 특정계급과 계층의
사익이 공익을 누르는 것이다. 그러나 정부가 무한책임 보험장치라는
의미는 정부가 소수의 사익보다는 보다 많은 사람들의 이익이 되도록
가치를 잘 배분해 줄 책임이 있음을 의미한다. 그렇게 될 때 가치의 권
위적 할당이 가능할 것이다.

여기서 권위(authority)는 정부의 결정과 이에 따른 명령이 국민에 의
해 자발적으로 수용되는 것을 뜻한다는 점에서, 물리적 폭력에 의한 강
제적 영향력을 가리키는 권력(power)과는 다른 개념이다(Barnard, 1958).
정부가 되도록 다수의 이익을 실현해 주는 쪽으로 문제해결방침을 정할
때, 그러한 결정은 국민에 의해 자발적으로 수용되고 집행에 있어서도
국민의 협조와 지지를 구할 수 있다.

물론 정책은 가치배분 강제성과 부분이익 선택성을 아울러 갖는다(허
범, 1981). 즉 대부분의 정책은 사회 내 모든 사람들의 이익을 전부 도모
할 수는 없고 부분의 이익을 실현하는 데 그치는 경우가 적지 않다. 또
그 부분에 들지 않는 사람들의 입장에서는 다른 부분의 이익을 선택하
는 정부의 결정을 불가피하게 강제적으로 따르지 않을 수 없다. 그러나
정부가 문제해결방침을 결정함에 있어 가능한 한 부분이익들의 공통분

모를 애써 찾아내 보다 많은 수의 부분이익을 정책에 반영하려고 노력할 때, 정책의 강제성보다는 국민의 자발적 수용 정도가 높아진다. 또 금번의 정책과정에서 반영되지 못한 사익이 차후의 정책과정에서는 어느 정도 반영될 여지가 있다면 더욱 그러해진다. 따라서 정부의 공익지향적 자세는 매우 중요한 것이다. 그렇다면 공익은 구체적으로 어떻게 실현되는가?

1) 다수결의 원칙

정책결정과정에서 공익을 실현하는 대표적 전략으로 '다수결의 원칙'이 있다. 이는 투표를 통해 보다 많은 사람들이 원하는 쪽으로 문제해결의 방향을 잡아가는 것이다. 그럼으로써 공동선이 실현될 수 있게 해보자는 것이다.

다수결의 원리가 받아들여지는 근거는 다수의 의사가 소수의 의사보다는 한층 옳을 것이라는 가정에 있다. 즉 보다 많은 사람들에 의해 이익이 공유되고 있어 정당하다는 것이다. 따라서 이는 공익의 실체설(實體說)에 가까운 발상이다.

다수결의 원칙에 입각해 정책결정의 방향을 잡으려면 아무래도 투표과정이 큰 함의를 갖는다. 또 실제로 투표는 가장 일반적이고 손쉬운 개인적 선호의 총합방식이기도 하다. 따라서 다수결의 원리는 인간생활에 있어 불가피한 갈등의 문제를 해결하는 데 매우 편리한 제도라고 할 수 있다.

그러나 투표(voting) 제도에는 그 근본적 한계에서 비롯되는 큰 결함이 있다. 즉 투표로써 모든 사람이 만족하는 단 한 가지의 대안을 선정하기가 실제로 불가능하다는 것이다. 그것을 실현하고자 집착하다 보면 끝내 결론을 못 내리고 끝없이 투표행위가 반복될 뿐이다. 그래서 사람들은 최선이 아닌 차선을, 또 최악을 피하기 위해 차악(次

惡)을 선택한다. 따라서 이러한 차선, 차악의 투표 결과를 마치 국민 전체의 뜻으로, 국민 모두의 명령으로 호도하는 것은 상당히 무리한 결론도출이다(김항규, 1998).

투표에 따른 다수결의 횡포도 경계해야 한다. 다수결의 결과가 사회적 약자나 소수자의 인권과 이익을 크게 침해한다면, 다수주의가 항상 공동선을 전제한다고 보기 어렵다.

2) 협상과 합의의 정치문화

바로 이런 점에서 공익의 실체설, 즉 사회구성원 다수의 일반이익 혹은 그들 모두가 희구하는 공동선은 없다고 보면서, 공익의 과정설(過程說)이 등장한다. 즉 공익의 실체는 없고, 공익은 사익과 사익 간의 협상과정을 통해 생성된 협상의 결과물로 본다.

과정적 의미의 공익을 실현하기 위해서는 '협상과 합의의 정치문화'가 중요시되지 않을 수 없다. 즉 정부가 사회 내 한쪽의 이익만 옹호하기보다는, 정치적 합리성[20]에 기초해 대립과 이익갈등을 빚는 사회 내 이해당사자들의 사익이 정부라는 협상 테이블 위에서 서로 양보될 수 있도록 적극 중재, 조정하는 장치가 필요하다.

여기서 정부는 갈등을 빚는 이해 당사자들이 한 자리에 모여 서로의 오해를 풀고 충분히 의견을 나눌 수 있는 카페 같은 공간, 특히 따뜻한 찻잔 두 개가 가지런히 놓여 있는 카페 안의 탁자로서 작용해야 한다.

---

20) 정치적 합리성은 이해관계를 둘러싼 갈등을 설득·조정하고 협동을 유발함으로써 가치의 배분을 가장 바람직하게 행하는 것이다. 즉 정치적으로 바람직한 가치를 극대화하거나 그 손실을 극소화하는 것이다. 정치적 합리성의 판단기준으로는 의사결정을 저해하는 상호 모순된 요소를 조화시키는 능력, 다양한 집단의 신념과 가치를 포용하는 능력, 상호 파괴적인 투쟁에서 상호 반대되는 세력들 간에 형평을 이룰 수 있는 능력, 결정과정에서 위협이 되는 요소들을 반대하거나 제거할 수 있는 능력 등이 있다(김항규, 1998: 308-311).

정부가 이처럼 이익중재를 잘할 때 사회 내에 합의문화, 협상21)의 문화가 자리 잡게 될 것이다.

3) 공론조사 등 숙의형 정책설계 기법

공론조사(deliberative opinion poll)는 과학적 표본 추출방법을 통해 선정된 시민 대표들이 일정기간 한자리에 모여 관련 주제의 학습과 상호토론, 또 전문가의 찬반의견 청취 후 몇 차례에 걸친 여론조사를 거치며 특정 정책에 대한 시민들의 의견변화를 통해 공론(公論)을 확인하고 그에 따라 정책방향을 결정하는 방식이다(신옥주, 2018: 4).

공론조사는 찬반의견이 뚜렷하게 대립되는 가치갈등 상황에서 시민참여단이 공익의 대표로서 참여해 충분한 숙의과정을 거치며 사회구성원들 간의 대립적 의견의 합의점을 공론으로 도출해 낸다는 점에서 공익의 과정설에 준거한 정책결정 방법이라고 볼 수 있다.

공론조사는 일반 여론조사에 숙의(deliberation)를 더한 조사 기법으로서, 그 첫 번째 단계는 주제에 대한 1차 여론조사이다. 두 번째 단계에선 1차 여론조사 응답자 중 성·연령·지역별로 대표성 있는 토론 참가자를 시민참여단으로 선정하고, 세 번째 단계에선 시민참여단을 한자리에 모아놓고 균형 잡힌 정보 제공과 전문가의 찬반의견을 들은 뒤 상호토론(공론화 과정)을 시킨다. 이 과정에선 심도 있는 학습과 토론을 위해 1박2일 이상의 합숙을 권장한다. 마지막 단계에선 시민참여단을 대상으로 1차 여론조사와 동일한 질문으로 2차 여론조사를 실시한다. 2차 조사결과는 정보습득과 토론이라는 숙의과정을 통해 형성된

---

21) 엄밀히 말하면, 협상과 타협은 다르다(김형철, 1997: 340). 타협이 이미 정해진 원칙을 무시, 포기하고 이상에 어긋나는 결정을 내리면서 현실적 이익을 도출하는 것이라면, 협상은 원칙을 도출하는 절차상에 있어 독선이 아니라 타인의 의견을 상호 존중하면서 끊임없이 원칙을 창출하고 그 원칙에 따라 각자 갖고 있는 이해관계를 조정해 나가는 것이다.

결과로서, 여기서 도출된 2차 여론조사 결과가 1차 여론조사와 비교해 어떻게 달라지는지, 즉 숙의적 전환이 의미 있게 이루어졌는지의 확인 여부가 공론조사의 핵심이다(김춘석, 2017).

성공적인 공론조사가 되기 위한 필수적 구성요소는 조사 참여자의 대표성과 숙의과정의 실체성이다. 공론조사의 창시자인 Fishkin 교수는 이런 점에서 공론조사의 10가지 요건을 제시한다. 즉 (조사대상) 표본이 대상자의 성향이나 인구통계적으로 대표성을 갖고 있는지 아닌지를 보여줄 수 있도록 자료가 수집되어 있을 것, 자료가 (양쪽 입장에 대해) 균형 잡혀 있으면서도 시민이 충분히 접근할 수 있도록 구성되어 있을 것, (시민참여단을 쪼갠) 소집단 회의의 사회자들이 (쌍방 간에) 대등한 토론을 진행하도록 훈련되어 있을 것, 소집단의 질문에 답할 전문가 패널이 사안에 대한 옹호 측과 비판 측으로 공평하게 분포되어 있을 것, 참가자들이 관점을 바꿀 경우 왜 바꾸었는지를 설명하는 적절한 선택지 답안들이 설문에 제공될 것, 공론조사 사업이 균형 잡힌 자료를 제공하며 사전 결론 없이 대표성과 숙의성이라는 두 가지 기준을 충족시킬 만큼 신뢰할 만할 것 등이 그 요건이다(Fishkin 교수 『주간조선』 인터뷰, 2017; 이도형, 2019에서 재인용).

2. 사회적 형평성(social equity)

정책결정단계에서 또 하나 중시해야 할 행정가치가 사회적 형평성이다. 특히 이는 공익이라는 명분 하에 다수결의 원칙을 전제로 한 정책결정이 이루어질 때 자칫 불가피하게 손해를 입기 쉬운 사회적 약자들의 이익을 보호하기 위해 요구되는 실천 가치이다.

앞에서도 잠시 논했지만, 다수의 이익을 아무 조건 없이 그대로 공익으로 받아들이는 데는 큰 문제가 있다. 예컨대 어떤 사안에 있어 사회적 약자가 소수를 이루고 있을 때 이들을 제외한 다수 국민의 이익이 반드시 공익이라고 할 수는 없다.22) 다수의 이익이 공익이 될 수 있는 조건은 집단구성원들 간의 게임이 비영화(非零化) 게임(non zero-sum game) 상태이고, 자유로운 토론이 보장되며 이익 자체가 상대성을 띄고 있어야 한다(백완기, 1988: 460). 다수의 이익이 반드시 공익이라고 볼 수 없는 이유를 이론적으로 설명하면서, 사회적 형평성 가치의 실천전략을 논해 보면 다음과 같다.

1) Rawls의 정의론과 사회안전망의 구축

자본주의 체제에서는 일하는 사람만이 먹고 살 수 있다. 자본주의 하에서는 사회에 대한 경제적 공헌과 그 기여도에 비례해 사람의 몫이 결정되기 때문이다. 일하지 않은 사람은 사회에 대한 경제적 기여가 없기 때문에 배분받을 몫이 없다. 따라서 '무노동 무임금 원칙'은 우리가 이에 대한 경제정의 지향적 견제논리를 갖지 않을 경우 자본주의 하에서 자원배분 결정의 다수결 원칙으로 채택될 가능성이 높다.

그러나 사회엔 일하고 싶어도 일할 수 없는, 즉 자본주의 분배구조의 사각지대에 놓일 수밖에 없는 사람들도 적지 않게 있다. 노인, 아동, 무직 여성, 심신 장애우들은 노동생산성이 없거나 성인남성 근로자에 비해 노동생산성이 크게 떨어진다는 이유로 취업기회를 박탈당하거나 기회가 상당히 제한되어 있는 사람들이다. 그러나 이들도 인간이며 인간인 이상 사람다운 최소한의 생활을 할 권리가 있다.

일하지 않은 사람에게는 먹을 것을 주지 않는다는 자본주의 분배구

---

22) 특정사안의 해결방향을 찾기 위해 공공투표에 붙였을 때, 투표결과가 95: 5 혹은 90:10으로 나왔다면 공익의 실체설이 맞을 것이고, 51:49 혹은 60:40의 상황에선 공익의 과정설이 맞을 수 있다. 그러나 투표 결과가 70:30 혹은 80:20인 경우는 소수인 30과 20을 위한 사회적 형평성 가치가 정책결정과정에서 필히 반영되어야 한다고 생각한다.

조의 다수결 원칙, 즉 무노동 무임금 원칙에 따르면, 이들의 손엔 생활에 필요한 돈이 쥐어질 수 없다. 물론 이들을 부양할 가족 구성원들의 부양능력이 충분히 있다면 이는 별개의 문제이다. 그러나 가족에 의해서도 이들이 보호받지 못한다면 이들의 이익은 철저히 박탈당하는 것이다. 시장기제의 이러한 비형평성은 시장실패의 한 원인이 되고 정부는 이를 치유해야 할 의무를 갖게 한다.

무한책임 공공보험장치로서의 정부는 인도주의 및 사회통합적 견지에서 그 나라의 국민이면 모두가 다 최소한의 생활을 연명할 수 있도록 사회경제적 약자들을 도와주어야 한다. 이들을 '버리는 카드'로 쓸 때 이들은 사회갈등을 야기하고 사회에 큰 짐이 된다. 왜냐하면 이들이 가난한 이유는 〈그림 2-9〉에서 보듯이 개인귀인론보다는 구조귀인론이 크기 때문이다. 즉 개인이 게을러서보다는 경제제도 및 사회구조의 비합리성과 차별 때문에 직업을 갖지 못하거나 분배구조의 사각지대에 놓이는 경우가 더 많다.

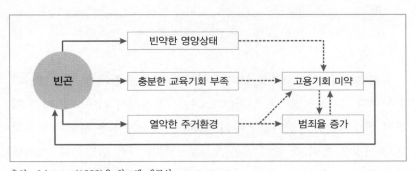

출처: Johnston(1982)을 참고해 재구성.

그림 2-9 빈곤의 악순환

사회적 형평성의 가치는 바로 여기서 빛을 발한다. 형평(equity)은 사회주의식의 기계적 평등(equality) 논리와는 다른 개념이다. 기계적 평등의 배분 논리는 생산의 기여도와 상관없이 생산의 결과를 기계적으로 똑같이 나누어주는 것을 뜻한다. 따라서 '결과의 평등'이라고도 한다.

내용 보태기 2-7 Rawls의 차등의 원리와 정의에 맞는 저축원리

형평의 가치를 가장 체계적으로 잘 정리한 것이 Rawls(1971)의 정의론이다. 그에 의하면, 형평은 일단은 차등(差等)의 원리를 전제한다. 차등의 원리는 일차적으로는 사회경제적 불평등을 허용해, 사회경제적 기여도가 높은 사람이 더 많이 소유하게 하는 배분원리이다.

그러나 형평은 기본적으로 그러한 불평등이 정의(justice)에 맞는 저축 원리와 조화를 이룰 수 있는 범위 내에서 가장 불우한 사람들의 편익을 최대로 할 것을 전제한다. 여기서 '정의에 맞는 저축원리'는 사회발달의 특정단계에서 사회협동의 모든 산출물 중 어느 정도의 비율을 사회구성원들에 대한 배분으로부터 제외시켜 생산설비 투자, 교육투자 등 후세대의 복지를 위해 저축하는 것이 적절한가를 규정하는 원리를 말한다. 즉 자유, 기회, 소득, 부, 자존심의 기초와 같은 모든 사회적 가치의 전부 혹은 일부를 불균등하게 배분하는 것이 모든 사람의 이익에 합치되지 않는다면, 그런 가치들은 국가에 의해 공평하게 재배분(redistribution)되어야 한다는 것이다(Rawls, 1971: 62).

물론 형평은 가치배분을 보다 균등하게 한다는 점에서 평등 개념과 유사하다. 그러나 형평은 일차적으로는 사회경제적 기여도에 따른 배분의 차별성을 인정한다. 즉 사회경제적 기여도가 높은 사람은 일차적으로 시장을 통해 더 많이 배분(distribute)받는 것을 인정한다. 그러면서도 형평은 이러한 차별로 인해 발생한 이득의 일부를 추후 사회경제적 약자들에게 우선적으로 재배분(re-distribute)해 줌으로써 이들에게 자립의 길을 열어 주어 다른 사람들과 출발선상에 균등하게 서게 해 주는 특이점이 있는 가치이다.23)

국가 복지제도는 바로 여기서 연원한다. 정부는 여러 복지사업을 통

해 사회경제적 약자들의 삶을 지원해 인간다운 생활을 유지할 수 있는
기반을 마련해야 한다. 복지국가의 국민 최소한(national minimum) 개념
이나 구조조정기의 사회안전망 개념 등은 모두 이에 의거한 것이다.

여기서 이 책의 제3장 현대정부의 역할에서 이미 살펴본 정부의 사
회적 지원자로서의 역할이 출발선을 같게 해주는 기회균등 확보 차원
에서 다시금 강조되지 않을 수 없다. 즉 각종의 기초보장(trapeze: 기초소
득보장, 기초의료보장, 기초주거보장, 무상교육, 무상급식)은 물론 구조 조정기의
사회안전망(safety net: 실업수당)과 직업적 재기를 위한 도약대(tram-
poline: 직업 재훈련, 취업 재알선)가 복지국가의 기초 제도로서 마련되어 있
어야 한다.

특히 세계화시대가 낳은 무한경쟁의 낙오자24)들에게 가혹한 결과가
돌아가지 않고 재기의 발판을 마련해 주기 위해서는, 사회적 형평 조치
가 보다 더 강력하게 마련되어야 한다. 이를 위한 소득 재분배 정책수
단으로는 i) 소득세, 재산세, 특소세 등 조세정책, ii) 산재, 의료, 연금,
실업 등 사회보험, iii) 생활부조, 의료 및 주택부조, 노인복지수당 등
부(負)의 소득세, iv) 저소득층, 영세민 대상의 무상지원, v) 농촌, 영
세기업 대비 무이자대출, 저리융자 등의 다양한 방법이 있을 수 있다(김
승욱 외, 2004: 115).

사회적 형평성은 자본주의체제의 역동성과 효율성 확보를 위해서도

---

23) 기계식 배분인 결과의 평등은 개인의 생산동기를 유발시키지 못해 사회전체의 생산
성을 감소시킨다. 반면 기회의 평등은 완벽한 의미의 경제적·사회적 재능의 평준화
는 불가능하지만, 공직에 접근하는 데 큰 장벽이 없고 공공교육을 강화하면 모두가
공직에 접근할 수 있다고 본다(Rawls, 1971).

24) 직업군 중 사업가, 국회의원, 정치가, 의사, 변호사 등은 자신의 소득결정에 직접
영향을 미칠 수 있는 '적극적 소득집단'인데 비해, 영세사업장의 노동자, 계약직·임시
직 노동자, 연금생활자 등은 소득결정에 영향력이 없어 물가상승 시 자신의 실질소득
이 줄어드는 것을 무기력하게 바라만 보는 '소극적 소득집단'이다(김승욱 외, 2004).
이런 소극적 소득집단이 바로 무한경쟁에서 낙오자가 되기 쉬워 사회안전망을 필요로
한다.

꼭 필요하다. 왜냐하면 가난한 노동자나 그 자녀들에 대한 식품보조, 교육, 의료 등 광의의 복지서비스 제공은 이들을 미래의 양질의 노동력으로 양성해 주기 때문이다.

2) 기회균등 차원에서의 공공서비스 사각지대 해소

최근 다양한 공공서비스가 제공되고 있지만 스마트폰 앱이나 무인서비스 제공은 노년층이 이용하기 어렵다. 산간벽지나 도서(島嶼) 지역 주민들은 병원과 관공서 방문이 곤란하다. 육아나 교육정보를 소화하기 어려운 다문화 가정, 학교교육 현장에서 이탈한 청소년들도 소외되는 경우가 있다. 좋은 방식이 있지만 실제로 혜택이 필요한 이에게 충

표 2-5 공공서비스 사각지대 해소사업

학교 밖 청소년활동 안전공제 가입 의무화 추진	여성 가족부	학교 밖 청소년지원센터 내외부 활동 시 교육부 협업, 연수 중인 현직교사 멘토링 시범사업 실시
시청각 장애인용 맞춤형 TV 보급	방송통신 위원회	2019년 누적보급률 80% 증진
IoT 기반 수돗물 사용량 검침으로 독거노인 등 어르신 위기 예방시스템 도입	환경부	2019년 22개 지방자치단체의 1천 가구 대상으로 서비스 제공
북한이탈주민 등 사회적 취약집단 공직채용정보 제공	인사 혁신처	나라일터와 남북하나재단을 연계해 채용정보 제공 확대
고위험군 산모 안전출산 인프라 구축 지원사업	강원도	대학병원을 연계해 응급진료체계 구축, 산모 안심택시, 안심 스테이 제공
어르신, 시각장애인 대상의 보고 듣는 민원편람 서비스 운영	울산 울주	정보접근이 곤란한 어르신, 시각장애인, 어린이를 위해 큰 글자 민원편람, 오디오북, 스마트폰을 활용해 책을 읽어주는 서비스 등

출처: 행정안전부, 한국행정연구원(2019: 91-95).

분히 제공되지 못하는 공공서비스 사각지대를 해소하기 위해선, 〈표 2-5〉와 같은 형평성 제고 노력이 기회균등 차원에서 뒷받침되어야 한다.

3) 선호의 강도를 반영하는 보완조치로서의 형평성 가치

형평은 공익이라는 미명 하에 다수결의 원리가 전횡을 부릴 수 있는 그런 나쁜 상황을 치유하는 전략적 가치이기도 하다. 민주주의 하에서 투표는 문제해결의 방향을 결정짓는 명분 있는 장치이다. 그러나 1인 1표식 투표에는 '선호의 강도'가 반영되지 못한다(김항규, 1998: 114). 즉 어떤 사람은 투표권 행사를 그냥 스쳐지나가듯이 가벼운 마음으로 하지만, 다른 어떤 이들은 자신의 생존권을 걸고 한 표를 행사한다. 그만큼 한 표에 담겨진 각자의 선호도가 다른 것이다. 따라서 다수결의 원칙에 따르면 소수의 이익이 생존권 차원에서 보호되어야 하는데도 불구하고 다수의 힘에 눌려 박탈당할 위험이 있다.

불법 노점상의 철거조치가 그 예이다. 물론 거리의 미관상 또 소통의 편의상 합법적이지 못한 길거리의 노점은 철폐되어야 한다. 그러나 도시미관과 소통의 편의라는 다수결의 논리에만 의거해 하루 벌어 하루 먹고 사는 이들의 일자리를 갑자기 빼앗는 것은 올바른 정부의 자세라고 볼 수 없다.

정부는 길거리를 보다 편하게 다니기 위해 노점상을 철거하길 원하는 다수 시민의 정부이기도 하지만, 연명을 위해 노점을 벌이는 소수의 약자들을 위해서도 존재해야 하는 정부이다. 따라서 정책결정단계에서 이들의 이익도 어느 정도 보장해 주는 형평적 조치가 공익 조치와 병행해 이루어져야 할 것이다. 즉 불법 노점행위를 규제하면서도 이를 합법적 노점상으로 점차 양성화시켜 주기 위한 법률적, 금융적 보완장치를 같이 강구해야 하는 것이다.

결국 공익에다가 정당한 소수의 사익까지 적절한 범위 내에서 보장

받도록 하기 위해 정부의 형평 지향적 정책조치가 병행될 때, 사회 내의 보다 많은 국민들의 문제를 해결해 주기 위한 공공서비스 메뉴의 다각화와 다양화(variety)가 VIP식 서비스 제공차원에서 이루어질 수 있겠다.

제4절 정책집행단계에서의 행정가치:
효과성, 능률성, 합법성

정부가 국민의 목소리에 귀 기울여 정책의 방향을 잘 정했다고 해서 문제가 저절로 해결되는 것은 아니다. 또 어떻게 해서 문제는 해결해 냈으나 그 과정에서 시간이 너무 오래 걸리거나 필요 이상으로 많은 비용이 들었다면, 정부에 대한 국민의 긍정적 평가는 크게 반감될 것이다.

행정에 있어 요구수렴 및 정책결정단계도 중요하지만, 정말 정부의 본질을 다하는 좋은 행정이 이루어지기 위해서는 공무원들이 정책집행단계에서 필히 중시하고 준수해야 할 행정가치가 또 있게 마련이다.

1. 효과성(effectiveness)

정부의 목표달성정도를 효과성이라고 한다. 효과적이라는 말은 목표를 다 달성했음을 가리킨다. 그러나 불행히도 정부의 활동에는 다음과 같이 효과성을 가로막는 근본적 장애요인들이 있어, 이를 뛰어넘으려는 정부 종사자들의 강한 의지와 각고의 노력이 필요하다.

정부활동 중에는 서비스의 시민만족도 등 주관적인 평가대상이 많고 금전적 환산이 불가능한 것도 적지 않다. 따라서 그간에는 정부의 활동 결과는 기업처럼 금방 금전적 가치로 환산해 낼 수 없다는 핑계 하에, 활동성과 및 생산성 측정의 노력을 게을리해온 감마저 없지 않다.25) 오히려 성과측정이 곤란하다는 핑계 아래 마치 투입을 많이 하면 그만 큼의 성과가 자연히 발생한다는 '투입만능주의'에 빠져, 투입물의 가치 로 성과측정을 대신하려고 한다(Wolf, Jr., 1990: 51).

그러다 보니 생산성이나 좋은 성과를 내기 위한 창의적 능력개발이 사장되고, '무풍지대 하의 도산 없는 부실기업'이라는 좋지 않은 레테르 가 늘 행정에 붙어 다녔다. 그리고 자연히 공무원들도 비생산적 행정인 으로 전락한다.

오늘의 시민들은 질은 형편없으면서도 터무니없이 높은 가격의 공공 서비스를 받기 위해 많은 세금을 내려고 하지 않는다. 자신들이 낸 세 금으로 무엇을 얻고 있는지, 과연 그들이 요구한 것이 얼마나 서비스로 되돌아오는지를 구체적으로 모르는 데서 납세자들의 좌절감은 증폭되 고 있다. 그렇다면 공무원들이 목표달성정도를 높이기 위해 참고할 만 한 실천전략으로는 무엇이 있는가?

1) 성과평가를 위한 성과지표의 개발: 서비스량의 평가

최근 범세계적으로 전개되는 각국의 공공개혁에서 성과(perform-ance), 생산성(productivity), 효과성 등의 개념이 재차 강조되고 있으며, 생산성 제고와 관련된 성과지표 개발 등 새로운 관리기법들이 행정에 응용되고 있다.

---

25) 이를 가장 잘 보여주는 것이 문민정부 들어와 5년 동안 42조원이나 투자된 농어촌 개선사 업의 실패였다. 선거공약인 쌀시장 개방저지가 못 지켜지자 농민의 불만을 막기에 급급한 상태에서 마구잡이 선심만 쓰고 운영과정 및 운영결과에 대한 성과측정이 없었다. 그러니 농민들이 낙농지원금을 받아 단란주점을 개업하고 당구장을 운영해도 이러한 부당, 허위 집행에 대한 조사 없이 자금회수조치도 이루어지지 않았다(중앙일보, 1999.3.6자).

공공부문은 업무의 성격상 결과물의 측정이 곤란하기 때문에 공공서비스의 성과를 측정하는 노력을 게을리 하지만, 위의 사례에서 보듯이 자세히 들여다보면 공공부문에서도 성과의 측정이 전혀 불가능한 것은 아니어서 정부 효과성 제고의 길이 그리 멀지만은 않다. 일반적으로 공공서비스별 성과지표 기준으로는 다음의 5가지 유형을 들 수 있다.

표 2-6 공공서비스별 성과지표 예시

성과지표	경찰부서 예시	도로부서 예시
투입	조사활동에 투입된 경찰, 차량 규모	인력, 장비 규모
업무	담당사건 수	민원관리, 인력, 장비 조달
산출	범인 체포건수	도로건설 규모
결과	범죄율 감소	통행속도, 사고 감소율
영향	지역사회의 안전성	지역 및 산업경쟁력

출처: 이종수 · 윤영진 외(2012: 576).

2) 품질관리제의 실시: 서비스의 질과 전달속도 평가

고객인 시민이 요구하는 서비스의 질(예: 거리 청결도, 직업훈련 효과)을 확보했는지, 또 그들이 요구하는 시기에 이를 적시에 공급했는지를 정기적으로 체크하고 과정상의 문제점을 보완하기 위해, 전사적 품질관리제(total quality management) 기법을 활용할 수 있다.

일례로 미국 위스콘신 주의 매디슨 시는 품질관리제를 시의 각 사업부서에서 실시해, 행정서비스의 질적 만족도와 서비스 공급의 적시성을 평가하는 등 행정성과를 높이기 위한 능력개발에 노력을 경주하고 있다.

우리나라 지방정부에서도 종래 행정편의 위주의 형식적 성과지표에서 벗어나, 시민의 공감을 얻어내기 위해 공공서비스의 질을 높이기 위한 일부 노력들이 나타나고 있다.

표 2-7 부산광역시의 시민공감 도시지표

종래의 도시지표	도로율, 주택보급률, CCTV 설치 등	행정편의형 지표
시민공감 도시지표	버스 대 승용차 속도 비교, 보행로 이용 만족도, 1인당 주거면적, 범죄 검거율	생활공감형 지표

출처: 부산시청 보도자료, 2016.4.11자.

대표적 공기업인 LH도 사업성 지표로만 평가해 투자의사를 결정했던 그간의 관행에서 벗어나, 공공기관 최초로 신규 주택사업에 사회적 가치, 주거복지 기여도 같은 공공성 지표를 추가하기로 했다.

표 2-8 LH의 주택사업 투자의사결정 평가항목

공공성	사회적 가치 기여도	- 정부정책(서민주거비 부담완화), LH 경영목 표 달성 기여도 - 일자리 창출 기여도 - 지역사회 파급효과
	주거복지 기여도	- 주거 안전성 - 주거비 부담, 주거수준
사업성	순 현재가치	- 현가수익분석

출처: "LH, 신규주택사업 투자결정에 사회적 가치 더한다", 이데일리, 2018.11.25자.

3) 결과지향적 예산제도의 개발

행정성과의 증진방식으로서 예산책정에 있어 '기업식 예산' 접근도 활성화되고 있다. 미국 플로리다 주 정부와 오리건 주 정부는 결과지향적 예산제도들을 개발했다. 이 중 산출예산제도는 서비스의 산출량에 초점을 두는 것으로서, 정부는 소정의 산출물을 생산했을 때만 자금을 지원받는다. 성과주의예산제도 역시 예산이 사용된 결과, 즉 서비스의 질과 효과성에 초점을 두는 것으로서, 요구된 성과를 달성했을 때에만 자금을 얻을 수 있다(Osborne & Gaebler, 1992: 156-163). 이는 관료주의에 따라 형식적 예산운영에 익숙한 공공기관으로 하여금 생산성 제고 의식을 갖게 해, 정부활동 성과의 가시화를 도모하는 것이다.

2. 능률성(efficiency)

좋은 정부라면 목표를 다 달성하는 데만 만족해서는 안 된다. 비용과 시간을 잔뜩 들여 달성된 목표의 효과는 그만큼 반감되기 때문이다. 특히 정부의 특정업무는 시간을 다투는 중요한 것들이다. 따라서 시간이 한참 흐른 뒤에는 문제해결의 적시성을 놓쳐 아무래도 그 효과가 반감되기 쉽다. 정부가 정책집행에 쓰는 비용 역시 모두가 다 국민의 세금에서 나온 것이다. 그런데 세금을 아끼지 못하고 많이 소진한다면, 이는 국민의 혈세를 낭비한 결과가 된다.

불행히도 우리 정부는 국민의 혈세를 낭비한 감이 매우 짙다. 마치 한껏 퍼 써도 언제나 분출되어 나오는 '화수분'처럼 국민의 세금을 인식해 왔기 때문에, 국민의 세금은 '밑 빠진 독에 물 붓기' 식이 되기 십상이었다. 따라서 정책집행과정에서 목표달성에 투입되는 비용을 줄여 목표를 달성하거나, 주어진 자원으로 최대성과를 도모해 내는 보다 알뜰한 능률행정이 필요하다.

여기서 능률성은 투입(input) 대 산출(outcome), 즉 문제해결 비용(cost) 대 문제해결이 가져다주는 편익(benefit)의 비율을 말한다. 혹은 이용 가능한 자원에서 얻을 수 있는 최대효과와 실제로 얻은 효과의 비율이기도 하다.

능률성(efficiency)은 가장 기본적인 행정가치였다. 현대행정학의 시조인 Wilson(1887)이 행정을 정치로부터 독립시켜 연구했던 첫째 이유도, 당시 미국 엽관제의 비능률과 낭비의 관행 속에서 정부운영의 능률성과 전문성을 확보하기 위해서였던 것이다. 그러나 불행하게도 그간의 정부행정 하에서 능률성은 크게 상실되었다. 방만한 조직운영의 시간적 지체, 팽창일변도의 조직을 통제하기 위한 잡다한 규칙, 규정의 강화, 책임회피식 문서주의의 범람은, 가장 기본적인 행정가치인 능률성마저 포기하게 만들었던 것이다. 이러한 비능률적 정부운영은 예산낭비를 초래하고, 그 결과 심각한 재정위기를 낳았다.

최근 이런 문제점을 깊이 인식하고 비능률과 낭비요소를 정부에서 걷어내기 위해, 기업의 원가(原價)의식과 경제마인드, 능률적 관리기법이 정부운영에 응용되고 있다. 여기서 우리는 능률행정의 좋은 방법을 찾아볼 수 있다.

1) 정부사업 및 행정서비스의 의무적 경쟁입찰제26)

영국 런던의 완즈워드 구청은 고정 인건비 증대 등 만성화된 비능률과 낭비요소를 제거하기 위해 입찰제를 도입했다. 즉 구청 직원들이 맡아오던 정부사업이나 레저센터 운영 등 행정서비스 제공을 입찰제 방식을 통해 민간에게 용역을 준다. 이들은 이를 통해 막대한 인건비의 절감과 보다 양질의 서비스를 구민들에게 제공할 수 있었다. 즉 기능직 60%에 해당하는 2천 명의 인원을 해고시켜 5년간 22억 원의 경비를 절약했다. 따라서 1992~1993년도 주민세 0원이라는 새로운 풍조를 낳으며, 영국 수상이 서비스실적이 탁월한 시에 주는 Charter Mark 상을 수상했다(조선일보, 1994.3.6자 1-2면). 미국 매사추세츠 주도 민간업체와의 계약을 통한 공공사업이 보다 저렴하면서도 탄력적이라는 생각

---

26) 이는 서비스의 공급과정에서 자치단체의 소관부서와 민간기업을 동등한 자격에서 입찰에 응찰하게 한 뒤, 가장 낮은 가격으로 입찰한 곳에 사업을 맡기는 방식이다.

에서, 공공사업이나 행정서비스 제공에 있어 정부의 공급보다 민간업자에의 위탁이 더 유리할 때 이를 적극 활용한다(Osborne & Gaebler, 1992: 81-82).

2) 비능률과 낭비를 조장해 온 각종 규정 및 불필요한 절차의 철폐

지나치게 규정에 의거하는 고답적인 행정은 시간지체와 재정낭비 등 많은 비능률을 제기한다(Hammer & Champy, 1993). 미국 플로리다 주 정부는 잡다한 규정과 불필요한 활동을 없애기 위해, 정부활동 심의위원회나 예산개혁위원회를 설치하여, 시간지체나 낭비요소가 짙은 규정과 행정절차들을 축소·폐지함으로써 행정의 비능률을 줄여 나가고 있다.

3) 행정서비스 산출비용의 정확한 산정을 통한 비용절감

현대의 정부들은 서비스 대가로 징수하는 공공요금이 서비스 산출비용을 제대로 충당할 수 있는지조차 모른 채, 낭비적인 사업에 막대한 재정보조를 해온 폐습이 있다. 일례로 미국 60개 시 정부의 서비스비용을 조사해 본 결과, 시 예산에 책정된 것보다 실질비용은 30%나 더 소요되었다(Osborne & Gaebler, 1992: 216-218). 현재 정부는 개별 서비스 생산비용의 정확한 계산에 의거해 서비스를 공급하지 못하고, 표준노임단가 등 공시비용(reported cost)에 너무 의존하고 있다. 그러다 보니 서비스비용이 필요 이상으로 높다. 따라서 정부서비스 생산비용의 효율적 산정을 위해 비용-편익분석 기법의 학습 등 적극적인 비용절감 노력이 필요하다(Rose, 1994: 11).

4) 시간 코스트 의식에 입각한 결재 및 회의시간의 단축

원가의식과 경제마인드는 금전비용뿐 아니라 시간 개념에도 적용되고 있다. 정부에서도 시테크(time-tech) 개념이 대두하고 있는 것이다. 일본 구마모토 현의 경우 20여 단계에 이르는 도장 찍기 행정의 폐단을 극복하기 위해 서명결재를 실시하고, 기안문을 한 장으로 요약하는 등 시간비용을 단축하고 있다.

이즈모 시도 경쟁이라는 치열한 싸움이 없는 보호체제의 폐단 속에서 만연되어 온 시정부 업무처리의 지연 관행을 막기 위해, 회의시작은 물론 종료시각까지 명시해 시간을 아끼고 있다(호소카와·이와꾸니, 김재환 역, 1993: 61-81). 모든 결재와 회의는 가능한 한 선 채로 하고, 회의시간도 10분을 넘기지 않는다. 이처럼 불필요한 규정, 절차, 계층을 없앨 때 VIP식 서비스의 하나인 신속성(instant)이 확보된다.

 사례 2-12 능률적인 스마트 근무환경 조성

정부는 기관 간, 기관 내 영상회의를 활성화해 불필요한 출장을 줄이고 비생산적인 회의는 아예 없애는 등 일하는 방식과 문화를 혁신하기 위해, 각 정부청사, 각 부처별로 영상회의실을 확대하고 장비를 확충할 계획이다.

서울과 세종시 등을 오가는 불가피한 출장이 많은 근무환경에서 언제 어디서나 업무를 처리할 수 있도록 모바일 전자결재 및 정부 원격근무 서비스를 지원할 계획이다. 모바일 전자결재는 e-사람, 온나라 등의 서비스를 이용할 수 있다. 보안용 업무 메신저 '바로톡'을 개발하고 이를 공무원 사회에서 적극 이용하도록 할 계획이다(행정안전부, 한국행정연구원, 2019: 246-247).

3. 합법성(legality)

정책집행단계에선 정부가 집행의 일환으로 정책대상집단인 국민에게 혜택을 주거나 불가피하게 그들의 권리와 자유의 일부를 제한할 수도 있다. 특히 이때 문제가 되는 것은 국민의 권리와 자유를 제한하는 정부의 규제조치이다.

정부는 그런 상황에서 필히 따르기로 한 법과 절차가 있을 경우 반드시 이를 준수해야 한다. 안 그러면 국민은 정부의 행위를 예측할 수 없고, 따라서 큰 피해를 입을 수 있기 때문이다. 따라서 정부는 국민과의 약속물인 법을 충실히 지키며 정책을 집행해 나갈 필요가 있다. 그래야 인권이 보호되고 예측 가능한 행정이 된다.

내용 보태기 2-8   법과 인권의 관계

현대 행정에 있어 민주주의가 중요한 것은 그것이 바로 국민의 기본권 문제와 직결되기 때문이다. 우리는 실제로 정부와의 만남 속에서 국민의 기본인권이 정부의 실정법 적용행위에 의해 크게 침해되는 경우를 종종 목도한다.

일반적으로 헌법과 법률은 국민의 통제에 목적이 있는 것이 아니라 국가권력의 괴물로부터 국민을 보호하기 위해 존재한다. 따라서 국가는 국민의 사랑의 대상이 아니라 통제의 대상이어야 한다. 이런 맥락에서 김두식(2004)은 "국가 사랑을 강조하는 나라보다는 국가의 통제에 관심을 가진 나라가 덜 나쁜 나라"라고 역설한다. 그러면서 그는 예컨대 "나치 독일의 경우처럼 법의 탈을 쓴 불법은 괴물로 변한 국가를 위해 봉사하는 악의 도구일 뿐 더 이상 법이 아니다"라고 주장한다. 그러나 "국가라는 괴물은 그 수가 적어 큰 위협은 안 된다. 그 대신 정말 위험한 존재는 아무런 의문도 제기하지 않은 채 국가의 말을 그대로 믿고 행동하는 '정부관료들'이었다. 쉰들러 리스트나 광주학살에의 참여자들은 심리적으로 비정상적인 사람들이 아니라 국가권위에 순종을 잘하는 사람들이었다"(김두식, 2004). 이제부터라도 정책 및 행정집행과정에서 기본인권을 강조하는 헌법정신이 실정법 적용에 앞서서 관-민 간에 소통될 필요가 있다.

정치와 행정이 통치권자에 예속되었던 과거의 우리 상황에서는 법치보다는 인치(人治)적 성향이 강했다. 아무리 절차의 민주성과 법치행정

을 강조하는 법규가 있어도 통치권자의 명령과 지시는 언제나 이러한 법규 위에 있었다. 따라서 인권은 보호받지 못하고 행정은 자의적으로 이루어져 온 감이 크다.

이제 국민의 자유와 생명·재산을 보호하기 위해 최소한의 안전판으로서 법에 의한 행정이 이루어져야 한다. 이는 곧 VIP식 서비스의 peace(평온감)를 확보해 준다. 사람은 자기 미래를 예측할 수 있을 때, 마음의 평온과 심리적 안정을 취한다.

합법성은 행정과 법 간의 규범적 관계에서 그 정당성을 찾을 수 있다.

첫째로 '법률의 우위'는 행정에 대한 합헌적 법률의 우위를 말하는 것으로서, 행정은 법률을 적용해야 하며 법률을 회피하거나 위반해서는 안 됨을 말한다.

둘째로 '법률의 유보'는 행정활동에 대한 법률적 근거를 요구하는 것으로서, 행정은 법률에 의한 수권(授權)을 받은 때에만 행동할 수 있다는 원칙이다. 행정은 법을 통해 표현된 정책을 구체화, 현실화하며 동시에 법을 통해 표현된 입법권자의 의사를 집행하는 기능을 수행하는 것이다(홍준형, 1998: 105-114).

그러나 법규가 사회의 급격한 변화를 신속하게 수용하지 못하는 현대행정에서는 이러한 합법성 가치가 지나치게 강조될 경우 행정 본래의 목표가 왜곡될 수도 있다. 또한 신분보장이 되는 공무원들이 소극적으로 법령의 형식적 준수에 안주하거나 법령을 개인적 이해관계에 따라 자의적으로 해석하고 적용하기 쉽다(이종수·윤영진 외, 2012: 172). 오늘의 이러한 상황 속에서 합법성은 '법치주의'로 인식되어야 할 것이다. 즉 인치의 자의성을 막기 위한 안전판으로 작용하면서도, 자구(字句)에 얽매이는 법의 소극적 해석보다는 '법의 정신'을 존중해 행정을 상식과 도덕규범의 선에서 처리해 나가는 공무원들의 지혜가 한층 더 요구된다.

표 2-9 행정단계별 주요 행정가치와 VIP식 서비스와의 관계

행정단계	주요 행정가치	VIP식 서비스 내용
요구수렴단계	민주성	Variety, Peace
정책결정단계	공익, 사회적 형평성	Variety, Peace
정책집행단계	효과성, 능률성, 합법성	Instant, Peace

　　지금까지 논의한 많은 행정가치들이 행정의 주요단계에서마다 공무
원들에 의해 참고되고 준수될 때, 우리 국민은 정부와의 공적 만남에서
VIP식 서비스를 한껏 향유할 수 있을 것이다. 그 발전적 사례들을 들어
보자.

 사례 2-13 **공무원의 행정가치 구현이 가져다 주는 VIP식 서비스**

2005년 중앙일보 제정 청백봉사상 수상자로 선정된 몇몇 현직 공무원들의 평소 업무방
식에서 이러한 예들을 찾아볼 수 있다.

▷ 일례로 무안군 민원봉사과에 근무하는 김갑송 씨는 지적도에 등재되지 않아 재산권
보호를 받지 못하는 주민들을 위해, 자신의 사비를 들여 소송을 벌인 결과 7년 6개월
간의 법정소송 끝에 승소판결을 이끌어 냈다. 또 2004년에는 개별 공시지가 특정조
사 시 자체 지가조사시스템을 구축해 그가 소속해 있는 무안군이 건교부 전국 최우수
군으로 선정되게 했다. 남제주군 해양수산과 소속인 현길환 씨도 1일 명예 해양수산
과장제를 운영해 평소 주민의 의견을 민주적으로 잘 수렴해 왔고, 어려운 학생들에게
장학금을 지급해 왔다. 순천시 건축과 공무원 박용근 씨는 오지종합개발사업 시 자체
설계반을 운영해 9,500만 원을 절감했고, 주민의 자율적 토지증여를 유도해 토지
매입비 3억 원을 절감했다(중앙일보, 2005.11.25자 19면).

▷ VIP식 서비스 제공의 집단사례로 충북도청의 오창단지 외자유치 관련 공무원들의
활동을 들 수 있다. 공무원들은 기업마인드로 무장하기 위해 부장, 차장 등의 직함을
쓰기도 하고, 유치 대상 기업마다 프로젝트 매니저를 정해 그에게 최대한의 권한을
부여했다. 또 외국업체들이 일하는 방식을 잘 알아야 한다며 국내 외국기업 인력을

스카웃한 뒤, 매년 5-6차례 해외투자 설명회를 개최했다. 또 외국기업을 만나서는 교통여건, 우수인력 확보 등 투자지역의 장점을 역설하고, 시차가 안 맞는 미국, EU 기업들과 접촉하기 위해 야근도 밥 먹듯이 했다. 그 결과 대불, 진사 등 오창보다 앞서 외국인투자지역으로 지정된 곳도 아직 분양이 덜 됐는데, 오창은 이미 2차, 3차 단지를 조성했고, 독일 쇼트 사의 웅게호이어 회장의 말처럼, "이런 공무원들이라면 앞으로도 우리 기업을 계속 도와주리라는 확신이 든다"는 찬사를 받기도 했다(중앙일보, 2005.12.21자 E13면).

제5절 공직윤리의 내실화

1. 공직윤리의 개념과 실천적 함의

1) 공직윤리의 개념

직업윤리의 하나인 공직윤리는 한 나라의 공직자들이 공무수행과정에서 마땅히 준수하고 따라야 할 행동규범이다(이서행, 1991: 25). 공직윤리에 대한 학자들의 개념 정의를 좀 더 자세히 살펴보자.

Jun(1986: 275)에 의하면, 공직윤리는 공무원들이 올바른 행정은 무엇인지 그 답을 찾기 위한 일종의 성찰과정으로서, 공직자가 자아성찰을 통해 스스로 올바른 행위규범을 발견하는 데 그 목적이 있다.

Rosenbloom(1989: 464)에 의하면, 공직윤리는 공직자들이 국민의 신뢰를 얻게 해주는 내부 통제장치로서, 공직자들의 행위에 정당성을 부여해 주는 공식적, 비공식적 제약이다. 따라서 공직윤리의 구현에 있어 공무원의 행위규범의 정당성 기준과 그들의 성찰을 통한 판단능력이 중시된다(문태현: 2000: 192-193).

Waldo(1980: 103-110)는 공직윤리라는 직접적인 표현을 쓰진 않았지만, 공무원들이 필히 준수해야 할 보편적 의무로서, 국가에 대한 충성심, 질서유지, 생산성, 경제성, 능률성과 같은 개념들을 강조하고 있다.

공직윤리에 대한 상기한 개념정의들은 다소 추상적이어서 그 의미들이 선뜻 들어오지 않는다. 따라서 몇몇 사람들의 살아있는 격언 속에서 공직윤리 개념을 좀 더 쉽게 이해해 보자.

내용 보태기 2-9 격언 속에서의 공직 윤리 개념 이해

Bailey(1964)는 "정부 안의 고위 관리층은 수목한계선(above timber line)[27] 위에 있는 사람들"이라고 말한다. 즉 이들의 행동거지가 그만큼 쉽게 노출되어 있기 때문에, 이들의 공직윤리 문제는 매우 엄격한 심판의 대상이 된다는 것이다.

무엇보다 미국의 초대 대통령인 George Washington이 인사 청탁을 하러 온 친구에게 한 다음과 같은 말, 즉 "조지 워싱턴으로서의 나는 내 힘이 닿는 한 자네를 위해 모든 것을 할 수 있지만, 대통령으로서의 나는 관직을 부탁하러 온 자네에게 그 어느 것도 해줄 수 없다네"(Waldo, 1980: 99)라는 명언은, 공직윤리에 대한 어떤 개념정의보다도 명확하게 우리에게 공직윤리의 진수를 보여 준다.

---

2) 공직윤리의 실천적 함의

공직윤리는 행정학 분야에서 얼마나 큰 비중을 차지하고 있는가? 행정학자들은 윤리의 문제를 행정연구에 통합시킬 필요성을 비교적 뒤늦게 인식했다. 초기의 행정학 문헌들은 절약과 능률을 최상의 행정목표

---

27) 수목한계선은 산의 고도가 높아지면서 추위 등으로 인해 수목의 생장이 더 이상 불가능해지는 지역 한계선을 말한다.

로 간주했다. 따라서 공직윤리는 정치-행정 이원론 하에서는 그 의미가
매우 희박했다.

그러나 20세기에 들어와 행정국가(administrative state) 현상의 대두
와 더불어 정부가 정책형성을 도맡게 되고 따라서 공무원들의 정치적
책임성이 강조되면서, 그들의 자의적 재량행위를 통제하려는 전략적
필요성에서(Martinez, 1998: 704-706), 공직윤리에 대한 본격적 연구가
이루어지게 되었다.

그러면 공직윤리의 실천적 함의는 과연 무엇인가? 행정국가 하에서
정책결정권까지 행사하게 된 직업공무원들에게는 국민의 권한을 위임
받은 참된 수탁자(trustee)로서 국민의 뜻을 잘 받들어 행정을 수행해야
할 민주적 책임성과 더불어 국민의 세금을 아껴 써야 할 능률적 책임성
이 크게 부여된다.

따라서 공무원들이 뇌물수수, 공금횡령, 사익추구 등 부정부패와 특
혜행정 등의 비윤리적 행위를 해선 안 된다는 '소극적 윤리'뿐 아니라,
공무원들이 국민의 뜻에 적극 부응하고 국민의 요구로 아직 구체화되
기 전이라도 바람직한 행정상황을 먼저 만들어 내는 등 주도적인 정책
역할을 해야 한다는 '적극적 윤리'가 요구된다.28)

Rosenbloom(1983)은 이러한 소극적 윤리와 적극적 윤리를 법규준
수(legal compliance)와 일에의 열정(aspiration)으로 다르게 표현한다. 법
규준수는 공무원의 행위가 법규와 윤리강령에 저촉되지 않아야 한다는
소극적 윤리를, 한편 일에의 열정은 국민이 요구하지 않더라도 공무원
스스로가 판단해 자유, 형평, 대응성 등 다양한 행정가치를 추구해야

---

28) 공무원의 소극적 윤리와 적극적 윤리는 모두 공무원법상의 '성실의무'에서 비롯된다.
여기서 성실의무는 윤리성을 본질로 하므로 경제성에 의해 지배되는 사법(私法)상의
고용관계에서의 노무급부 의무와는 근본적으로 다르다. 따라서 공직은 경제적 의미의
직업(occupation)보다는 하나의 소명(calling), 천직(vocation)으로 받아들여져
야 한다.

한다는 적극적 윤리를 뜻한다.

표 2-10 공직윤리의 두 차원

소극적 윤리	법규 준수	적극적 부정의 방지
적극적 윤리	일에의 열정	소극적 부정의 방지

공직윤리는 이런 점에서 뇌물수수, 부정부패, 매관매직 등의 단순한 비리문제뿐 아니라 국민의 삶에 중대한 영향을 미치는 모든 정책과정에 본질적으로 내재하는 가치 함축적인 문제가 된다(이서행, 1991: 28). 즉 법을 어기진 않아도 국민을 위해 자신이 할 바를 다하지 않는 것조차 소극적인 부정행위로 인식되어야 한다는 것이다.

따라서 공무원들은 항상 윤리적 공간(ethical space) 속에서 존재해야 하고, 가치중립적인 단순한 심부름꾼처럼 행동해서는 안 된다. 그들의 행정행위는 고도의 도덕원칙으로 구성된 일련의 가치 세트에 뿌리를 두어야 한다(Woller, 1998: 86).

3) 공직윤리와 행정가치 간의 상관성

공직윤리는 이처럼 공무원들이 행정가치를 구현하는 방법이며, 또 그들의 의사결정을 올바르게 안내하는 지침이다(Bowman, 1991: 2). 즉 행정가치가 행정의 주요단계에서마다 모든 공무원이 지향하고 실천해야 할 지도적인 행동원리(principles of action)라면, 공직윤리는 이러한 지도적 행동원리에 입각해 공무원들이 행정가치를 구체적 행동으로 옮기게 하는 세부 행동지침들(codes of action)을 말한다.

예컨대 국가공무원법상의 공무원 복무규정은 성실의무, 복종의무, 직장이탈금지, 친절의무, 공정의무, 비밀엄수의무, 청렴의무, 영예 등의 수령 규제, 품위유지의무, 영리업무 및 겸직의 금지, 집단행위금지, 정치운

동금지 등 많은 의무를 공무원들에게 부과하고 있는데, 이 중에서 친절의
무는 민주성 가치의 구현과, 청렴과 겸직금지의 의무는 능률성 가치의
구현과, 공정의무는 사회적 형평성 가치의 구현과, 영리업무 및 집단행위
의 금지의무는 공익 가치의 구현과 각각 직접적인 관계가 있다.

　공직윤리는 이처럼 행정가치를 구현해 책임행정을 도모하기 위한 공
무원들의 구체적 행동지침으로서, 행정가치의 가외성(加外性; redun-
dancy)29)과 같은 것이다. 공직윤리라는 바람직한 행동규준이 하나 더
자세히 마련되어 있음으로써, 행정가치 구현의 가능성은 그만큼 기하
급수적으로 올라가는 것이다.

4) 공직윤리와 전문직업주의

　공직윤리는 전문직업주의(professionalism) 추세에 있는 현 공직업무
에 전문직업인으로서의 직업윤리 정신을 듬뿍 담아 주기 위한 실천적
의미도 갖는다. 전문가는 평인들이 갖고 있지 못한 전문지식과 고도의
특정기술에 의거해 남에게 영향력을 행사한다. 이를 전문가적 권력
(professional power)이라고 하는데, 전문가들은 가능한 한 이런 지식과
기술을 타인에 대한 '전문적 사회봉사'에 써야지 개인적 입신양명(立身
揚名)의 수단으로 써서는 안 된다. 따라서 의사, 변호사 등 전문직업인
들은 그런 실수를 막기 위해 자체의 '직업윤리강령'을 하나의 자율적 속
박장치로 두게 된다.

　공직도 마찬가지이다. 현대국가의 운영에 있어 공무원의 업무와 관

---

29) 가외성은 만일에 대비해 여분(餘分)을 더 두는 것을 말한다. 일례로 기계의 부품이
　고장 날 확률이 없다면 가외성은 낭비요소에 불과하다. 그러나 부품이 완전하지 않다
　면, 그 불완전성을 보완하기 위해 여벌을 준비해 두는 현명함이 필요하다. 가외성은
　불완전한 부품들로 구성된 장치를 신뢰할 만한 전체로 만들어 주기 때문이다
　(Landau, 1969: 346~358). 예를 들어 비행기 엔진을 하나 더 장치하는 비용은
　2~3배로 산술급수적으로 증가하지만, 비행기의 안전성과 신뢰성은 기하급수적으로
　증가한다.

련된 일거수일투족은 국민의 삶에 직간접적으로 큰 영향을 미친다. 또 오늘의 행정은 복잡화, 전문화되어 프로행정가를 요구하고 있다. 따라서 공직수행과 관련해 공무원들의 전문직업주의 정신과 직업윤리강령이 좀더 세련된 형태로 존재해야겠다.

2. 공직윤리 확보전략

1) 법규 중심의 통제방법: 소극적 윤리의 구현

공직윤리 구현과 관련해 가장 먼저 눈에 띄는 것이 부패척결 법규이다. 우리나라 공무원들의 공직윤리 확립과 직간접적으로 관련된 법규들은 다음의 표에서 보는 바와 같이 적지 않은 편이다. 여기서는 공직윤리의 확립과 직접적으로 관련되는 주요 법규의 내용들만 간추려 집중적으로 따져보자.

(1) 공직자윤리법

1981년에 제정된 공직자윤리법은 공무원의 부정부패를 방지하기 위해 고위 공직자들의 단계적인 재산등록, 외국인의 선물 신고, 퇴직공무원의 취업제한 등을 규정하고 있다. 1993년에 개정된 공직자윤리법에서는 공직자 등록재산의 공개를 제도화하고, 공직을 이용한 재산취득 규제, 외국인 선물신고, 퇴직 공무원의 취업제한 규정을 보다 강화함으로써, 공직자의 부정한 재산증식을 막고, 공무집행의 공정성을 확보하는 방법 등을 강구하고 있다.

(2) 부패방지법

부패방지법은 총체적이고 구조적인 부정부패를 근원적으로 예방, 제거하고 공직자의 부정부패를 완전 일소함으로써 국가사회의 투명성을

표 2-11 반 부패법

구분	공직자윤리법	부패방지권익위법	청탁금지법
목적	부정한 재산증식 및 공, 사익의 이해충돌을 방지해 국민에 대한 봉사자로서 가져야할 공직자의 윤리 확립	부패발생을 예방해 부패행위를 효율적으로 규제해 청렴한 공직 및 사회풍토 확립	공직자 등의 공정직무수행을 보장하고 공공기관에 대한 국민신뢰 확보
주요 대상 기관	헌법기관, 중앙행정기관, 지방자치단체, 공직유관단체	헌법기관, 중앙행정기관, 지방자치단체, 공직유관단체	헌법기관 등 모든 공공기관, 사립학교 및 학교법인, 언론사
적용 대상자	공직자 및 공직후보자, 퇴직 공직자	공직자(유관단체 구성원 포함)	공직자 및 각급 학교 교직원, 학교법인 임직원, 언론사 임직원(공직자 배우자도 적용)
업무 기관	인사혁신처, 공직자윤리위원회	국민권익위원회	국민권익위원회
주요 규율 사항	재산등록 및 공개, 주식백지신탁, 선물신고, 퇴직 공직자 취업제한 및 행위제한	부패행위 신고 및 신고자 보호보상, 공직자 행동강령, 국민감사청구, 비위 면직자 취업제한	부정청탁 금지, 금품 등 수수금지(외부강의 등 초과사례금 수수제한)
법칙 규정	징계의결 요구 및 시정권고, 형사처벌 및 과태료 부과	형사처벌 및 과태료 부과	법위반 공직자에 대한 징계 의무화, 형사처벌, 과태료 부과

출처: 국민권익위원회 청탁금지법 교육자료(1)에서 참고.

증대하기 위한 제도적 장치를 마련하고자, 기존의 공직자윤리법, 공무원 범죄에 관한 몰수특례법 등의 미비점을 보완하고, 공익정보 제공자(내부고발자)의 보호, 자금세정(洗淨) 규제 및 예산부정 방지에 관한 규정을 신설해 만든 가장 종합적인 관련 법규이다.

이 법의 구체적 내용은 공직자윤리, 공익정보 제공자의 보호, 자금세정 금지, 예산부정 방지, 부패행위의 처벌 및 몰수 등으로 나누어진

다. 이 법에선 공무원의 부패행위를 자신의 지위 또는 권한을 남용하거
나 법령을 위반해 개인의 이익을 도모하거나 공공의 복리를 침해 또는
침해할 우려가 있는 일체의 행위로 규정하고 있다.

(3) 청탁금지법(부정청탁 및 금품 등 수수의 금지에 관한 법률)

청탁금지법은 공직자 등의 비리를 규제하는 강화된 반부패법으로서,
직무 대가성을 따지지 않고 공직자 등의 금품수수를 금지하고 있다. 첫
제안자인 김영란 전 국민권익위원회 위원장의 이름을 따 '김영란법'이
라 불린다.

청탁금지법이 적용되는 기관은 국회, 법원, 헌법재판소, 선거관리위
원회, 감사원, 국가인권위원회, 중앙행정기관 및 그 소속기관, 지방자
치단체, 시·도 교육청, 공직유관단체(공직자윤리법 제3조의 2), 공공기관
운영법 제4조에 따른 기관을 포함한다. 또 각급학교와 사립학교법에
따른 학교법인, 방송사업자, 신문사업자, 잡지 등 정기간행물사업자,
뉴스통신사업자 및 인터넷신문사업자 등의 언론사도 포함된다.

이 법의 적용을 받는 공직자 또는 공적 업무 종사자에는 국가·지방
공무원, 공직유관단체·공공기관의 장과 그 임직원, 각급학교의 장과
교직원 및 학교법인의 임직원, 언론사의 대표자와 그 임직원 등이다.
이에 더해 이들과 경제적 이익을 같이하는 배우자도 법의 적용 대상자
가 된다. 각종 위원회에 참여하는 민간위원이나 공공기관의 업무를 위
임·위탁받은 자 등 공공기관의 의사결정 등에 참여하는 민간인(공무수
행 사인)도 대상이다. 공직자 등에게 부정청탁을 하거나 수수 금지의 금
품 등을 제공한 자도 이 법의 대상이 된다(다음백과사전에서 참고).

2) 윤리헌장, 윤리강령 제정방법: 적극적 개인윤리의 구현

공직윤리 확립과 관련한 상기의 법규들은 어디까지나 강제적 성격을 전제로 해 공직윤리 구현과 관련해서는 소극적인 통제방법으로밖에 볼 수 없다. 공무원의 권한남용과 기회주의적 행동의 소지를 막고 보다 적극적인 행정이 가능하도록 하기 위해선, 공무원의 구체적인 행동규범을 직업윤리강령으로 제시해 주어, 공무원 개개인의 윤리의식에 의거한 재량행위의 선(善)한 결과를 유도해 내야 한다. 이런 맥락에서 우리나라에서도 공직윤리 확보와 관련된 윤리헌장과 윤리강령들이 제정, 시행되고 있다.

(1) 공무원윤리헌장과 공무원신조

가장 대표적인 것으로서, 1980년에 제정된 공무원윤리헌장에선 충성과 봉사, 창의를 강조하는 행동규범을 천명하고 있으며, 공무원신조로서 "국가엔 헌신과 충성을, 국민에겐 정직과 봉사를, 직무에는 창의와 책임을, 직장에선 경애와 신의를, 생활에서는 청렴과 질서를"이라는 5가지 행동지침을 제시하고 있다. 그러나 공무원윤리헌장은 그 내용이 전반적으로 선언적인 구호에 그치고 있으며 구체적이지 못해 그 실천력이 떨어진다. 또 법률적 근거가 없어 위반해도 처벌할 법적 근거가 없고 윤리적 행동을 권장하는 추상적 내용만 담고 있다.

(2) 공무원 윤리헌장 실천강령

1982년 국무총리훈령으로 제정된 것으로서, 상기한 공무원윤리헌장을 좀더 실천 가능하도록 하기 위해 60개 항목의 구체적 행동기준을 제공하고 있다. 그러나 이것 역시 이권 불개입, 청렴정신 등 대부분의 내용이 선언적 규정으로서의 성격을 크게 버리지 못하고 있다. 그 내용도 너무 포괄적으로만 나열되어 있어, 윤리적 행동지침으로 삼기에는 그 실효성이 크게 떨어진다.

(3) 행정서비스헌장

국민의 정부에 들어와 각 부처에서 제정된 것이다. 그러나 그 대상을 고객에 대한 서비스에 국한해, 전체 이해관계자에 대한 의무와 책임을 나타내는 윤리규범과 그 실행체계인 윤리시스템의 도입과 추진에는 상당히 미흡하다.

(4) 공직자 윤리준칙 10대 준수사항

공직비리를 막기 위한 행동강령30)인 공직자 윤리준칙 10대 준수사항도 총리훈령으로 시행된 바 있다. 10대 준수사항은 다음과 같다. i) 직무관련 단체, 업체에 경조사 고지 및 축·조의금 접수금지, ii) 향응, 골프 등 접대 받는 행위금지, iii) 경조사, 이취임시 화환, 화분 수수금지, iv) 퇴직, 전근시의 전별금, 촌지 전달금지, v) 5만 원 초과 선물 수수금지, vi) 가족, 친지의 관용차 사용금지, vii) 호화시설을 이용한 결혼식 금지, viii) 고위공직자 부인모임 해체, ix) 호화 유흥업소, 고급의상실 출입금지, x) 정당, 국회의원 후원회 가입, 기부 금지 등이다 (오성호, 이도형, 한승준, 2002: 27-28).

공직자윤리준칙 10대 준수사항은 고위 공직자 부인들이 연루된 소위 '옷 뇌물 사건'으로 정부에 대한 국민불신이 커지자, 공직기강을 바로잡기 위해 1999년 총리훈령으로 제정된 것이다. 그러나 시행과정에서 고위직 비리에 의해 발생된 문제로 하위직 공무원만 단속한다는 불

---

30) 강령(code)과 관련된 많은 개념들이 혼용되고 있는데, 이를 엄밀히 구분하면 다음과 같다(Pritchard, 1998: 528~529). 먼저 윤리강령은 기본원리로서 내부구성원들의 윤리지침이다. 반면 행동강령은 윤리강령보다 훨씬 구체적이다. 즉 일반적인 윤리 강령이 실제행동에선 어떻게 구체적으로 표현되어야 하는가를 명확히 정해 준다. 따라서 규제적 성격이 강하다. 한편 실천강령은 기대되는 행동의 준칙이다.

만이 컸다. 특히 경조사비 수수제한에 대해선 그 실현 가능성에 크게 의문이 제기되었다. 공직사회가 추구하는 가치와 유지해야 할 원칙에 대한 이해와 공감대가 형성되지 못했고, 고위직 공무원이 솔선수범해 수행하지 않는 상태에서 하위직에만 강령의 준수를 강요하는 것은 불공평하며, 따라서 신뢰를 얻기 어려운 처사였다.

(5) 공무원 행동강령

2003년 2월에 확정, 공포된 대통령령으로서, 1999년 총리지시 사항으로 시행된 공직자 윤리준칙 10대 준수사항의 유명무실함을 극복하고 공무원의 청렴성을 유지하기 위해, 공무원 접대골프 및 대가성 향응의 일절 금지 등을 목표로 320개 각급 행정기관별로 제정, 시행되었다. 그 주요골자로는, 이해관계나 외부요구를 배제한 공정한 직무수행, 부당한 이익을 노린 알선, 청탁 금지, 직무 관련자의 금품수수 등 부당이득 금지(직무상 부득이한 경우엔 1인당 3만 원 이하의 간소한 식사와 통신, 교통 편의 제공은 허용), 5만 원을 초과하는 경조 금품 수수제한 등이다.

이에 의거해 향후 공무원은 직무 관련자와 관련 공무원에게서 금전, 부동산, 유가증권, 회원권, 상품권 등의 선물은 물론 골프, 술자리 등 향응을 제공받을 경우 그 대가성 여부와 상관없이 무조건 징계를 받게 된다. 또 직무 관련자나 관련 공무원에겐 경조사를 통지할 수 없고, 경조사비도 해당기관의 장이 정하는 기준 내에서만 내거나 받을 수 있게 된다. 한편 정부는 부처별로 행동강령 책임관(가칭)을 지정해 철저한 단속에 나서도록 하는 한편, 징계 또한 규정에 따라 부처별로 실시하고 있다(중앙일보, 2003.2.12자 2면). 부처별로 실시할 단속과 징계가 얼마나 효율적으로 이루어질 것인가가 그 성패의 관건으로 대두하고 있다.

(6) 공무원 헌장

2016년에 공무원헌장이 새롭게 단장되어 시행되고 있다. 헌장의 내용은 "공익을 우선시하며 투명하고 공정하게 맡은 바 책임을 다한다. 창의성과 전문성을 바탕으로 업무를 적극적으로 시행한다. 우리사회의 다양성을 존중하고 국민과 함께 하는 민주행정을 구현한다. 청렴을 생활화하고 규범과 건전한 상식에 따라 행동한다" 등이다.

문제는 헌장의 내용이 여전히 관념적, 추상적이어서 현실감이 떨어진다는 점이다. 헌장의 표현방식도 종래와 같이 선언 조에서 크게 벗어나지 못하고 있어 안타까운 현실이다.

3) 부패소추기구의 강화

역대 정부는 정권 출범 이후 범정부적인 사정(司正)역량을 총 집결시키며 공직기강 확립을 위한 다양한 노력을 기울였다. 그러나 문제는 연례행사적인 솜방망이 식의 단속만으로는 공직사회의 기강을 다잡기가 어렵다는 경험칙이 항상 나타나고 있는 점이다.[31]

 사례 2-14 정기적 상납의 구조화

국민참여형 민원행정, 클린행정이란 이름으로 추진되는 많은 제도개선이 일선 비리의 소지를 제거하고 주민불만을 줄여 왔지만 이는 한시적, 제한적이다. 때가 지나면 제도의 빛이 바래고 부정비리는 되살아난다.

---

31) 공무원들의 전체 비위건수는 점차 줄어들고 있지만 죄질이 중한 횡령 및 증·수뢰는 되레 늘어나고 있다. 행정부 국가공무원 비위건수는 2006년 1,584명, 2007년 1,643명, 2008년 1,741명, 2009년 3,155명으로 증가하다가 2009년을 고비로 줄어들어 2010년에는 2,858명에 그쳤다. 하지만 죄질이 중한 공금횡령은 2009년 34명에서 2010년 63명으로, 증수뢰는 2009년 164명에서 2010년 419명으로 오히려 증가한 것으로 드러났다. 이 같은 현상은 공무원 비리가 적발돼 처벌을 하더라도 솜방망이 처벌에 그치고 있는 상황과 무관하지 않다(뉴시스, 2011.9.20자).

특히 수도권 지역 일부 공무원들의 수뢰사건은 고위직부터 하위직에 이르기까지 꼬리를 물고 이어져 왔다. 일례를 들면 건설민원을 담당하는 지방공무원에게 큰 선물을 주지 못한 대기업 간부가 어느 날 현장에서 쫓겨났다. 회사 측은 "왜 정기적으로 상납하지 않았느냐?"고 오히려 그 간부를 질책했다. 그러나 신세대 간부는 "세상이 달라졌고 뇌물을 줄 이유가 없지 않느냐"고 항변했다. 그러나 그 기업은 관청으로부터 다음 공사를 수주하는 데 엄청난 어려움을 겪었다. 이는 사업하는 사람은 다 아는 일이라고 한다 (중앙일보, 2005.12.5자 31면).

부패방지법이 제정된 지 오래되었지만, 국제투명성기구의 발표에 의하면, 우리나라는 부패인식지수(CPI) 순위가 2001년의 42위에서 2010년에 39위로 큰 변화가 없다. 점수로 보면 10점 만점에 5.4점인데, 대부분의 선진국은 7점대이다(http://www.safetoday.kt/news, 2011.6.28자). 한국투명성기구가 발표한 최근의 부패인식지수를 살펴보면, 2013년에 55점(2012년부터는 100점 만점)으로 변화했는데, 이는 OECD 34개국 중 27위에 해당되는 수준이다. 홍콩 정치경제 리스크컨설턴시의 발표에 따르면, 2013년 아시아 부패점수에서 아시아의 같은 4마리 용이었던 싱가포르(0.74), 홍콩(2.35), 대만(5.36)에 비해, 우리나라는 6.98로 상대적으로 높다.

그렇다면 공직윤리를 제고하기 위한 숱한 법규와 행동강령의 제정에도 불구하고, 공직비리 문제가 잘 해결되지 않고 공직기강 해이가 항상 지적되는 이유는 무엇인가?

관련 법체계의 분산, 구체적인 윤리기준 미흡, 엄정한 처벌체계 미비[32] 등을 문제점으로 들 수 있지만, 공직자 윤리가 적극적 윤리로까지 그 외연이 확대되어야 할 현시점에서, 공직자 윤리를 종합적으로 관리하는 '실행 조직체계'가 확고히 존재하지 않고 있는 점도 큰 문제이다

---

32) 실제로 공무원 징계가 솜방망이식 처벌에 그쳐서, 중징계에 해당되는 해임, 파면 건수는 다음의 표에서처럼 미미하다.

(http://www.ethicsko.org/public.html).

법과 소추기구는 그 실효성을 확보하기 위해 서로 밀접한 관계에 있다. 따라서 대통령이나 수상과 같은 최고 권력자의 반부패 의지가 무엇보다 강하고, 또 이를 실현하기 위한 특별 소추기구들이 직무상 행정부에서 독립해 있을 때, 부패방지 및 공직윤리의 확립에 있어 상당한 실효성을 거두는 것으로 평가된다.

내용 보태기 2-10 | 각국의 부패소추기구들

여기서 잠시 논의의 시각을 나라 밖으로 돌려보자. 일종의 특별법 형태로 부패방지 관련법을 시행하고 있는 국가들의 경우에는, 거의 예외 없이 부패공무원을 조사, 수사할 수 있는 강력한 전담기구들을 별도로 설치, 운영하고 있다.

홍콩의 부패추방 위원회(Independent Commission Against Corruption; ISAC)와 미국의 감찰위원장 제도(Inspector-Generals; IG)가 바로 그런 부패 관련 소추기구들(anti-corruption agencies)이다(Doig, 1995: 159-162).

향후 공직윤리의 확립을 위해서는 법체계의 정비와 더불어, 부패방지를 위한 운영주체의 체계적 확립 및 실행체계의 실효성 확보가 조속히 이루어져야 할 것이다. 즉 현재의 공직 부정부패, 복무규정 위반, 정

표 2-12 2015년 공무원 징계현황

징계 유형	징계 대상	비율
견책	1,106명	43.9%
감봉	641명	25.5%
정직	436명	17.3%
강등	82명	3.3%
해임	144명	5.7%
파면	109명	4.3%

출처: 『2016년 인사혁신 통계연보』에서 참고.

책추진 미흡 등 각종의 공직기강 저해사실을 철저히 조사하고, 특히 고위공직자들의 잘못에 대해 강력하게 사정·기소할 수 있는 강력한 전담기구(예: 공직자비리수사처)를 설치해 그곳에 힘을 듬뿍 실어주든가, 아니면 기존 관련기구들의 기구조정과 유기적인 조정체제의 구축을 통해 보다 실효성 있는 공직윤리 확립책을 마련해야 할 시점에 와 있다(이도형, 2004).

한국은 논란 끝에 2019년 12월말 고위공직자범죄수사처(공수처) 신설법안이 국회를 통과했으며, 2020년 1월 국무회의에서 공수처 운영에 관한 법률 공포안이 의결되었다. 단, 공수처 신설과 관련해선 또 하나의 새로운 권력기관 탄생을 우려하거나 혹은 정권에 의한 악용의 소지를 걱정하는 등의 비판의 목소리도 있다. 정치적 중립성 훼손과 관련된 이런 심각한 우려를 불식하기 위해선, 공수처가 정치권력으로부터의 성역 없는 독립성을 확보해내기 위한 법적 제도화 방안과 정치적 중립성을 전제로 한 조직운영이 향후 필히 요구된다.

4) 적극행정의 제도화 조치들

부패소추기구 설치만으론 공직윤리 확립의 궁극의 길을 갈 수 없다. 여전히 법만 지키면 된다는 소극행정이 난무할 수 있기 때문이다. 따라서 공무원의 적극적 윤리를 구현하기 위한 적극행정 유도장치가 필요하다.

적극행정은 공무원이 업무추진에 있어 가능한 한 국민편의와 공익을 염두에 두며 적극적으로 법령해석을 하게 하는 것이다. 즉 바람직한 변화와 혁신을 저해하지 않도록 인허가 등 법령을 적극적으로 해석하고, 사회적 약자의 우선적 배려를 위해 경직된 법해석을 완화해 가며 사안에 접근하게 하는 것이다. 이를 위해선 현장 감수성과 공감능력을 겸비한 동료시민으로서의 공무원상(像) 정립과, 인센티브 점검을 통한 동기부여 등 일선공무원의 적극행정 활성화 노력이 정부혁신 차원에서 요구된다. 그 외에도 다음과 같은 적극행정 활성화 조치들이 병행될 필요가 있다.

표 2-13 **적극행정의 구현을 위한 제도적 방안들**

제도 이름	제도의 내용
사전컨설팅 감사제도	제도나 규정이 불분명해 사후 다툼이 있어 보이거나 선례가 없어 주저되는 사안에 대해 사전에 감사기관이 컨설팅해 주고 추진과정에서 고의, 중과실이 없는 경우 책임을 묻지 않음
적극행정 보호관 제도	선의로 적극행정을 수행한 경우 과정에 문제가 있어도 책임을 묻지 않음
적극행정지도	적극행정이 공직문화로 뿌리를 내리도록 기관 간 발전적 경쟁을 유도함
소극행정 신문고	국민신문고 홈페이지에 소극행정 사례를 상시 접수함
법령 정비	포괄적 네거티브 방식(전환과제 상시 발굴 및 규제입증 책임의 지속적 추진), 적극적 법령해석
우수사례 경진대회	우수사례 발굴 및 인사 인센티브 부여

출처: 행정안전부, 한국행정연구원(2019: 70-76).

행정과정의 바람직한 설계

엿보기

우리는 지금까지 어떻게 하면 좋은 행정이 이루어질 수 있는지를 정부의 본질, 행정변수, 행정가치, 공직윤리의 실천적 함의 등을 중심으로 논의해 보았다.

이제 이들 논의에 터해 좋은 행정을 구조적으로 가능하게 하는 바람직한 행정과정을 간략하게나마 한번 설계해 보자.

생선에 비유하면 지금까지의 논의가 생선의 머리 부분에 해당되는 얘기 였다면, 이제부터는 생선의 등뼈에 해당되는 부분의 얘기가 되겠다.

물론 등뼈에서 파생된 굵은 가시 하나하나(정책, 기획, 조직, 인사, 재무행정 등)는 행정학도들이 전공 2학년부터 배우게 되는 행정학의 세부 분과학문 들이다. 여기서는 가시로 파생되기 전의 생선 등뼈 부분을 한번 쭉 훑어보 자는 것이다.

✻ 행정과정의 개관

행정은 행위의 시간적 흐름 혹은 과정(process)이다. 행정을 과정으로 보는 관점은 다음과 같이 크게 3가지로 압축될 수 있겠다.

1. 초기의 행정과정관: POSDCORB

종래엔 정치-행정 이원론에 바탕을 두어 행정을 '정부내부의 관리영역'으로 보고, 행정과정을 단순히 계획-조직화-실시-통제의 과정, 즉 POSDCORB로 보았다. 여기서 POSCCORB는 Planning, Organizing, Staffing, Directing, Coordinating, Reporting, Budgeting의 이니셜을 모은 합성어로서, 정부의 목표는 이미 정치부문에 의해 결정되어 주어지는 것으로 본다. 이는 행정과정을 정부조직 내부의 세부적 '관리활동'에 초점을 맞춘 초기 행정학의 주 논리였다.

2. 현대의 행정과정관: 행정국가적 시각

반면 현대적 시각은 행정을 동태적, 거시적 과정으로 파악하며, 행정과정을 목표설정-정책결정-기획-조직화-동작화-평가-시정조치의 과정으로 본다. 이에는 행정이 관리, 집행이라는 수단적 속성은 물론 가치창조나 가치배분과 같은 '정책결정'이라는 목적적 성질도 함께 갖고 있는 것으로 보는 행정국가적 관점이 내재해 있다(박동서. 1990: 69-72).

행정과정을 코끼리에 비유한다면, 초기의 시각이 코끼리의 몸통만 연구했다면, 현대의 관점은 코끼리의 제일 앞부분인 코부터 제일 끝부분인 꼬리부분까지 코끼리 전체를 들여다본다. 즉 PDS 모델처럼, 정부의 자율적 정책결정(Plan) → 책임 집행(Do) → 자체 평가(See)까지 행정의 흐름을 전체적으로 바라보는 것이다.

3. 최근 행정과정의 보완재: 거버넌스

한편 최근엔 관–민이 더불어 하는 행정을 지향하며 행정의 패러다임이 거버넌스로 바뀌면서, 특정사안의 행정과정에서는 관–민 간 상호작용이 강조된다. 즉 시민들의 정책의제설정 과정에의 참여, 예산편성과정에서의 주민참여 예산제도, 서비스 공급과정에서의 관–민 합동 공생산 등 거버넌스로서의 행정과정이 차츰 대두하기 시작한다.[1] 그 일례를 들어보자.

 사례 3-1 서울시 젠더 거버넌스

서울시는 2019년 11월 20일 서울시청 8층 다목적 홀에서 '젠더 거버넌스 한마당'을 연다고 밝혔다. 젠더 거버넌스는 다양한 주체가 참여하는 민·관 협의체. 서울 각 지역에서 성평등한 정책이 마련될 수 있도록 시민들이 성인지(性認知) 관점에서 시와 자치구의 정책 개선안을 제시하는 '시민과 행정이 함께 만드는 성평등 서울' 사업의 일환이다. 이번 행사는 젠더 거버넌스 활동사례 및 이슈, 노하우 등을 공유하는 젠더 거버넌스 이야기 마켓(박람회), 젠더 거버넌스 3년간의 활동을 되돌아보는 영상 시청, 25개 자치구 풀뿌리 여성단체의 젠더 거버넌스 어워즈 시상식 등으로 진행된다. 문미란 서울시 여성가족정책실장은 "성평등 정책 활동가들의 의견을 수렴해 시민들이 일상에서 체감할 수 있는 성평등한 정책을 만들어가겠다"고 말했다("시민·행정이 성평등 서울 만든다… 젠더 거버넌스 한마당", 뉴시스, 2019.11.20자).

향후 정책의 공익적 효과와 실현 가능성을 높이기 위해선 정책과정에서 거버넌스가 활성화되어야 한다. 예컨대 2018년 5월 약 40일간

---

1) 이것들 하나하나에 대해선 본 편의 관련 부분에서 상세히 언급하도록 하자.

방문자 100만 명, 정책제안 18만 건 등 뜨거운 호응을 보였던 광화문 1번가 열린 소통 포럼을 상설화하고 기관별 참여기제와 연계해 국민참여 대표창구로서 운영할 필요가 있다. 2019년부터 국민참여예산제를 본격 도입하고 그 범위를 확대하는 것도 거버넌스 제도화의 일환이다. 예산바로쓰기 감시단을 광역자치체별로 신설하고, 국민의 관심이 높고 현장의견 청취가 필요한 법령에 대해선 국민참여 법령심사제를 도입하는 등 정책결정과 집행, 평가 전 과정에서 시민참여를 확대할 필요도 있다(행정안전부, 『2019년 정부혁신 종합추진계획』 참고).

　그러나 거버넌스가 아직은 그 보편적 적용의 한계 때문에 행정의 완전한 대체 개념으로 자리 잡고 있지는 못하기 때문에, 이 책에선 행정국가적 관점을 행정과정의 기본관점으로 따르면서, 거버넌스적 시각은 그 보완적 행정과정으로 가미하는 식으로 이해해, 행정과정의 바람직한 설계방향을 다음과 같이 모색해 본다.

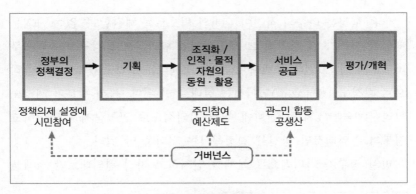

그림 3-1 행정과정의 개관

정책결정

제1절 정책결정 시의 유의점

좋은 행정은 다수의 국민이 혼자의 힘으로는 해결할 수 없는 사회문제들을 정부가 잘 파악해 그 해결방침을 합리적으로 강구하는 데서부터 시작된다. 그런데 문제해결방침인 정책2)은 주먹구구식으로 즉흥적으로 결정(policy-making)되어서는 절대로 안 된다. 특히 정부가 테크노크라시(기술관료통치)의 신화에 취해 자의적으로 공공문제를 인식하고 정부의 편의대로만 방침을 결정해서는 더더욱 안 된다.

만일 정부가 자의적으로 문제를 인지하고 자기 편의대로만 정책을

---

2) 정책은 행정의 주요 부분이다. 물론 행정이 공공을 위한 일반적 활동이라면 정책은 구체적이고 특수한 활동으로서, 행정보다 더 목표지향적, 행동지향적이다. 예를 들어 국방과 같은 공공재의 제공은 행정의 역할이지만, 국방부의 무기구입사업은 정책이다. 정책은 주로 사업 또는 프로그램의 형태로 나타난다(정철현, 1998: 104). 따라서 정책학에서는 정책을 별개의 연구대상으로 하며 행정학과 차별화하고자 하는 경향도 있다. 그러나 이 책에서는 양자를 나누지 않고 정책과정을 행정의 한 과정으로 파악하는 일반론적 관점을 택한다.

결정할 경우, 또는 여러 가지 가능한 방안들을 충분히 모색하지 않고 즉흥적으로 결정이 이루어질 경우, 시행착오가 큰 잘못된 문제해결방침이 나올 수도 있다.

 사례 3-2 즉흥적 정책결정이 낳은 예산낭비 사례

▷ 그 좋은 사례가 러시아워 시간에 교통혼잡을 막기 위해 서울특별시에서 실시했던 버스 전용차선제 위반차량 단속 상의 미스이다. 서울시는 버스 전용차선제를 위반하는 차량을 단속하기 위해 1995년 9억 원 가량의 막대한 예산을 들여 다량으로 비디오카메라를 구입했다. 그러나 그 의도는 좋았지만 실제로 이들 비디오카메라는 단속효과를 크게 보이지 못했다. 왜냐하면 단속원들이 버스전용차선을 위반한 차를 적발하고 비디오카메라로 촬영에 들어가려 하면 이미 위반차량들은 유유히 그 차선을 빠져나가 차선위반 단속이라는 애당초의 촬영효과가 크게 사라져 버렸기 때문이다.

▷ 용인 경전철도 이에 해당하는 대표적 사례이다. 경기도 용인시 기흥구에 있는 구갈역과 처인구에 있는 전대역을 잇는 용인 경전철은, 현재 공사를 마무리 짓고도 소음문제 등 부실공사 책임과 이용객 부족으로 인한 적자운영 우려로 인해, 전 시행사인 (주)용인 경전철과 용인시가 갈등을 빚으면서 개통을 못하고 있다. 용인시의 인구가 크게 늘 것이란 막연한 교통수요 예측과 주민들의 땅값 상승 기대, 또 경전철 개통을 공약으로 내세운 지방자치단체장들의 무모한 성과주의와 관계 공무원들의 무지한 판단과 무리한 추진이 빚은 즉흥적 부실사업의 대표적 예이다(세계일보, 2013.4.29자). 특히 서울로 운행되는 광역버스라는 다른 교통수단에 대한 사전예측과 정밀한 점검이 없었고, 주변지역 아파트 주민에게 미치는 소음 문제도 제기되면서, 현재는 달려도 멈춰도 수천억 원의 적자가 나는 대표적 부실사업이 되고 말았다. 감사원은 현 추세라면 18조 원의 세금이 정부 보전금으로 지급되어야 할 것으로 보고 있다. 그런데 이런 뻥튀기 교통수요 예측으로 인한 즉흥적 부실 사업은 김해 경전철, 의정부 경전철로 전염병처럼 번지고 있다.

그렇게 되면 문제는 적시에 해결되지 못하며, 이에 따른 시간낭비와 금전적 손실 속에서 국민의 삶을 위협하는 생활문제들은 더욱 누적되

고 심화되기 쉽다. 그 결과 공익과 사회적 형평성 가치는 침해되고 정책의 실현 가능성도 더 낮아진다.

따라서 정책형성 시에는 의민(依民)행정, 여민(與民)행정에 의거해, 다음의 단계 등을 차례로 밟으며(step by step) 문제해결의 합리성을 도모해 나가는 것이 좋다. 또 합리적 정책형성에 유용한 실제 기법들을 잘 이해해 적극 활용할 필요도 있다.

제2절 정책의제 설정

1. 정책의제 설정의 개념

정책의제(政策議題, agenda)는 수많은 사회문제 중 정책적 해결을 위해 권위 있는 정책결정자가 신중하게 공식적으로 채택한 문제를 의미한다. 즉 정책의제는 정부가 공익 달성을 위해 여러 사회문제 중에서 공식적인 검토대상으로 선정한 공공문제이다. 즉 이 문제만큼은 필히 처리하자고 '공론화'한 것이다.

정책의제 설정(agenda setting)은 이처럼 정부에 의해 공식적으로 정책의제가 설정되는 과정이다. 이는 정책의제의 채택이라고도 불리는데, 많은 국민이 직면해 있는 주요 사회문제가 정부의 현안 및 해결과제로 공식 안건화되는 것을 말한다.

2. 정책의제 설정의 대전제

국민의 모든 사회문제가 정책의제가 되는 것은 아니다. 사회문제 중에는 그것에 관한 공중(public)이 특별히 존재하는 문제가 있고, 공중이 없는 문제도 있다. 전자의 경우는 문제해결에 특별한 관심을 갖고 있는 사람들이 존재하는데, 그들은 언제라도 행동할 수 있는 조직화된 힘을 가지고 있다. 반면 후자의 경우는 문제가 사적으로 해결될 수 있는 성질의 것이 아니면서도 공적으로 조직화된 집단도 없어 사회문제가 그대로 방치되는 경우이다.

상기한 구별은 왜 어떤 문제는 정책의제화되며 어떤 문제는 정책의제화되지 않는가를 이해하는 데 일차적인 도움을 준다(박성복·이종렬, 1994: 198-199). 결국 국민의 주요 생활문제가 정책의제화되기 위해서는 그것이 중요한 문제임을 정부에 인식시키기 위한 문제 직면집단들의 조직화된 노력이 필요하다(Katz & Kahn, 1966: 275).

그렇다고 해서 국민에 의해 조직적으로 제기된 모든 문제가 정부에 의해 인지되고 해결되는 것도 아니다. 정부의 판단에 의해 어떤 사회문제는 정책의제로 채택되기도 하고, 어떤 문제는 채택이 거부되기도 한다. 특히 행정국가 시대에서 보편화되는 테크노크라시의 맥락에서는 국민의 이익과 정부의 이익이 또는 국민의 관심사와 정부의 관심사가 불일치되는 경우도 적지 않다.

선진 민주주의체제 하에서의 좋은 정부는 이러한 격차를 줄이기 위해 부단히 노력한다. 그러나 무한책임 보험장치로서의 존재가치가 높아지고 있는 현대정부의 입장에서는 일거리가 많아지다 보면 자칫 과부하(overload)가 걸려 국민의 당면과제를 일일이 헤아리지 못하거나, 다른 바쁜 일이 많아 정부가 미처 챙기지 못하는 사회문제들도 적지 않을 것이다.

그렇게 되면 국민의 긴박한 생활문제임에도 불구하고, 그것이 정부에 의해 시급히 해결되어야 할 과제로 인식되지 못할 경우가 생길 수도 있다. 따라서 좋은 행정이 이루어지려면, 그 출발점인 좋은 문제해결방침이 설정되도록 하기 위한 정부와 국민 양자의 적극적인 노력이 필요하다. 따라서 정부의 첫째 미션은 국민의 목소리를 잘 듣는 데서부터 시작된다. 그래서 공무원이 일하는 곳인 관청(官廳)의 청(廳) 자에 귀 이(耳)가 들어간다. 그리고 정책의 성공을 위해선 청책(聽策)의 관점이 요구된다.

3. 좋은 정책의제 설정을 위한 국민의 역할: 사회선택성의 발현

이 책의 제3장에서 살펴보았듯이, 무엇보다도 성숙한 국민이 좋은 정책을 가져온다. 성숙한 국민은 정부가 해결해 줄 것으로 단순히 믿고 앉아서 기다리지 않는다. 국민은 정부가 미처 국민의 문제에 신경을 쓰지 못하거나 의도적으로 회피할 때, 나라의 주인으로서 정당한 항거(voice)를 해야 할 것이다. 즉 정당한 이의제기를 통해 그들의 문제를 이슈화시켜 정부로 하여금 이를 필히 인지하게 하고 해결하지 않으면 안 되게 압력을 가해야 한다.

내용 보태기 **3-1** **사회선택성의 발현**

사회선택성 발현의 좋은 예가 경실련 정책연구위원회(1992)가 발간한 「우리 사회 이렇게 바꾸자」라는 책이다. 이 책은 현대 한국사회의 기본 문제점을 13개 분야 54개 정책과제로 나눈 뒤, 경제정의 구현과 시민 일반이익의 입장에서 이에 대한 사회적 대안들을 주체적으로 제시하고 있다.

경실련(1995)이 같은 맥락에서 발간한 또 하나의 정책건의서인 「우리 서울 이렇게 바꾸자」라는 책도, 본격적 지방화 시대를 맞아 대표적인 지방자치 시행지역인 서울의 시정(市政)과 관련해 교통·환경문제 등 100대의 개혁안을 제시하고 있다.

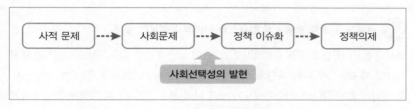

그림 3-2 정책의제 설정과정

여기서 우리가 하나 중시해야 할 개념이 사회선택성(social selectivity)이라는 개념이다. 사회선택성은 사회적으로 매우 중요한 현안인데도 불구하고, 정부가 이를 챙겨주지 않을 때 국민들 스스로가 어떤 문제를 사회문제로 선택해, 이를 해결하기 위한 사회운동을 적극 전개해 나가는 것을 의미한다(서규환, 1990: 349). 사회선택성은 일차적으로는 국민이 국가의 억압과 수탈에 대해 단순히 불만을 표명하는 것부터 시작해, 더 나아가서는 사회세력이 국가로부터 독립하여 독자적인 발전논리와 정책문제 형성역량에 입각해 사회적 대안을 제시하며 능동적으로 정부와 상호작용하는 것을 전제로 한다(이도형, 1992: 285).

우리는 사회선택성 개념에 의거함으로써 다수 국민이 직면해 있는 주요 사회문제들을 충분히 이슈화시킬 수 있고, 또 시민 일반이익의 입장에서 그 해결방향까지 정부에 제시할 수 있다.

4. 좋은 정책의제 설정을 위한 정부의 역할: 대응적 정부

정부는 국민의 문제제기에 적극 대응해 이들 문제를 정부가 수행해야 할 공식안건으로 설정해야 한다. 특히 정부는 국민이 표출한 행정수요에 대해 민주적인 대응의지를 갖출 필요가 있다. 정부가 국민의 문제제기를 단지 귀찮고 하찮은 것으로 무시할 때, 그 정부는 국민적 저항에 부딪힐 우려가 크다.

사례 3-3 정책 만족도의 현주소와 시민의 정책불만 실태

리서치 전문기관인 입소스 코리아가 2018년에 성인 1,068명을 대상으로 실시한 조사 결과에 따르면, 우리나라 국민의 정책 만족도는 43%에 그쳤는데, 전 지역, 전 연령, 전 직업에 걸쳐 국민의 정책 만족도가 낮게 나타났다. 전반적으로 정책 만족도가 낮게 나타났지만, 그중에서도 가장 낮은 계층은, 지역으로는 부산/울산/경남, 연령대는 60대 이상, 직업은 자영업자, 무직/기타, 소득은 200만 원 미만 저소득 계층이었다. 19~20대 연령의 정부 신뢰도도 47%로 낮아 좀처럼 개선되지 못하는 청년실업 문제가 그 주된 이유로 예측된다. 자영업자의 정부 신뢰도 역시 47%에 그쳤는데, 최저임금 인상여파 때문인 것으로 분석된다.

시민들의 관심이 많은 부처별 정책은 고용노동부, 보건복지부, 기획재정부, 교육부, 행정안전부, 문화체육관광부 순으로 나타났다. 그만큼 시민 생활문제가 일자리, 복지, 경제, 교육, 행정, 문화 부문에 집중되어 있는 것으로 분석된다(http://www.newstopia.co.kr, 2018.12.11자).

정부가 국민의 목소리에 귀 기울이는 것은 정부의 입장에서도 유용한 일이다. 즉 정부의 막연한 행정수요 예측보다는 무엇이 사회문제인지를 정확히 잡아낼 수 있으므로 행정목표를 세우는 데 그만큼 유리하고, 시행착오에 따른 재정낭비도 줄일 수 있어 좋다. 따라서 자의적 결정보다는 대응적 결정이 낫다. 또 미처 생각하지 못했던 점들에 대한 국민의 지적은 행정운영의 쇄신계기로 활용할 수도 있다.

내용 보태기 **3-2** **집단의 지적 능력과 민주주의의 연관성**

영국의 생물학자 골턴(F. Galton)은 여행 중 한 시골의 가축품평회 행사를 관람하게 되었다. 그런데 이 품평회에선 참가자들이 표를 사서 소의 무게를 적어내게 하고 그중 가장 근접한 무게를 써서 낸 사람에게 소를 상품으로 증정하도록 되어 있었다. 그래서 800여 명의 참가자들이 소의 무게를 적어 냈는데, 숫자 판독이 곤란한 13표만 빼고 나머지 787표의 무게 평균을 재보니 1,197파운드였다. 그런데 실제 소의 무게는 1,198파운드였던 것이다. 우리는 여기서 집단의 지적 능력과 민주주의의 연관성을 읽어낼 수 있다(신영복, 2015). 즉 혼자 결정하는 것보다는 여럿이 머리를 맞대고 입을 맞추는 것이 훨씬 바람직한 결과를 가져올 수 있다.

대응적 정부는 이처럼 국민의 문제를 적극 해결해줘 정부에 대한 국민의 만족도를 높이는데, 이는 국민의 대대적 지지와 협조 속에 강하게 행정을 추진할 수 있는 '강한 정부'로 가는 지름길이기도 하다(Andreassen, 1994: 27-28).

예컨대 정부가 고객의 목소리(customer voice)에 귀 기울여 그들 곁에 가깝게 다가가 높은 질의 공공서비스를 제공할 때, 국민의 서비스 만족도는 훨씬 높아지고 정부에 대한 평판도 좋아진다. 이는 정부에 대한 국민의 강한 충성심을 유발한다. 보다 강해진 충성적 연대는 국민의 정치적 지지와 물질적 협조를 유도해 낸다. 이에 따라 정부의 정당성과 물적 토대도 강해진다.

5. 관-민 공동의 의사결정 거버넌스 구축

이를 위해 정부는 정책의제 설정과정에 거버넌스적 정책 네트워크 개념을 도입하는 것이 필요하다. 즉 국민의 목소리를 제도적으로 담기 위한 관-민 합동의 의사결정장치를 마련하는 것이 꼭 필요할 것이다.

물론 이 과정에서 정부는 정책 네트워크의 형성자 혹은 네트워크 운영에 소요되는 행·재정 지원자로서의 역할에 적극 관여해야 할 것이다. 참고로 관-민 합동으로 정책의제를 채택한 우리나라의 실례를 들어보면 〈사례 3-4〉와 같다.

사례 3-4 관-민이 함께 선정한 민생개혁과제

정부3.0은 공공정보의 개방, 소통, 공유를 통해 혁신을 추구했다. 이는 정부기관 간 협력뿐 아니라 정부-시민사회 간 협업을 활성화하는 것으로 볼 수 있다. 또 공공서비스를 수요자와 함께 설계하는 국민디자인단이 운영되었다. 이는 정부3.0이 추구하는 '수요자 중심의 정책서비스'라는 기치 아래 정부 및 지자체 공무원들과 국민이 협업하여 정책을 개선해 나가는 프로젝트이다. 총 24개 기관 248개 과제의 정부3.0 국민디자인단 추진 사례 중 아래의 우수사례 10건이 국민디자인단 성과공유대회에 최종 선정되어 현장발표를 하였다.

표 3-1 정부 3.0 국민디자인단 추진사례

구분	과제명(발표순)	주관기관
1	해외여행 정보, 투어패스 하나로 끝!	관세청
2	원도심의 세대 간 교류를 지원하는 인천 마주소(마을주택관리소)	인천광역시
3	귀농귀촌 원스톱 서비스	전남 곡성군
4	'One-stop 에너지 복지요금'을 통한 복지사각지대 해소	산업통상자원부
5	공동체가 함께 협의하고 해결하는 마을 주차	광주광역시
6	가드닝기술 기반 마을정원 만들기 토털서비스 'Garden I'	농촌진흥청
7	근로자와 시민이 함께 만드는 산업단지 안전디자인	울산광역시
8	구석구석 재활용 동네마당 설치 지원	환경부
9	이주민의 토속음식 창업지원을 통한 다문화 인식 변화	충청남도
10	주민 참여를 통한 '예산낭비 신고센터' 활성화	행정자치부

당시 정종섭 행정자치부장관은 "정부3.0 국민디자인단은 국민이 실질적으로 문제해결 대안을 마련하고, 정책결정·집행단계까지 참여하도록 획기적으로 전환한 사례"라며, "정부3.0 시대의 새로운 정책결정 모델로 공직사회 내에 정착하고 확산될 수 있도록 정책구상 단계부터 수요자인 국민이 함께 정책을 만들어 나갈 수 있는 절차와 방법을 마련하겠다"라고 말했다(행정자치부 블로그, https://mopasblog.tistory.com/11812083 참고).

6. 좋은 정책의제 설정을 위한 매스 미디어의 역할: 정책의 창(窓)

정책의제 설정에서는 매스 미디어의 여론환기 및 여론주도 작용도
큰 영향을 미친다. 예컨대 어떤 문제가 언론에 대대적으로 보도되면,
정부 당국자는 이를 정부가 해결해야 할 현안이나 정책의제로 채택하
지 않을 수 없다.

그러나 이와 관련해 유념해야 할 사항 중의 하나가 바로 '공중의제(公
衆議題)의 허구성'이다. 국민들은 일반적으로 자신의 사적 문제나 생업
에 바빠, 직접 공공문제를 찾아 나서기보다는 대개 신문, 잡지, 텔레비
전 등 매스 미디어를 통해 특정시점에서의 사회문제에 대한 정보와 자
료를 수집한다.

매스 미디어는 바로 이런 점에서 '정책의 창'(policy window)과 같은 역
할을 하게 된다. 일반적으로 창문(窓門)이 갖는 특징은 그것을 통해서만
그 안을 들여다 볼 수 있다는 점이다. 일반인은 매스 미디어가 제공하
는 정보를 통해 공공문제를 인식하기 때문에, 매스 미디어는 곧 정책의
창과 같은 역할을 한다(Kindon, 1984: 205-218). 따라서 그것이 '불 꺼진
창'이어서는 곤란하다.

한편 표를 구하는 선출직 공직자들은 매스 미디어에서 어떤 문제를
중점적으로 다루면 그 문제가 비록 사회문제의 우선순위상 그리 높지
않은데도 불구하고 국민의 관심을 끌기 위해 이를 정책의제화하는 데
앞장선다. 또 이에 관련된 기존 공공정책의 변경을 제안한다. 그래야만
그들은 세인의 주목을 끌 수 있기 때문이다.

대의원 등 선출직 공직자들의 이러한 얄팍한 정치행태는 실제로 더
심각한 사회문제가 있는데도 불구하고 매스 미디어에서 지적된 안건이
다른 어떤 사회문제보다도 심각한 문제인 것처럼 사람들이 잘못 받아
들이게 할 소지가 있다. 이렇게 되면 그 공중의제는 허구성을 면하기

어렵다(김항규, 1998: 124-125).

　현대의 정치를 '스크린 정치'라고 부를 정도로 오늘날 대중매체의 영향력은 매우 크다. 대중매체는 일반국민의 여론을 형성하고 정책결정자에게 직접적인 정보를 제공해 준다. 따라서 좋은 정책의제가 설정되기 위해서는 정책의 창 역할을 하는 매스 미디어의 신중한 역할 수행이 필요하다. 즉 국민의 가장 시급한 문제를 명확히 취재, 보도해 공식안건으로 전환시키는 언론 본연의 역할이 요구되고 있다. 흥미 위주보다는 현안 위주로 보도해야 하는 것이다.

　국민도 언론이 제공하는 정책문제의 우선순위를 올바르게 선별해낼 수 있는 판별력을 갖추어야 한다. 이를 위해선 이익집단, 시민운동단체 등의 정책참여통로가 보완장치로서 상설화될 필요성이 크다. 특히 제5부로 불리는 시민단체들이 나름대로의 뉴스 밸류(new value)에 의거해 사회현안들을 중요성에 비추어 우선순위화해 국민에게 소개해 주는 제도적 장치의 마련이 시급하다고 하겠다.

제3절 **정책분석**

1. 정책분석의 개념

　정부는 국민의 이 문제만큼은 꼭 해결해 주어야겠다고 판단해 특정의 사회문제를 정책의제로 설정한 다음, 정책분석을 합리적으로 할 필요가 있다.

　정책분석(policy analysis)은 기존정책의 내용과 결과를 사후에 평가하는 것이 아니라, 정책을 만들기 전에 그 문제를 해결하는 데 유용한 모든 자료와 정보를 수집, 정리하고, 이를 토대로 가능한 대안들을 사전에 모색해 본 뒤, 각 대안들의 장단점을 비교 평가해 가장 바람직한 정책안을 정책결정자에게 건의하는 것이다.

예를 들면 바둑이 끝난 뒤 대국자 중 누가 어떻게 해서 이기고 졌는지 그에 대한 관전평 복기(復棋)를 하는 것이 아니라, 어떤 좋은 안을 만들기 위해 사전에 관련된 자료와 지식들을 중심으로 여러 대안들을 만들어보고 이 안들의 장단점을 하나하나 따져 보는 방법모색의 단계이다.

Dror(1971: 223)는 이런 점에서 정책분석을 정책쟁점과 관련해 바람직한 대안을 설계하고 규명하기 위한 접근 및 방법론으로 정의하고 있다. Stokey와 Zechauser(1978: 3)도 정책분석을 정책결정자가 정책목표를 수립, 달성하기 위한 최선의 방법을 탐색하고 선택하는 데 도움을 주는 논리적 분석으로 본다.

2. 정책분석의 과정

정책분석은 소관부처의 실무자들이 하거나, 과학적인 모색을 위해 정책연구기관에 용역을 주어 이루어지기도 한다.[3] 한편 정책분석은 다음과 같은 일련의 과정들을 밟아 이루어진다(박성복·이종렬, 1994: 256-258).

---

[3] 예를 들어 경제정책과 관련해서는 한국개발연구원(KDI), 과학기술 개발의 경우는 한국과학기술원(KAIST), 보건복지문제는 한국보건사회연구원, 통일안보정책의 경우는 국립외교원과 통일연구원, 환경문제는 한국환경정책평가연구원 등 국책연구기관들이 각 부처의 정책분석을 과학적, 체계적으로 도와줄 수 있다.

1) 목표와 평가기준의 설정단계

먼저 정책문제가 밝혀지고 난 다음에는 그러한 문제의 해결을 위해 달성하고자 하는 목표를 명확히 설정하는 단계와 더불어, 여러 대안을 평가할 때 그 기준이 되는 평가기준을 면밀히 설정하는 단계가 요구된다.

2) 자료수집 및 분석단계

정책문제의 현 실태는 어떠하고 무엇이 가장 큰 난관인지, 또 외국 및 국내의 다른 기관들에서는 이 문제를 어떻게 처리하고 있는지 등에 관련된 최신의 각종 자료나 통계치를 수집, 정리한다.

3) 대안의 탐색단계

수집한 자료들과 아이디어를 중심으로 문제해결 혹은 목표달성에 도움이 된다고 생각되는 여러 가지 가능성을 모색하는 단계이다. 여기서 주의할 점은 금방 머릿속에 떠오르는 몇 가지 방안만을 대안으로 고려하기보다는, 가능한 모든 대안들을 설정해 보는 것이 더 바람직하다는 사실이다.

왜냐하면 즉흥적으로 떠오른 몇 가지 대안이 만일 실패의 여지가 높은 방법일 경우 그 시행착오에 따른 혼란과 낭비는 매우 커지고, 문제는 치유되지 않은 채 더욱 심화되기 때문이다.

대안의 탐색이나 결과예측에는 많은 정보와 자료가 요구된다. 이를 위해서는 관리정보체제(MIS: Management Information System)나 자료은행(Data Bank)을 설치하여 관련 자료와 정보를 체계적으로 구비, 활용하는 것이 좋다.

우리 사회엔 양적 통계도 미미하지만 정책결정의 기초자료인 질적 통계가 특히 부족하다. 이제 정책결정에서는 성장률, 교육수준 등 양적 수준보다 인력개발지수, 발전력지수 등의 질적 자료가 더 중요하다. 따라서 정부 내 통계기관들의 통계행정기능이 강화될 필요도 있다.

4) 대안의 평가와 건의단계

정책분석의 최종단계로서 각 대안의 장단점을 비교 분석해 최적의 대안을 건의한다. 각 대안의 장단점을 비교, 평가하는 대표적 기준으로는 비용—편익분석과 가치갈등분석이 있다.

비용—편익분석(cost-benefit analysis)은 각 대안에 들어가는 비용과 그 비용을 들여 뽑아낼 수 있는 성과를 비교해, 가장 작은 비용으로 가장 성과가 큰 대안을 발견해 내는 것이다. 이 기법은 경제적 합리성 혹은 기술적 합리성의 계산논리에 입각한다. 기술적 합리성은 목표성취에 가장 적합한 수단을 찾는 것이며, 경제적 합리성은 최소비용으로 최대 편익을 얻는 계산과정을 중시한다.

비용—편익분석은 대개 물량적 발전기획이나 개발분야의 정책결정에서 많이 쓰인다. 즉 수력발전, 홍수조절, 관개(灌漑), 관광, 교통, 보건, 인력개발, 도시재개발 분야 등에 활용할 수 있다.

그러나 모든 대안을 이런 경제적 각도에서만 분석할 수는 없다. Dror(1967: 197-203)는 정책분석가들이 너무 계량화에 치우친다고 비판하면서 정책분석가의 바람직한 역할로서, 정치적 측면도 고려하고, 정책결정의 영역에 질적·비경제적 문제도 포함시키며, 직감, 경험 등 질적 모델을 사용할 것을 제시한다.

가치갈등분석은 경제적 계산논리보다는 이처럼 정치적 합리성에 입각해, 각 대안에 내재된 타협과 협상의 힘을 중심으로 각 대안의 장단점을 비교하는 기법이다. 이 기법에서는 다소 비경제적이지만 갈등을 빚는 양측 모두에게 이로운 양합적(positive-sum) 대안의 발견을 추구한다.

그러나 오늘의 문제해결 상황에서는 상기한 2가지 기법의 상호조화가 필요하다. 따라서 비용—편익분석의 외연이 적절히 확대될 필요가 있다. 이런 맥락에서 전통적인 비용—편익분석은 경제적 합리성을 중시했으나, 현행의 비용—편익분석은 형평성과 정치적 합리성까지 고려하게 되고, 그 결과 사회적 비용—편익분석(social cost-benefit analysis)이라고도 불린다.

제4절 정책채택

정책분석가에 의해 몇 가지 대안이 건의되면, 정책결정자는 그 중에서 최적안을 최종 선택한다. 이 단계는 정치가들에 의한 정책안 선택(policy selection)단계와 더불어 공식적으로 필요한 후속절차를 밟는 것으로서, 선택된 안의 대통령 결재와 국회승인을 받는 단계이기도 하다.

이 단계에서는 공익, 사회적 형평성, 실현 가능성을 기준으로 해 한 가지 이상의 안을 최종안으로 채택한다(정철현, 1998: 110). 정책결정자는 가능한 한 공익을 우선시해 보다 많은 사람들의 문제를 해결해 줄 수 있는 좋은 안을 선택해야 한다. 그러면서도 소수의 선의의 피해자들의 이익도 배제하지 않는 선에서 차선안도 병행해야 한다.

정책채택에 있어 또 한 가지 중요한 기준은 실현 가능성이다. 아무리 좋은 안이라도 그 실현이 불가능하거나, 시간이 너무 오래 걸리고 비용이 많이 들어서는 곤란하다. 정책은 적시성을 중시한다. 따라서 실현 가능성 없는 장밋빛 대안보다는 실현 가능성이 높은 알찬 현실적 대안을 잘 분별해 채택, 시행해야 할 것이다.

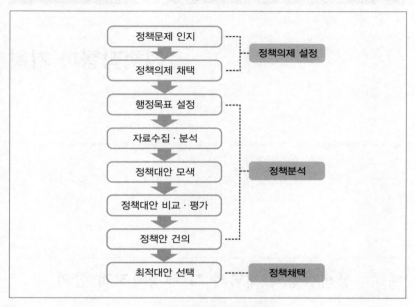

그림 3-3 정책결정의 합리적 절차

정책집행과 기획

제1절 정책집행의 개념과 그 행정과정적 함의

정책이 결정되었다고 해서 그것이 저절로 집행되는 것은 아니다. 정책은 집행과정을 통해 비로소 그 결과를 얻는 것이다. 정책집행은 만들어진 정책을 시행하는 것, 즉 수행하고(carry out), 생산하고(produce), 달성하고(accomplish), 완료하는(complete) 것이다(Pressman & Wildavsky, 1979). 특히 집행은 바람직한 목표상태로 가기 위해 사람을 동원하고 돈을 쓰는 '자원관리과정'이기도 하다.4)

종래에는 결정된 정책은 저절로 집행될 것으로 생각해 정책집행과정에는 별로 관심을 기울이지 않았다. 그러나 최근 들어 다음과 같은 이유에서 정책집행에 대한 관심이 날로 커지고 있다.

---

4) 이를 요리하는 과정에 비유해 보면, 정책채택은 음식메뉴의 선정에 불과하고, 음식메뉴를 준비하기 위해 요구되는 식재료를 장에 가서 사오고 실제 요리를 한 뒤 설거지까지 마치는 과정이 정책집행이다.

집행과정에선 예기치 않았던 일들이 종종 나타나는데, 이에 대한 대응능력이 필히 요구된다. 더욱이 효율적인 집행과정은 수많은 변수들 간의 조화로운 상호작용을 요구한다. 생산적·동태적 집행과정이 되기 위해선 여러 요소가 동원되어야 하기 때문이다(백완기, 1988: 353-354). 즉 리더십을 중심으로 한 조정·통합력, 조직구성원의 능력과 가치관, 적절한 분업체제, 목표의 정확한 해석, 업무 스케줄의 작성, 조직목표의 내면화, 조직구성원의 사기진작, 원활한 의사소통 등 많은 요소들이 제대로 작동할 때 효율적 집행과정이 가능해진다.

제2절 **정책집행의 단계**

정책과정에서 가장 중요한 과정 중의 하나가 집행과정이다. 집행과정은 결정과정보다 훨씬 어렵고 복잡하고 힘겹기 때문이다. 백 마디 말보다 한 번의 실천이 더 어려운 법이다. 집행과정에서는 주로 다음과 같은 일들이 단계별로 행해진다(이종수·윤영진 외, 1997: 274).

1) 결정내용의 공식화

정책결정이 이루어지고 나면 우선 결정내용을 공식화한다. 이를 위해 법과 시행령을 마련한 뒤 관보(官報)나 언론매체를 통해 국민과 관계기관에 공표하거나, 공문서로 만들어 관계기관에 배포한다.

2) 업무시행세칙의 설정

업무시행세칙을 마련하고 업무수행일정을 정한다.

3) 조직 · 인원 · 예산의 산정

집행을 담당할 기관과 사람을 정한다. 이때는 기존의 기관과 사람들을 이용하기도 하지만, 새로운 정책일 경우 따로 행정기관을 신설하고 공무원을 충원한다. 또 써야 할 예산의 확보와 적절한 배정은 필수적이다.

4) 재화와 서비스의 생산 · 공급

가치의 구체화과정이다. 즉 공공문제 해결에 유용한 공공재화와 공공서비스를 만들어 국민에게 전달한다.

정책집행이 잘되기 위해서는 합리적인 목표설정과 세부적인 목표수행일정, 좋은 조직구조, 질 좋은 인력, 풍부한 물적 자원과 합리적인 행정과정 등이 잘 마련되어 있어야 한다.

정책집행의 행정과정적 함의를 중시하면서, 이제부터 집행과정의 각 단계를 하나하나 설계해 보자. 집행과정은 크게 기획과정,5) 조직, 인사행정, 재무행정 등의 내부 관리과정과 공공서비스의 공급과정으로 나뉜다.

---

5) 여기서는 정책안의 구체화를 위한 기초단계로서의 기획의 행정과정적 함의를 살리기 위해서, 기획을 별개의 장으로 다루지 않고 정책집행의 한 절로 포함해 논의하고자 한다.

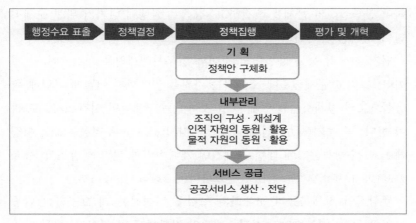

그림 3-4 전체 행정과정에서 정책집행이 차지하는 비중

제3절 기 획

1. 기획의 개념과 그 행정과정적 함의

채택된 정책을 곧바로 집행에 옮기기 전에, 대개 추상적으로 꾸며진 '정책의 내용을 구체화, 가시화'시키는 작업이 필요하다. 만들어질 당시의 정책의 모습은 어떤 일을 하겠다는 단순한 가치 주장이나 둥글둥글하고 포괄적인 내용의 표현에 불과하다. 따라서 정책은 구체적인 실현수단이 없는 상태이며, 앞으로의 전개과정에 대한 뚜렷한 판단이 부재해 있는 형태로 만들어진 것이 적지 않다.

이럴 경우 이를 실현해 나갈 구체적인 방안들에 대해 지속적으로 탐색작업을 해 나가지 않으면 안 된다. 즉 용어를 하나하나 새롭게 해석하며 불확실성의 문제를 해결하고, 정책을 실행해 나가기 위한 구체적인 집행지침을 마련해야 한다.

먼저 시행령 등 관계법령의 정비와 업무시행세칙을 마련해야 할 것이다. 그리고 문제해결에 소요되는 자원을 언제까지 어떻게 마련해 활용함으로써 정책사업을 언제 끝낼 것이라는 구체적인 시간스케줄도 짜야 한다. 즉 누가(who), 언제(when), 어디서(where), 무엇을(what), 어떻게(how) 수행하는지에 대한 구체적인 계획수립과 관련 행정조치(예: 주관부처 명시, 예산 및 인력배치)가 필요하다(이은호 외, 1994: 151).

추상적인 정책목표의 구체화와 그것을 달성하는 데 요구되는 각종 자원의 동원, 배분방안과 시간스케줄의 정확한 구비 없이는, 아무리 좋은 내용을 담은 정책안도 그 빛을 발할 수 없을 것이다.

대학생 연합 MT나 1박2일 일정의 직장인 주말 단합대회도 성공적으로 마무리되기 위해선, 거기에 가서 누가 무엇을 언제 어떻게 할지에 대한 구체적 일정이 필요한데, 하물며 나라 살림살이 및 그 운영에 있어서는 더 말할 나위가 없겠다.

기획(planing)은 이처럼 정책이 결정된 이후 정책집행을 위해 수행해야 할 작업일정과 자원의 동원 및 배분일정 등 구체적인 행동방침을 짜는 과정으로서(Gulick, 1937), 좋은 정책집행이 되기 위한 사전토대로서의 행정과정적 함의를 지닌다. 그리고 기획을 통해 산출된 최종 결과물(end-results)을 우리는 계획 혹은 계획서(plan)라고 부른다.

2. 기획을 보는 두 가지 관점

1) 정책론자의 관점

그런데 상기의 논의는 어디까지나 기획을 정책의 하위개념으로 보았을 때의 기획 개념이다. 여기서 기획은 정책의 하위개념으로서 정책구현의 수단과 방법을 한층 구체화시킨 것으로 본다. 즉 기획은 정책의 구체화과정이고, 정책은 기획을 유발시키는 상위개념, 선행개념이다.

2) 기획론자의 관점

반면 어떤 사람들은 기획을 사회체제의 설계 및 구현, 즉 미래사회의 이상적 설계과정으로 보면서, 그것을 구체적으로 실현시키기 위한 행동 프로그램들을 오히려 정책으로 본다. 즉 기획을 미래의 활동에 관한 일련의 결정으로 보며, 기획을 정책의 상위개념으로서 제시하고 있다.

일례로 경제개발계획의 일환으로 경제성장정책을 볼 때가 바로 그것이다. 반면 경제성장정책을 시행하기 위한 경제부처들의 1년 단위의 기본운용계획은 전자의 시각이다.

기획론자는 정책을 기획의 결과물로 보고, 정책론자는 정책을 실천에 옮기기 위해 구체적 행동노선을 설계하는 것을 기획으로 이해하고 있는 것이다(이종수·윤영진 외, 1997: 306-307). 이 책에서는 행정과정 논의의 일반적 흐름상 기획의 개념을 정책론자의 시각에서 보고자 한다. 즉 기획을 '정책의 구체화 과정'으로 본다.

표 3-2 기획의 2차원

관점	개념	실례
기획 론자	-기획은 미래사회의 이상적 설계 (social design) 과정 -기획은 정책의 상위 개념	경제사회발전 5개년 계획, 국토종합개발 10개년 계획, 도서개발10개년계획 등
정책 론자	-기획은 사회문제 해결방침(social doctor)인 정책의 구체적 수단, -기획은 정책의 하위 개념	조직 내 1년 운용계획, 업무시행세칙 등

3. 기획의 원칙

성공적인 정책집행의 초석인 기획 과정은 다음의 원칙(principle of planning)들에 준거해 전개될 필요가 있다(박연호, 1994: 562-564).

1) 목표 명확성의 원칙

기획은 목표를 성취하기 위한 노력의 과정이므로 거기에는 반드시 뚜렷한 목적의식이 있어야 한다. 이는 너무나 자명한 일 같지만, 실제로 보면 많은 조직들이 타성에 젖어 기획을 수립하므로, 무엇을 위해 어떤 것을 행하려는지가 애매모호한 경우가 많다. 이래 갖고는 비능률과 낭비만 초래될 뿐이다. 따라서 명확하고도 구체적인 운영목표를 제시해 능률적, 경제적인 활동을 이끌어 내야 한다. 특히 효과적인 업무 목적과 그 기준은 세부 기획의 지표가 된다.

2) 간결성의 원칙

계획서는 간결, 명료하게 표현되어야 한다. 즉 기획안의 작성에 있어 미사여구의 나열이나 지나친 수사어의 사용은 불필요하다. 사실상 기획은 확정될 때까지 조직 내 여러 계층의 심의를 거쳐야 하므로 이러한 과정에서 관계자들에게 이해되기 쉽도록 복잡한 전문용어는 피하며 평이하게 작성되어야 한다.

3) 포괄성의 원칙

그러면서도 기획엔 필요한 제반요소가 빠짐없이 포함되어 있어야 한다. 예컨대 기획안이 집행단계에 옮겨졌을 때 막상 인원·물자·시설·예산의 부족으로 말미암아 차질이 초래되지 않도록 사전에 이에 대한 충분한 검토가 이루어져야 한다.

4) 탄력성의 원칙

기획은 그것이 수립될 당시의 상황 내지는 장래의 예측에 기초를 두는
것이다. 또 그 범위 내에서 정보의 수집, 분석 및 수단을 고려하는 것이
다. 그러나 행정환경은 유동적이므로 기획수립 당시에 예측한 것과 달
리 환경에 큰 변화가 있을 때 기획은 수정되어야 한다. 그러나 상황이
바뀔 때마다 기획내용을 변경하는 것은 번잡하고 혼란스럽다. 따라서
애당초 기획은 이런 점들을 고려해 융통성 있게 수립되어야 한다. 필요
이상의 세부규정으로 인해 집행기관의 독창성을 저해해서는 안 된다.

5) 균형성의 원칙

하나의 기획은 관련된 타 계획 및 다른 사업들과 적절한 균형 및 조
화를 이루어야 한다. 또 같은 기획 내에서도 목표와 소요자원과의 관계
에 있어서나 기타의 제반 요소들 간에 상호 균형과 조화가 이루어져야
할 것이다.

6) 경제성의 원칙

새로운 기획은 인원, 물자, 경비, 권한, 조직을 대폭 요구한다. 따라
서 현재 사용 가능한 것들을 최대한 활용하고 장차 동원될 새로운 것들
은 최소한에 그치도록 자원의 구비에 합리성을 높여야 한다. 특히 불필
요한 기획을 수립한다든가 필요하더라도 응분 이상의 경비가 요구되는
기획은 절대 수립해서는 안 될 것이다.

4. 기획의 순기능

정책 구체화의 수단으로 기획을 볼 때, 기획은 다음과 같은 순기능을
갖는다(이은호 외, 1994: 124-126). 특히 위와 같은 기획의 원칙대로 짜여

진 좋은 기획들은 아래의 순기능을 증폭시켜 줄 것이다.

1) 경비의 절약 및 낭비의 최소화

기획은 주어진 조건 하에서 최대의 효과를 탐색하거나 주어진 목표를 최소의 비용으로 달성하려는 것으로서, 최적의 수단 선택에 의거해 비생산적인 활동을 회피함으로써 불필요한 경비 및 노력의 절약을 가져올 수 있다.

2) 가용자원의 효율적 사용

가용자원은 항상 한정되어 있는데, 한정된 자원은 바람직한 기획활동에 의해 적정하게 배분되고 사용됨으로써 그 가치를 높일 수 있다.

3) 효과적 통제수단

어떤 조직이든 기획을 통해 조직단위별 활동이 체계적으로 배분된다. 이는 곧 조직단위의 활동을 효과적으로 통제하는 수단이 된다.

4) 효과적 조정기능

조직을 이루는 여러 구성단위들은 각기의 세부목표를 수행하는 과정에서 상호갈등을 빚기 쉽다. 따라서 조정활동이 필요한데, 기획은 조직의 궁극적 목표달성에 조직단위들을 하나로 통일시킬 수 있도록 조정기능도 해준다.

행정조직

제1절 **행정조직의 개념과 그 행정과정적 함의**

　조직은 어떤 목표를 달성하기 위해 두 사람 이상의 힘과 활동을 의도적으로 조정하는 협동체제(Barnard, 1958: 72), 혹은 일을 중심으로 모여든 사람들 간의 권위관계를 설정해 놓은 체계화된 구조이다(Daft, 1986: 10).

　우리는 조직에 대한 이러한 개념정의에서, 조직의 '수단적 가치'를 발견할 수 있다. 즉 어떤 목표가 순전히 사적인 목표가 아니라 두 사람 이상의 공동목표라면, 그 목표는 사람들이 합심해서 달성하는 것이 혼자 하는 것보다 훨씬 효율적일 수 있다. 인간의 지식과 사유능력에는 한계가 있으며, 모든 일은 일정규모의 에너지와 시간 및 비용을 유발시키기 때문이다.

　'백지장도 맞들면 낫다'는 얘기처럼 만일 사람들이 목표를 같이한다면 그것을 달성하기 위해 일을 나누어 같이 수행하는 것이 인간능력의 한계를 보완하고 시간과 비용을 분담한다는 측면에서도 보다 합리적이다. 따라서 사람들은 조직을 만들어 함께 공동의 문제를 해결해 나간다. 조직은 이처럼 다양한 목표를 달성하기 위해 이용되는 목표달성의 주요수단이다.

현대 사회는 조직사회(organizational society)라고 불릴 만큼 수많은 조직들이 우리 주변에 산재해 있다(Presthus, 1985). 기업, 학교, 군대와, 동창회 등의 사회조직, 종교조직, 정치조직, 국제조직 등이 있으며, 정부조직도 이의 예외가 아니다.

공공문제의 해결을 위한 정부의 효과적 운영은 모든 국민의 공동목표이다. 따라서 국민들은 정부조직을 만든다. 물론 우리 모두가 국정에 직접 관여하지 못하므로, 대리인으로서 공직자를 뽑거나 임명해 이들로 하여금 정부조직 속에서 상호 작용하며 공공문제를 해결하고 국정을 대행하게 한다.

정부조직은 이러한 측면에서 '공공목표 달성의 주요수단', 즉 국가정책을 효율적으로 집행하기 위한 기본수단으로서의 행정과정적 함의를 갖는다. 그렇기 때문에 정책의 신설, 변경은 곧바로 행정조직의 신설, 변경을 요구하는 경우가 많다.

효과적인 정책집행을 위해서는 공공목표들의 전담 수행주체인 행정조직들의 목표 대응적인 설계가 필요하다. 환경변화에 대해 행정조직들의 구조적 대응이 얼마나 탄력적으로 이루어지는지의 여부에 따라 한 나라 행정의 성패가 좌우된다. 여기서 행정조직은 행정변수, 즉 행정산출 결정요인의 하나로 중요시됨은 이미 제5장 행정변수 부분에서 자세히 언급한 바 있다.

제2절 **행정조직의 유형**

많은 나라에서 행정조직은 복잡한 형태를 취하고 있다. 행정기능의 양적 확대로 인해 새로운 기능의 전담수행조직으로서 국가분업체계인 중앙부처가 생겼다. 특히 행정기능이 다양화되면서 이를 효율적으로 수행하기 위해 정책기획 및 통제기능을 담당하는 기구가 창설되고, 집행업무는 부처의 하위계층, 즉 청(廳)과 같은 새로운 기관을 만들어 분업화해 가는 추세를 보이고 있다(박동서, 1990: 326). 또 각 부처로 분화된 행정기능을 전체적으로 통합·조정하기 위한 정책조정기구도 설치되고 있다. 대통령 비서실 조직, 국무조정실 등이 바로 그 예이다.

뿐만 아니라 중앙행정기관의 소관사무를 분장하기 위해 일정 관할구역을 획정하여 지역별로 지방행정기관들을 설치한다. 또 지방자치의 맥락에서 지역의 공동사무를 자주적으로 처리하기 위한 자치행정조직들이 탄생되기도 한다.6)

이 외에도 공사를 포함한 모든 국영기업체와 정부출연기관들, 헌법기관을 지원, 보좌하는 국회사무처, 법원행정처, 선거관리위원회, 헌법재판소 사무국 등도 광의의 행정조직이라고 할 수 있다(민진, 1995: 270).

---

6) 우리나라의 경우 1995년 지방자치단체장 선거를 통해, 과거 지방행정기관 중 특별시청, 광역시청, 도청 및 시·군·자치구청이 자치행정조직으로 전환되었다. 그러나 이들 기관은 지방의 고유사무와 더불어 국가의 위임사무도 처리하고 있어, 현재 보통 지방행정기관과 지방자치단체의 이중 지위를 유지하고 있다.

제3절 조직의 수단적 가치 실현을 위한 조직구조의 합리적 설계

조직은 목표달성의 주요수단이다. 따라서 조직은 그 존재의의를 다하기 위해 목표달성수단으로서의 '수단적 가치'에 충실해야 한다. 그렇다면 어떤 형태의 조직이 생산성, 능률성, 신속성 등의 수단적 가치를 쉽게 확보해 주는가?

만일 우리가 복잡하고 거대한 조직을 무계획적이고 무질서하게 편성, 운영한다면, 그 조직은 소기의 목적을 달성하기 위한 수단으로서의 제역할을 다하기 어렵다. 그렇다면 조직의 수단적 가치를 잘 실현시키기 위해, 조직은 어떻게 설계되어야 하는가?

이는 곧 조직구조의 합리적 설계원리를 찾아보자는 얘기이다. 여기서 조직구조는 조직의 성공적 활동을 위해 필요한 일과 부서, 직위, 권한관계 등을 안정적으로 짜놓은 틀 또는 뼈대로서(박경원·김희선, 1998: 46), 조직 참여자들의 '유형화된 상호작용'을 뜻한다(Kast & Rosenzweig, 1974). 따라서 조직구조는 단순히 조직의 편제나 기구도만은 아니며, 의사전달체계, 의사결정체계, 권한과 책임의 배분형태도 포함한다(민진, 1995: 273).

특정의 조직구조가 조직설계의 결과로 나타나는데, 조직설계는 조직의 목표달성을 위해 조직구조를 구성하고 변화시키는 과정이다. 한편 조직구조의 설계원리(principles of organizing)는 조직을 가장 합리적으로 설계, 편성함으로써 목표를 쉽게 달성하게 하고 능률적 운영도 가능하게 하는 조직설계의 기본논리를 말한다.

대규모 현대조직의 내부편제를 잘 살펴볼 때, 우리는 몇 가지 조직구조 설계원리를 발견할 수 있다. 대규모 현대조직들의 설계맥락을 간략히 살펴보자.

20세기 산업주의 시대의 조직명제인 대량생산주의에 부응하기 위해 서구의 조직들은 크게 확대되고 복잡해지지 않을 수 없었다. 조직의 수적 증가와 규모의 팽창은 조직의 내부질서 확립을 위한 조직구조의 합리적 설계와 주어진 목표의 능률적 달성을 위한 운영상의 합리화를 요구하게 되었다. 당시의 조직실무자 및 조직연구가들은 이런 상황에서 시공(時空)을 초월해 보편적으로 적용될 수 있는 조직구조 설계원리의 탐색에 몰두했다.

물론 인간이 모여 사는 사회에서는 자연현상과는 달리 절대적이고 보편타당한 법칙을 쉽게 강구할 수는 없다. 따라서 과학의 논리를 강조하는 사람들은 모든 조직에 보편적으로 타당한 원리는 존재할 수 없고, 설혹 존재한다고 해도 그것은 엄밀한 과학적 검증을 거치지 않은 하나의 격언(proverb)에 불과하다고 논박한다(Simon, 1946).

그러나 지금까지 고안된 조직구조의 설계원리들이 전혀 일고의 가치도 없는 것은 아니다. 왜냐하면 조직구조 설계상의 보편적 원칙을 발견하려는 학문적 노력들은 실제로 조직관리에 많은 공헌을 해 왔기 때문이다(이은호 외, 1994: 222-223). 지금까지 고안된 조직구조의 설계원리 중 가장 일반화되고 자주 일컬어진 것들은 다음과 같다.

1. 분업화 또는 전문화

인간이 결합해 일을 수행하는 형태에는 크게 2가지가 있다. 먼저 협업(協業)은 조직이 해야 할 다수의 일 중 하나에 모든 조직구성원이 한꺼번에 달려들어 그 일을 마친 뒤, 또 다른 일에 모두 한꺼번에 달려들어 일을 처리하는 방식이다.

반면, 분업(division of labor)은 과업의 성질 등을 고려해 조직의 일을

나눈 뒤 세분화된 기능 하나하나에 조직구성원 한사람씩을 고정 배치
시켜(one to one correspondence) 그 일만을 반복 수행하게 하는 형태이다.

내용 보태기 **3-3** **프로 산악인과 아마추어의 등산배낭 꾸리기 차이**

전문가와 비전문가의 차이를 잘 보여 주는 일례로서, 보통 사람이 등산을
가기 위해 꽉 차게 꾸려 넣은 배낭의 내용물을 전문 산악인이 만지면 같은
배낭의 1/3 공간에 다 넣을 수 있다는 얘기가 있다. 전문 산악인은 등산을
위해 자주 배낭을 꾸려 보았기 때문에 그만큼 산행에 필요한 갖가지 장비를
배낭에 효과적으로 꾸려 넣을 수 있는 노하우가 많은 것이다. 따라서 전문
산악인은 아마추어 등산가에 비해 같은 배낭과 같은 시간 동안에 3배의 장
비를 더 산에 가지고 올라갈 수 있다.

일반적으로 일 자체의 능률성만 보면, 협업보다는 분업이 더 효율적
이다. 왜냐하면 특정한 일을 반복 수행할 때 그 사람은 그 일에 숙련자
혹은 전문가가 될 수 있기 때문이다. 전문가는 맡은 일에 대한 작업경
험이 많고 노하우가 많아, 어떻게 일하는 것이 시간과 비용을 덜 들이
고도 목적을 쉽게 달성할 수 있는지를 잘 안다. 결국 똑같은 일을 해도
분업체제 하에서의 전문가가 하는 것이 많은 양의 일을 비용을 덜 들이
고도 신속하게 할 수 있다. 그러므로 분업화의 원리는 달리말해 전문화
의 원리이기도 하다.

조직의 기능이 확대되고 그 규모가 커질수록 조직구조상의 분업체제
는 촉진된다(Robbins, 1990: 47-53). 일례로 현 한국 중앙행정기관의 외
형에 초점을 두고 위의 분업화 원리를 가시화시켜 보면, 우리는 먼저
국가분업체제로서 각 부(部)와 처(處)를 발견할 수 있다.

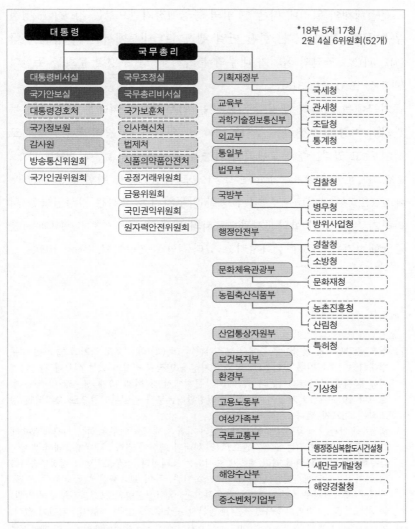

출처: 연합뉴스, 2017.8.24자 참고.

그림 3-5 대한민국 정부조직도

분업체제의 원리에 따른 그 밖의 중앙행정기관으로는 청(廳)6), 행정 부속기관8) 등이 있다. 한편 단일 행정기관 내부에서는 각 실(室), 국 (局), 과(課) 조직의 설치가 내부의 분업체제, 즉 수평적 분화를 뜻한다 (박동서, 1990: 314-318).

최근에는 협의의 행정각부(部)로는 업무수행이 어려운 부서나 정부 관리적 기능을 수행하는 부서를 처, 실, 위원회 등 '광의의 행정각부'로 하여 두고 있다. 즉 정부관리적 기능을 수행하는 처(處, 예: 법제처, 국가보 훈처, 과거의 국정홍보처와 기획예산처) 외에도 업무조정을 위한 실(예: 1998년 에 신설된 국무조정실)과, 좀 더 신중한 업무처리를 요하는 7)사안들을 처 리하기 위한 상위 합의제기관으로서의 위원회9)(예: 공정거래위원회 등)를 중앙행정기관으로서 강화시키고 있다(강인재 · 권해수 외, 1998: 192).

---

7) 청은 중앙부처의 관장사무 중에서 보조기관인 1국(局)의 사무로 하기엔 그 양이 너무 방대하고, 그 처리에 있어 어느 정도 독자성을 인정할 필요가 있는 사무를 관장하기 위해 설치된 중앙행정기관의 하나이다. 문화재청 등 현재 17개 청 조직이 있는데, 코로나 19 이후 그 기능이 중시되는 질병관리본부가 질병관리청으로 승격되면 청 조직은 18개가 된다.

8) 행정부속기관은 행정조직에 있어 행정권의 직접적 행사를 임무로 하는 기관에 부속해 그 기관을 지원해 주는 행정기관으로서, 현대의 행정이 권력 · 규제행정에서 봉사 · 급부행정으로 전환됨에 따라 새롭게 중시되는 조직이다. 정부조직법상 행정부속기관 엔 국가공무원인재개발원(인사혁신처 소속기관) 등의 교육훈련기관, 국립중앙박물 관(문화체육관광부 소속기관) 등의 문화기관, 국립정신병원(보건복지부 소속기관) 등 의료기관, 국립과학수사연구원(행정안전부 소속기관) 등 시험연구기관이 있다.

9) 위원회조직은 특정 행정수요에 대처할 필요성이 있고, 기존 중앙행정기관의 개편으론 그 목적을 달성할 수 없을 정도로 업무가 중요할 때 대통령령으로 설치한다. 이 조직은 많은 사람들의 중지(衆智)를 모을 필요성, 전문지식의 수렴, 계층제 폐해의 시정을 위해 주로 도입된다. 대통령 직속으로 규제개혁위원회, 중소기업특별위원회 등 3개, 국무총리 직속으로 공정거래위원회, 국민권익위원회, 청소년보호위원회 등 6개, 그 리고 부처 소속으로 소청심사위원회, 중앙 · 지방노동위원회, 경찰위원회, 환경분쟁 조정위원회, 무역위원회 등이 있다.

2. 계층제(hierarchy)

일정규모를 지닌 조직을 편성·운영할 경우 일련의 등급화10) 과정
을 거쳐 조직내 계층 간의 명령–복종관계를 명확히 하고, 명령이 조직
의 정점으로부터 저변에까지 도달하도록 하는 체제를 확립해야 한다(유
종해, 1995: 353).

이처럼 조직 내 책임의 정도에 따라 직무를 등급화함으로써 상-하 조
직단위 간에 직무상의 지휘–복종관계가 서게 하는 것을 계층제라고 한
다. 이런 점에서 앞의 분업화가 조직의 수평적 분화(horizontal different-
iation)를 뜻한다면, 계층제는 조직구조의 깊이를 뜻하는 수직적 분화
(vertical differentiation)이기도 하다.

계층제는 왜 만들어지는가? 조직이 계속해서 수평적으로 확대, 분화
할 경우 이를 효율적으로 통솔해야 할 문제가 생긴다. 그런데 인간능력
의 한계상 최고관리층의 관심의 폭(span of attention)과 통솔의 범위
(span of control)는 그리 넓지 못해, 한 명의 최고관리자가 효율적으로
지휘·통제할 수 있는 조직구성원의 수는 한정된다. 따라서 조직 내의
중간수준에서 계층별로 이러한 지휘·통제기능을 최고관리층을 대신
해 수행할 수 있는 중간관리자들을 의사결정과정의 군데군데에 배치하
는 것이 필요하다.

계층제는 이처럼 수평적 분화나 분업체제의 확대로 인해 조직의 기
능이 세밀한 과업으로 분할됨에 따라 파생되는 '통솔범위의 한계'를 극
복하고 조직 내 각 과업을 전체에 합치되도록 통제하기 위해 형성되는
것이다.

일례로 우리나라의 중앙행정기관은 〈표 3-3〉에서 보는 바와 같이 장

10) 등급화는 상위자가 하위자에게 권한의 일부를 위임하고, 또 그 하위자는 자기의
　　권한보다 약한 권한을 바로 밑의 하위자에게 위임하는 것을 말한다.

표 3-3 중앙행정기관 내 계선조직의 변화

연 도	장 · 차관수	실 · 국장수	과장수
1960	20	66	277
1970	38	242	580
1980	42	441	855
1990	40	365	1106
1997	44	210	807
2002	60	204	765
2010	118*	204	1,116
2012	130**	244	1,320***

주: * 2010년의 장 · 차관수는 장관급, 차관급을 모두 합친 숫자임
　　** 2012년의 장 · 차관수는 통계자료가 여의치 않아 2017년의 장 · 차관급 정무직 숫자로 대체함.
　　***2012년의 실 · 국장수는 실 · 국/부장 수를, 과장수는 과/팀장 수를 모두 합친 숫자임.

출처: 최도림(1991); 행정자치부(1998); 홍성만 · 왕재선(2003); 행정안전부(2010); 최지민(2017)
　　　에서 각각 참고.

관-차관-실장-국장-과장(혹 팀장) 순으로의 '피라미드' 구조형태를 취하고 있다. 즉 조직규모의 증가로 인해 횡적으로 확대, 세분화된 기능들을 효율적으로 통솔하고 조직 전체의 목표에 합치시키기 위한 통제구조로서의 권한 계층제가 비교적 강하게 형성되어 왔다. 한편 지방행정조직의 수직적 분화는 특별시청, 광역시청, 도청—시청, 군청, 구청—읍, 면, 동사무소의 순으로 나타난다.

　평면(flat)조직보다는 계층제를 둘 때, 업무의 통솔력이 확보되어 조직의 수단적 가치가 보다 잘 실현될 수 있다. 왜냐하면 계층제를 통해 하위자에 대한 능률적 통솔과 명령-복종체계의 확립이 가능해지기 때문이다.

3. 공식화(formalization)

기능과 하부조직이 분화, 분산된 후에는, 조직 전체의 조화를 도모하고 조직구성원들을 보다 일사불란하게 움직이게 하기 위한 '통합' 기능이 절대적으로 필요하다. 이런 맥락에서 조직구조의 공식화도 중시된다.

공식화는 업무가 표준화되어 있는 정도를 말한다. 이를 위해 조직은 자체 내규(內規)와 규정을 만들어 그 조직의 구성원이면 누구나 다 필히 지켜야 할 행동지침을 마련한다. 혹은 표준운영절차(SOP: Standard Operational Procedure)를 만들어 조직구성원들이 이에 준거해 행동하게 함으로써, 이들의 일탈을 막고 통일된 행동을 하게 한다. 따라서 공식화는 조직구성원들의 통일된 행동을 도출하기 위해 사사로운 인간의 정(情)을 구조적으로 배제시키는 상당히 비정의(非情誼)적인 조직구조 설계원리이다.

공식화에 의거해 조직구조가 설계될 때 조직구성원의 일탈을 방지하고 이들의 표준화된 행동을 확보할 수 있으므로, 역시 많은 양의 일을 일사불란하게 처리할 수 있는 등 조직운영의 생산성이 어느 정도 보장된다.

특히 조직구성원이 지켜야 할 것을 정해 놓은 규칙(rule)과 그와 반대로 해서는 안 될 것을 정한 규제(regulation)는 조직의 목표달성에 있어 지시의 모호성을 없애고 일률성, 지속성, 효율성을 고양해 줄 수 있다 (정철현, 1998: 54).

4. 집권화(centralization)

집권화는 조직의 주요 의사결정권을 조직의 상층부에 두는 것이다. 조직의 상층부에 의사결정권을 집중시키면, 조직구성원의 행동을 하나로 통일시킬 수 있고, 조직이 급박한 위기에 처했을 때 재빨리 대처할 수 있는 장점이 있다.

5. 새로운 조직구조의 설계원리로서 행정 M&A와 SOS 운동

한편 이 책에선 새로운 조직구조 설계원리로서 조정과 통합을 지향하는 행정 M&A와 조직의 군살을 빼기 위한 SOS 운동을 제시해 본다.

공공조직의 설계에 있어 전문성 제고를 위한 수평적 분업화만이 능사는 아니다. 지나치게 세분화된 단위조직들이 조직 전체의 목표실현에 전혀 기여하지 못한 채 서로 불협화음을 빚거나 낭비의 요소로 작용할 경우에는, 상호 시너지효과를 내도록 단위조직들을 필히 하나로 통합해 주어야 한다. 우리는 이를 행정조직 간의 통폐합, 즉 행정 M&A라고 부를 수 있다.[11]

한편 조직구조의 지나친 집권화와 공식화가 가져오는 절차상의 복잡다단한 문제점을 해소하기 위해서는, 이른바 SOS, 즉 Slim(절차의 간소화) – Online(행정의 전자화를 통한 실시간 업무처리) – Simple(규정의 단순화) 식으로 행정절차의 간소화 및 전자화를 도모해야 할 것이다.

---

11) 이의 사례로는 과거의 경제기획원과 재무부를 합친 재정경제원(현 기획재정부), 건설부와 교통부를 합친 건설교통부(현 국토교통부)를 들 수 있다. 물론 이들 조직의 통폐합 초기엔 물리적 결합이 화학적 반응을 낳지 못한다고 말들이 많았음을 상기할 때, 무턱대고 물리적인 행정 M&A만 꾀하기 보다는 많은 문제점들을 고려하고 사전에 정비해, 통폐합 즉시 하나의 조직으로 질적 전환을 꾀할 수 있는 사전정지 작업이 필요할 것이다.

사례 3-5 SOS 운동 차원의 긴급대응반, 벤처형 조직 설치

국민안전 등 사회적으로 긴급하고 중요한 현안이 발생할 경우, 부처가 신속하게 대응할 수 있도록 조직 설치절차 및 요건을 예외적으로 완화해 과장급 임시조직인 긴급대응반을 한시적으로 즉각 설치, 운영하게 한다.

또 기존 조직의 경직성과 안정 지향성을 탈피해, 행정수요나 성과달성 여부는 다소 불확실하지만 목표달성 시 공무원의 혁신적 아이디어가 국민 편의와 혁신성장을 촉진시킬 수 있는 도전적 과제를 전개하는 벤처형 조직을 설치해, 조직설치와 기관운영 면에서 자율성과 탄력성을 확대할 계획이다(행정안전부, 『2019년 정부조직관리지침』에서 참고).

제4절 관료제조직의 구조적 강압과 조직 인간형의 변화

1. 관료제(조직)의 개념

조직은 그 규모가 커짐에 따라 직무절차나 규칙이 증가하면서 공식화 정도가 높아지고, 조직 내의 수직적 분화도 증대되며, 과업도 수평적으로 세분화되는 조직형태를 갖게 된다. 이처럼 대규모 분업체제(division of labor)와 계층제(hierarchy) 및 비정의적(impersonal)인 규칙 중심의 공식적 구조로 표상되는 대규모 조직형태를 우리는 흔히 관료제(bureaucracy) 조직이라고 부른다.

일찍이 Weber(1947)는 많은 업무량을 신속하고 능률적으로 달성해

야 하는 산업주의 시대(industrial era)의 조직명제(organizational impera-
tives)에 부응하는 합리적 조직형태로서 관료제를 들면서, 관료제적 조
직형태를 근대화의 역사, 합리화의 역사를 이끌어 가는 강력한 추동력
으로 인식했다.

Weber는 관료제 조직의 특징으로서 i) 기술적 능력에 의거한 조직
내 역할분담과 분업체제, ii) 수직적·계층제적 권위구조, iii) 규칙·
규정에 의거한 일사불란한 행동통일, iv) 과업책임의 소재, v) 과업관
계의 명확한 규정 및 인간적 감정을 배제한 공식적 문서 위주의 업무처
리절차 등을 강조했다.

대규모 조직의 관리에 가장 효과적인 조직화 방법으로서 출발한 관
료제조직(박경원·김희선, 1998: 198-199)은, 이후 산업주의 시대의 조직
명제였던 대량 생산성, 기계적 능률성과 신속성을 어떤 조직형태보다
도 잘 발휘해 주는 기술적 우위성을 구가했다. 실제로도 많은 조직들은
그 종류를 불문하고 목표달성이라는 조직의 수단적 가치의 발현을 위
해, 앞에서 논의한 조직구조의 합리적 설계원리에 따라 관료제적 조직
형태를 앞 다투어 갖추어 나갔다.

2. 관료제 조직의 구조적 강압요소

그러나 동전에 양면이 있듯이 모든 제도와 조직은 양면성을 갖고 있
다. 즉 명암(明暗)이 엇갈리는 것이다. 예컨대 대량생산을 위한 대규모
분업체제의 구축과 계층제 강화 등 날로 조직의 규모가 거대해지자, 팽
창 일변도의 조직구조가 형성되었고, 조직내부의 획일적 통제를 위한
각종 규칙·규정과 과다한 문서주의(red-tape)는 시대적 탄력성을 상실
하면서 언제부턴가 시간지체와 예산낭비 등 많은 비능률적 요소를 누
적시키기 시작했다. 이는 또 무사안일의 형식주의와 책임회피주의도

낳았다. 더욱이 조직구조의 경직성과 조직구성원들의 무사안일한 행태
는 조직 밖의 환경요구에 대한 적극적 대응성과 쇄신성을 무디게 하는
등 숱한 병폐의 온상으로 작용하기 시작한다.

내용 보태기   3-4   관료주의의 병폐들

물론 근무일탈, 공금횡령 등 조직구성원의 그릇된 행동을 막고 그들 모두의
행동통일을 도모하기 위한 규칙·규정에 의한 통제는 불가피하다. 그러나 그
것이 지나치게 통제지향적일 때 문제가 커진다. 일례로 미 연방정부 및 주정
부에 적용되는 35페이지에 달하는 규정과 20페이지에 달하는 법조항은, 부
정직하고 게으른 5%의 공무원을 통제하기 위해 95%를 좌절시키는 '관료적
형식주의'이다. 이는 좋은 결과가 나오는 것을 방해하고 서서히 정부를 무
기력하게 만든다.

　공무원들은 규정을 무시했을 때 오는 처벌을 두려워 해 옳은 일을 포기하
고 자발적으로 처리하지 않는다. 또 책임회피를 위해 끊임없이 문서를 만들
어 낸다. 일례로 관료제 하에서 공금횡령을 못하게 하는 규정은 부정부패를
어느 정도 막을 수는 있지만, 공무원들이 효율적으로 공금을 이용하는 방법
을 적극적으로 모색하게 하는 데는 실패했다.

　그 이유는 관료제는 통제하는 데 비중을 둘 뿐 그 결과물에 대해서 까지
는 신경을 쓰지 않기 때문이다. 또한 이런 형식적 규정의 남발은 재정낭비의
요소가 된다. 일례로 현재 미국 국방예산의 1/3은 이러한 불필요한 규정을
따르기 위한 쓸모없는 일에 소요되고 있다(Osborne & Gaebler, 1992: 110-112).

　뿐만 아니라 관료제 조직구조는 그 속에서 하루에 가장 중요한 일과
를 보내는 조직인들에게 강압적 요소로 작용하기도 했다. 보람되고 가
치가 있어야 할 일터가 그 속에서 일을 수행하는 사람들을 다음과 같이
구조적으로 강압했던 것이다.[12]

---

12) 관료제 조직은 조직구성원들을 구조적으로 강압하는 문제점과 더불어 바로 앞에서

1) 분업적 조직의 구조적 강압

분업체제 하에서 제한된 고정업무의 단순 반복은 자칫 업무 싫증과 업무 피로도를 가중시키기 쉽다. 특히 조직의 하위 구성원들은 경직된 분업틀에 갇혀 대규모 컨베이어 벨트 시스템 속의 기계부품이나 붙박이처럼 취급될 우려가 있다.

조직구성원은 경직된 분업체제 내에서 그의 개별적 역할에 대해서만 알 뿐 최종 산출물은 보지 못한다. 이러한 편협된 시각으로 인해 그들의 기술은 위축되고 단지 최저임금을 요구하는 로봇으로 전락한다. 그러나 인간은 기계가 아니다(Murphy, 1989). 대다수의 하위 구성원들은 이처럼 직무 전문화 및 전체 능률화라는 미명 하에 독립된 생산자(者)에서 노동력이라는 생산요소(要素)로 전락할 우려가 있다. 즉 인간이 인간으로서보다는 물상화(物象化; reification), 즉 상품, 부품의 취급을 받는 것이다.

2) 계층제적 조직의 구조적 강압

탄력성을 상실한 계층제적 조직구조는 조직 내 상하위자 간에 획일적인 명령-복종체제를 구축하기 쉽다. 또 아래로부터의 창의적인 제안을 단절시킨 채 절대복종만 강요하는 틀이 되기 쉽다. 일을 중심으로 한 기능상의 단순한 상-하관계가 신분상의 주(主)-종(從)관계로 변질할 때, 이는 상사의 말 한마디가 곧 법이 되는 인치(人治)와 상사의 갑질 관행, 또 이에 적응하기 위한 하위자들의 상사 모시기 문화를 낳는 등,

---

지적했듯이 조직 내에 군살이 끼게 하고 시간을 지체시키는 등 여러 가지 병폐들을 안고 있다. 따라서 현재에 와서는 관료제 조직이 반드시 능률성, 생산성을 구조적으로 보장해 주는 조직이 못되고 있다는 비판이 많다. 여기서는 이들 병폐 중 구조적 강압에 따른 비인간적 문제와 그 대책만 언급하고, 관료주의적 병폐, 조직의 군살과 시간지체 관행의 치유방안에 대해서는 이 책의 제13장 행정개혁 분야에서 행정절차를 고치기 위한 리엔지니어링 개념과 연관시켜 언급하고자 한다.

다수의 하위자에겐 비인간화와 소외의 원천으로 작용한다.

3) 공식적 조직의 구조적 강압

공식적 조직구조의 경직화는 조직구성원들의 사고와 행동을 기계적으로 획일화, 표준화시킨다. 특히 내규 및 규정의 획일적인 준수는 거대한 조직의 틀 속에서 개인의 불가피한 사정마저 용납하지 않는 문제를 발생시킨다. 또 통제, 규제 일변도로 인해 개개인의 창의성을 단절시킨다.

탄력성을 잃은 절차나 규정을 따르지 않고 일을 창의적인 방법으로 수행하는 것이 보다 바람직한데도 불구하고, 만일 그렇게 하면 규칙이나 절차를 지키지 않은 결과가 되어 사정(司正)이나 감사의 칼을 받기 쉽다. 일례로 현행의 감사체제 하에서는 일을 얼마나 능률적으로 또 얼마나 많이 달성했는가 하는 정책감사보다는 얼마나 법규와 규칙을 잘 지켰는가를 보는 합법성 위주의 형식적 감사가 주류를 이루고 있기 때문이다. 따라서 이는 '영혼 없는 공무원'들을 양산하기 쉽다.

 사례 3-6 공무원 보신주의를 키우는 절차만능주의

▷ 우리나라엔 공공건축의 총체적 품질을 평가하고 책임을 묻는 시스템이 없다. 건축설계를 하는 건축사 사무소, 시공 건설사를 양(量)으로만 평가, 선정한다. 건축사 사무소의 설계안이 시공 현장으로 충분히 전달되지 않거나 아예 차단된다. 잘 만들어도 포상이 없고 못 만들어도 책임이 없다. 공무원들에게 가장 중요한 것은 규정, 절차를 잘 지키는 것이다. 고품질로 만들려고 노력하는 공무원은 오히려 감사에서 의심받고 지적당한다. 좋은 건축을 만들려고 불합리한 제도 앞에서 분노하다가 결국 두 손을 드는 건축가도 많다(김성홍, "공공건축, 시민의 품격이다", 중앙일보, 2011.11.18자).

▷ 변양호는 외환위기 당시 국제금융과장으로서 외채 만기연장 협상을 성공적으로 마무리해, 월 스트리트 저널이 2001년 차세대 리더 15명에 포함시키기도 했던 경제관료 출신이다. 재경부의 최고요직인 금융정책국장을 유일하게 3년이나 했다. 그는 외국

의 투기자본에 맞설 토종자본을 만들자며 2005년에 사표를 던지고, 사모투자펀드를 만들면서 펀드의 이름도 '보고 펀드'로 정했다. 그러나 그가 주도한 외환은행 매각에 비난여론이 나오며 감사원의 감사와 검찰 수사가 진행되었다. 이와 별도로 진행된 현대차 로비 사건에서 수뢰혐의로 구속되었다가 보석으로 풀려났지만, 출국금지 조치를 당해 미국에서의 딸 결혼식에도 불참할 수밖에 없었다. 이때부터 관가에선 '변양호 신드롬'이란 말이 회자되기 시작했다. "나중에 책임질만한 일은 아예 안 하는 것이 상책"이라는 보신주의, "중요한 일을 열심히 했다간 칼 맞는다"며 자조하는 말들이었다. 결국 외환은행 헐값 매각은 1심에서 무죄로 판정되었다. 이젠 정책적 판단에 대한 여론몰이식 수사에 경종을 울릴 필요가 있다(중앙일보, 2009.1.16자).

4) 집권적 조직의 구조적 강압

조직 내의 최상위층에 인사권과 사업결정권, 이윤배당권 등 조직 전체에 큰 영향을 미치는 주요 의사결정권이 집중됨으로써, 조직 내 대다수의 하위계층은 인사상 불이익과 조직성과의 불평등한 배분을 강요당하기 쉽다. 특히 최상위층 몇몇의 '소수에 의한 계획오류'가 대규모의 사업실패를 가져와 부득이 직장의 문을 닫게 되는 경우, 직원들 대부분의 일자리와 생계가 위협받는다.

근무시간, 근무조건 및 근무환경의 열악함을 수정할 수 있는 권한 역시 불행히도 상층부에 집중됨으로써, 하위자들이 이에 불만이 있어도 시정할 수 있는 참여통로가 제도화되어 있지 못하게 된다. 특히 기업조직의 경우는 상층부의 독단적인 무리한 경영전략 및 투자계획이 실패로 귀결될 때, 다수 하위자들의 실업위기가 대두한다.

결국 관료제적 조직구조는 상기한 바와 같이 대량생산이라는 결과를 낳기 위한 과정에서 조직구성원인 개개인의 인간가치와 인권을 크게 훼손시키고, 그들을 기계 부품화시켜 단순한 물적 생산요소로 전락시키기 쉽다. 특히 자기 삶에 지대한 영향을 미치는 조직 내 의사결정과정에서 대다수 하위구성원들의 영향력 통로를 차단함으로써, 조직 내 권력의 불평등을 심화시킨다. 물론 권력의 나눔 없이는 복지의 나눔도 실현되기 어렵다.

3. 조직 인간형의 변화와 조직의 인간적 가치 발견

따라서 우리는 조직을 수단적 가치로만 파악해서는 안 된다. 조직은 공동의 목표를 달성하기 위해 상호 작용하는 '인간 결합체'로서, 사람들이 하루의 일과 중 가장 많은 시간을 보내는 생활터전이기도 하다. 따라서 조직은 보다 '인간화의 장(場)'이 되어야 하고, '인간적 가치'의 실현 또한 무시해서는 안 된다. 결국 조직은 생산의 도구(instruments of production)로서뿐 아니라 인간 상호작용을 위한 맥락(contexts for human interaction)으로서도 발전되어야 한다(Stever, 1993: 242). 따라서 조직구성원들이 인간적 대우 속에 열심히 일할 수 있도록 해주기 위한 관리전략의 변화가 필요하다. 특히 다음과 같은 조직 인간형의 변화는 조직의 인간적 가치를 반영하기 위한 관리전략의 변화 필요성을 더욱 실감나게 하고 있다.

1) McGregor의 조직 인간형

McGregor(1960: 30-34)는 조직인을 X 인간형과 Y 인간형으로 나눈다. 그에 의하면, 조직인은 교육 및 사회문화의 발달로 인해 X 인간형에서 Y 인간형으로 변하고 있어, 이에 적합한 관리전략의 변화가 필요하다.

❶ X 인간형: 산업화 초기의 인간형으로서 근본적으로 게으르고 일하기 싫어하며 책임지기 싫어한다. 그리고 기껏해야 경제적 보상동기에 의해서만 움직인다. 이는 마치 순자의 성악설과 같다. 관리자가

이런 하위자들을 관리하기 위해서는 엄격한 관리·감독을 통한 강압적 통제나 차등 성과급에 의거한 금전적 유인전략이 필요하다.

❷ **Y 인간형**: X 인간형은 교육 및 사회문화 수준의 향상에 힘입은 조직인 스스로의 자의식의 발달로 인해, 다른 인간형으로 대체되고 있다. 새로운 Y 인간형은 일을 하나의 유희(work=play)처럼 재미있어 하며, 맡은 일에 책임감을 느낀다. 또 Y 인간형은 조직의 의사결정에 적극적으로 참여하고 외부통제보다는 자신의 자율적 통제에 의해 움직인다. 특히 금전적 보상동기보다는 자아실현 등 내적 보상동기를 더 중시한다.

Y형의 새로운 인간형에게는 자율적 업무처리 분위기를 조성해 주고, 참여기회를 만들어 주거나, 일을 통한 자아실현의 기회를 베풀어 주는 등 X인간형과는 다른 관리전략이 필요하다.

2) Ramos의 조직 인간형

❶ **조작인**(operational man): 산업화 초기의 조직 인간형으로 배고픔을 면할 수 있도록 일자리를 준 조직에게 감지덕지하는 스타일이다. 이러한 상황에서는 일자리가 곧 복지(welfare)이다. 따라서 이들은 일자리를 제공해 준 직장의 의도와 명령에 따라 쉽게 조작되고 이용될 수 있다. 즉 일자리를 주고 급료를 약간 올려 주면 얼마든지 조직이 의도한 대로 일을 시킬 수 있는 부류이다.

❷ **반응인**(reactive man): 빵만으론 살 수 없고 직장 내 인간관계, 즉 인정감, 소속감 등 사회적 욕구(social need)를 중시한다. 따라서 이 인간형은 조직의 장이 인간적 욕구나 사회적 욕구를 충족시켜 주고 분위기를 만들어 주는 정도에 따라 그에 반응해 작업하는 스타일이다. 즉 조직이 사회적 욕구를 충족시켜 주면 충족된 것만큼 그에 상응하는 일을 하고, 그렇지 못하면 일을 덜 하는 부류이다.

❸ **괄호인**(parenthetical man): 그간 무의식적으로 받아들여 왔던 조직의 강령과 리더의 명령에 그대로 따르는 것이 아니라, 그간의 조직 관행과 너무나 당연시해 온 사고 패턴에 괄호를 치고(bracketing), 의문부호를 던짐(판단중지: suspending)으로써, 조직의 강령과 리더의 명령이 과연 옳은 것인지 그릇된 것인지를 자기의 관점에서 비판적으로 평가한다. 만일 그것이 부당한 명령이고 비윤리적, 비인간적인 지시일 때는 이에 대한 강력한 시정을 요구하는 능동적 스타일의 인간형이다(Ramos, 1972).

제5절 조직의 인간적 가치 실현을 위한 조직인도주의적 관리전략

상기한 바와 같이 최근의 조직 인간형은 자율적인 일처리 분위기를 존중하고 조직운영에 적극 참여하고자 한다. 또 그들은 비인간적인 조직구조의 강압과 비윤리적 조직운영에는 사뭇 저항한다. 따라서 우리는 조직관리의 준거틀을 조직 인도주의(organizational humanism) 이념에 두고, 다음과 같은 인간중심적 조직관리방안을 개발, 실행할 필요가 있다.

1. 직무 재설계(job redesign) 제도

관료제 조직의 분업형태는 더 이상 새로운 인간형의 변화를 담지할 수 없다. 따라서 분업체제에 갇혀 있는 조직구성원들의 직무내용을 어느 정도 변화시켜 줌으로써 조직 인간형의 변화를 수용해야 한다. 즉 직무 재설계가 필요하다.

1) 직무순환(job rotation)

경직된 분업체제가 조직인에게 주는 업무 싫증이나 권태로움을 극복하기 위해, 조직구성원들이 4~6개월을 주기로 조직 내의 여러 일자리를 돌아가며 새로운 일을 해볼 수 있는 다양한 경험을 제공해 분업체제의 문제점을 해소하는 방안이다.[13]

2) 직무확대(job enlargement)

그러나 직무순환은 직무 전문화가 주는 능률성과 신속성의 확보에 문제가 있다. 왜냐하면 어떤 일을 해보다가 금방 다른 일로 옮겨 가야 하기 때문이다. 따라서 그 보완책으로서 직무확대를 고려해 볼 수 있다.

직무확대는 한 조직구성원이 맡고 있는 직무에다가 그와 유사한 직무를 추가시켜 줌으로써, 현재의 직무전문성을 살리면서도 새로운 일을 해 보는 경험도 같이 부여해 주는 방법이다. 이를 통해 조직인은 업무의 권태로움을 어느 정도 해소할 수 있다. 그러나 3D에 해당되는 일에는 이것의 적용이 곤란하다. 하기 싫은 일을 더욱 가중시키는 결과를 낳기 쉽기 때문이다.

3) 직무충실화(job enrichment)

직무충실화는 일을 스스로 자기 책임 하에 수행하고자 하는 조직 인간형을 고려한 직무 재설계의 방법으로서, 직무확대가 일의 범위

---

13) 물론 너무 잦은 직무순환은 직무 전문성과 상충된다. 그래서 승진을 염두에 둔 공무원들의 지나친 순환보직은 경계해야 한다. 여기서는 단순반복적 업무에서 오는 업무 피로도를 줄이기 위한 대안으로 직무순환 제도의 기본취지를 말하는 것이다.

(scope)를 넓히는 것이라면, 이는 일의 심도(depth)를 깊게 하는 것이다.

이것의 핵심은 상급자의 업무 일부를 하급자에게 떼어 주는 것이다. 즉 지금까지 상급자가 짜오던 하급자의 작업량, 작업시간을 하급자가 스스로 짜보도록(plan) 하고 자기가 한(do) 일의 평가(see) 역시 스스로 하게 하는 것으로, 경직된 분업체제와 획일화된 계층제적 통제의 문제점을 동시에 극복할 수 있는 방법이다.

2. 리더십 스타일의 변화: 민주적 리더십, 슈퍼 리더십

조직 인도주의의 실현을 위해서는 리더십 스타일의 변화도 필요하다. 리더십(leadership)과 헤드십(headship)은 분명히 다르다. 헤드십은 이른바 보스(boss) 기질로 대변되지만, 리더십은 민주적 관리자의 모습으로 나타난다. 보스는 불법집단의 두목 같은 지도자지만, 리더는 조직 구성원들이 바라고 존경하는 지도자로 부각된다. 즉 리더는 아랫사람의 의견을 존중하고 그들과의 강한 공감대 속에서 지도성을 발휘한다. 우리가 원하는 것은 보스가 아니라 리더이다.

1) 관료적 스타일에서 협의적 스타일로

흔히 거론되는 관리자의 스타일에는 관료적(bureaucratic) 스타일과 협의적(consultative) 스타일이 있다. 관료적 스타일은 하위자의 업무량과 업무달성시간을 세세히 규정하고 하위자가 이를 잘 수행하는지를 철저히 감독하는 스타일이다. 특히 이들은 의사결정과정에서 하위자의 의견을 받아들이지 않고 독단적으로 결정하는 권위주의적 상사이다.

반면 협의적 스타일의 관리자는 하위자의 의견을 의사결정과정에서 충분히 참조해 결정한다. 특히 이런 관리자는 업무수행과정에서 하위자의 자율성을 충분히 인정해 주는 민주적 리더이다.

계층제적 조직구조의 폐해를 극복하기 위해서는 위와 같이 관료적, 권위주의적 스타일에서 협의적, 민주적 리더십으로의 전환이 요구된다. 즉 조직의 주요결정은 고위층에 의해 일방적으로 결정되게 할 것이 아니라, 집단토론이나 조직구성원의 참여 속에서 이루어지게 해야 한다. 리더의 주요임무는 조직구성원들을 명령이나 처벌의 위협으로 다스리는 것이 아니라, 자발적으로 조직의 목표성취에 최선을 다하도록 유도하는 것이기 때문이다.

2) 분모경영방식에서 분자경영방식의 리더십으로

지금 조직의 리더십은 변화하고 있다. 군림하는 상사보다는 민주적 리더십, 그리고 보다 생산적이고 효율적인 리더십이 단연코 요구된다.14) 앞서 말한 관료적 스타일은 리더십이라기보다는 억압적 성격이 강한 헤드십이다. 하위자의 심정은 고려하지 않은 채 명령 하나로 모든 것을 해결하려고 한다. 따라서 이는 하위자를 밑에 두고 군림하는 분모경영방식이다. 그런데 이런 리더십 하에선 하위자들의 생산성이 높을 수 없어, 저부가가치 리더십이라고 부르기도 한다.

반면 고부가가치 리더십은 하위자의 마음을 움직이게 만드는 변혁적 리더십(transformational leadership)이다. 그들에게 힘을 주고 스스로 움직이게 한다. 그 다음은 힘을 합해 문제를 해결하도록 후원한다. 여기서 자연히 생산성이 높아진다. 이게 바로 분자경영방식의 리더십이다.

3) 셀프 리더십, 슈퍼 리더십

21세기의 조직은 리더보다 유능한 하위자들이 이끌어간다. 이제 리

---

14) 한 회사의 자체조사에 의하면, 신세대 직장인들은 불도저형, 올빼미형, 오리발형, 골목대장형 스타일의 상사를 싫어하는 대신, 자기계발형, 미래비전형, 친형님 같이 자상한 리더를 선호한다.

더들은 리더십 환상에서 벗어나 조직성패의 열쇠를 쥔 하위자들의 잠재력을 이끌어내기 위해 자기 계발에 입각한 팔로우십(followship)을 창출해 내야 한다. 이를 위해 그들의 잠재력이 조직에서 발휘될 수 있도록 권한을 부여해 주어야 하고, 또 그들이 자신을 스스로 리드할 수 있는 셀프 리더(self leader)가 되도록 육성해야 한다. 이처럼 하위자들을 셀프 리더로 만드는 리더가 바로 슈퍼 리더이다(양창삼, 1997: 59-61).

표 3-4 글로벌 CEO가 말하는 리더십의 비결

이 름	직 함	리더십의 비결
A.G. 래프리	P&G(생활용품회사)의 CEO	주어진 대화시간의 2/3를 듣고 그 질문에 답하는데 사용
칼리 로니	더놋(잡지)의 공동창업자 겸 최고 편집자	조직을 이끄는 것은 육아와 비슷하다. 아이들이 커가면서 어느 정도 포기해야 하는 것처럼 조직에 대해서도 포기할 것은 포기해야 한다. 조직 스스로가 움직여 나가는 논리를 부정하지 말라
테리 룬트그렌	페더레이티드(유통업체) CEO	열심히 남의 말을 들은 뒤에는 무엇을 해야 할지 신속히 결정을 내린다
케빈 세러	앰진(의약품제조업체) CEO	새 일을 하는 것은 무서운 것이지만, 그 위험의 최전선에 자신을 내던져 모험을 감내하라
캐럴 바츠	오토데스크 CEO	자신을 너무 진지하게 만드는 것은 가장 잘못된 행위이다
스탠리 오닐	메릴린치 CEO	고결함을 잃지 마라. 사랑과 두려움보다는 존경의 대상이 되라
빌 졸러스	옐로 로드웨이 CEO	실패라는 단어에 친숙해야 한다. 새것을 시도하는 두려움을 없애라
행크 폴슨	골드먼삭스(투자은행) CEO	내가 저지른 실수를 얘기하는 것으로 대화를 시작한다
폴 택리어뷰	전미 풋볼리그 커미셔너	미래는 결심에 따라 그 모양이 바뀐다

출처: *Fortune*; 중앙일보, 2005.12.6자 E1면.

슈퍼 리더가 되기 위해서는 앞의 〈표 3-4〉에서 보듯이, 리더는 귀다운 귀를 갖고 하위자들의 업무계획과 고충사항을 적극 경청해 주어야 한다. 그리고 하위자들이 새로운 도전과 계획을 추진하는 것에 대해 두려움을 갖지 않도록 실패할 자유(freedom to fail)를 듬뿍 보장해 주어야 한다. 또 그들에게 자신감을 부여해 주는 등 고결함을 잃지 않고 입다운 입으로 말할 줄도 알아야 한다.15) 이를 위해선 하위자들도 상사의 리더십을 평가할 수 있는 다면평가제 같은 제도를 신중하게 운용해 볼 수 있다. 단, 다면평가제가 상사에 대한 하위자들의 여론재판식, 인기영합 식 제도로 변질되어선 안 된다. 어디까지나 상사들이 리더로서의 자신의 역할에 대해 성찰하고 부족한 부분을 메워나갈 수 있는 기본 성찰자료로 평가결과를 활용하도록 적극 유도해 나가야 할 것이다.

하위자들 또한 셀프 리더가 되기 위해선 나름대로의 팔로우십을 개척해야 한다. 즉 자기계발에 대한 스스로의 열정과 조직구성원으로서의 제대로 된 역할정체성을 지닐 때만, 스스로가 셀프 리더가 될 수 있

표 3-5 불량직원 유형 7가지

항상불만형	조직의 경영이나 제도변화에 대해 습관적으로 불만 표출
임시체류형	틈만 나면 더 좋은 직장으로 이직을 꿈꾼다
유아독존형	능력은 있지만 지나치게 과도한 욕구로 주변을 지치게 함
마찰회피형	언제 어디서나 마찰과 갈등을 피하고 리스크를 거부함
좌충우돌형	항상 부지런하고 분주히 일하지만 뚜렷한 목표의식 부재
무임승차형	동료, 하위자의 열정·헌신으로 이뤄낸 결과를 가로챔
홈런타자형	한방에 끝낸다는 식의 사고로 무리수를 둠

출처: LG 경제연구원 발간 문건에서 참고.

---

15) 여기서 우리는 한자어 성(聖)이 귀다운 귀(耳)+입다운 입(口)＝남을 다스릴 수 있는 사람(王)을 의미하는 말로 구성되어 있음을 다시금 되새길 필요가 있다.

고 슈퍼 리더를 만날 수 있는 확률도 그만큼 높아진다. 그런 점에서 〈표 3-5〉에 소개된 불량직원 유형은 조직구성원의 사기 저하 및 조직력 붕괴를 초래할 우려가 높으며, 이들에겐 불행히도 슈퍼 리더를 만날 수 있는 기회가 쉽게 마련되지 않을 것이다.

4) Theory E에 의한 관리

하위자들을 셀프 리더로 만드는 슈퍼 리더가 되기 위해서는, 관리자들이 Stewart 여사가 제안한 'Theory E에 의한 관리'를 음미할 필요가 있다. 즉 i) envision(조직구성원들을 조직비전을 함께 창출해 나가는 동조세력으로 키운다), ii) educate(단순한 훈련단계를 넘어 교육을 통해 스스로 의사결정할 수 있는 지식과 능력을 부여한다), iii) eliminate(임파워링에 방해되는 요소를 관리자가 앞장서서 제거한다), iv) enthuse(감정적 부추김을 통해 열정과 희망을 불어넣는다), v) equip(경력개발의 제반 여건을 조성해 준다), vi) evaluate(잠재력과 성과에 대한 공정한 평가를 한다) 등의 관리기능이 필요하다(김세영, 1996).

3. 복지 타임의 부여와 조직 내의 자율적 풍토조성

1) 복지타임(welfare time)의 부여

조직구성원들은 조직이 부여하는 공식적 내규의 강제적 준수 요구로 인해, 불가피한 개인사정에도 불구하고 조직에 갇힐 수밖에 없다. 그러나 그는 조직구성원이기도 하지만 한 가정의 가장이기도 하고 지역사회의 일원이기도 하다. 이때 그에게 가장 필요한 것은 불가피한 사유가 있을 때 직장을 다니면서도 집안일과 지역사회의 일도 약간은 병행할 수 있는 시간적 여유일 것이다. 따라서 조직이 그에게 시간을 부여해 주는 것은 하나의 복지 서비스를 주는 것과 같다. 이른바 복지 타임인 것이다. 서구에서는 복지 타임의 부여 시 유급휴가제(paid work absence)

를 시행한다(Esping-Andersen, 1990: 153-157). 그만큼 조직구성원의 인간적 가치를 중시해 주는 것이다.

2) 조직 내의 자율적 풍토 조성: 자유재량권과 실패할 자유의 부여

관료제 조직의 조직구성원들은 그들의 창의적, 적극적 행동을 가로막는 각종 규칙과 규정이라는 덫에 걸려 있다. 이들에게 자율적 판단을 하게 하면 절반의 시간으로도 맡은 업무를 충분히 달성할 수 있는데도 말이다.

이런 맥락에서 공무원들에게 확실한 사명의식을 불어넣어 주고 최소한의 제약만 가함으로써 이들을 다시 태어나게 할 필요가 있다(Osborne & Gaebler, 1992: 25-32). 즉 그들이 스스로 적절하다고 생각하는 방식으로 일을 하도록 자유재량권을 부여하는 것이다.

창의적 능력을 증진시키기 위해 요구되는 또 하나의 자율적 여건조성전략은, 공무원들이 주체적으로 일하도록 하기 위해 실수를 허용해 주는 것이다. 즉 실패할 자유(freedom to fail)를 부여해 주는 것이다. 이는 실수를 두려워 해 공식적 구조를 내세우며 책임회피식 행정을 조장하는 종래의 소극적 자세보다는, 주체적, 자율적으로 일하게 하는 것이 가져오는 장기적 성과와 수익을 중시하는 고도의 인간관리전략이라고 할 수 있다.

4. 조직 내 분권화의 제도화

정부조직이 상명하복의 집행력을 구사하긴 해야 하지만 상부의 지나친 관여는 하부조직에 의해 거부감을 불러일으키고 참여와 창의성의 발휘에 소극적이게 한다. 따라서 집권적 조직의 병폐를 치유하기 위해선 다음과 같은 인식전환이 필요하다.

1) 전결권의 하향화

권한배분과 간섭배제 등 실질적인 조치를 통해 업무의 자율성을 부여해 주는 것이 필요하다. 결재권의 상위자 과다집중 현상과 승인, 보고업무(paper work)의 과다로 인해 행정의 민주성, 능률성, 적시성이 크게 저해되고 있으므로, 실무자에로의 대폭적인 권한위임을 통해 민주행정과 책임행정을 구현하게 해야 한다.

2) 적정범위 내에서의 공무원 단체활동 허용

공무원 단체활동도 적정범위 내에서 인정되어야 한다. 실적제와 공익을 크게 해치지 않는 범위 내에서 공공성이 비교적 약한 직종, 직급부터 단체활동을 적극 보장해 줄 필요가 있다. 특히 반복적 일상업무를 수행하는 하위직 공무원들은 자기 의사를 정책과정에 반영하거나 근무여건

표 3-6 관료제 조직의 구조적 강압요소와 조직 인도주의적 관리전략

관료제 조직구조	조직인에 대한 구조적 강압요소	조직 인도주의적 대안
분업화	- 훈련된 무능인 - 기계 부품화, 붙박이 취급, - 물상화(物象化)	직무확대, 직무충실화
계층제	- 옥상옥(屋上屋), 시간 지체 - 신분상 주-종관계가 초래하는 비인간화(인치〈人治〉, 갑질 관행, 상사 모시기 문화), 인간소외	리더십 스타일의 변화 (민주적 리더십, 슈퍼 리더십) 다면 평가제
공식화	- 십인일색(十人一色) - SSKK 등 영혼 없는 공무원 양산 - 문서주의 양산 - 창의성, 재량권의 단절	복지타임 허용 자율적 조직풍토 조성 실패할 자유 부여
집권화	- 의사결정권, 성과배분의 불평등 - 조직 내 민주화 지연 - 소수의 계획 오류가 낳는 고용위기	전결권 하향화, 노조활동

에 대한 요구를 표현할 수 있는 적절한 방법이 없으므로 적정범위 내에서 단체활동을 할 수 있도록 단체교섭권까지는 허용할 필요가 있다.

제6절 조직인의 효율적 통제 및 유도를 위한 행정관리전략

관료제 조직구조의 수단적 가치만 고집하다 보면 조직의 인간적 가치는 크게 훼손될 우려가 있다. 따라서 지금까지 관료제 조직의 구조적 강압을 치유하기 위해, 조직인도주의적 가치를 중심으로 한 조직관리 방식을 찾아보았다.

그러나 조직의 수단적 가치와 인간적 가치는 서로 적절히 조화를 이룰 때만 비로소 의미가 있는 것이다. 특히 모든 조직구성원이 이러한 인간적 가치를 보호받을 만큼의 바람직한 성향을 다 보여주는 것도 아니다. X 인간형과 조작인, 반응인적 유형의 조직인들은 지금도 여전히 많다.

이런 측면에서 조직구성원들을 조직목표 달성에 합리적으로 연결시키기 위해 통제, 감독, 유도하는 또 다른 차원의 조직관리방식도 중요하다. 조직목표 달성 차원에서 조직인들의 효율적 통제 및 유도를 위한 행정관리전략을 강구해 보자.

1. 관리통제

관리통제는 정책집행이 당초 기획한 바대로 행해지고 있는지 그 여부를 확인하고 기획(구상)과 시행 간의 차이를 시정하는 관리활동을 말한다.

종래엔 관리통제의 개념을 하부직원에 대한 지시, 감독으로만 인식한 나머지, 하위자에 대한 관리통제를 기록의 옳고 그름의 검토나 부정, 과실의 발견 및 방지에만 한정해 왔다. 그러나 이는 소극적 통제에 불과하며, 향후의 통제활동은 적극적이고 광범위한 분야에 걸친 관리활동으로서 행해져야 한다.

따라서 관리통제의 중점이 수단적 절차의 적부(適否) 문제로부터 '목표달성의 적합성 여부'를 판단하는 쪽으로 옮겨가야 한다. 여기서 주의할 점은 관리의 효과적 전개가 단순히 통제의 강화에 있는 것이 아니라 관리의 순환과정을 유효하게 매듭짓는 것이 통제의 순기능이라는 점이다(박연호, 1994: 571-572). 바로 이런 점에서 기획과 통제는 상호 연관되는 개념이다.

2. 의사소통의 활성화

의사소통(communication)은 조직 내 개인이나 집단들이 상호간에 사실, 감정이나 의견을 전달하고 교류하는 것을 의미한다. 의사소통은 분화된 많은 조직단위를 조정, 통합하고, 또 많은 조직구성원의 개별행위를 협동적인 것으로 유도, 전환시키기 위해 요구된다.

의사소통에는 상의하달 방식과 하의상달의 방식이 있다. 상의하달적 의사소통은 상관이 그의 의사를 하급자에게 전달하는 것을 말한다. 이에는 명령(지시, 훈령, 지령, 규칙)과 일반 정보제공(편람, 핸드북)이 있다. 한편 하의상달에는 보고, 면접, 의견조사 등이 있다. 여기서 특히 의견조사는 조직구성원들의 직무불만 원인을 규명하는 데 효과적으로 이용할 수 있다(박연호, 1994: 428-430).

의사소통 시 중요한 점은 상의하달이든 하의상달이든 일관성이 있어야 한다는 점이다. 특히 처음의 명령과 나중의 명령이 달라선 안 된다. 또 의사소통은 적정량을 유지해야 한다. 메시지가 너무 많거나 너무 적은 경우엔 피전달자의 이해를 방해한다. 의사소통은 현실에 합치하기 위해 융통성도 있어야 한다.

3. 갈등의 순기능 관리

조직관리적 측면에서 보면 갈등(conflict)은 희소자원의 배분이나 업무의 불공평한 배분 또는 조직인들 간의 처지와 가치관 및 사실인지 등의 차이를 원인으로 해, 개인, 집단의 심리와 행동 면에서 일어나는 대립적 상호작용이다.

과거에는 조직이 뭔가 잘못 운영되기 때문에 갈등이 발생하므로, 갈등을 불필요하고 해로운 것으로 보고 이를 무조건 빨리 제거하려고 했다. 그러나 현대적 관점은 조직 내의 갈등은 조직의 구조·목표·가치의 차이로 인해 불가피한 것이며, 때로는 조직을 활성화시키는 조직혁신의 수단이 되기도 하므로 조직관리에 꼭 필요한 것으로 본다.

과거와 같이 강압이나 상사의 명령이라는 논리로 갈등의 당사자들을 강제적으로 누르는 것보다는, i) 공동이익의 강조를 통한 갈등완화, ii) 상위목표 제시, iii) 협상, iv) 대면적 해결, v) 구조적 요인의 변화를 통해 갈등의 순기능을 적극적으로 살리는 쪽으로 조직인들을 유도해 갈등을 해소해 나가는 효율적인 행정관리전략이 필요하다.

4. 행정조정

조정(coordination)은 동일한 목적을 향해 행해지는 모든 부분적 활동을 종합적으로 조화시키는 작용, 즉 공동목적을 달성하기 위해 행동의 통일을 유도하며, 그것을 바탕으로 집단 간의 노력을 질서정연하게 배열하는 과정이다. Terry는 이러한 맥락에서 조정을 목표를 달성하기 위해 적정한 업무량과 적정한 업무시간을 설정하고 집행결과의 지시를 통일적으로 제공하기 위한 질서정연한 노력의 동시화(同時化)라고 정의하고 있다.

조정은 어떻게 할 때 효과적으로 이루어지는가? Newman은 조정의 방법으로서 다음의 4가지를 제시한다(유종해, 1995: 457-460에서 재인용).

첫째, 조직의 간소화 전략으로서, 예컨대, 조정을 촉진시킬 수 있도록 상호관련된 업무를 한 부서에 모으는 방법, 담당업무와 책임소관을 명확히하는 방법이 있다.

둘째, 운영계획방침의 통일전략으로서, 예컨대 계획이 서로 배치되지 않고 적절히 조화되도록 상호간 조화와 일관성을 유지하고, 적절한 시간을 책정하는 방법이 있다.

셋째, 의사전달방법의 적정화 전략으로서, 예컨대 일상 업무서류의 원활한 소통, 보고문서의 전달을 신속하게 하는 방법이 있다.

넷째, 전체적 통일과 균형을 위한 감독자의 억제, 보충, 중재전략이 있다.

5. 조직구성원의 혁신적 사고 활성화

공무원들의 혁신적 사고능력 개발 역시 조직의 목표달성을 위해 관리자가 신경 써야 할 행정관리전략의 하나이다. 공직이 안일하게 밥을 얻어먹을 수 있는 편한 자리가 아니며, 종합행정을 다루는 프로듀서형

공무원으로 살아남기 위해서는 창의적이고 의욕적으로 일해야만 한다
는 혁신적 사고능력의 중요성은 백번 강조해도 지나침이 없다.

특히 오늘의 지방화시대, 무한경쟁시대에서는 혁신적 사고능력이 강
한 공무원들이 요구된다. 따라서 관리자들이 솔선해서 그 모범을 보임
으로써 하위자들이 혁신적 사고를 갖게 하는 것은, 조직 전체의 혁신과
창의성의 개발에 있어 매우 유효한 전략이다(Osborne & Gaebler, 1992:
271-272).

제7절 조직의 정보관리와 사무관리

행정에 있어 정보와 사무의 관리는 매우 중요하다. 실제로 정보와 사
무는 조직, 인력, 예산과 같이 행정목표의 달성을 위한 요소별 자원의
하나로서 최근 중시되고 있다.

따라서 양자는 조직론 분야와는 별도로, 즉 인사행정, 재무행정과 동
급으로서 별개의 장으로 논의되는 경우가 많다. 그러나 조직이 수단적
가치로서의 제기능을 다하도록 하기 위해서는 정보관리와 사무관리를
조직의 설계 및 운영과 연계해 논의하는 것이 더 바람직하다고 생각한
다. 조직은 목표달성에 요구되는 각종 '정보의 결집장소'이며, 그러한
조직 내 '업무의 기본단위'가 바로 사무이기 때문이다. 정보와 사무의
효율적 관리는 조직의 실제운영에 있어 매우 긴요한 것이므로, 이 책에
선 조직의 운영과 관리라는 측면에서 이 영역을 다루고자 한다.

1. 조직의 정보관리와 MIS

모든 조직은 항상 환경변화의 영향을 받는다. 따라서 조직은 수시로 환경변화에 대한 올바른 정보를 얻어 이에 적절히 대응해야 한다. 한편 정보(information)는 특정사실이나 상황에 관해 전달되거나 전달받은 지식을 말하며, 혹은 의사전달, 각종조사 등을 통해 얻은 지식을 뜻하기도 한다.

현대사회를 정보화사회라고도 부른다. 따라서 조직의 정보관리는 현대의 조직운영에 있어 매우 중요하며, 사용목적에 맞게 최대한의 효과를 가져올 수 있도록 잘 관리되어야 한다(유종해, 1995: 463).

정보화사회가 될수록 조직 내 정보관리의 중요성은 커진다. 특히 21세기의 지식자본주의 시대에서는 지식경영방식(knowledge management)을 도모해야만 성공한다. 지식경영방식은 모든 조직구성원이 업무와 관련해 알게 된 실천적 지식(working knowledge)들을 조직 차원에서 축적, 저장하고 이를 타 구성원과 공동 활용함으로써 조직의 경쟁력을 극대화하는 경영기법이다.

물론 이것이 성공하려면 조직의 정보화와 조직 내 정보망 구축이 기본이다. 현재 우리도 종합 행정전산망 구축을 통해 이에 적극 대응하려고 하고 있다. 단 정보관리의 중요성에 대한 공무원의 인식도가 낮아 문제이다.

따라서 좋은 정보의 생산, 획득과 더불어 정보 및 기록자료의 효율적인 보존이 요망되고, 전체 공무원의 정보 관리자화가 필요하다. 우리는 이를 위해 관리정보체제(MIS: Management Information System)를 적극 활용해야 할 것이다. 관리정보체제는 조직의 내부와 외부환경에서 발생하는 모든 정보자료를 컴퓨터를 활용해 부문정보로 통합 처리하고, 조직구성원, 특히 관리자들의 의사결정에 필요한 정보를 적절하게 제공해 주는 정보체계를 말한다.

2. 조직의 사무관리

현대사회에 있어서는 어느 조직이든지 환경과 기술의 변화에 적응하기 위해 사무량이 끊임없이 늘어나고 있다. 그런데 사무직원의 생산성 향상속도는 매우 느리기 때문에, 증가하는 사무량을 사무인력의 증원으로 대처하고 있는 실정이다. 그러나 그것마저도 인건비 상승 등의 이유로 한계에 부딪히고 있다.

따라서 관리자들에게는 조직 전체적으로 사무능률을 높이고 사무를 개선해야 하는 절실한 문제가 놓여 있다. 더욱이 정보통신기술의 발달로 사무자동화(automation)가 지속되면서 사무관리의 중요성은 더욱 부각되고 있다.

사무관리는 주로 사무분담,16) 사무량 측정, 표준시간 산정 등의 사무분석, 사무수행방침 결정과 사무절차 표준화 등 사무기획, 문서관리, 사무소 관리, 근무시간 관리 등을 그 내용으로 한다.

사무관리는 이처럼 조직의 목적을 달성하기 위해 조직업무의 기본단위인 사무를 가장 효율적으로 관리하는 것이다. 특히 사무관리는 다른 모든 관리기능들이 잘 되도록 도와주는 업무관리적 성격이 강하다. 또 컨베이어 벨트처럼 조직의 제 활동을 조정·통합해 주는 신경계와 같은 것으로서, 조직 내의 의사전달과 의사결정을 위한 정보관리와 밀접하게 관련되어 있다.

---

16) 사무는 활동내용에 따라 여러 가지로 분류되는데, 정보관리단계에 입각해 그 내용을 살펴보면, i) 정보의 생산: 기록, 속기, 타자, 인쇄, 복사, 녹음, 녹화, ii) 정보의 계산과 분석: 계산, 회계, 해석, 확인, iii) 정보의 유통: 통신(우편, 전화, 팩스), 의사전달(지시, 보고, 회의), iv) 정보의 보관과 정리: 포장, 제본, 보존, 폐기, 분류, 화일화 등이다.

사무관리를 직접 담당하는 사무관리자는 물론 최고관리자를 비롯한 주요 조직관리자들이 사무관리의 중요성을 인식하고, 조직의 발전을 위해 이 분야를 보다 전략적으로 적극 활용해야 할 것이다(민진, 1995: 546-557).

제8절 조직환경의 변화에 따른 새로운 조직의 설계와 학습조직의 중요성

모든 조직은 정도의 차이는 있으나 환경에 의존하고 있다. 특히 관리자들은 그 의존성에 의해 불확실성(uncertainty)을 느끼게 되고, 자신이 이를 제거할 수 없기 때문에 가급적이면 불확실성을 감소시킬 수 있는 방안을 선택한다. 그 방안 중의 하나가 바로 환경의 불확실성에 잘 대처할 수 있도록 조직구조를 재설계하는 일이다.

불확실성이 높으면 급속한 변화에 적응할 수 있도록 조직을 유연하게 설계하고, 불확실성이 낮으면 가장 능률적이고 고도의 관리통제를 가능하게 하는 조직구조를 선택한다. 전자는 유기적 조직형태, 후자는 기계적 조직형태라고 부른다(박경원·김희선, 1998: 131-132).

환경의 불확실성 속에서 조직이 택하는 전자의 대표적 예로는 태스크 포스(task force), 매트릭스(matrix) 조직, 네트워크 조직(network), 팀(team) 조직 등 소규모의 평면조직들이 있다.

환경이 변하면 그에 적합한 환경에의 적응능력을 갖춘 새로운 유형의 조직들이 요구되는 것은 당연하다. 특히 현재와 같이 급진적·혁명적으로 이루어지는 조직환경의 대변화는 조직화의 새로운 논리(new logic of organizing)를 중시한다.

21세기의 조직으로서 '학습조직'화 관점이 강하게 요구되는 것은 바로 이런 연유에서이다. 현재 조직이론가들은 지식정보화 시대의 조직 모형을 탐색하려는 문제의식에서 출발해 관료제 모형의 대안으로서, 불확실한 환경에 요구되는 조직의 기억과 학습의 가능성에 주목하고 이를 강조하는 학습조직을 주창하고 있다(이종수·윤영진, 2005: 375).

학습조직(learning organization)은 모든 조직구성원들이 스스로 새로운 지식의 창조, 획득, 공유를 통해 언제라도 새로운 환경에 적응할 수 있도록 부단히 자기 변신을 꾀하는 조직이다. 즉 조직 전체 차원에서 지식이 창출되고 이에 기초해 환경 적응력과 경쟁력을 증대시켜 나가는 조직이다(박경원·김희선, 1998: 323). 급격한 조직기술의 변화로 인해 이전에 습득한 지식과 정보가 눈 깜짝할 사이에 진부해지는 오늘의 정보화 사회 측면에서, 또 불확실한 환경에 능동적으로 대처해 성공적 조직이 되기 위해서는, 이제 조직 차원의 학습능력 제고는 필수적이다.

인사행정

제1절 인사행정의 개념과 그 행정과정적 함의

　인사행정(public personnel administration)은 정부 활동에 필요한 인적 자원인 공무원들을 잘 뽑아 이들이 각자의 공직을 잘 수행하도록 여러 측면에서 효율적으로 관리하고 도와주는 행정과정이다.

　좋은 행정이 이루어지기 위해서는, 국민의 뜻을 잘 헤아리고 이를 충실히 받들겠다는 강한 의지와 그것을 행동으로 옮길 수 있는 능력을 가진 사람들을 잘 선별해 국정대리인으로 충원해야 할 것이다. 또 이들을 각자의 적성과 능력에 맞게 적재적소에 배치하고, 그들이 항상 공직에 대한 직업적 긍지를 갖고 열심히 공직을 수행할 수 있도록 근무여건을 잘 조성해 주어야 한다.

　공직에 대한 의지와 능력을 갖춘 인재들이 공직에 많이 들어오게 하는 충원(recruiting)의 문제와, 또 이들 인재(人材)가 혹여나 인재(人災)를 일으키지 않고 입직(入職) 당시 품었던 푸른 꿈을 계속 유지하며 공직을

소명(calling)으로 인식하도록 교육시키고 근무여건을 잘 마련해 주는
등 인력관리에 만전을 기하는 문제(retention)는, 좋은 정책집행을 가능
하게 하기 위한 행정의 내부관리 차원에서 대단히 중요한 함의를 지닌
다. 인사(人事)가 만사(萬事)라는 얘기가 있듯이, 그만큼 '사람' 변수가
중요한 것이다.

제2절 좋은 인사행정의 대전제

좋은 인사행정이 되기 위해서는, 무엇보다도 유능한 젊은 인재들이
공직사회에 많이 들어와 공직을 평생의 가치 있는 직업으로 생각하며
장기간 직무에 충실함으로써 맡은 일에 전문가가 되게 하는 것이 우선
적으로 필요하다. 그렇다면 이를 제도적으로 확보해 주는 좋은 방법은
무엇일까?

1. 직업공무원제도의 정착요건

직업공무원제(career civil service system)는 젊은 나이에 공직에 들어
와 정부에서 근무하는 것을 보람 있는 하나의 생애직(生涯職; a life work)
으로 생각하며, 노동능력이 있는 동안의 전 생애를 공무원으로 보내도
록 하는 인사제도이다(Nigro & Nigro, 1986). 여기서 생애직의 의미는 단
순하게 일생을 공직에서 보내는 것이 아니라, 공직생활을 명예로운 것
으로 여기며 일생을 보람있게 공직에 바치는 것을 뜻한다. 즉 특별한
하자가 없는 한 정년을 보장해 준다는 그런 소극적 의미가 아니라, 투

자할 만한 가치가 있고 보람이 있기에 자신의 일생을 거는 의미 있는
직업(meaningful job)이라는 적극적인 뜻을 담고 있는 것이다.

그런데 공직을 하나의 생애직화 하려는 직업공무원제도가 올바르게
정착되려면, 다음과 같은 인력관리의 원칙들(principles of staffing)이 잘
지켜져야 한다.

1) 공직에 대한 높은 사회적 평가

직업에 귀천은 없지만, 그래도 공직에 대한 사회적 평가가 높아야만
젊고 우수한 인재들이 공직에 많이 몰려들 수 있다. 그렇게 되기 위해,
정부는 사회가 여전히 공직을 높게 평가해 주리라고 안이하게 믿고 막
연히 앉아서 기다려서는 안 된다.

그간 우리 사회에서 공직은 높은 사회적 평가를 받아 왔다. 이른바
'벼슬문화'가 상징하는 관존민비식 사고에다가 민간기업의 미발달로 인
해, 공직은 특히 좋은 취직자리로 여겨져 왔다. 그러나 최근 공직사회
의 구조화된 부정부패에 대한 사정(司正)의 칼날과 사회적 지탄, 또 상
대적으로 발전해 가는 민간부문에서의 일의 진취성과 역동성이 알려지
면서 공직에 대한 사회적 평가가 다소 낮아진 것 또한 사실이다.

표 3-7 민간부문과 비교한 공직생활 장점에 대한 공무원 응답 (단위: %)

신분 보장	노후생활 보장	사회적 지위	업무처리 권한	업무 생산성	승진 가능성	환경변화 대응력	후생 복지	이직 수월성
76.4	59.6	54.3	36.5	38.3	31.7	28.4	26.3	25.9

출처: 함종섭·이남국·한창섭(2010: 264).

실제로 위의 표에서 보듯이 공무원들은 직업만족도 조사에서 신분보
장, 노후생활보장, 사회적 지위 순으로 공무원에 유리한 요소라고 답했
다. 반면 환경변화 대응력, 업무 생산성, 보수수준, 이직 수월성 등에서

는 민간기업이 크게 유리하다고 답했다. 이는 공무원 직업이 직업안정성 면에서는 유리하지만, 일의 결과물 등 대외적 평판에선 낮은 점수를 받고 있음을, 또 직업적 처우 면에 적잖은 불만이 있음을 드러낸다.

이처럼 낮아져 가는 사회적 평가를 높여 공직을 경쟁력 있는 직업으로 전환시키기 위해선, 본래 공직에 내재된 국가발전의 길잡이로서의 소명을 되새겨 상실한 인기를 정부가 스스로 만회하는 길밖에 없다. 또 적절한 보수체계와 근무여건 마련 등 '내부고객이론'에 준거해 '신명나는 일터'를 갖추어 주는 것도 중요하겠다.

2) 젊고 유능한 인재의 채용

직업공무원제가 정착되려면, 공직시험의 응시상한연령을 두어17) 젊은 사람들이 우선적으로 채용되게 해야 한다. 학교를 갓 졸업한 유능한 젊은 사람들을 채용해 일생을 공직에 근무하게 하면서 실적에 따라 높은 상위직까지 승진하게 해 소관분야의 전문가가 되도록 도와주는 절차가 반드시 마련되어 있어야 한다. 이럴 때 공무원은 근무의욕이 높아지며 공직을 생애직으로 여기게 되고, 직무 전문성도 높아져 국민에게 질 높은 서비스를 제공할 수 있다.

---

17) 최근 고용불안 시대를 맞아 공직시험 지원자가 대폭 늘어나자 2009년부터 공무담임 균등권 차원에서 경찰, 군무원, 소방직 등을 제외한 여타 공무원 직종에서 공직시험 응시 상한연령 제한을 자꾸 폐지하고 있는데, 이는 한번쯤 재고해보아야 할 사안이다. 공직시험 응시자들 개인적으론 국민 모두가 공직취임 기회를 평등하게 갖는 것이 좋을 것이다. 이것저것 해보다가 잘 안 되면 늦은 나이에도 공직시험만 잘 보면 공무원이 되는 길이 열려 있기 때문이다. 하지만 지나치게 나이가 들어 공직에 입문하는 것이 당장의 조직 내 위화감 조성이나 오랜 시간이 걸리는 공직 전문가의 양성 측면에서 과연 바람직한지 다시금 생각해 보아야 할 문제이다. 이에 대한 자세한 논의는 이도형(2019: 61)을 참고할 것.

3) 능력발전의 기회제공

승진, 전보(轉補), 교육훈련을 통한 능력발전의 기회가 공정하게 주어져야 한다. 즉 근무능력이 우수한 자에게 승진기회를 우선 부여함으로써 직무 만족감을 충족시켜 주어야 한다. 또 재직자 훈련을 통해 능력과 소질을 지속적으로 개발할 기회를 골고루 주어야 하며, 자질과 적성에 맞는 직책을 담당하도록 합리적인 직무배치와 적절한 시기의 인사이동이 가능해야 한다. 이러한 제도적 장치가 구비되고 제대로 운용되어야만 유능한 사람들이 공직을 선호하고 장기간 근무할 수 있다.

4) 보수체계의 적정화

인간은 비교의 동물이다. 그렇기에 Bradshaw는 인간의 사회적 욕구 중 하나로서 상대적 결핍(comparative need)을 중시한다. 이는 타인은 무엇을 받은 데 비해 나는 그것을 받지 못했을 때 나타나는 것으로서, 평등성의 문제를 야기하는 주요지표이다. 니드 자체의 식별보다는 이러한 비교기준에 의한 사람들 간의 비교평가가 급여수준의 결정이나 여타 할당(allocation)의 결정에 더 많은 실질적 의미를 준다는 것이다(Clayton, 1983: 223-224). 공직이 생애직이 되려면, 노동력에 상응하는 대가라는 차원에서 보수가 현실화되어야 한다. 특히 민간부문 보수와의 균형이 적정선에서 유지되어야 한다. 그렇지 않으면 유능한 사람들이 공직에 모이지 않고 공직을 떠나며, 공직사회의 부정부패가 심해진다.

5) 연금제도의 내실화

연금제도도 내실 있게 운영되어야 한다. 공직이라는 한 우물을 파고 정년퇴직해도, 여생을 걱정 없이 보낼 수 있는 노후소득 보장장치가 견실해야만 재직 중 안심하고 공직에 종사할 수 있고, 공직의 생애직화가 가능해진다.

6) 인력수급계획의 정립

유능한 사람을 적시에 공급하고, 무능인은 퇴출되게 하는 직급별 정년제와 명예퇴직제 등 장기적 인력수급계획과 적정한 정원관리 방안이 강구돼야 한다.

2. 실적주의(merit system)의 제도화

직업공무원제가 탄력적으로 운영되지 못하고 지나친 신분보장과 폐쇄적 임용이 난무할 때, 공무원집단은 보수화, 관료주의화할 우려가 있다. 그렇게 되면 공직의 분위기가 침체되며 업무의 질적 저하도 초래된다.

직업공무원제도의 이런 폐단을 막기 위해선 직업공무원제라는 큰 틀은 유지하되 공무원이 그 안에서 선의의 경쟁을 하도록 적극 유도하고 그 결과물인 개별 실적에 따라 차별적으로 평가되고 보상을 받는 적극적 유인장치가 필요하다. 특히 우리의 부정적 문화유산인 연고우선주의 문화와 낙하산 인사 등 그릇된 인사관행을 없애기 위해서도 하나의 인사정책기조로서 실적주의가 제도화될 필요가 있다.

1) 초기의 인사행정관: 엽관주의와 정실주의

실적주의라는 현대적 인사행정관이 성립되기까지는 많은 관념적 변화가 있었다. 여기서는 먼저 근대 자유주의국가 이후에 나타났던 엽관18)주의(spoils system)와 정실주의(patronage)를 살펴보기로 하자.

양자는 공직의 임면(任免)을 개인의 능력·자격과 시험·근무성적에

---

18) 엽관(獵官; spoils)은 본래 전리품(戰利品)을 의미한다. 즉 선거에서 승리한 정당이 모든 관직(官職)을 자기들 마음대로 처분할 수 있는 하나의 전리품으로 본다는 것이다. 따라서 승리한 정당은 선거에서 패배한 정당의 소속원들을 정부에서 몰아내고 자기 정당의 당원들을 관직에 임명할 수 있다는 것이다.

두는 것이 아니라 정당관계나 당파성 내지는 인사권자와의 개인적 충
성, 혈연, 지연, 학연 등 개인의 귀속적 친분성(ascriptive affinity)을 기
준으로 하는 제도를 말한다(Van Riper, 1958). 두 제도는 공직임용이 실
적 이외의 요소에 의해 행해졌다는 점에서는 다를 바가 없다. 그러나
엽관주의가 Jackson 대통령 이후 주로 미국에서, 정실주의는 1688년
의 명예혁명 이후 주로 영국에서 각기 다른 문화적 배경을 가지고 성숙
되었다는 점에서 양자는 다르다. 또 엽관주의는 순전히 당파적인 관계
로 임면되는 대량경질제도인데 비해, 정실주의는 당파성 이외의 다른
요소까지 포함하는 보다 폭넓은 개념이라는 점에서 차이가 있다(Stahl,
1962).

　엽관제는 정당정치가 시작됨에 따라 의회가 정부에 대한 지배권을
행사하려는 민주적 목적을 위해 전개되었다. 특히 대통령과 정치적 이
념 및 정치노선을 같이하는 정당원들이 정부 안에 들어가 대통령의 측
근에 포진하며 소속정당의 정치이념과 강령을 강하게 밀어붙이는 점에
서 좋은 책임정치 제도이다.

　그러나 엽관제는 시간이 흐름에 따라 민주적인 참뜻을 상실한 채, 다
음과 같은 문제점을 남겼다(유종해, 1995: 499-500). 즉 정권이 교체될 때
마다 공무원의 대량경질이 이루어지고 그 와중에서 무능한 자들이 많
이 임명됨으로써, 행정사무의 전문성과 능률성이 침해당했다. 또 관료
들이 국민을 위해 봉사하는 것이 아니라 정당을 위해 봉사하며, 공익보
다는 개인적 일에 몰두해 공직기강을 문란하게 하고 공평한 임무수행
을 저해하기도 했다. 더욱이 정당의 추종자들을 임용하기 위해 불필요
한 관직, 위인설관이 많이 늘어남으로써, 정부예산의 낭비를 초래했다.
잦은 경질로 인해 공무원 신분이 보장되지 않기 때문에, 공무원이 직무
에 전념할 수 없으며 장기적 안목의 행정도 이루어지지 못했다.

2) 실적주의의 개념과 요건

실적주의(merit system)는 공직에의 임용기준을 위와 같은 당파성이나 정실이나 연고관계를 떠나 개인의 능력, 자격, 적성에 두는 제도이다. 이는 엽관주의의 폐해가 심해지고 행정이 복잡화, 전문화되면서 점차 합리적인 인사행정기준으로 자리 잡고 있다.

실적주의의 요건은 다음과 같다. i) 모든 국민에게 공직취임기회를 균등하게 보장하고, 임용은 실적기준에 따라 공개경쟁을 거쳐 행해야 한다. ii) 승진 등 인사행정의 모든 국면에 걸쳐 공무원들이 공평한 처우를 받도록 해야 한다. 즉 근무실적에 맞는 보수를 실현해야 하며, 교육훈련을 통해 재직 공무원들의 직무수행능력을 향상시켜야 한다. iii) 퇴직관리 기준도 실적에 바탕을 두어, 자의적이거나 정실로 인한 불합리한 인사조치, 정당한 직무수행에 대한 보복과 정치적 압력으로부터 공무원을 보호해야 한다(이은호 외, 1994: 265-266).

3) 실적주의의 장점과 문제점

국민은 누구나 다 일정한 자격만 갖추면 인종, 학벌, 종교, 성별 등을 이유로 공직에 취임하는 데 차별이 없어야 하는데, 상기한 요건들을 잘 갖춘 실적주의는 공직에의 기회균등을 보장해 준다. 또 공개경쟁채용시험을 통해 유능한 인재를 임용함으로써 행정의 능률도 높일 수 있다. 실적주의는 행정 전문화와 직업공무원제의 실현에도 유용하다. 즉 실적주의는 정치적 해고로부터 공무원의 신분을 보호하고 정치적 중립성을 확보해 주므로 행정의 안정성과 계속성을 유지하고, 나아가 행정전문가를 양산해내는 직업공무원제의 수립에도 도움을 준다.

물론 실적주의는 강력한 신분보장에 의거함으로써 정치지도자들이 직업공무원들에 대한 통제력을 유지하는 데 적지 않은 장애요소가 되기도 한다. 신분보장장치에 의거해, 공무원들은 정치지도자를 통한 국민의 요구에 적극 대응하기보다는 자신들의 관료적 이익을 우선적으로 추구하거나 무사안일한 보신주의 행태에 탐닉할 수도 있는데, 이처럼 신분보장을 앞세운 소극적 의미의 실적주의는 정치지도자들이 직업공무원들의 부정적인 관료행태를 통제하는 것을 어렵게 만든다(Mosher, 1982).19)

이런 비판이 제기됨에 따라 근래엔 실적주의 개념을 좀더 탄력적으로 해석하고 인사행정의 운영에 신축성을 부여하려는 경향이 있다. 대표관료제의 도입과 개방형 임용 확대가 바로 그것이다. 개방형 임용제에 대해선 이 장의 맨 끝에서 후술하기로 하고 일단 대표관료제에 대해 살펴보자.

3. 대표관료제의 인사정책적 함의

좋은 인사행정이 되기 위해선 실적주의만이 능사는 아니다. 일례로 아무리 공개경쟁채용시험이라는 기회균등의 문을 활짝 열어놓고 있어도, 만일 시험수준이 대학 이상의 고학력을 요하는 높은 수준이라면 대학문턱을 넘어보지 못한 사회경제적 약자들의 자녀는 교육이 짧아 그런 시험에 합격하기가 어렵다. 그렇게 되면 시험성적이라는 실적주의에 의한 공직임명은 상당히 비형평적인 결과를 가져올 수도 있다.

최근엔 사상 초유의 구직난 때문에 대졸 이상의 고학력자들이 9급이나 기능직에까지 공직의 문을 노크하고 실제로 지원함으로써 고졸 이하의 공직충원 기회를 그나마 빼앗는 경향마저 두드러지게 나타나고

---

19) Mosher(1982: 217-229)는 미국에서 실적주의가 대두한 원인으로서 도덕적 명령으로서의 청교도윤리, 경쟁 속에서 자신의 실적에 따라 평가되는 개인주의, 모든 사람들에 대한 동등한 취급을 강조하는 평등주의, 과학적인 문제 해결책을 강조하는 과학주의 등을 꼽고 있다. 따라서 사회적으로 이러한 성숙한 분위기가 갖추어져 있지 못한 나라에서는 실적주의가 자리 잡기 어렵다.

있다.20)

그러면 이러한 결함을 극복할 수 있는 인사제도는 없는가? 대표관료제가 그 한 방법일 수 있겠다. 대표관료제(representative bureaucracy)는 정부관료제의 인적 구성이 그 사회의 인적 구성을 반영하게끔 함으로써 정부관료제 내에 민주적 가치를 주입하려는 의도에서 발달된 개념이다(강성철 외, 1996: 59-66). 이 제도는 공무원들은 공적 역할을 수행함에 있어 누구나 다 자신의 사회적 배경이나 출신집단의 가치나 이익을 정책과정에 반영하는 간접적·무의식적·상징적 대표기능을 발휘해야 하고 또 발휘할 수 있다는 전제 하에 성립한다.

대표관료제식 인적 구성의 가장 확실한 방법은 할당제(quota system)이다. 이는 공직에의 임용기준을 개인의 능력이 아니라 소속집단에 두고, 어느 집단 소속원이 전체 인구수에서 차지하는 비율만큼 공직에 이들을 똑같은 비율로 임용하라고 강제하는 것이다.

따라서 이 제도는 탄력성 없이 잘못 운영되면 실적주의를 훼손시키고 행정능률을 저하시킬 우려가 있다. 또 역차별(reverse discrimination)도 발생시킨다. 더 우수한 능력을 지닌 사람이 단지 그가 종래에 혜택을 받아오던 집단 출신이라는 이유 하나만으로 공무원 채용이나 승진에서 불이익을 당하는 것이다. 예를 들면 시험성적이 훨씬 좋은 우수한 백인이 단지 백인이라는 이유로 인해, 성적이 처지는 유색인종의 고용을 위해 채용과정에서 탈락되는 경우이다.

우리 사회와 같이 인사문제에 있어 성차별과 지역차별이 비교적 심한 곳에서는 이 제도의 취지를 한시적이나마 정책화할 필요가 있었다. 따라서 여성공무원 채용목표제가 1996년부터 2000년대 초까지 시행되어 여성의 공무원 진출을 도왔고, 이후에는 양성평등채용제로 전환

---

20) 고학력 실업자들이 심각한 구직난을 겪으면서, 최근 도로 통행료 징수요원 선발시험에 대학원 석사출신이 대거 합격한 것이 한 예이다(중앙일보, 2005.12.13자).

되었다.

한편 지역차별을 없애기 위해 지역 간 균형인사 차원에서 참여정부가 추진했던 지방 출신자들의 공직임용 확대정책은 크게 3가지이다.

첫째, 지역인재 추천채용제로서, 수도권을 포함한 전국 대학의 우수한 졸업생을 추천받아 선발해 견습근무를 시킨 후 7급 공무원으로 임용하는 방법이다.

둘째, 지방인재 채용목표제로서, 5급 공개경쟁채용시험 합격자 중 지방출신이 일정비율에 미달하는 경우 일정범위 내에서 추가 합격시키는 방법이다.

셋째, 지역구분 모집제로서, 7, 9급 하위직 공무원을 공개 채용하는 경우 지역별 선발예정 인원을 당해지역의 출원자 중에서 선발해 해당 지역에 소재한 각 중앙행정기관의 소속기관에 임용하는 제도이다(중앙인사위원회, 2005: 345-348).

 사례 3-7 공무원 충원상의 형평성 확보를 위한 균형인사 조치들

그간 공직 충원과 육성과정에서 여성차별이나 지역차별이 심했다. 그래서 민주화, 지방화 시대에 걸맞게 균형인사를 통해 공직채용과정에서 여성의 성차별이나 지역소외 문제를 극복하기 위한 정책적 고려가 있어 왔다. 여성채용목표제나 지역인재추천채용제가 그것이다. 5급 국가고시 합격자 중 지방출신 비율이 20% 미만일 경우 추가 선발하는 지방인재채용목표제와, 공공기관에서의 지방출신 쿼터제 도입도 대표관료제에 의거한 균형인사에 해당된다(이도형, 2019: 66-67). 향후에도 성비 균형 유지를 위해 공무원 채용에서 5년 단위로 한시 운영하는 '양성평등채용목표제'는 지속해서 시행할 예정이다 (서울경제, 2019.9.24자). 또 고위직에서도 성차별 없는 균형인사를 위해 2022년까지 고위공무원단의 10%, 공공기관 임원의 20%, 정부위원회의 40%를 여성으로 충원하는 '공공부문 여성임용 목표제 10.20.40'을 실행하고, 정부위원회의 비수도권 위원 비율도 2022년까지 40%로 높일 계획이다(행정안전부, 『2019년 정부혁신 종합추진계획』에서 참고).

제3절 좋은 인사행정과정의 설계

좋은 인사제도로서의 직업공무원제와 합리적 인사정책기조인 실적주의 등에 입각해 바람직한 인사행정과정을 간략하게나마 설계해 보면 다음과 같다.

임 용	직무배치	능력발전	사기앙양	통 제
· 적극적 모집 · 채용	· 직무배치 · 직무배치전환	· 교육훈련 · 근무성적평정 · 승진	· 승진 · 보수 · 복리후생 · 공무원 단체활동	· 징계 · 신분보장의 재해석(재임용)

그림 3-6 인사행정의 과정

1. 우수인력의 적극적 모집

21세기는 인재확보 전쟁(the war for talent)의 시대이다. 이런 맥락에서 이제는 무엇을 하는 것이 중요하기보다는 누구와 함께 일하느냐가 더 중요해진다.

그 이유는 통합적 사고력(conceptual skill), 직무기술역량(technical skill), 인간관계기술(human relation skill) 등 3가지 필수능력을 골고루 갖춘 H형 인재는, 특히 그가 통합적 사고력을 갖고 있어 종래 CEO의 전유물이었던 사업능력(business skill)도 발휘할 수 있기 때문이다. 따라서 이런 유능한 인재들과 함께 일하면 과거에는 조직의 장(長)만이 유일하게 해온 사업구상 및 의사결정의 역할을 조직구성원 모두가 조직의 최일선에서 충분히 해낼 수 있다.

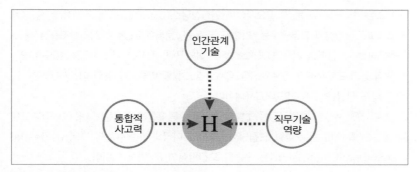

출처: 강진성(1997)에서 참고.

그림 3-7 H형 인재의 구성요소

좋은 인사행정의 출발점은 이러한 유능하고도 준비된 젊은 인재들의 대거 충원에서 시작된다. 이를 위해서는 공직이 민간기업에 비해 직업으로서의 경쟁력을 갖추고 있어야 한다. 즉 직업으로서의 사회적 매력이 크고 근무여건도 좋아서 모두가 선망하는 바람직한 직업이라는 인식이 사회적으로 팽배해 있어야만 젊고 유능한 인재들이 공직에 몰려온다. 이를 위해서는 정부가 공직시험 지원율이 항상 100대 1이 넘는다고 만족하며 앉아서 기다릴 것이 아니라 우수한 인재를 찾아 나서는 적극적 자세가 필요하다. 즉 그물형, 낚시형이 아니라 추적형, 수종(樹種)형의 적극적 모집정신이 요구된다.

 사례 3-8 공무원 충원을 위한 각국의 적극적 모집사례

싱가포르의 경우 싱가포르 국립대학 졸업예정자의 상위 10%를 스카웃 형식으로 공직에 충원해 우수인력의 제도적 확보가 이루어지고 있다(중앙일보, 1993.9.22자 2면). 더욱이 충원 후 강력한 생활보장을 해줌으로써 이들이 부정부패 없이 국가발전에 계속 기여하도록 하는 등 근무여건도 잘 조성되어 있다.

지역을 살리기 위해 중앙에 진출한 고향출신 인재들을 스카우트하고 있는 일본의 헤드 헌팅(head hunting)도 적극적 모집의 좋은 예이다. 일례로 호소카와 전 수상은 구마모토 현 지사시절 동경, 오오사카에 귀향상담소(u-turn adviser office)를 설치하고, 그 고장출신의 고급공무원, 기술자, 금융인, 문화예술인들을 지역발전을 위해 스카우트하는 데 심혈을 기울였다(호소카와 · 이와꾸니, 김재환 역, 1993: 109-113).

위의 싱가포르 사례가 공무원 ROTC제도라고 불릴 만큼 수종형의 대표사례라면, 일본의 헤드 헌팅은 추적형의 대표사례이다.

그 밖에도 "유능한 주택국장을 초빙합니다"라는 광고를 지역신문에 내는 영국의 고위직 공모(公募)제도는 추적형 모집방식, 그리고 미국의 인턴추천제21)(presidential management internship)는 수종형 모집방식의 또 다른 예이다.

우리나라의 경우는 IMF 등 최근의 경제난국 속에 기업의 구조조정에 따른 퇴출 바람이 강해짐에 따라, 공직이 안정된 직업의 대명사로서 대졸자들에게 가장 인기 있는 직업으로 자리 잡고 있다. 일례로 국가공무원시험의 경우 자주 높은 경쟁률을 기록하는 등, 이젠 7, 9급 공무원 시험도 국가고시라고 불릴 정도로 그 관문을 뚫기가 어렵다. 마치 낙타가 바늘구멍 통과하기와 같다.

문제는 경기가 회복되어 다시 민간기업의 진취성과 역동성이 살아난다고 할 때도 우수한 인재가 지금처럼 계속 공직의 문을 노크할까라는 점이다. 이헌수(1998: 13-14)의 조사에 의하면, 연령이 낮을수록 또 교육수준이 높을수록 직업으로서의 공직이 갖는 매력에 대한 긍정적 응답비율이 낮아지고 있는 점과, 또 최근 공직 선호의 주요인인 신분보장 가치에 대해서도, 고학력이고 대도시에 거주하는 공무원들일수록 매력을 덜 느낀다는 점이 우리의 주목을 끈다.

참고로 직업 선호도라는 관점에서 볼 때 미국의 공무원 수준은 중상

---

21) 이 제도는 미국 전역의 대학생, 대학원생 중 학업성적이 우수한 졸업예정자들을 각 대학이 추천해 정부의 인턴으로 충원한 뒤, 2년간 현직 공무원과 똑같이 교육연수의 기회도 부여해 일하게 한 다음 업무 및 자질 평가를 거쳐 공직자로서 적격한 것으로 최종 판명되면 인턴기간 만료 후 정식직원으로 채용하는 방식이다.

위 수준이다. 보다 능력 있는 사람들은 변호사, 의사 등의 전문직업세계나 연봉이 높은 재계로 진출한다(허명환, 1999).

우리나라의 경우도 현재는 취업난 때문에 고학력자가 하위공직조차 마다하지 않지만, 우리 정부가 이를 구실로 해 유능한 인재가 향후에도 계속 제발로 공직에 굴러들어 오리라고 안이하게 생각해서는 안 될 것이다. 경기가 좋아져 민간부문의 채용 인원수가 커지면 유능한 인력들은 기업 쪽으로도 크게 몰릴 것이기 때문이다.

바람직한 공무원들은 하루아침에 만들어지는 것이 아니다. 따라서 유능한 자질과 성실한 마인드를 가진 사람을 우선 잘 골라내고 육성해 주는 것이 필요한데, 아래에 소개된 젊은 준비된 인재들이 다른 곳으로 가지 않고 공직에 최우선적으로 채용되도록 적극적 모집이 이루어져야 한다.

따라서 매년 연초에 각종 공무원시험 시행계획을 공고하고 그냥 앉아서 기다리기보다는 적극적 모집정신에 입각해 다음과 같은 공직에의 이끌기 기능, 즉 보다 적극적인 공직취업 권고기능(attracting function)을 강화시켜야 한다.

먼저 정부는 대학과의 관계유지(campus relation)라는 측면에서 대학 등의 유관 인재양성기관과 지속적인 관계를 맺으면서, 유능한 인재의 사전 확보를 위한 장학금 지급, 취업시즌에 즈음한 전문행정가의 대학 특강 정례화 등을 적극 강구해야 할 것이다. 모집공고방법도 공직에의 입직을 희망하는 모든 사람들에게 효과적으로 전달될 수 있도록 적극적이고도 창의적으로 개발되어야 한다. 동원 가능한 대중전달매체(예: 인터넷상의 홍보사이트 구축)가 효과적으로 활용되어야 함은 물론 모집대상자와의 활발한 접촉(예: 기업의 회사설명회와 같은 공직소개제도나 보다 체계화된 인턴십 제도)도 필요하다. 더 나아가서는 직업채용박람회(job fair)에 공직 부스를 설치하고 찾아오는 인재들과 직접 대면접촉하며 공직의 장점을 소개도 해야 할 것이다.

2. 합리적 채용

적극적 모집정신에 따라 공직취업 권고기능을 강화해 우수한 인재들이 공직에 대폭 지원하게 한 다음에는, 이들 중에서 자신의 사익을 위해 공직을 악용할 소지가 높은 기회주의 인간은 골라내고 공직에의 의지와 직무수행능력을 상대적으로 더 갖춘 정말 훌륭한 일꾼들을 선별해 내는 작업이 필요하다. 이를 인재의 선별기능(screening function)이라고 할 수 있다(오석홍, 1995: 176).

그렇다면 어떻게 할 때 우수한 인재의 합리적 선별이 가능한가? 이를 위해서는 우선적으로 현행 필기시험제도의 개선이 필요하다. 과거에 우리 공직시험의 경우에는, 정책과목(국민윤리 등)과 불필요한 단순 소양과목(국어, 수학, 문화사, 세계사), 혹은 지나치게 전문적이고 세부적인 시험과목(예를 들면 9급 검찰사무직의 형사소송법)들이 혼재해 있어 수험생들의 부담이 매우 컸다. 최근 들어 이러한 문제점은 대폭 정리되었으나, 아직도 시험과목이 많다. 예를 들면 7급의 경우 7과목, 9급도 5과목에 대해 완벽하게 준비해야 했다. 반면 기업이나 공기업은 영어, 전공, 종합상식 등 시험과목이 2과목, 많아야 3과목에 불과하다. 그나마 최근엔 서류전형과 면접으로 발 빠르게 대체해 가는 추세이다.

만일 시험과목에 대한 부담 때문에 공직자로서의 훌륭한 잠재력을 갖고 있는 사람들이 공직시험에 응시하지 않는다면 이는 큰 문제이다. 따라서 수험부담을 크게 안 주면서도 정말 능력 있는 사람을 선별해 낼 수 있는 시험제도 및 시험내용의 변화가 필요하다. 이미 기업은 채용시험방식의 혁신을 꾀하고 있다. 삼성그룹의 경우 자체적으로 개발한 적성검사(SamSung Aptitude Test)를 실시해 1차에서는 언어·수리력 등 기초적인 지적 능력(academic intelligence)을, 2차에서는 문제해결 능력과 전문적 능력(practical intelligence)을 테스트하는데, 마치 대입 수학능력시험을 보는 것과 유사하다. 이는 무엇을 말하는가? 특정 시험과목을 달달 외운 모범답안형 인간을 뽑기보다는 잠재력 있는 전인(全人)적 인간을 뽑겠다는 취지가 크게 담겨져 있는 것이다.

내용 보태기 3-5   공직 적격성 테스트(PSAT)

21세기 지식정보화 시대의 신입관리자가 지녀야 할 기본소양, 자질 및 능력의 정도를 측정하는 평가도구로서, 종래 지식암기 위주의 평가를 탈피해 다양성, 창의성, 변화대응능력, 학습능력을 종합적으로 검증하는 새로운 평가시스템이다. 주로 언어논리영역, 자료해석능력, 상황판단영역 등 3개 영역으로 구성되며 다음의 능력들을 검정한다.

▷ 언어논리영역: 문장구성과 이해능력, 논리적 사고력, 표현력, 추론능력
▷ 자료해석영역: 통계처리 및 해석능력, 수치자료의 정리·분석능력, 정보화능력
▷ 상황판단영역: 상황 이해능력, 추론 및 분석능력, 문제해결능력, 판단 및 의사결정능력

학교교육을 정상적으로 받고 사회현상에 관심을 갖고 있는 사람이면 별도의 수험준비 없이도 쉽게 풀 수 있도록 정치, 경제, 사회, 과학기술, 문화, 예술, 스포츠, 역사 등 다양한 분야를 소재로 한 문제가 출제되므로, 이 제도가 정착되면 파행적으로 운영된 대학교육 정상화에도 기여하리라는 전망이다(중앙인사위원회, 2002: 217-218).

우리의 공직시험도 단순히 외워서 문제 하나를 더 맞추는 현재 지식 우위적 인간보다는 향후의 잠재력이 더 큰 사람을 선별해 내는 시험쪽으로 가야 하는데, 다행히도 2007년부터는 PSAT(Public Service Aptitude Test)라는 종합적성검사 방식이 〈표 3-8〉처럼 행정고시 및 외무고시 등

표 3-8 개편된 고등고시 시험과목 예

구 분			종전과목	개편과목
행정 고등고시 (일반행정)	1차 시험		헌법, 영어, 한국사, 행정법, 행정학	언어논리 영역, 자료해석 영역, 상황판단 영역, 영어
	2차 시험	필수	행정법, 행정학, 경제학, 정치학	행정법, 행정학, 경제학, 정치학
		선택	2과목	1과목
행정 고등고시 (외교통상)	1차 시험		헌법, 영어, 한국사, 국제정치학, 국제법	언어논리 영역, 자료해석 영역, 상황판단 영역, 영어
	2차 시험	필수	영어, 국제정치학, 국제법, 경제학	영어, 국제정치학, 국제법, 경제학
		선택	2과목	1과목
행정 고등고시 (기술, 일반기계)	1차 시험		물리학개론, 영어, 한국사, 기계공작법	언어논리 영역, 자료해석영역, 상황판단 영역, 영어
	2차 시험	필수	기계공작법, 기계설비	기계공작법, 기계설계, 재료역학
		선택	2과목	1과목

출처: 중앙인사위원회(2005: 221).

모든 5급 공직시험의 1차 시험을 대체하고 있다. 시행상의 문제점에 대한 엄정한 검토와 제도보완을 통해, 이런 테스트방식이 7, 9급의 현행 필기시험도 완전히 대체하는 쪽으로 방향 잡혀야 할 것이다.

최근 정부는 7급 공채 1차 시험인 현재의 국어, 한국사, 영어 시험을 2021년부터 PSAT 내의 언어논리 점수, 한국사검정시험 2급 이상, 영어검정시험으로 각각 대체한다고 발표했다. 여기서 영어는 토익(700점), 토플(PBT 530점) 등 공인영어점수로 대체함을 말한다. 9급의 경우는 아직은 PSAT로의 완전한 전환은 어렵겠지만, 2022년부터는 행정직군의 경우 시험의 타당도 면에서 많은 이의 제기가 있었던 선택과목인 사회, 과학, 수학은 시험과목에서 제외할 예정이다.

정말 공직에 꼭 필요한 사람을 판별해 내고 기회주의 인간들을 걸러
내는 선별기능의 효과를 도모하기 위해서는, 필기시험제도 말고도 서류
심사나 면접 등의 방법도 과감하게 바꿀 필요가 있다. 즉 일회적인 입사
시험성적보다는 평소의 대학성적, 토플, 토익 점수를 중시하고, 또 서
류심사에서 자원봉사경력이나 서클활동에 가산점을 주는 것이 좋다. 이
는 마음은 나쁘지만 머리는 좋은 기회주의 인간들을 골라내고, 평소 성
실하고 노력하는 준비된 인재들을 선별해 내는 좋은 방법의 하나이다.

우수인력을 판별해 내는 데 자칫 선입견을 줄 수 있는 출신학교나 출
신지역 자료 없이 실시하는 무자료 면접(blind interview)이나, 같이 일해
야 할 일선 상급자들이 지원자와 한 팀을 이뤄 6~24시간 같이 생활하
며(예: 등산, 운동, 목욕, 술자리, 노래방) 지원자들의 성품, 리더십, 창의력 등
을 충분히 평가하는 다차원적 실무자 동반면접 같은 기업식 면접제도
역시 공직 면접과정에서 적절히 응용될 필요가 있을 것이다. 왜냐하면
이러한 새로운 면접방식에는 지원자를 떨어뜨리기 위해 결점을 발견하
는 데 초점을 두기보다는 잠재력 있는 사람을 발견해 내려는 적극적 의
도가 깊숙이 담겨져 있기 때문이다.

3. 적재적소의 직무배치와 직무배치전환

유능한 인재를 잘 뽑는 것도 중요하지만 전공과 적성을 고려해 이들
을 적재적소(適材適所)에 잘 배치(placement)해 주는 것도 필요하다. 이
를 위해 참고할 만한 제도 중의 하나가 바로 직위분류제(position classifi-
cation)이다.

직위분류제는 공직을 각 직위(position)에 존재하는 직무의 종류와 곤
란성, 책임도의 차이에 따라 종적으로는 직종별로, 횡적으로는 등급별
로 구분, 정리해 놓은 제도를 말한다. 좀더 부연하면, 직위분류제는 '일

과 사람의 조화'를 지향하는 직무배치가 되도록, 공직에 들어오고자 희망하는 자가 자신의 전공이나 적성을 고려해 자신이 공직의 어떤 직종에 가장 잘 맞는지(예: 경찰직, 세무직, 사회복지직 등)를 처음부터 판단해 그쪽의 공직시험을 보고 공직에 들어와 그 분야의 한 우물을 파면서 점차 특정분야의 책임 있는 자리(예: 9급→7급→5급)로 올라가게 하는 제도이다. 직위분류제의 장점은 다음과 같다.

첫째, 특정직위가 요구하는 직무의 성질과 내용에 맞춰 처음부터 공무원을 임용·배치함으로써 그 직위에 알맞은 사람을 선발할 수 있게 하는 적재적소의 직무배치 등 인사행정의 합리적 기준을 제공한다.

둘째, 공무원의 승진이 동일한 직종에 따라 이루어지게 하므로 특정분야에 대한 전문가를 양성하는 데도 유리하다. 즉 한 우물을 파게 하는 것이다.

셋째, 또 모든 직위를 분석·평가함으로써 권한과 책임의 한계를 명백히 하여 행정능률의 합리화에도 공헌한다.

우리 일반직 공무원의 직위분류는 5급 이하의 경우 2010년 현재 2직군(행정직군/기술직군) 32직렬 95직류로 되어 있다. 여기서 행정직군은 감사, 보호, 출입국관리, 관세, 검찰사무, 행정, 교정, 마약수사, 문화, 외무영사, 사회복지, 사서, 세무, 통계 직렬 등으로 구분되고, 다시 행정직렬은 일반행정, 법무행정, 재경, 국제통상, 문화홍보, 교육행정, 노동직류 등으로 나뉜다.

내용 보태기　3-6　직위분류제의 구성요소

직위분류제를 자세히 논하기 위해선 그것을 구성하는 요소들에 대한 개념 이해가 선행되어야 한다(국가공무원법 제5조).

▷ 직위(職位): 직위분류제 구성의 기초단위로서, 1명의 공무원에게 부여할 수 있는 직무와 책임을 말한다.

▷ 직급(class): 직무의 종류와 곤란도 및 책임 정도가 유사한 직위(position)의 무리로서, 같은 직급에 속하는 직위에 대해선 임용자격, 시험, 그 밖의 인사행정에서 동일한 취급을 한다.

▷ 직렬(職列): 직무의 종류는 유사하지만 그 책임정도나 곤란도가 다른 직급의 무리(예: 행정직렬, 세무직렬, 사회복지직렬, 공업직렬, 농업직렬, 시설직렬 등)를 말한다.

▷ 직군(職群): 직무의 성질이 유사한 직렬의 무리(예: 행정직군, 기술직군)이다.

▷ 직류(職類): 같은 직렬 내에서 담당분야가 같은 직무의 무리(예: 행정직렬의 직류로는 일반행정, 법무행정, 재경 등, 시설직렬의 직류로는 도시계획, 일반토목, 교통시설 등, 공업직렬의 직류로는 일반기계, 일반전기, 일반화공 등)로서, 임용시험의 내용을 결정하고 보직관리의 기초를 제공한다.

▷ 등급(等級, grade): 직무의 종류는 다르지만 그 곤란도 및 책임 정도가 유사해 동일한 보수를 지급할 수 있는 직위들을 말한다.

우리나라 공무원 분류제도는 계급제에 기반을 두되 직위분류제적 요소가 혼합되어 있다. 직군, 직렬, 직류 등 공직분류, 임용, 보직관리, 승진 면에서 종전보다 직위분류제 요소를 많이 가미하고 있다. 하지만 현재 계급제와 직위분류제 양자의 특성은 70 대 30으로 여전히 계급제에 가깝게 운영된다(최순영, 2015: 30). 그러다 보니 사람과 일의 지속적 궁합 맞추기나 직무 전문성 제고 측면에서 적지 않은 문제를 낳는다.

따라서 단일 직렬로서 상대적으로 두리뭉실하게 편제되어 있어 분업화와 전문화의 장점을 살리지 못하는 경우 직류 세분화를 통해 직무 전문성을 개별적으로 확보하게 하고 인력도 보강해 나갈 필요가 있다. 예컨대 현 방재안전직렬은 자연재해와 사회적 재난을 같이 취급하는데, 양자의 위험은 근본적으로 성격이 다르므로 그 대응조직체계와 인력개발을 차별화할 필요가 있다. 반대로 지나치게 세분화되어 있는 직류(예: 산림자원, 산림보호, 산림이용 직류)들은 대(大) 직렬제로 통합해 업무의 연계성을 도모하는 것이 훨씬 낫겠다(이도형, 2019: 165). 즉 한 직렬에서 산림자원의 중요성을 알고 잘 보호해 놓아야 이후 자원을 지속적으로 이용할 수 있는 것이다.

한편 일과 사람의 조화 원칙은 단순히 직위분류제에 의거한 직무배치에서 그치는 것이 아니다. 처음엔 어떤 일이 잘 맞을 것 같아 그쪽 분야의 공직을 지원했지만 막상 해보니 자기 적성이나 능력에 안 맞아 후회하는 사람도 적지 않을 것이다.

그럴 때 그에게 새로운 종류의 일을 해볼 수 있는 공직 재적응의 기회를 주어 그의 자존심을 살려 주고 직원간의 반목을 없애야 직장에의 소속감도 생긴다. 여기서 직무배치 전환(replacement)의 필요성이 대두한다. 직무배치 전환은 직무 재적응기회는 물론 조직 침체방지와 할거주의의 극복, 직원들에 대한 능력발전 및 교육기회의 부여라는 측면에서도 반드시 요구되는 인사제도 중의 하나이다.

직무배치 전환의 가장 대표적인 것이 전보와 전직제도이다. 전보(轉補)는 직무내용이나 책임이 유사한 동일직렬과 직급 내에서 직위만 바꾸는 것(예: 종로구청→성북구청)이고, 전직(轉職)은 등급은 같으나 직무내용이 다른 직위로의 이동(예: 세무직→행정직)으로서 직렬을 달리한다. 그러나 이것이 공무원의 징계수단으로 악용되면 안 되므로, 일정기간 동안의 전보금지와 특히 전직의 경우는 전직시험을 원칙으로 해 시행되어야 한다.

우리나라의 경우는 정적 인간주의(情的 人間主義) 문화가 만발해 인사권자와 연줄이 닿아 서로 간에 따뜻한 사감(私感)이 흐르면 전보 시 요직에 배치되는 등 유리한 고지를 점령하는 반면, 인사권자와 아무런 연줄이 없으면 상사에 대한 정당한 저항에도 불구하고 괘씸죄로 찍혀 쉽게 한직 발령을 받거나 좌천인사의 대상이 되기 쉽다.

아무리 직무배치 전환이라는 합리적이고 좋은 제도가 있어도, 이런 나쁜 문화적 토양 위에서는 이 제도가 부당한 인사를 당한 사람의 입장에선 더 나쁜(worse) 제도로 인식되기 쉽다. 따라서 직무배치 전환이 나쁜 문화적 토양 위에서 더 나쁜 쪽으로 악용되지 않도록 직무배치 전환의 원칙들이 잘 지켜지고 관리자들도 이 제도의 순기능을 살리는 쪽으로 넓은 마음을 가져야 할 것이다.

4. 능력개발을 위한 교육훈련의 내실화

새로 공직에 들어온 신규 채용자들이나 승진을 앞둔 예비관리자들의 경우 새로운 업무에 대한 적응훈련(orientation)이 필요하다. 재직 중인 공무원들 역시 소관업무의 시대적, 환경적 탄력성을 유지하기 위해서는 끊임없는 직무학습과 능력개발이 필요하다.

21세기에 들어온 지금, 이제 조직은 단순히 일터(workplace)만이 아니라 학습조직(learning organization)으로서의 역할을 다 해야 한다. 왜냐하면 21세기는 3C(change, competition, customer)의 시대인데, 이는 통합적 사고력, 직무기술역량, 인간관계기술 등 3가지 고급능력을 골고루 갖춘 고급인력, 즉 H형 인재를 요하기 때문이다. 여기서 국가의 경제사회발전을 지원·촉진하는 주요역할을 맡는 공무원들을 H형 인재로 만들기 위한 학습조직 차원에서의 지속적 교육훈련은 매우 큰 의미를 지닌다.

그렇다면 어떤 교육이 이루어져야 하는가? 현 공무원들을 대상으로 한 설문조사 결과는 공무원들의 생생한 교육훈련수요(需要)를 보여준다. 그들은 상식이나 정신교육보다는 전문지식과 정보화, 국제화에 대비한 실용교육을 더 요구한다. 국제화, 정보화, 사회문제의 다기화 추세에 맞추어, 앞으로 중시되고 개발되어야 할 직무관련능력으로서, 전문가적 기획능력, 컴퓨터 및 외국어 활용능력, 직무관련 현안에 대한 연구 및 문제해결능력이 강조되고 있다(박세정. 1992: 65).

물론 이러한 실무중심의 역량개발도 중요하지만, Perry(1989: 619-627)가 강조하는 다음과 같은 행정가가 갖추어야 할 7가지 기본자질은 향후 공무원 교육훈련의 기본방향을 설계하는 데 큰 시사점을 준다.

첫째, 직무 전문성이다. 이를 위해 소관 직무분야의 전문지식과 기술의 지속적 습득이 필요하다.

둘째, 대인관계능력이다. 인간을 협동으로 이끄는 기술로서, 내부적으로는 리더십을 발휘하고 하위자에 대한 포상과 유인책을 적절히 사용하는 기술과, 외부적으로는 입법부, 국민, 상부기관과의 관계를 적절히 유지·개선해 나가는 기술의 습득이 필요하다.

셋째, 통합적 사고력으로서, 변화하는 조직환경에 유연하게 대응하기 위한 전략적 기획력이 요구된다. 변화에 대비한 행정과정의 통합과 조정을 위해 조직인은 항상 준비되어 있어야 한다.

넷째, 네트워킹 능력이다. 원활한 의사소통을 위한 연결망 구축과 이를 위한 의사소통기술의 습득이 요망된다.

다섯째, 책임의식이다. 업무수행은 적법절차와 민주적 절차에 따름으로써 공식적 제도 하에서의 책임성을 고양해야 한다.

여섯째, 결과중시의 자세이다. 최선의 가능한 산출물을 달성하기 위해 항상 노력할 의무가 있다.

일곱째, 균형감각이다. 조직 내 상·하위자, 동료의 이익뿐 아니라 외부의 국회, 정치가, 압력단체, 고객의 이익이 서로 균형을 이루도록 해야 한다.

자본과 기술의 이동이 자유로운 세계화 시대에서 유일하게 자국의 자산으로 남는 것은 사람뿐이다. 따라서 Reich(1991)는 교육을 국가의 일(work of nation)로서 강조한다. 그만큼 신지식인의 양성이 인적 자본(human capital)이 되는 중요한 시점에 와 있는 것이다.

기업들은 인적 자본의 중요성을 깨닫고 직원들에 대한 교육투자를 강화해 가고 있다. 그러나 불행히도 우리 정부의 경우는 직원에 대한 교육투자 노력이 기업의 1/5 수준에 불과했다(박세정, 1995: 214).

다행히도 최근 마련된 공무원 교육훈련 개선안에 따르면, 공무원의 자질개발 교육시간을 연간 32시간에서 선진국 수준인 100시간으로 대폭 늘리고, 개인별 특성에 맞게 다양화한다는 구상이다. 또 비정규직 공무원에게는 전산 등 특성화 교육을 거쳐 일반직으로 진입할 수 있는 기회를 주는 방안을 추진하고 있다(중앙일보, 2005.9.8자).

우수한 인재들이 공직을 수행하며 능력을 발휘하도록 하기 위해서는 끊임없는 능력개발과 배움의 기회를 제공해 주어야 한다. 이를 위해 교육훈련 수요조사를 정기적으로 실시해, 보다 실용성 높고 또 개인화·차별화된 교육내용을 제공해 주어야 한다. 또 공무원 재교육은 단순한 학위취득보다는 칵테일식 습득이 필요하다. 예컨대 노동문제라면 노동법, 노동경제학, 노동행정, 노사관리식으로 교육내용의 패키지화가 이루어지는 것이 좋다(윤성식, 2002). 그래야만 종합적 사고력과 문제해결 역량이 있는 공무원들을 우리가 기대할 수 있다. 이런 측면에서 능력개발을 위한 교육훈련의 다각적이고도 균등한 기회제공과 교육내용의 내실화는 좋은 인사행정 구현의 필수요소이다.

5. 승진제도의 합리화

승진(昇進; promotion)은 조직 내의 권한 계층제에서 한 계단 더 올라가는 것이다. 즉 일정직위에 결원이 발생했을 때 이를 보충하는 내부임용의 한 방법으로서 특정직급에 재직 중인 공무원을 바로 위의 상위직에 임용하는 것이다.

승진은 열심히 일했다고 조직이 알아주는 인정감의 결과이다. 또 승진한 사람에겐 권한확대와 보수인상은 물론 고난도의 새로운 일에 도전해 볼 수 있는 자아실현의 기회가 제공된다. 승진하면 그만큼 높아진 지위에 걸맞은 지위상징(status symbol, 예: 큰 책상, 독방, 카펫, 비서 등)도 따른다. 따라서 승진은 조직구성원의 사기를 올리고 동기를 유발시키는 가장 효과적인 수단 중의 하나이다. 능력 있는 사람들이 좀 더 책임 있는 자리에 올라가 새로운 일을 배우고 직무에 보람을 갖게 하는 것은 매우 바람직한 것이다. 그래야만 생애직으로서의 직업공무원제도도 살아남을 수 있다.

그러나 우리의 현실은 그렇지 못하다. 먼저 문화적으로 연고주의문화, 연공서열문화, 장(長)의 문화가 강세를 보인다. 그러니 피라미드 조직형태의 본질상 구조적으로 인사적체가 불가피하지만, 우리 공무원들은 이 점은 애써 무시한 채 승진만능주의에 빠져 심한 인사적체감(感)을 보인다. 승진을 둘러싼 위의 문제점들을 하나하나 지적해 보면 다음과 같다.

1) 승진제도의 문제점

(1) 연고(緣故)우선주의식 불공정 인사의 만연

좋은 인사행정의 설계에 있어 큰 교훈을 주는 일화가 바로 '콩쥐와 팥쥐'의 얘기이다(이문영, 1992: 229-230). 속칭 승진기준인 나이순(경력)이나 일의 능력 및 가정경제에의 기여도(근무실적), 하다못해 외모 등 뭐로 보나 팥쥐보다 나은 콩쥐가 가족으로부터 인정을 더 받고 따라서 보상의 기회도 더 많아야 하는데도 불구하고, 새엄마가 자기 핏줄인 팥쥐에겐 기회를 주고 콩쥐는 일만 시키면, 이는 큰 문제이다.

불행히도 우리의 경우는 공직사회의 승진에 있어 이러한 연고우선주의의 폐해가 매우 컸다. 일례로 서울 법대, 육사 등 특정학교 출신들이 고급공무원의 주류를 이루어 출신학교별 대표성이 매우 낮았다. 육법당(陸法黨)이라는 신조어가 풍미한 것은 이러한 문제점을 풍자한 것이

표 3-9 정부별 초대 장관의 출신지 비교 (단위: %)

구 분	영남	호남	충청	경인	강원	제주	북한
김영삼 정부	23.8	14.3	23.8	23.8	4.8	-	9.5
김대중 정부	26.3	31.6	21.1	10.5	-	-	10.5
노무현 정부	36.8	21.1	10.5	15.8	5.3	5.3	5.3
이명박 정부	26.7	20.0	13.3	13.3	13.3	-	13.3
박근혜 정부	19.0	9.5	9.5	42.9	-	-	-

출처: 조명성(2014: 221-222).

다. 물론 이들 학교출신이 개인적으로 아무리 우수하다고 할지라도, 몇 몇 학교출신이 '승진기회의 사슬구조'를 독점하는 것은, 고위직 충원 및 승진에서 새로운 요소의 다양한 투입을 차단하는 결과를 낳는다. 실제로 이로 인해 군사문화와 엘리트주의가 공직사회에 팽배하고, 제한된 사회가치만이 정책과정에서 일방적으로 채택되는 부정적 맥락이 지속되어 왔다.

실제로 〈표 3-9〉에서 보듯이 역대정권의 조각(組閣)에서 연고우선주의가 강세를 보여 왔다. 영남출신 대통령 때는 영남출신 장관이, 호남출신 대통령 때는 호남출신 장관의 비율이 높다. 또 조명성(2014)의 조사에 의하면, 김영삼 정부의 조각 당시 서울대 출신은 75%나 차지했고, 이명박 정부의 조각에서도 고려대 출신이 13%를 차지해, 대통령과 같은 학교출신의 초대장관이 많았던 것도 사실이다.

요직에 믿을 만한 고향 후배를 앉히고 함께 일하고자 하는 마음이나 같은 고향인물이 친근하게 느껴지는 것은 너무나 자연스런 현상이다. 그러나 문제는 이러한 지역편향적 인사가 자칫 능력 위주의 인사원칙을 크게 침해하거나 지역이기주의로 변질하면 곤란하다는 점이다. 그러나 아래에서 보듯이 불행히도 우리의 경우는 이런 연줄인사의 문제점이 너무나 잘 드러났다.

현대 경제사회연구소의 조사에 의하면, 경제관료 중 83.2%가 출세의 조건으로 연줄과 배경을 꼽았다(한국경제신문, 1994.6.3자 8면). 즉 승진에 있어 소속부처에서의 경력과 본인의 능력은 금상(錦上)이고, 학연·지연이 있어야 첨화(添花)라는 것이다. 지연, 학연 등 한국의 연고우선주의 문화는 관료제의 대표성 부족을 더욱 가속화시키는 상승효과를 낳아 왔다.

고위공무원단의 출신고교별 현황(2010년 6월 기준, 행정안전부 자료)을 봐도 특정지역 편중은 심하다. 경기도 2.9%, 강원 3.4%, 충청 9.0%, 호남 16.6%, 제주 0.8%, 기타(검정고시 등) 2.5%인데 비해, 서울은 37.5%, 영남 27.3%나 차지했다.

(2) 인사적체감의 심화

우리 공직사회에서 승진과 관련해 대두되는 또 한 가지의 문제는 심한 인사적체감이다. 승진은 대개 한 자리에서 적정 근무연한을 채웠을 때 그 상위직으로 올라가는 것인데, 우리의 경우는 인사적체가 커 법정 소요년수의 2~3배를 기다려야 승진이 되는 실정이다. 따라서 인사적체에 따른 불만이 적지 않다.

산업화가 크게 진행되던 시기까지만 해도 정부기능이 계속 팽창해 자연히 조직이 커지고 따라서 승진(promotion)도 잘되었다. 더욱이 역대 정권 변화의 직후마다 단행된 대규모 공무원 숙정 때문에 대거 승진과 직급 인플레가 크게 이루어져 왔다. 그러니 정부의 규모와 골격이 잡히

표 3-10 일반직 공무원의 평균 승진 소요년수

직급	고위←4급	3←4급	4←5급	5←6급	6←7급	7←8급	8←9급
소요년수	11년 1월	8년 10월	8년 11월	9년 7월	7년 3월	6년 7월	3년 10월

출처: 이용모(2014: 222).

고 직급 인플레가 더 이상 어려운 지금까지도 공무원의 승진에 대한 과잉욕구는 관례처럼 남아 있다. 결국 이는 조직이 피라미드조직인 한 당연히 피할 수 없는 인사적체 현상을 쉽게 받아들이지 못하고 누구나 다 승진해야 한다는 승진만능주의 사고방식을 낳았고, 그렇기 때문에 인사적체감(感)도 커지고 있다.

내용 보태기 3-7 직함 인플레와 승진만능주의

승진만능주의는 수직적 인간관계를 상정하는 권위주의 문화와 연맥되어 다음과 같이 우리사회에 직함(職衡)의 거품을 남긴다. 일례로 대한민국 대통령은 '크고 또 큰 민족의 나라를 이끄는 큰 사람'을 의미한다. 국호에 나오는 한(韓) 자도 본래는 크다는 뜻을 가진 우리말 '한'에 그 연원이 있다는 설(說)이 있다. 그러나 영어인 president의 사전적 의미는 '회의를 주재하는 사람'이다. 이 말의 라틴어 어원까지 거슬러 올라가도 '앞자리에 앉은 사람' 이상의 의미가 나오지 않는다. 또 우리나라에서는 품격 높은 사람을 일컬을 때으레 장(長)자를 넣어 작명한다. 그 대표적인 예가 거창한 명칭인 회장, 총장이다. 그러나 이것도 영어로 표기하면 프레지던트에 불과하다. 우리나라의 정무직인 장관은 끝에 위치하는 장 자를 아예 이마에 달고 있는 특별한 자리의 명칭이다. 서양에서는 장관을 minister라고 부르는데, 이 뜻은 집사(執事)에 불과하다. 국민이 주인인 민주주의 국가에서 나라의 살림을 맡는 자리에 겸손한 명칭을 부여한 것인데, 아마 우리사회에서 장관 대신 집사라는 단어를 쓰면 그것은 모욕으로 여겨질 것이다.

　이 외에도 우리 사회에는 거품이 낀 직함이 많다. 우리사회의 '직함 진열장'에는 정당의 최고위원, 대표최고위원, 언론사의 대기자, 총학생회의 사무국장, 정치국장, 기업의 총회장, 왕회장 등등이 진열되어 있다. 이러한 과대망상, 자존망대(自尊亡代)에 빠진 한 사례를 들어보자. "IMF시대에 적절한 사업을 소개합니다. 단돈 천만 원에 당신도 사장님이 될 수 있습니다"란 광고 속에서는, 경제난국에도 우리나라에서는 장(長) 자가 지닌 유인효과가 여전히 크다는 단적인 예가 들어 있다(이태수, 1998에서 참조).

인사적체감이 심해 한 발짝이라도 승진에 유리한 쪽으로 옮겨 앉으려니, 한 직무에의 근무연한이 길지 못하다. 특히 승진을 위한 잦은 전보로 인해 근무연한은 크게 단축되며, 이는 행정 전문화를 가로막는 주요인이 되고 있다.

2) 승진제도의 개선방안

지금까지 살펴본 바와 같이 우리 공직사회 내에서의 승진문제는 크게 두 가지로 나눌 수 있다. 먼저, 불공정한 인사문제이다. 즉 연고우선주의에 따른 승진차별 문제가 크다. 둘째로 인사적체감의 심화를 들 수 있다. 먼저 인사적체감의 해소방법을 강구해 보자.

(1) 인사적체감의 해소방안: 장(長)의 문화 극복과 승진경로 이원화

❶ 명예퇴직제, 직급정년제

승진만을 위해 필요 이상으로 자리를 많이 마련하는 것은 이 책의 제4장에서 논의했듯이 위인설관 등 정부실패의 원인이 되기 쉽다. 따라서 신진대사가 잘되도록 명예퇴직제나 직급별 정년제 같은 제도를 강화해 공직으로부터의 퇴출을 용이하게 해줌으로써, 젊고 유능한 사람들이 소신을 갖고 일하고 능력껏 승진할 수 있는 제도적 장치를 두는 것이 필요하다.

❷ 직함 인플레 해소 등 사회문화의 전환

공무원들의 인사적체감을 근본적으로 시정하기 위해서는 무엇보다도 사회문화의 전환이 필요하다. 즉 조직의 말단이나 일선에서 일해도 하등 부끄러움이 없고, 오히려 남들이 장인(匠人), 기성(技聖)으로 대접해 주는 사회적 분위기의 조성과 실질적으로 인사상의 물질적 처우가 병행되어야겠다.

❸ 승진경로의 이원화

승진이 그래도 불가피하다면 〈그림 3-8〉처럼 승진경로의 이원화(二元化)도 필요하다. 계선(line)과 막료(staff)의 투 트랙을 인사적체 해소에 응용해 보는 것이다. 기존엔 승진이 관리직계의 계선 라인에만 치우쳐서, 승진이 라인상의 높은 자리로 올라가 많은 부하를 거느리고 현장에서 지휘권을 향유하는 것으로 해석되었다. 즉 지위권력(position power)의 확대 위주로 승진을 이해했다. 하지만 계선으로의 승진만이 능사는 아니다. 날로 복잡다기화해 가는 공공문제를 해결하기 위해 맞춤형 정책개발이 더 요구되는 시점이다.

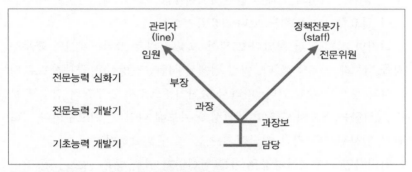

출처: 진재구(1993); 이명환(1998)을 참고해 재구성.

그림 3-8 성장진로 결정(Y 프로그램)

그렇다면 정책개발 쪽인 막료(staff) 라인에서의 승진경로도 존중해 줘야 한다. 일례로 수석연구원 – 책임연구원 – 부 연구위원 – 선임연구위원 순으로 승진시키면서 정책연구 개발 쪽에서의 전문가적 권위(professional authority)를 조직이 활용하는 것도 의미가 크다. 그러려면 그들이 정책 전문가로서 응당 받아야 할 대접을 충분히 해주며 정책연구개발의 전문성을 쌓아나가도록 도와줘야 한다. 정책 전문가들이 고위 관리자로 성장하지 않더라도 정책연구 경력에 상응하는 인사상의 정당한 처우를 받게 해주는 보수제도의 쇄신이 있어야겠다. 특히 지위 권력은 약해도 연구경력에 걸맞은 전문가적 권위를 존중해 주는 새로운 직장문화풍토가 조성되어야겠다(이도형, 2019: 206-207).

(2) 불공정 인사를 막기 위한 근무성적 평정제도의 내실화

연고우선주의식 승진관행의 폐단을 버리고 직무 전문성을 높이기 위해서는, 실적주의에 따른 승진의 공정성을 제도적으로 확보해주는 장치가 필요하다.

승진방식에는 시험승진과 심사승진 방식이 있는데, 현행 심사승진제도의 경우는 로비의 귀재만 승진하기 쉽다. 따라서 최소 1번은 시험승진이 필요하다는 의견도 있다(김정길, 1998).

그러나 시험을 잘 보았다고 해서 그것이 바로 상위직에서의 근무능력을 담보해 줄 수는 없다. 이런 점에서 시험승진방식은 근본적으로 타당성의 문제를 갖고 있다. 따라서 승진기준으로서 근무실적 점수를 보다 강화하는 쪽으로 승진의 객관성을 확보해 나가며, 연고주의나 낙하산식 인사관행을 점차 청산해 나가는 것이 필요하다.

합리적인 근무성적평정은 이를 실현하기 위한 좋은 제도가 될 것이다. 근무성적 평정제도는 공무원의 근무성적, 직무수행능력, 직무수행태도 등을 정기적, 객관적으로 파악하고, 평가하는 것이다. 특히 근무성적평정은 직무분석을 통해 얻어낸, 공무원들이 반드시 해야 할 업무(what should do)와 실제로 한 업무(what actually do)를 비교, 평정하는 것인데, 그 결과로 도출된 평점점수는 공무원의 전보, 보상, 승진 등 과학적 인사관리를 위한 의사결정자료나 조직구성원의 잠재력을 파악하고 능력을 개발하기 위한 경험적 자료로서의 중요성을 갖는다(강제상, 1998: 158). 우리는 승진의 공정성을 확보하기 위해 다음과 같은 근무성적평정상의 제도적 노력에 만전을 기울여야 한다(이선우, 1997; 진재구, 1999).

첫째, 평정요소를 구체적으로 표현해야 한다. 평정요소를 직렬별, 또 평정목적별로 다양화, 세분화하는 등 평정항목을 차별화시켜 구체적으로 표현해야 인사권자의 주관적 판단을 막을 수 있다.

둘째, 평가주체의 다면화도 필요하다. 특히 직무수행태도는 누구보다도 동료들이 잘 평가할 수 있다. 최근엔 이처럼 동료평가, 상하 간 교차평가, 그룹평가, 자기평가 등 전방위평가(360-degree evaluation) 기법이 도입되어 좀 더 적실성 있는 평가를 시도하려고 한다.

셋째, 평정방법에 대한 주기적 실시를 통해 오류의 가능성을 줄이고, 현재 60~70%의 공무원이 평정결과의 공개를 찬성하므로 본인에게는 평정결과를 공개해 자신의 부족한 점을 보완하는 등 능력발전의 기회로 삼게 하는 것도 바람직하다.

넷째, 우리 공직사회에선 공공부문의 직무가 한 개인의 책임 하에 완결되기보다는 품의제와 같은 집단의사결정이나 집단집행방식으로 수행되므로, 부서별, 집단별 성과평가를 개인별 평가와 병행해야 한다.

승진의 합리성과 공정성을 제도화하기 위해서는 근무성적 평정의 적극적 활용과 더불어 인사권자들의 '마인드 혁신'도 필요하다. 양질의 기업에서는 이런 면에서 공직 승진제도에 적지 않은 시사점을 주고 있다. 일례로 한솔그룹의 경우 아예 인사기록 카드에서 출신학교와 출신지역 기록란을 삭제했다. 금호그룹은 30대의 젊은 나이에도 임원으로 발탁하는 fast tracker(조기시공) 제도를 실시했다(한국일보, 1995.6.8자 8면). 연고우선주의의 관행과 연공서열식 승진관행의 폐해를 없애 버리기 위해서는 공직사회에서도 이처럼 쇄신적인 승진제도의 적극적 도입이 필요하다.

오늘의 경쟁시대, 업적주의 시대에서는, 꼭 자기와 연줄이 있고 충성하는 하위자들을 승진시켜 자기 밑에 둠으로써 자기를 보호하려는 상위자는 도태되기 쉽다. 오히려 자신과는 아무런 연줄이 없지만 실력과 능력으로써 자신을 보필해 줄 수 있는 하위자들을 자기의 바로 밑에 포진시키는 것이 더 나을 것이다. 이러한 하위자들은 무한경쟁의 시대에서 업적으로 승부해야 할 오늘의 상위자들에게는 천군만마(千軍萬馬)와 같은 존재이기 때문이다.

이런 맥락에서 우리 공직사회에서 단초를 보이기 시작한 발탁인사 사례와 성공적인 승진관리제도들을 소개하면 다음과 같다.

 사례 3-9 공직사회 내 성공적인 승진제도와 발탁인사 사례

성공적인 승진관리 사례

▷ 정보통신부의 과학적 승진심사카드제: 승진과정에서 "함께 경쟁한 동료들이 당연히 인정하는 사람, 외부회의나 파견 등 외부에 내놓아도 당당한 사람"을 승진시키자는 분위기 아래, 민간 헤드헌터의 도움을 받아 승진후보자들의 전문가적 능력, 조직관리 능력, 문제해결능력, 의사전달 및 협상능력, 공직자로서의 자세, 태도 등을 측정한 뒤, 헤드헌터의 면접평가, 선후배동료의 다면평가, 공무원경력 스캔을 통한 검증분석, 감사담당관의 윤리성 평가 등 다단계를 거치게 함으로써, 승진후보자로 하여금 "차라리 승진을 포기할까?"라는 생각이 들 정도로 까다롭고 엄격한 승진절차를 밟게 하고 그 과정에서 발생한 모든 사항을 기록해 두는 과학적인 승진심사카드제를 실시하고 있다.

▷ 특허청의 승진 시 업무계획 발표 및 토론면접제: 과장직 승진은 실질적 정책방향이나 내용을 결정하는 등 미래의 기관을 이끌 일꾼을 뽑는 과정이므로, 후보자들은 다면평가단 앞에서 업무추진실적과 직무수행계획을 발표한 후 다양한 질의, 응답 등 토론식 면접을 거치게 한다. 또 직원을 대상으로 승진적임자 추천설문조사(설문문항: 비전 제시능력, 리더십, 협상력)를 실시해 기관장이 승진을 최종결정한다.

▷ 기상청, 해양경찰청의 승진심사 참관제: 과거 인사권자의 내정이나, 형식적으로 심사위를 구성하던 폐단에서 벗어나 직원들이 참여하는 심사참관제를 실시해, 밀실에서 광장으로 심사과정을 개방시켰다. 이를 통해 심사의 공정성과 공무원의 자기계발 욕구가 고취되었다. 즉 승진 시 어떤 능력, 실적, 기여도가 필요한지가 직원들 사이에 전파되어 직원들 간에 선의의 승진경쟁을 유도할 수 있게 되었다.

청백리상수상자, 직무수행능력 탁월자, 제안채택자 등 우수공무원 발탁사례

▷ 관세청의 혁신공무원 특별승진: 업무 메뉴얼을 청내 지식관리시스템인 지식몰이나
  청와대 혁신 사례방에 올리게 하고 그들 중에서 혁신스타를 발굴해 특별승진시킨다.
▷ 농업진흥청의 연구실적 우수자 특별승진: 농업연구대상을 시상하고, 연구업적 마일
  리지 시스템(실용화 연구업적/ 학술적 연구업적)을 운영해, 제도도입 이후 시책건의
  가 평균 40% 이상이나 향상되었다(중앙인사위원회 편, 2004에서 참고).

---

6. 보수수준의 현실화 및 실적보수제의 강화

1) 보수수준의 실태

선진국 공무원의 보수는 민간 평균의 97~105%인 반면, 우리 공무
원보수의 민간기업 임금접근률은 83.4%(2015년 기준)로서, 2004년의
96%대 접근률에서 점차 격차가 더 벌어지고 있어, 공무원 보수의 현실
화가 요구된다.

실제 공무원 대상의 한 조사에서도 가장 큰 사기불만 요인으로 보수
문제가 꼽힌다. 생계비부족(35.0%)이 공무원들의 가장 큰 고민거리로
서, 그 다음인 승진문제(15.1%)를 크게 앞선다. 기본생계비를 보수인상

표 3-11 민간대비 공무원 보수추이 (단위: %)

구 분	2002	2003	2004	2005	2006	2007	2008	2009	2010	2011	2013	2015
민간 임금 접근율	94.8	95.5	95.9	93.1	91.8	89.7	89.0	89.2	84.4	85.2	84.5	83.4
공무원 처우 개선률	7.8	6.5	3.9	1.3	2.0	2.5	2.5	0.0	0.0	5.1	2.8	3.8

출처: 행정안전부(2013); 한국노동연구원(2015)에서 참고.

의 이유로 든 공무원이 41.5%나 되는 현실이다(이헌수, 1998: 68).

특히 공직 근무연한 5~20년 동안의 공무원 봉급은 사기업에 비해 상대적으로 크게 떨어진다. 흔히 이 기간을 박봉 존(zone)이라고 하는데(한국경제신문, 1994.6.17자), 이는 하후상박(下厚上薄)적인 공무원 보수 체계의 특성상, 공직 초임의 상대적 강세와 연금혜택을 받을 수 있는 말년에 비해, 이들이 공직에의 전문성을 쌓아가며 가장 정력적으로 일하는 상당기간 동안의 보수가 상대적으로 매우 미흡함을 말해 준다. 특히 그간 하후상박의 기조에 눌려 연령별 생산성은 높으면서도 대학생 자녀들의 학비지원을 못 받은 40~50대 공무원들이 봉급체계상 큰 피해를 보았다.

2) 보수수준의 결정원칙

그렇다면 공무원들에게 어떤 기준으로 보수를 주는 것이 바람직할까? 이에는 민간기업에 다니는 친구만큼(대외균형급), 연령이나 경력만큼(연공급), 먹고 살 만큼(생활급), 실제로 일한 양만큼(실적급), 어려운 일을 수행한 만큼(직무급) 등 여러 가지 보수책정기준이 있을 수 있다. 그러나 일단은 공무원들도 생활인이기 때문에 보수의 대외적 균형을 맞추어 주고 표준생계비를 보장해 생활의 안정을 도모하는 쪽으로 보수수준을 책정하는 것이 중요하겠다.

공무원에게 합리적 보수를 주는 것은 그들이 이에 상응하는 질 좋은 공공서비스를 국민에게 제공하는 것을 기대할 수 있게 하는 좋은 방법이다. 즉 누구나 다 표준생계비 이상의 보수는 받아야 업무에의 동기부여가 가능해진다.

같은 소명(calling)이라도 성직자들은 대개 부양해야 할 가족이 없지만, 공직자들에게는 부양가족이 많다. 이런 점에서 과거의 안빈낙도(安貧樂道)식의 비물질주의 문화가 오히려 구조화된 부패의 온상이었음을

명심해야 한다. 너무 낮은 봉급은 경제적 인간(economic man)으로서의
인간 속성을 지나치게 경시한 것으로서, 공무원들을 복지부동하게 만
들 뿐이다.

따라서 소명을 받아들일 수 있을 정도의 경제적 여유를 누릴 수 있는
수준으로 보수를 현실화해, 공무원들을 입지역동하게 해야 한다. 그러
므로 공무원의 보수수준은 일단은 정부의 재정력을 상한선으로 하고,
표준생계비를 하한선으로 하여 민간부문과 대등한 선에서 직책과 직위
에 따라 결정하는 것이 좋다.

특히 인플레에 대비해 공무원 봉급의 실질적 수준을 유지해 주기 위
해서는, 과학적인 보수관리 차원에서 생계비 조사와 임금조사(salary
survey)가 지속적으로 이루어져야 할 것이다. 대외적 균형의 원칙에 따
른 임금조사22)는 일종의 민간대비 보수 연동제(連動制)이고, 생계비 보
장의 원칙에 따른 생계비 조사는 물가대비 보수 연동제이다.

좋은 행정을 위한 보수수준의 현실화는 매우 시급한 과제라고 볼 수
있다. 그러나 이와 관련해 한 가지 더 생각해야 할 것은 보수는 노동력
에 상응하는 대가로서의 역할도 해야 한다는 점이다. 이런 점에서 볼
때, 업무에 게으른 사람과 열심인 사람 간에 차등을 두는 것 또한 필요
하다.

실적보수제(merit pay system)는 이런 문제를 보완해 줄 수 있다. 실적
보수제는 남보다 업무에 열심이어서 직무생산성이 높고 성과가 많은
사람에게 보수를 더 주는 제도이다. 따라서 이는 실적대비 보수연동제

---

22) 일본에선 민간부문과의 균형을 맞추기 위해 50만 명 이상(기업규모 1백인 이상,
사업소 규모 50인 이상의 민간기업 중에서 추출한 7,700개 사업소 근로자)의 민간기
업 근로자의 급여와 공무원 급여를 동일시점에서 개인별로 정밀조사하고 업종, 연령
등 조건이 동일한 사람들끼리 대조해 그 차이를 종합하여 전체 수준차를 산정하고
있다. 미국도 대통령의 보수대리인(pay agent)이 노동통계국의 임금조사를 참고해
연방보수위원회의 자문을 받아 일반직의 보수조정에 대한 제안을 대통령에게 한다
(배병돌, 1999).

라고 볼 수 있다.

이런 맥락에서 우리 공직사회에도 2000년부터 3급 국장급 이상 및 계약직에 대해서는 정기호봉 승급제가 폐지되고 '성과연봉제'가 도입되고 있다. 실적에 따라 보수가 차등 조정되는 것이다. 2005년부터는 성과급적 연봉제를 중앙부처 4급 상당 과장급까지 적용하기 시작했고, 인사혁신처 출범 이후엔 이 제도를 과장직 5급까지 확대하고 있다. 6급 이하 공무원에 대해선 특별상여수당제를 개편해 근무성적평정 결과를 토대로 성과상여금 제도를 시행하고 있다.

7. 연금제도의 내실화

공직이라는 한 우물을 파도 노후생활이 보장되어야만 재직 중 공무원들의 성실한 근무자세를 확보할 수 있고 부정부패의 유혹에서 이들을 자유롭게 해줄 수 있다. 이런 점에서 연금제도의 노후소득 보장효과는 매우 크다.

우리나라의 현행 공무원 연금제도는 퇴직급여, 유족급여, 장해급여, 순직유족급여 등 장기급여 15종과, 요양급여, 부조급여 등 단기급여 3종을 제공한다. 그러나 중요한 것은 이러한 제도의 외양적 화려함이 아니라 제도의 내실화를 기하는 것이다. 즉 정부가 공무원 연금의 합리적 관리와 기금운용의 효율화에 힘써 이들의 노후생활을 연금으로 어느 정도는 충당해줄 수 있어야 한다.

불행히도 현행 공무원연금제도에는 큰 문제가 있다. 즉 안이한 투자 손실과 최근 고참공무원들의 무더기 명예퇴직 등 그간 예상하지 못했던 본질적 문제점들이 드러나면서, 연금기금 고갈이라는 초비상에 걸려 있는 것이다.

우리 공무원연금제도의 이론적 근거는 한 직종에서 한 우물을 판 것에 대한 공로보상설뿐 아니라, 은퇴 이후 미래의 쓸 돈을 마련하기 위해 현재 월급에서 일정 몫을 제외시켜 적립해 놓는 거치(据置)보상설, 보수후불(後佛)설의 성격도 같이 갖고 있다(강성철 외, 2001: 437). 따라서 더 이상의 기금고갈을 막고 연금이 공무원의 실질적인 노후보장 수단이 되도록 합리적인 연금개혁이 요구된다.

공무원 연금개혁 유형은 기존 제도의 기본틀은 유지한 채 부분적으로 제도를 손질하는 모수개혁(parametric reform)과 현행제도의 틀을 바꾸는 구조개혁(structural reform)으로 나뉜다. 전자는 수급연령과 수급조건 조정, 기여율과 기여조건 조정, 급여산식 등을 조정하는 것인데 비해, 후자는 다른 공적 연금과의 통합이나, 부과(pay-as-you-go)에서 적립(reserve-financed)으로의 재정방식 전환 등 근본적 틀의 전환을 뜻한다(권혁창 외, 2013; Chand & Jeager, 1999: 8-10).

한국의 공무원연금에 대해선 저부담-고급여 체제를 바꾸지 않고 모수개혁으로 일관해 기금고갈을 초래했다는 지적이 많다. 따라서 공적 연금제도의 투명성을 내세우며 국민연금과의 통합이나 미국식의 다층구조 개편안 등 구조개혁의 필요성이 주장되곤 한다. 그러나 한 나라의 공무원연금 개혁방향은 그 나라 공무원제도의 성격을 고려하지 않을 수 없다.

우리나라 헌법은 제7조 2항에서 "공무원은 국민전체에 대한 봉사자이며, 공무원의 신분과 정치적 중립성은 보장된다"라고 규정해, 신분제적 공무원제도를 전제한다. 우리나라 공무원연금은 이런 공무원제도의 영향을 받는다. 국가공무원법 제77조는 "공무원이 질병, 부상, 폐질, 퇴직, 사망 또는 재해를 입으면 본인이나 유족에게 법률로 정하는 바에 따라 국가가 적절한 급여를 지급한다"라고 규정해, 공무원 연금제도가 신분제적 공무원제도에서 파생했음을 보여준다(이각희, 2017: 450-452).

전통적으로 신분제적 공무원제 하에서 독립형 특수직역연금으로 공무원연금이 발달해온 나라들은 부양원리와 인사정책적 기능을 지속하기 위해 연금의 기본틀을 유지하면서, 기여율, 지급률, 지급개시연령의 계수조정을 통해 연금재정 안정을 도모하는 모수개혁을 택한다. 따라서 우리의 공무원 연금개혁도 모수개혁에서 그 방향성을 찾을 필요가 있다.

표 3-12 공무원 제도와 공무원연금 개혁방향의 관계성

공무원제도	국가 공무원관계	공무원연금의 성격	연금 개혁방향
신분제	공법상 근무성실관계, 직업공무원제	부양원리, 인사정책적 고려, 퇴직 후 생활수준 유지	국민연금과 독립형태, 계수조정 등 부분적, 점진적 개혁
고용제	사법상의 근무계약제, 직위분류제	소득재분배 등 사회보험 원리, 생존수준 확보	국민연금과의 통합이나 다층제로의 전환 등 본질적 개혁

출처: 이도형(2018: 207).

더욱이 구조개혁은 단기적 재정 안정화엔 유리하지만, 부실한 노후보장, 공무원의 질적 저하와 인재유치 곤란 등 공무원연금의 이론적 근거인 공로보상설이나 인사정책 기능과 충돌할 여지가 적지 않다. 따라서 구조개혁에 따른 다음과 같은 규범적 문제점을 부양원리와 인사정책기능 등 공무원연금의 이론적 근거 위에서 재조명해야 한다.

공무원이 연금을 많이 받는 것에 대한 사회적 비판은 강하다. 그러나 공무원연금이 국민연금보다 수급액이 많은 것은 노동3권 등 기본권 제한과 신분상 불이익에 대한 대상(代償)이란 점에서 헌법적 정당화가 가능하다. 공무원연금은 인간다운 생활을 할 권리와 직업공무원제에 헌법적 근거를 두므로, 연금수급권은 헌법상 기본권적 보호를 받는다. 공무원의 기여금은 일종의 재산권이어서 국민연금과의 통합은 그들의 재산권을 침해할 소지가 있으며, 특히 구조개혁의 일환으로 신규 공무원

을 국민연금에 가입시키는 안은 임용시기를 이유로 차별하는 것으로
헌법의 평등원칙에 위배되고 직업공무원제의 본질을 훼손할 우려가 있
다. 국민연금이 소득대체율을 40%로 낮추는 등 재정 안정화에만 치중
해 급여 적정성을 훼손한 현실에서, 국민연금과의 형평성 논의는 자칫
공무원연금을 지나치게 축소시키는 하향평준화의 논거로 활용될 위험
도 크다(정철, 2015: 252-254; 김린, 2014: 26-27).

　따라서 연금재정위기나 국민연금과의 형평성 차원에서 공적연금 통
합이나 다층제로의 전환 등 구조개혁만 추진할 것이 아니라, 헌법에서
제도적 보장으로 규정한 신분제적 직업공무원제도의 정착을 위해 적절
한 모수개혁을 도모해 나갈 필요가 있다.

　단, 연금재정 부족실태를 극복하기 위해 기여율의 탄력적 조절, 납부
상한액과 납부기간 상향조정, 수급개시연령 연장 등 더 내고 더 오래
내고 더 늦게 받는 쪽으로 섬세하고도 치밀한 모수개혁이 지속적으로
추진될 필요가 있다. 그러나 형평성을 이유로 공무원연금을 국민연금
수준으로 대폭 줄이면, 열악한 보수 및 퇴직금 문제가 인사개혁으로 당
장 해결되지 않는 한 공직사회의 사기앙양과 부정부패 면에서 큰 문제
를 야기할 수 있다. 지급액을 줄이되 보수의 부족분과 신분상의 여러
불이익을 감수할 수 있도록 공무원들이 수용할 만한 선에서 지급액을
적정 수준으로 점차 축소해야 한다.

　모수개혁이 정착되려면 추가적인 재정 안정화 조치가 필요하다(정창
률·김진수, 2015: 242; Marie-Laure Onnee-Abbruciati, 2005: 132). 특히 기
수급자들로 하여금 재정 안정화에 동참하도록 유인할 필요가 있다. 일
례로 그리스처럼 세대간 연대세를 통해 수급자가 연금액의 일정부분을
납부하게 하거나, 오스트리아처럼 재정안정화 기여금을 부담하게 하는
방법이 있다. 사회적 연대 차원에서 고액수급을 방지하는 다양한 조치
도 필요하다. 비용부담 증가를 막기 위해 독일과 이태리처럼 조기퇴직

범칙금을 부여해 실질적으로 정년퇴직을 권장하는 방법도 있다.

모수개혁이 사회적 정당성을 가지려면 공무원의 직업의식 제고 등 자기 개혁과 적극적 윤리 구현노력이 뒷받침되어야 한다. 공직사회의 제대로 된 자정(自淨)노력이 요구된다. 공무원은 자신이 대표시민임을 자각하고 공적 자아답게 시민들의 문제를 자기 문제처럼 해결하기 위해 적극 나서야 한다. 결국 공무원이 대표시민이자 공적 자아임을 명심해 시민의 아픔을 자기 아픔으로 여기며 적극적 윤리의 구현에 힘쓸 때, 정부의 정책산고(産苦)가 시민의 행복으로 연결된다. 공무원연금의 모수개혁도 그만큼 사회적 지지와 합의를 얻어낼 수 있다(이도형, 2018: 208-224).

8. 기타 편익과 후생복지사업의 활성화

공무원들이 공직에 보람을 느끼고 일생을 걸쳐 열심히 일하도록 하기 위해서는, 정부는 '모범고용주'로서 다음과 같은 편익부여와 후생복지에도 힘써야 할 것이다. 이는 현재의 부족한 보수수준을 보완하기 위해서도 꼭 필요하다. 왜냐하면 아래의 제도들은 잘만 운영하면 공무원 보수의 부족분을 메꿔줄 수 있는 부가급여(fringe benefit)가 될 수 있기 때문이다.

먼저 적절한 휴가제도가 기타 편익부여의 일환으로서 제도화되어야 한다. 공무원에게 주어지는 유급휴가로는 연가(年暇), 병가(病暇), 공가(公暇) 및 특별휴가가 있다. 우리나라의 경우 이상의 제도를 모두 시행하고는 있으나, 공무의 성질상 어느 정도의 제한을 받고 있다. 물론 공무원들은 공복(公僕)으로서 유사시에 자기의 휴가를 반납해야 한다. 그러나 별일 아닌데도 상사의 눈치 때문에 휴가를 가야 할 공무원을 직장에 붙잡아 두는 그릇된 관행이 남아 있다면, 이는 노동력의 재생산과 복지타임(welfare time)의 부여라는 각도에서 조속히 사라져야 할 것이다.

정부는 모범고용주로서 공무원의 복리후생사업도 돌보아야 한다. 이에는 공직의 모든 근무여건이 포함되지만, 보통은 직접적으로 공무원의 물질적, 정신적 생활을 안정시켜 주는 활동을 뜻한다. 즉 주택융자, 생활부조, 탁아시설 운영, 구내식당 운영, 공제금융 관계, 문화 및 체육·여가시설의 제공 등이 이에 해당된다.

9. 적정범위 내에서의 공무원 단체활동 허용

공무원 단체활동도 적정범위 내에서 인정되어야 한다. 공무원단체 (public employee organization)는 공무원이 근로조건 개선과 후생복지 증진, 기타 그들의 사회경제적 지위향상을 위해 자주적으로 단결해 조직되는 공무원 집단이다.

우리나라에서도 2006년 상반기부터 6급 이하 공무원(특정직, 지휘, 감독자 및 공안, 인사, 예산 관련 공무원 제외)을 대상으로 단결권과 단체교섭권 (단 예산, 법률과 관련된 사항은 단체협약의 대상에서 제외)이 합법화되는 식으로 공무원노조가 출범하고 있다.

현재 우리나라의 공무원단체로는 조합원 10만 명 규모의 공무원노동총연합(공노총)과 9만 명 규모의 전국공무원노조(전공노)가 있다. 광역

표 3-13 전체 조합 수 및 조직률 현황 (단위: %)

연 도	2009	2010	2011	2012	2013	2014	2015	2016
조합수	95	96	99	110	121	125	144	150
조직률	53.1	55.6	56.1	55.8	60.08	61.6	64.1	65.5

주: 전국공무원노조 통계는 포함되지 못했음.
출처: 고용노동부(2017); 서광석·안종태(2017)에서 참고.

자치단체들은 주로 공노총에 소속되고, 기초자치단체들은 전공노 소속이 거의 다수를 차지한다. 전공노는 '해직자는 조합원 제외'라는 규약변경을 통해, 2018년 3월 말 노조설립 신고서 제출로 다시 합법화되고 있다.

공무원 노조가 제 기능을 다할 때, 부정부패 근절, 불합리한 인사조치, 불법적인 예산집행, 직장 내 상사의 부당한 압력 제거 및 행정 발전, 직업윤리의 제고가 가능해질 것이다.

그러나 공익과 상충하는 공무원 노조활동은 정말 곤란하다. 따라서 시민의 발목을 붙잡지 않고도 자신들의 이익과 권리를 효과적으로 집약, 표출해 낼 수 있는 공무원 노조의 전략적 지혜가 필요하다. 이에 참고가 되는 발전적 교훈사례가 일본에 있어 참고해 본다.

 사례 3-10 일본 가와사키 시직노의 발전적 노조활동

일본의 경우도 처음엔 공무원 노조가 공산화의 팽창거점으로 발전하는 것을 막기 위해 쟁의권은 박탈한 채, 일반직에 속하는 비현업 국가공무원과 지방공무원에게는 단결권만 허용하고, 현업에 속하는 공무원에게만 단체교섭권을 부여해 왔다.

한편 1980년대 초에 나카소네가 집권하면서 공기업의 민영화 등 행정개혁 추진과 정부지출 억제조치를 발표하자, 재정자립도가 낮은 지방자치단체의 대민 서비스와 공무원 처우에 큰 제약이 가해지기 시작했다.

이에 대해 혁신 자치체(革新自治体)의 하나인 가와사키 시직노(市職勞; 시직원 노동조합)는, 시정부 직원들의 일자리 고수와 혁신 자치체로서의 역할정체성을 동시에 지키기 위해, '지역생활문제의 치유자'라는 지방자치단체 본연의 역할을 다하는 차원에서 지역의 정책문제 해결에 몰두했다. 즉 가와사키 시직노는 정원 삭감과 업무의 민간위탁을 사전에 저지하는 인원확보 투쟁과 더불어, 지역 활성화, 지방자치 강화, 지역생활권 투쟁 추진방침을 표명하고, 중앙정부 주도적인 개혁의 양대 피해자라는 공감대 아래 지역사회의 시민단체 연합과도 손을 잡으며, 지방의 독자성을 확립하고 시민생활의 질적 개선을 위해 시민단체와 연대해 대항적 분업을 추진했던 것이다.

가와사키 시직노는 시직노 산하에 자치연(自治研) 센터를 두고, 이 연구센터를 참여

민주주의와 지역사회 공동성 회복의 장으로 활용했다. 또 공공부문 노동운동의 조사연구조직으로도 활용하는 등 관료조직의 자기 수정능력의 재활성화에도 기여했다(이종구, 1997에서 참고).

위의 사례에서 우리가 특히 눈 여겨 보아야 할 점은 공무원노조가 자신의 직업이익만 일방적으로 고집하는 것이 아니라, 연구부서까지 산하에 두고 지역발전이라는 공익 강화에 일차적으로 호소하면서, 그 지역발전을 위해 자신들이 일정한 규모로 존재해야 한다는 직업적 당위성을 슬기롭게 개진하고 있는 점이다.

향후 우리 공무원 노조도 이러한 발전적 교훈사례를 참고로 삼아, 노조활동의 적정선을 유지하며 공직사회 문제를 슬기롭게 해결해 나가는 쪽으로 공무원 노조활동의 방향을 잡아나가야겠다.

10. 신분보장의 탄력적 해석과 공무원 재임용제 및 개방형 직위제

공직사회가 정치적 요인에 의해 흔들리지 않게 하기 위해서는, 특별한 하자가 없는 한 공무원의 신분을 계속 보장하게 해 주는 것이 필요하다. 그러나 한 가지 경계할 점은 이러한 신분보장제도가 안일한 공직생활의 안전판이 되어서는 안 된다는 점이다.

공무원들에게 있어 연금과 신분보장은 박봉과 인사적체 속에서도 많은 공직자들을 공직에 묶어두는 '황금수갑'과 같다. 그러나 여기서 문제가 되는 것은 황금수갑 때문에 공직사회에 남아 있지만, 그들이 일에는 '노력회피 성향'을 보이기 쉽다는 것이다. 그렇게 되면 우리는 성실하고 책임감 있는 조직시민으로서의 공직자들을 기대하기 어렵다.

무능하고 안일한 공직자는 오히려 국민의 세금을 낭비하는 주요인이 될 뿐이다. 왜냐하면 그만큼 일은 안하고 자리만 지키므로, 이는 막대

한 기관손실(agent loss)을 유발하는 것이다. 또 어차피 그가 해야 할 일
은 다른 공무원에 의해 수행되기 마련이므로 이중삼중으로 인건비가
들게 된다.

이런 점을 고려할 때 지나친 신분보장은 직업공무원제의 참뜻에 어
긋나는 것이다. 또 무능한 사람을 계속 자리에 두는 것보다는 외부에서
새로운 피(new blood)를 수혈해 조직을 혁신하는 것이 문제해결에 바람
직한 경우도 많다.

이제 우리는 우리의 국정대리인인 공무원들의 노력회피 성향을 줄이
고 이들에게 '조직시민'적 행동을 육성해 주어야 한다. 즉 건설적 진술
과 제안, 직무에의 전념, 직장내규와 출근시간의 준수, 조직재산 보전
등 양심적이고 주인의식이 강한 조직인들을 양성해 내야 한다(김학수,
1997: 41). 조직시민적 성격이 강한 공공관리자들만이 전략적 변화를
주도하는 혁신가이자 정부의 새로운 정책을 설계하고 집행하는 통합자
로서의 제역할을 다할 것이다(Metcalfe & Richards, 1987: 222-223).

2000년대에 들어와 공무원 재임용제 논의가 나타났던 것은 이에서
연유한다. 이는 그간 특정직에게만 적용해 오던 일종의 계약제 임용을
전 공무원에게 적용하는 방식으로서, 공직자들의 직업생애를 몇 단계
로 나누어 각 단계마다 재임용심사를 거쳐 공직자들의 일에 대한 긴장
과 열의를 살리되, 일단 특정단계에서 재임용되면 다음 재임용시까지
는 신분보장을 전과 똑같이 해주고 임금 등 인센티브를 더 주자는 제도
이다.

물론 이러한 인사제도 혁신방안은 직업공무원제에 반하는 것이다.
그러나 이미 헌법재판소는 임용당시 공무원법상의 정년규정까지 근무
할 수 있다는 공무원의 기대는, 행정조직이나 직제의 변경 또는 예산의
감소 등 강력한 공익상의 정당한 근거에 의해 좌우될 수 있는 상대적이
고 가변적인 것에 지나지 않아, 정년규정을 변경하는 입법은 구법(舊法)

질서에 대해 기대했던 당사자의 신뢰보호 내지 신분관계의 안정이라는 이익을 지나치게 침해하지 않는 한, 공익을 위해 필요범위 내에서 입법권자의 입법형성의 재량을 인정해야 한다고 판시한 바 있다(배득종, 1997).

재임용제는 공직사회에 큰 동요를 일으킬 우려가 있어 전면적으로 시행되지는 않았다. 그 대신 정부는 국무조정실을 중심으로 능력과 업무추진실적이 낮은 공무원들을 퇴출시키기 위한 새 방안을 추진하고 있다. 즉 공무원을 능력 · 성과에 따라 핵심인재, 준(準)핵심인재, 잠재인재, 보통인력, 성과미흡군, 퇴직준비군 등 6개 등급으로 분류하고 각 등급에 따라 교육을 세분화한다. 특히 퇴직준비군에 대해선 역량향상, 전직(轉職)과정 등 특별교육 프로그램을 이행하게 한 뒤 그 이후에도 계속 근무성과가 저조할 경우에는 대기발령을 거쳐 퇴출시킨다(중앙일보, 2005.9.8자). 이러한 방안은 다음의 사례와 같이 '관료망국'이라고 불리는 일본 공직사회에서도 적용되고 있다.

 사례 3-11 집권여당에 의한 일본 공직사회 개혁추진 움직임

일본 집권여당이 공무원제도를 획기적으로 뜯어고치기 위해, 당내에 공무원제도 개혁팀을 조기에 설치하자는 계획 아래, 공직사회에 민간기업 못지않은 능력주의를 도입해, 공무원이 근무평점이 나쁘면 강등 및 사직을 권고하고, 공무원이 누렸던 각종 신분보장 혜택도 완전 철폐할 방침이라고 도쿄신문이 보도했다.

그간 인사원에서 일괄적으로 각 부처에 지침을 내려 결정하던 임금결정방식도 노사가 직접 협상을 통해 결정하는 시스템으로 전환할 방침이다. 또 중장기적으로 각 부처각료가 민간인을 중앙부처 간부에 자유롭게 등용할 수 있게 된다. 이는 사실상 공직사회를 기업에 준하는 체제로 운영하겠다는 취지이다. 그 대신 그간 제한해오던 단결권, 단체교섭권, 단체행동권을 공무원에게 인정한다는 것이다(중앙일보, 2005.12.3자).

물론 부당한 정치적 압력으로부터 행정의 지속성, 일관성을 보호하기 위해 공무원의 신분보장은 확고해야 한다. 그러나 이것이 경직될 때 파생되는 문제를 해소하기 위해서는 재임용제와 같은 '신분보장의 융통적 해석'이 필요하다. 이미 고위공직자의 계약제 도입에 대해선 공무원들도 51.1%가 동의한 바 있다(이헌수, 1998: 125). 그리고 필요시에는 외부로부터 수혈을 과감히 해 공직사회의 체질개선을 도모하는 것도 필요하다. 이러한 점에서 개방형 임용구조를 완전히 배제한 철저한 실적주의 및 폐쇄적 직업공무원제보다는, 개방형 충원도 적절히 활용함으로써 양자의 조화를 꾀할 필요가 있다.

그런 맥락에서 철밥통으로 불려 왔던 우리 공직사회에도 신선한 바람이 불고 있다. 정부는 개방형체제로의 전환을 위해 중앙부처 5급 이상 직위 중 전문성이 요구되는 대외통상, 협력 등 국제관계업무, 쟁송, 법제 등 법률업무, 환경, 정보통신, 교통, 도시계획, 과학기술업무 등 19개 분야의 213개 직위를 개방형 전문직위로 선정해, 중앙부처 실국장급 직위의 20% 범위에서 공직 내외를 불문하고 최적의 자격요건을 구비한 자를 임용하기 시작했다.

2000년에 개방형 직위제가 도입된 이후, 2011년에는 과장급까지 개방형 직위지정이 의무화되었다. 2015년에 도입된 경력개방형 직위제도는 민간인만 공개모집을 해 임용하는 방식으로서, 홍보, 문화예술, 국제협력 등 민간 쪽의 전문성이 높고 인력풀이 풍부한 165개의 국과장급 직위를 지정해 민간인을 대상으로 운영 중이다.

개방형 직위제는 외부 인사가 일정기간 공직에 근무하며 전문성을 발휘해 공직의 생산성을 높이고 처진 공직사회 분위기를 일신시킨다는 이론상의 장점이 있다. 그러나 현실의 제도 운영은 녹녹치 않다. 먼저 외부에서 온 민간인 출신들이 공직사회의 관료주의와 상사 모시기 문화 등 민간부문과는 확연히 다른 공직사회 문화에 적응하기가 만만치 않았다. 그것도 기업에 있을 때에 비해 훨씬 낮은 보수를 받으며 일해야 하는 처지를 감안할 경우 민간의 유력한 전문가가 개방형 직위에 계속 수혈되긴 쉽지 않다. 특히 조직 장악력이나 조직문화 이해도 등을 재임용의 평가기준으로 설정해 실제로 재임용이 쉽지도 않다. 그래서 임용 후 1년도 못 채우고 그만둔 민간인도 적지 않다.

그 결과 '무늬만 개방직'이라는 비판이 그치지 않는다. 2014년 기준으로 428개 직위 중 18.5%만 민간인이 임용되었다. 다행히 경력개방형 직위제도가 도입된 후인 2016년엔 임용비율이 25.1%로 지속적으로 상승하고 있다. 2016년 기준으로 개방형 직위는 46개 기관의 441개이며, 전체 개방형 중 경력개방은 39%이다.

다행히도 그간의 연구들은 개방형 직위제도의 도입성과를 마냥 부정적으로만 보지 않는다. 즉 전문성과 개방성의 제고, 인사관리의 민주성 제고, 순환보직 억제 등의 면에서 이 제도가 효과가 있다고 보고한다. 임용자의 직무만족도나 조직 몰입도도 점차 높아져 제도의 장기적 발전 가능성도 암시해 준다. 그렇다면 향후 공무원들과 외부 임용자 간의 상호 이해와 협력을 도모하는 방안을 강구해야 한다(박천오·한승주, 2017). 먼저 개방형 임용이 된 이들에 대한 공직적응 리더십 교육훈련 및 멘토 지정이 필요하다. 개방형 임용자가 팀 관리 리더십을 발휘하도록 팀별 성과평가가 도입될 필요도 있다. 영국에선 보수 프리미엄을 제공하는 차원에서 외부 임용자는 내부 승진자보다 22% 정도 보수를 더 지급받게 하는데, 이는 유능한 민간인 임용을 위해 참고할 만하다. 개방형 직위제가 효과를 보려면 무엇보다도 직위분류제의 확대가 필요하다. 직무분석을 정확하게 해서 외부 전문가의 임용이 바람직한 직위는 직위분류제의 적용직위로 필히 규정해 외부의 최적임자를 임용하도록 유도할 필요가 있다(최순영·조임곤, 2014: 25-26; 이도형, 2019: 321-322).

지금까지 살펴본 바와 같이, 공무원들을 신분보장이라는 황금수갑에서 벗어나 조직시민으로 입지역동하게 하기 위해, 이제 우리는 개방형 직위제 활성화 등 신분보장의 탄력적 해석에 주의를 기울여야 할 것이다. 물론 신분보장에 안주하지 않고 공무에 창의적으로 접근하는 공무원들은 적극 선별해 인센티브를 듬뿍 제공해 주는 노력 또한 게을리해서는 안 된다.

재무행정

제1절 **재무행정의 개념과 그 행정과정적 함의**

1. 소비지향적 사회의 단면

재무행정은 정부조직이 공공문제의 해결에 소요되는 제반 경비와 물적 자원을 합리적으로 동원해 다양한 지출용도에 적정하게 배분, 관리하는 제반 행정업무이다. 다시 말해 재무행정은 국가나 지방자치단체들이 각종 정책집행에 요구되는 재원을 동원, 배분하고 효율적으로 관리, 사용하는 모든 과정을 말한다.

만사비재막거(萬事非財莫擧)라는 말이 있다(이은호 외, 1994: 345-346). 모든 일에는 돈이 수반되므로, 돈 없이는 어떠한 일도 꾀하지 말라는 얘기이다. 물론 이 말에는 패배주의적 색채가 짙게 깔려 있으므로, 우리가 이 말을 액면 그대로 받아들여서는 안 될 것이다. 그러나 실제로 모든 일에는 경비가 든다는 점에서, 이 말은 아주 현실적인 말이기도

하다.

한 가정 내에서 수입은 고려하지 않고 지출만 해대면 그 집은 망하기 쉽다. 그러나 써야 할 데는 무척 많다. 먹고 사는 데도 써야 하고 요새는 문화 다원화시대 및 패션시대이므로 문화비, 피복비도 전에 없이 많이 든다. 휴대폰 및 인터넷 사용 때문에 정보통신비의 비중은 날로 커진다. 우리와 같이 정(情)의 문화가 강한 사회에서는 친척·친지의 애경사(哀慶事)시 부주(扶助)도 적당히 해야 인간으로서의 도리도 다하며 사는 사람으로 평가받을 수 있다. 또 현재의 거처가 비좁아 집을 옮기려면 막대한 목돈이 한꺼번에 요구된다. 요새는 아이들 키우는 돈도 많이 들어간다. 오죽하면 총 가계지출 중 애들 양육비에 들어가는 돈의 비중을 뜻하는 '엔젤 계수'라는 말까지 나오고 있겠는가? 집안의 천사들이 부모의 돈을 크게 잡아먹고 있는 것이다. 더욱이 연일 방송되는 TV의 광고는 우리가 원래 사지 않아도 먹고사는 데 큰 지장이 없는 물건들까지도 만일 사지 않으면 큰일이라도 날 것처럼 겁을 주며 우리를 시장으로 내몰고 있다. 일례로 코카콜라는 미국 이외의 나라에서 80%가 팔리는 실정이다. 심지어는 아프리카 원주민들도 코끼리 등 위에서 콜라를 마시는 장면을 TV 광고에서 목격할 수 있다.

2. 세금해방일의 지연과 조세저항

그래도 합리적인 가정이라면 수입을 감안해 상기한 다양한 지출용도를 조절하고, 특히 미래의 큰 지출용도에 대비해 현재의 돈을 저금하려고 한다. 이를 위해선 많은 가정에 악착같고 슬기로운 알뜰주부들이 많아야 한다.

하물며 한 나라의 살림살이를 책임져야 할 정부가 국가 살림살이에 쓸 돈을 잘 예측해 돈을 모으고 관리를 잘해야 함은 너무나 당연하다.

특히 정부의 경비는 국민의 세금에서 나오는 것이므로 더욱더 지출을 합리적으로 해야 국민들로부터 정당성을 인정받는다.

오늘의 시민들은 정부도 그들에게 더 좋은 행정서비스를 싼 값으로 제공해 주는 양질의 정부가 되기를 기대하고 있다. 그러나 정부가 이는 안중에도 없고 세금을 낭비하거나 엉뚱한 데 세금을 쓰면 참으로 곤란하다. 더욱이 이 책 제2장의 정부실패에서 이미 살펴본 것처럼 관료들이 정부실패의 하나인 예산 극대화(budget maximization)나 연성(軟性)예산제약(soft budget constraint)에 익숙해지면 국민의 혈세는 돈의 가치를 잃어버린다.

그래서인가? 불행히도 우리의 세금해방일은 자꾸 뒤쳐진다. 세금해방일은 한 해에 예상되는 조세총액을 국민순생산으로 나눈 조세부담률을 이용해 계산되는데, 국민에게 부과한 세금을 내기 위해 1년 중 국민이 얼마나 많은 시간 동안 일해야 하는지를 알려 주는 날이다.

정부의 바람직하지 못한 재정관리로 인한 부정적 행동은 국민의 조세저항(tax revolt)을 불러일으킨다. 일례로 1978년 미국 캘리포니아 주의 유권자들은 물가상승과 공공서비스에 대한 불만을 이유로, 지방 재

표 3-14 세금해방일의 지연

구 분	날 짜
노태우 정부	3월 10일
김영삼 정부	3월 14일
김대중 정부	3월 20일
노무현 정부	3월 28일
이명박 정부	3월 24일
박근혜 정부	3월 28일
문재인 정부	4월 4일

주: 문재인 정부는 2019년 기준임.
출처: 문화일보, 2019.4.4자에서 참고.

산세를 절반으로 깎아내리는 '주민발의안 13호'(proposition 13)23)를 발효시킨 바 있다(Osborne and Gaebler, 1993: 2-5).

우리나라의 경우도 한때 근로소득세 증가율이 사업소득세 증가율보다 무려 3배 이상이나 되어, 민주노총이 세금반환 소송을 제기한 적도 있다. 이제 더 이상 정액봉급 소득자들의 월급봉투를 속이 훤히 들여다보이는 유리봉투 혹은 유리지갑으로만 인식해서는 안 될 것이다. 더욱이 최근엔 부당한 징세에 대한 납세거부운동마저 수도권을 중심으로 전개되고 있다.

 사례 3-12 재산세 납세거부운동

2005년 서울 강남구 압구정동 현대·미성 아파트 입주자들이 재산세 납세거부운동에 나섰다. 이들 아파트 단지에는 입주자 일동으로 '구청장은 각성하라', '세금 폭탄 웬 말인가' 등의 현수막이 여기저기 걸려 있었다. 그 주된 이유는 건물, 토지에 각기 부과되던 주택보유세가 통합 과세되고 세금을 매기는 기준가격이 국세청 기준시가로 적용되어 재산세가 최대 50%까지 상승했기 때문이다. 또 정부가 2005년에 기준시가를 실거래가의 80% 수준으로 올린데다가 재산세 과세기준마저 강화한 것도 큰 원인이다. 압구정동 지역주민들은 "용산구 등 강북구는 탄력세율을 적용해 재산세를 인하했다며, 강남구도 탄력세율을 적용해 재산세를 인하하라"며 구청에 강한 요구를 했다.

이에 앞서 경기도 안산시 주민들도 과세의 형평성 문제를 제기하며 납세거부운동을 편 바 있다. 이들이 제기한 문제는 지방자치단체가 자체적으로 최고 50%의 탄력세율을 적용할 수 있도록 한 정부방침에 따라 세금이 지역 간에 큰 차이를 보였기 때문이다. 예컨대 성남, 고양시 등 경기도 내 14개 시는 주민부담을 덜기 위해 재산세율을 인하했다. 그러나 안산, 의정부 등 17개 시군은 이런 탄력세율을 적용하지 않았다. 이 때문에

23) 이 법은 1978년 주민발의에 의해 주 및 지방정부의 조세 및 지출을 통제하기 위해 만들어진 일단의 법안 중 최초의 것으로서, 정부의 비능률에도 불구하고 주민부담이 늘어나는 데 대한 주민들의 집단적 반발의 표현이었다. 이 법에 의해 재산세가 사실상 지불되는 원천인 과세기초를 평가할 때 1976년을 기준으로 매년 2% 이상을 올리지 못하도록 주 헌법의 개정이 이루어졌다. 이를 주민에 의한 조세반란이라고 하는데, 이는 재산세를 제한하는 효과가 있다(강인재·권해수 외, 1998: 294).

기준시가가 더 낮은 지역이 세금은 더 내는 기현상이 발생했고, 안산시 주민은 이에 반발해 2005년 9월 20일부터 납세거부운동을 벌였다.

최근 국민의 주요의무인 납세의무에 대해 조세저항 움직임이 본격화된 이유는, 경기도 안산시의 경우는 과세 형평성의 문제이고, 서울 강남지역의 경우는 8.31대책까지 포함된 장기적인 세부담의 압박감(예: 재산세 50% 이상의 부당성) 때문이다. 물론 강남지역 주민이 이기적인 생각으로 조세저항에 앞장서는 것은 바람직하지 않으며 보유세를 높여야 한다는 정부대책의 기본원칙도 맞지만, 실행과정에서 국민의 이해와 협조를 구하지 못하고 특정 지역주민을 '공공의 적'으로 매도하고 상처를 준 것은 잘못이라는 지적도 많다(http://www.upkorea.net/news; 2005.9.29자).

3. 재무행정의 개념과 그 행정과정적 함의

오늘의 시민은 조세저항에서 더 나아가 자기가 낸 세금과 지방정부가 제공하는 행정서비스의 가치를 비교해, 만일 그것이 균형을 이루지 못할 때 같은 세금을 받고도 더 나은 서비스를 제공하는 다른 지역으로 아예 이사하려는 경향이 있다(Tiebout, 1956: 416-424). 이를 발로 뛰는 투표(voting by foot)라고 한다. 따라서 정부가 시민의 서비스 욕구에 대응하지 못하고 재정낭비만 일삼는다면, 그 정부는 정당성을 상실한 채 재정적 파탄에 직면할 우려가 있다.

시민들은 이미 정부에 충분한 지불을 하고 있다고 확신한다.[24] 비용

24) 우리나라 국민들도 소득 재분배에 대해서는 대체로 찬성하지만, 본인이 이에 필요한 재원을 더 이상 부담할 의사는 전혀 없다고 피력한 사람이 61.8%나 되고 있다(김상균, 1994: 130). 홍학표(1993: 907)가 조사한 우리나라 국민의 조세관에서도, 세금을 정부로부터 받는 여러 서비스에 대한 정당한 대가로 답변한 사람은 6.8%에 지나지 않고, 세금을 고통스런 부담으로만 생각하는 사람이 43.4%에나 이르고 있다. 지금도 한국인들은 조세 분야를 가장 공정하지 않고 본다. 조세 분야가 불공정하다고 보는 비율이 20대는 59.2%, 30대는 62%, 40대는 59.5%, 50대는 57%이다(2012년 통계청 사회조사에서 참고).

내용 보태기　**3-8**　**Tiebout의 '발로 뛰는 투표 가설'의 전제조건**

물론 이에는 다음과 같은 전제들이 있다. i) 소비자 혹은 투표자는 자신의 선호를 가장 크게 만족시켜 줄 수 있는 지역으로의 자유로운 이동이 가능하다. ii) 그는 세입과 세출에 대한 정보를 충분히 갖고 있다. iii) 그들이 거주지를 자유로이 선택할 수 있도록 충분한 수의 지방자치단체가 존재한다. iv) 고용기회도 이동에 따른 제약을 받지 않는다. v) 공공서비스는 자치단체 간에 외부성을 초래하지 않는다. vi) 1인당 공공재 공급비용을 최소화시켜 주는 최적규모가 지방자치단체에 존재한다. vii) 최적규모보다 거주자가 적은 자치단체는 1인당 공급비용을 적게 하기 위해 거주자를 확대하려 하고, 최적규모보다 거주자가 많은 곳에서는 거주자를 축소시키려고 한다.

이러한 7가지 전제가 인정되면 누구든지 발로 뛰는 투표에 의해 자신의 선호에 맞는 지방자치단체를 선정할 수 있고, 자치단체도 거주자에 대한 공공재의 최적공급을 가능하게 할 수 있다는 것이다(고바야시, 이호동 역, 1997: 195-196).

발로 뛰는 투표 가설의 국제 버전도 가능하다. 일례로 중국의 부자 60%가 해외이민을 신청하거나 고려하고 있다. 중국인 부자의 50%는 자녀교육, 32%는 이민, 25%는 위험분산, 22%는 생활수요, 18%는 더 나은 생활과 미래를 위해 해외투자와 이민을 고려 중이다. 아직 해외재산을 보유하지 않은 중국 부자의 30%가 3년 내 해외투자를 할 의향을 보인다(문화일보, 2011. 11.1자). 부자의 탈(脫) 중국 등, 자국민들이 조국을 떠나는 근본 원인을 해결해야 한다는 의견이 적지 않다.

고용의 기회가 많고 문화, 생활편의시설이 좋은 대도시로의 이사에 따른 우리나라 지방 중소도시와 군 단위의 지방소멸 위험 현상도 광의의 발로 뛰는 투표 결과로 볼 수 있겠다.

을 덜 들이면서 더 많은 일을 하라는 압력이 오늘의 정부들에 가해지고 있는 것이다(Benton & Daly, 1992: 273-283). 따라서 나라 살림살이에 들어갈 경비를 잘 거둬들이고 이를 효과적으로 쓰기 위한 전문 행정분야가 필요하다.

재무행정(public fiscal administration)은 정부의 나라 살림살이에 관한 전문적 관리분야이다. 무엇보다도 재무행정은 공무원이 국민의 세금을 아껴서 합리적으로 돈을 쓰는 방법을 강구하는 분야이다(이문영, 1992: 191). 이런 점에서 재무행정은 공공문제 해결에 필수적인 물적 자원의 마련과 그 능률적 활용에 관한 관리분야로서, 효과적인 정책집행을 위한 또 하나의 사전토대라고 볼 수 있다.

제2절 예산의 개념과 종류

1. 예산의 개념

현대정부의 활동은 국방, 치안, 외교는 물론 경제개발, 교육, 사회복지, 환경보전 등에까지 크게 확대되어 왔다. 이처럼 정부의 일이 늘어나면서 이에 소요되는 물적 자원의 동원과 그 능률적 사용문제가 중요시되고 있다. 왜냐하면 정부가 사회로부터 자원을 동원하는 데는 한계가 있을 뿐 아니라, 정부정책과 사업의 효율성이 항상 기계적으로 보장되는 것도 아니기 때문이다.

이런 이유에서 정부는 정책과 각종 사업을 가능한 한 경제적으로 달성하기 위해 이에 소요되는 자원의 동원 및 배분방향에 대한 계획을 잘 수립하고 이에 따라 자원을 체계적으로 집행할 필요가 있다. 그런데 이러한 물적 자원의 동원 및 배분에 대한 일련의 계획이 바로 예산(豫算: budget)이다. 즉 예산은 일정 회계년도 내에서 현실적 경제능력을 감안한, 그리고 화폐단위로 표시된 정부의 세입·세출에 관한 계획서이다

(신무섭, 1993: 44-51).

예산은 한 해 동안의 나라 살림살이에 관한 계획서라는 점에서 재무
행정의 핵심개념이 된다. 재무행정은 정부기관이 주체가 되어 사업계
획서를 작성하고 그에 필요한 예산을 편성, 확보한 후 경제적·합리적
으로 운영해 나가는 예산활동이라고도 정의할 수 있다.

아래 표에서 보듯이, 나라살림을 위해 돈쓸 데는 참으로 많다. 그러

표 3-15 정부예산의 기능별 분류 (단위: %)

연 도	방위비	일반 행정비	공익 사업비	사회 개발비	교육비	경제 개발비	지방재정	기 타
1957	32.1	12.3	3.0	3.9	9.2	31.4	3.9	4.2
1960	35.0	14.5	2.4	5.3	15.2	19.9	5.2	2.5
1965	31.9	13.7	3.5	6.6	16.4	20.5	3.4	4.0
1970	23.2	11.6	8.4	4.6	17.7	20.8	12.3	1.3
1975	29.5	8.5	-	5.2	14.6	25.3	8.8	8.1
1980	35.6	9.7	-	7.2	16.9	21.6	6.3	2.7
1985	30.7	10.1	-	6.8	20.1	20.2	8.1	4.1
1990	30.4	10.7	-	10.4	22.3	22.3	9.4	2.3
1995	22.2	10.4	-	8.1	18.8	21.4	10.6	8.6
2003	15.5	10.6	-	12.7	17.5	25.7	12.6	5.4
2004	16.7	9.6	-	13.5	18.6	24.9	12.0	4.7
2008	15.4	28.2	-	14.6	20.2	19.2	-	1.3
2011	16.2	28.4	-	16.2	19.5	18.6	-	1.1

주: 1) 1957-75년도는 일반재정부문, 1980-90년도는 일반회계.
   2) 공익사업비: 도로, 수로비, 소방, 수도 및 위생비, 기타 공익비.
   3) 사회개발비는 교육비를 뺀 수치임.
   4) 2003-2004년의 기타에는 예비비, 재정융자 지원, 채무상환비 포함.
   5) 2008년의 일반행정비는 일반공공행정비이고, 기타는 예비비임.
   6) 2011년의 방위비는 국방, 통일외교 부분을 합한 것이고 기타 1.1%는 예비비임.
출처: 이종수·윤영진 외(2005: 575); 기획재정부, 『2011년 나라살림 예산개요』에서 참고.

니 자연히 국민의 조세부담도 크게 늘고 있다. 따라서 자원타령보다는 정책사업을 기획에 잘 반영시켜 예산과 연계시켜 내는 예산관료들의 지혜가 요구된다. 또 현 세출예산 내역 중 인건비, 국방비 등 지나친 경직성 경비들을 합리적으로 재조사해 불필요한 습관성 지출은 줄이고 그 부분의 예산을 아껴 새로이 투자가 요구되는 주요부문에 집중 투자하는 '세출예산의 구조조정'도 필요하다.

2. 예산의 종류

예산은 실제로 여러 형태를 띠고 있지만, 몇 가지 기준으로 볼 때 다음과 같은 종류들로 나눌 수 있다(신무섭, 1993: 66-75).

1) 회계별 종류

❶ 일반회계예산: 국가재정의 핵심적 예산으로, 세출은 주로 국가 존립과 유지를 위한 기본적 지출(소위 공공재 생산)로 구성되며, 세입은 조세수입에 의존한다.

❷ 특별회계예산: 국가재정의 보조적 예산으로서, 세출은 주로 철도, 통신 등 국가발전을 위한 지출(소위 준공공재 생산)로 구성되며, 세입은 자체 세입이나 일반회계로부터의 전입금으로 구성된다. 이는 일반회계와 달리 임시사업적 성격을 띠고 있다. 특별회계의 설치요건은 국가에서 특정사업을 운영할 때, 혹은 특정한 자금을 보유하여 운영할 때, 혹은 기타 특정한 세입으로 특정한 세출에 충당함으로써 일반회계의 세입, 세출과 구분해 경리할 필요가 있을 때 법률로 설치한다. 재정투융자, 교육환경개선, 도로사업 등의 특별회계가 있다. 정부는 2014년 현재 일반회계의 201조 원 외에, 특별회계로 18개 종류에 62조 원을 운용한다.

❸ 기금: 예산회계법 제7조에 따르면, 국가는 사업운영상 필요할 경우 법률로 정하는 경우 특별기금을 설치할 수 있다. 기금은 위의 양 회계와 달리 세입·세출예산에 의하지 않고 예산 외로 운용할 수 있다. 현재 개별 부처가 관리하는 각종 기금은 2014년을 기준으로 1,416조 원 규모의 적립금으로 운영되고 있다.

표 3-16 **기금의 유형과 유형별 수입전망** (단위: 조 원, %)

구 분	2019	2020	증감률
합계 58개	154.7	161.9	4.7
사업성 기금 48개	42.4	43.8	3.3
사회보험성 기금 6개	107.1	112.4	4.9
계정성 기금 4개	5.2	5.7	9.6

주: 사업성 기금의 주요 기금은 대외경제협력기금, 남북협력기금, 문화예술진흥기금 등이며, 사회보험성 기금의 주요 기금은 국민연금기금, 공무원연금기금, 고용보험기금 등이고, 계정성 기금의 주요 기금은 양곡증권정리기금, 공적자금상환기금, 공공자금관리기금 등이다.
출처: 기획재정부, 『2020년도 나라살림예산개요』, 44쪽에서 참고.

일반적으로 우리는 국민부담과 직결되는 일반회계만을 예산 또는 재정이라고 부르지만, 실제 공공부문의 예산범위는 정부 이외에 준정부기관, 특별회계, 기금까지 총체적으로 파악할 필요가 있다(강인재, 1993: 276).[25] 왜냐하면 이것들은 정부예산에 비해 국민의 감시에서 크게 벗어나 있으나, 엄연히 국민의 세금이나 국민의 주머니에서 나온 돈으로 운영되는 것이기 때문이다.

사업성 기금에 대해선 특히 많은 관심과 개혁이 필요하다. 일반회계 사업과 쉽게 구분되지 않기 때문이다. 또 보증기능을 수행하는 금융성

[25] 이를 감안해, 예산회계법을 45년 만에 전면 개편해 국가재정법을 제정했다. 국가재정법은 단년도 예산중심인 예산회계법과 달리, 5년 단위 국가재정운용계획이며, 일반회계와 특별회계는 물론 기금 내역까지 포함한다.

기금도 정부역할과 관련해 개혁이 요구된다. 발전, 진흥, 보호, 지원 등 기금의 이름에 붙은 용어에서 보듯이 개별 기금은 부처 이기주의와 이익집단의 협력을 보장하는 고리이다. 기금관리를 위해 중소기업진흥공단, 문화예술위원회, 농어촌공사, 국민체육진흥공단 등 많은 공공기관을 만들기도 한다. 고유목적사업도 제대로 하지 않으면서 자금만 보유한 기금은 폐지해야 하며, 일반회계를 통해 우선순위를 평가받아야 한다(이원희, 2014).

　현행 부담금 제도도 문제가 많다. 교통유발부담금, 환경개선부담금, 농지전용부담금 등 정부나 각 지방자치단체가 1990년대 이후 무더기로 신설한, 세금 아닌 세금인 부담금(조성비, 부과료, 보험금 등 다른 명칭을 가진 유사부담금과 지방자치단체의 분담금 포함)은 94 종이나 되며, 연간 약 14조 원 규모로 거둬들여지는데, 사용처 파악도 없이 불투명하게 운영되고 있다(뉴시스, 2011.5.24자). 즉 신설 시에만 국회에서 개별적으로 그 타당성을 검토·허용할 뿐 지출용도에 대한 심사가 제대로 이루어지지 않아, 해당부처가 임의로 거두고 임의로 집행한다. 이런 엄청난 규모인데도 법체계상 조세로 분류되어 있지 않은 채, 공공기금, 기타 특별회계의 재원이 되고 있다. 향후에는 부담금의 신설, 증설이 더욱 엄격히 통제되어야 할 것이다.

 사례 3-13 부담금의 현실과 폐해

박근혜 정부 동안 부담금은 24% 증가해 지난해 국민 1인당 평균 40만 원의 부담금을 납부한 것으로 드러났다. 총 90여개에 달하는 부담금 중 기술신용보증기금 출연금과 폐기물 부담금 등은 부담금 산정방법과 부과요율이 법에 명시되어 있지 않고 대통령에 위임되어 있는 것으로 밝혀졌다. 최근 5년간 부담금 징수현황을 분석한 결과를 보면, 2012년 15조 원 규모의 부담금이 4년간 꾸준히 증가해 지난해 20조 원에 달했다. 대한민국 인구를 5,000만 명으로 계산하면, 지난해에만 국민 1인당 평균 40만 원의 부담금을 납부한 셈이다.

지난해 기준 총 90개의 부담금 제도 중 잘 알려지지 않았지만 납부하고 있는 부담금이 꽤 큰 것도 많다. 예컨대 영화 입장료에 포함되는 영화상영관 입장권부담금이 지난해 496억 원이 징수됐고, 해외여행 증가로 인해 공항이용 시 납부하는 출국 납부금이 3,000억 원에 달했다. 공항을 통해 출국할 때는 출국납부금 이외에 항공권 1매당 1,000원씩 332억 원의 국제빈곤퇴치기여금도 추가로 납부했다.

지난해 8,285억 원을 징수한 기술신용보증기금출연금이나 3,013억 원을 거둔 임금채권보장기금 사업주부담금, 1,850억 원의 폐기물 부담금 등은 법에 부과요율이 없고 대통령령에 위임되어 있다(김소현, "朴정부 시기, 부담금 4조원 증가… 제도정비 필요성 주장", 『주간한국』, 2017.10.19자).

2) 예산심의 시점별 종류

예산안은 국회 예산심의과정에서 예산환경의 변화에 따라 수정되고 변경될 수 있다. 맨 처음 행정부에서 편성한 예산은 본예산 또는 당초예산이라고 한다. 그리고 국회에서 심의 중인 예산안을 수정하는 것을 수정예산이라고 하며, 국회심의 후 집행될 때 추가로 편성한 예산을 추가경정예산이라고 한다.

3) 예산 불성립 시 예산집행의 종류

행정부의 예산안은 입법부의 의결을 거쳐야 예산이 되는데, 회계년도가 개시될 때까지 예산의결을 못할 경우에 대비해 여러 가지 장치를 마련하고 있다.

❶ 잠정(暫定)예산: 일정금액의 예산지출을 허용하는 것으로서, 회계년도 개시 전까지 본 예산이 거의 통과되지 않는 영국 등에서 채택하고 있다.

❷ 가(假) 예산: 최초 1개월에 한해 예산지출을 허용하는 것으로서, 과거 우리나라에서 채택한 적이 있다.

❸ 준(準)예산: 예산 불성립 시 전(前)년도 예산에 준해 예산이 집행될 수 있도록 하는 제도로서, 현재 우리나라에서 사용하고 있다. 우리나라의 헌법은 준예산의 적용범위에 대해 헌법이나 법률에 의해 설치된 기관 또는 시설의 운영·유지, 법률상 지출의무의 이행, 이미 예산으로 승인된 사업의 계속을 위한 경비는 전년도 예산에 준해 사용할 수 있도록 하고 있다.

제3절 **예산의 원칙**

1. 예산원칙의 개념

민주주의 국가에서는 국민의 요구를 여러 통로를 통해 예산에 반영한다. 정치지도자는 선거기간 동안 국민에게 선거공약(公約)을 하고 집권하면 그것을 이행할 책무를 부여받는데, 이는 예산으로 구체화되어 나타난다. 따라서 예산은 '국민과의 또 하나의 계약'이다.

실제로 예산운영에 대해서는 정부에 그 권한이 부여되어 있지만, 정부는 최종적으로 국민에게 책임을 져야 할 의무가 있다. 따라서 정부는 예산운영과정을 통해 재정자원의 조달, 지출, 관리에 있어 능률성, 효과성, 합법성, 책임성을 확보해야 한다.

예산원칙(principle of budgeting)은 공무원들이 예산운영상 필히 지켜야 할 이러한 규범과 준칙들이라고 볼 수 있다. 즉 공무원들이 법의 테

두리 내에서 비용을 아끼며 기획한 사업들을 다 달성해 내기 위해 예산 운영의 각 절차에서마다 필히 참고하고 지켜야 할 하나의 행동준칙인 데, 다음과 같은 것들이 있다(신무섭, 1993: 53-61).

2. 전통적 예산원칙

정부의 기능이 단순하고 예산의 규모가 작았던 시대에는 통제 지향 적 예산운영과 입법부의 재정통제에 주안점을 두었던 입법부 우위의 예산원칙이 중시되었다. 따라서 그 원칙들에는 '재정 민주주의' 정신이 강하게 반영되어 있다. 그 주요 원칙으로는 다음과 같은 것들이 있다.

❶ 예산 공개의 원칙: 예산운영의 모든 상태는 국민에게 공개되어야 한다.
❷ 예산 사전의결의 원칙: 예산을 집행하기 전에 국민의 대표기관인 입 법부의 사전승인을 받아야 한다.
❸ 예산 한정성의 원칙: 예산의 각 항목은 상호 명확한 경계를 지녀야 한다.
❹ 예산 통일의 원칙: 모든 수입은 국고에 편입되어 거기서 지출되어야 한다. 그래야만 의회가 통제하기 쉽다.

3. 현대적 예산원칙

행정기능의 확대와 함께 예산규모도 커지면서 예산운영의 전문성, 계획성, 능률성이 강조되는 행정부 우위의 예산원칙이 제기되었다. 이 는 '재정 효율주의'의 입장에서 관리 및 기획지향적 예산을 강조하는 것 이다.

❶ 기획의 원칙: 예산과 기획은 별개의 것이 아니고 서로 표리(表裏)의

관계에 있어 예산은 기획내용을 필히 반영해야 한다. 이때의 기획은 일상적·반복적 기획이 아니라 대통령이나 고위 관리층의 정책의지를 나타내는 것이다. 따라서 예산과 기획 양자는 대통령의 지휘와 감독 하에 두어야 한다.

❷ **책임의 원칙**: 국회가 정해준 범위 내에서 정부가 최선을 다해 주어진 경비로 최대효과를 올려야 한다. 이는 지출의 적법성이나 형식적 요구보다는 지출의 효과성과 내용성을 더욱 중요시하는 것이다. 성과주의 예산제도가 그 한 예이다.

❸ **적절한 수단구비의 원칙**: 정부예산의 효과적 활용을 위해서는 적절한 수단이 미리 마련되어 있어야 한다. 준비금 혹은 예비비가 그 예이다. 이는 회계년도 내에 발생할지도 모를 비상사태에 대비해 예산의 몇 %를 미리 떼어놓는 제도이다.

❹ **시기의 신축성 원칙**: 경제사정의 변동에 따라 정부가 예산집행시기를 탄력적으로 정하도록 하는 것이다.

표 3-17 **전통적 예산원칙과 현대적 예산원칙의 차이점**

예산원칙	이 념	초 점	주요 적용단계
전통적 예산원칙	재정 민주주의	통제지향	예산심의, 결산단계
현대적 예산원칙	재정 효율주의	관리, 기획지향	예산편성, 집행단계

4. 양 원칙의 조화

전통적 예산원칙이 통제 지향적 성격을 띠는 반면, 현대적 예산원칙은 관리 지향적, 기획 지향적 성격을 띠고 있어 양 원칙이 대립할 가능성은 적지 않다. 그러나 오늘의 예산은 아이러니컬하게도 이러한 양면성을 동시에 갖추고 있어야 한다.

시대의 흐름상 전통적 원칙이 한계에 부딪힌다고 해도 국민의 세금으로 예산이 구성되는 한 재정통제수단으로서의 성격을 완전히 포기할 수는 없다. 예산은 동시에 목표달성수단으로서의 역할을 다해야 하기 때문에 신축적 사용도 요구된다. 여기서 양 원칙의 상호조화가 요구된다(백완기, 1988: 519-521). 실제로 각국의 예산과정에서는 전통적 예산원칙이 기본적으로 적용되며, 현대적 원칙은 이에 보완적으로 적용되고 있다.

제4절 좋은 재무행정이 되기 위한 예산절차의 합리적 설계

대부분의 나라에서는 예산을 편성, 심의, 집행, 결산 및 회계검사의 4단계로 나누어 체계적으로 관리하고 있는데, 이를 예산절차 혹은 예산과정(budget cycle)이라고 한다. 또 많은 나라들이 예산의 중요성에 비추어 단계별 권한도 입법부와 행정부에 각각 나누어 배분하고 있다.

좋은 재무행정이 되기 위해서는, 위에서 지적한 예산원칙들이 각각의 예산절차 혹은 예산과정에 필히 반영되어야 한다. 이러한 점을 염두에 두면서 좋은 재무행정이 이루어지기 위한 합리적 예산절차를 구성해 보자.

1. 예산편성

1) 예산편성의 개념

예산편성은 정부기관(중앙관서)이 다음 회계년도 기간 중에 실시할 예정인 사업계획이나 정부관리비 등에 자금을 배정해 구체화시키는 것으로서, 예산과정의 제 1단계이다. 예산편성은 각 부처에서 지금까지 계속되어 온 사업과 신규사업에 대한 소요자금을 제출하는 일에서부터 시작하여 예산사정기관이 이를 취합, 종합적으로 사정(査定)해 정부예산안을 만드는 과정으로 이루어진다.

2) 한국 예산편성 시의 문제점

예산편성의 핵심은 각 부처의 예산요구행위와 이에 대한 중앙예산기관의 사정행위이다(백완기, 1988: 547-548). 그러나 불행히도 우리의 경우는 예산요구의 가공성(架空性)이 예산편성과정상의 큰 문제점으로 지적되고 있다.

예산요구부서인 각 부처들은 사업부서이다. 따라서 이들은 예산확보제일주의에 입각해 어떻게 해서든 예산을 최대로 확보하려고 한다. 따라서 예산요구서 작성 시 합리적인 사업분석을 하기 위한 진지한 노력보다는, 일단 많은 예산을 확보하기 위해 무리한 사업계획을 짜낸다.

한편 중앙예산기관은 예산사정기관으로서 정부 전체차원에서의 자원배분을 맡고 있다. 사업 주창자(advocator)이자 소비자(spender)인 각 부처의 예산요구액이 가용재원을 초과하는 폐단이 관행화함에 따라, 예산사정기관은 절약자(saver), 삭감자(cutter)로서 요구액을 깎는 일에 심혈을 기울인다. 소위 '대패질'을 하는 것이다(민진, 1995: 475-476: 강인재·권해수 외, 1998: 274-275). 그러니 예산요구부처와 예산사정기관 간의 상호신뢰에 큰 손상이 오기 쉽다.

예산편성과 관련된 또 하나의 문제점은 인건비 등 경직성 경비가 전체예산에서 큰 비중을 차지해 예산편성의 융통성이 작아, 아직도 합리적인 재원배분이 되지 못하고 있는 점이다. 예산단가가 타당하지 않으며, 예산사용 효과에 대한 정밀한 분석도 없이 점증적으로 예산을 편성하고 있는 것도 큰 문제이다.

3) 합리적 예산편성을 위한 기획과 예산의 연계전략

위에서 논한 바와 같이 우리의 예산편성과정에서는 뭔가 앞뒤가 맞지 않고 뒤바뀐 듯한 느낌이 없지 않다. 즉 합리적 사업분석에 따른 예산의 공정한 배분보다는 일단 예산을 많이 확보하기 위한 정부기관 간의 재원확보전쟁과 이를 깎는 데만 비중을 두는 예산사정기관의 잘못된 관행이 자리 잡고 있다. 이래서는 합리적인 예산편성이 곤란하다.

좋은 재무행정이 이루어지기 위해서는 일차적으로 공공문제 해결을 위해 꼭 써야 할 지출 분야에 적정액의 세금이 지출되도록 정책사업이 잘 계획되어야 한다. 즉 기획과 예산의 연계가 예산편성 시 잘 반영되어야 하는 것이다.

기획은 행정목표의 달성을 위한 제도적, 조직적인 자원배분수단을 포함하는 까닭에, 예산과 깊은 관계를 갖고 있다. 예산과 기획은 동전의 양면과 같다. 기획 없이는 예산을 편성·운영할 수 없고, 예산의 현실적 제약을 무시하고는 합리적으로 기획을 수립·집행할 수 없다.

예산과 기획이 잘 연계되기 위해서는 정치지도자들의 일관된 정책의지가 필요하고, 기획기관과 예산기관의 통합이나 조직구조상의 연계가 강화되어야 한다. 또 예산이 편성되기 이전에 먼저 사업계획들이 검토되어 예산요구서에 이들 사업이 구체화될 수 있도록 하기 위해선 예산의 구조를 조직 및 품목별에서 벗어나 사업 위주로 개선해야 한다. 즉 현재의 세출예산구조인 장(章)·관(款)·항(項)을 각각 기능, 사업계획,

세부 사업계획 등으로 대처하는 것도 좋은 방안이겠다.26)

기획과 예산을 운영하는 공무원들도 사업분석능력을 키워 장기적 안목에서 미래를 설계하고 이에 맞춰 자원을 합리적으로 배분하는 데 더 많은 노력을 기울여야 한다. 이를 위해 관련 공무원들은 목표를 달성하기 위한 사업선정과 집행에 요구되는 분석기법들을 숙달해야 한다(신무섭, 1993: 244-255).

물론 완벽한 기법을 갖추고 예산요구액을 산정하고 평가하는 것은 매우 어려운 일이다. 그러나 신규 공공사업에 대한 자본투자의 정당성 평가나, 목표달성을 위해 탐색된 대안들을 비교 평가하는 작업은 그리 어렵지 않다. 재원의 능률적 사용여부의 판단보다는 기능 자체가 수행할 만한 가치가 있는지의 여부와 기능의 확대·축소가 필요한지의 여부를 명확히 결정하고 적절히 공공자금을 이전시키는 것이 보다 중요하겠다(Key, 1940). 사업기획과 예산편성의 이러한 연계적 노력을 통해, 예산을 필요로 하는 모든 기관들이 적정범위 내에서 예산을 골고루 나누어 쓸 수 있도록 해야 한다.

2. 예산심의

1) 예산심의의 의의

정부에 의해 편성된 예산안은 의회의 심의를 거쳐 확정된다. 국민의 대표기관인 의회가 예산심의권을 갖는 것은 '국민주권의 원리'면에서 당연하고, 정부의 기능에 대해 의회가 통제한다는 '견제와 균형의 원리' 면에서도 정당하다(백완기, 1988: 554).

---

26) 이런 점에서 정부가 1999년부터 현행 세항의 조직별(국 또는 과 단위) 예산편성방식을 사업목적별 방식으로 변경해 성과주의 예산제도 도입의 기초를 마련한 것은 매우 바람직한 일이다.

정부가 사업계획을 충분히 반영해 예산편성을 합리적으로 했는지의 여부는 국민의 보다 직접적 대표기관인 의회에 의해 심의, 평가하도록 하는 것이 좋다. 의회는 국민의 문제해결을 위해 예산이 제대로 사용될 계획인지 혹은 예산이 너무 많이 책정되지는 않았는지를 통제해야 한다. 혹은 매우 필요한데도 정부에 의해 고려되지 못했거나 경시된 분야에 대해서는 비목(費目)의 신설을 정부에 요구하거나 증액(增額)을 요구해야 한다.

2) 한국 예산심의의 문제점

의회는 예산심의기관으로서 사업분석과 정책분석의 능력을 갖추어야 한다(이종수·윤영진 외, 2012: 457-458). 행정부에 대한 입법부의 견제와 감시 차원에서 국회의 예산심의 기능이 한층 중요해졌지만, 우리의 경우는 여야 간에 예산을 볼모로 정쟁만 벌이다가 법정시한을 넘긴 뒤 날치기, 밀실 나눠먹기식으로 예산을 처리하는 관행이 생기고 있다. 예산심의기간이 120일인 주요 국가들에 비해 우리는 60일에 불과하다. 그마저도 국정감사와 대정부 질문을 빼면 실제 심의기간은 20일 정도이다. 의원들이 밤을 새어 심의해도 부족한데, 지난 10년간 국회의 정부예산 삭감률은 0.12%로서 사실상 예산삭감 효과는 없다고 볼 수 있다. 16대 대선을 치른 2002년을 제외하고는 12월 2일의 법정시한을 지킨 적도 없다. 처리시한에 대한 헌법 규정의 취지가 철저히 외면당하고 있다("사설: 국회의 제대로 된 예산심의를 보고 싶다", 한국일보, 2011.11.9자).

미국의 하원 세출위원회는 가장 능력 있는 국회의원들이 모여드는 곳인 데 비해, 우리의 예산결산특별위원회는 정당 간 자리배분식으로 활용되어 전문성이 떨어지는 문제점도 크다. 또 관련 보좌관의 수도 너무 적어 제대로 예산심의가 안 되는 구조적 한계도 있다(민진, 1995: 479).

3) 효과적 예산심의를 위한 의회의 전략

향후엔 정치주체인 의회가 좀 더 제역할을 해야 한다. 즉 사업분석력과 정책분석력을 제고시켜, 세금이 낭비되거나 잘못 쓰이는지의 여부를 철저히 감독해야 할 것이다. 또 필요할 때는 증액권이나 비목 신설권의 법제화를 통해 세금이 꼭 필요한 용도에 보다 더 쓰일 수 있도록 제도적인 보완장치가 있어야 할 것이다.

예산심의기간을 충분히 확보해 포괄적인 심의가 되어야겠고, 예산결산특별위원회의 예산심의의 전문성과 계속성을 확보하는 방법도 필요하다. 특히 소요재원의 마련에 대한 뚜렷한 대책도 없이 의원들이 정치적 인기를 위해 마구잡이식으로 발의하는 입법안건에 대해선 통과유보제(pay-go) 원칙을 도입해야 하며, 의원 입법안에 대해 정확한 재정추계를 해줄 수 있도록 국회 예산정책처의 기능을 대폭 강화해야 한다(중앙일보, 2005.11.29자). 국회의원들도 다음의 사례처럼 선거구민을 의식해 지역사업에 대한 예산요구에만 관심을 보일 것이 아니라 국가적 사업에 대한 보다 치밀한 예산심의를 해야 할 것이다. 한 곳에서의 예산낭비는 결국 다른 곳에서의 세금증대로 보완될 수밖에 없기 때문이다.

 사례 3-14 국회 예산증액권의 모순과 문지방 예산의 폐해

19대 국회 임기의 마지막 예산안 심사를 진행 중인 여야 의원들이 상임위원회 단계에서부터 정부의 본 예산안에 근거가 없는 지역구 예산을 무차별적으로 끼워 넣은 것으로 나타났다. 특히 지역구 내 대형 사회간접자본 예산을 확보하기 위해 사업 타당성 조사비 등의 명목으로 적게는 수억 원, 많게는 수백억 원을 증액한 뒤 이를 바탕으로 매년 수백억, 수천억 원의 본예산을 따가는 이른바 '문지방 예산'이 올해 절정을 나타낸 것으로도 드러났다. '쪽지 예산'에 이어 문지방 예산 구태가 19대 국회 막판까지 재연됐다. 이에 대해 내년 4월의 20대 국회의원 총선거를 앞두고 해당 지역 출신이거나 출마를 원하는 국회의원들이 현역 신분을 활용해 선심성 예산 편성을 노리고 있다는 비판이 나오고 있다. 문화일보가 최근 국토교통위원회와 농림축산식품해양수산위원회를 통과한 '2016

년도 예산안 및 기금운용계획안 심사결과'를 분석한 결과, 정부예산안에 배정되지 않았는데도 국토위 단계에서 예산이 증액된 사례는 161건이었다. 농해수위에서도 신규증액 사례가 103건에 달했다. 국토위와 농해수위는 국회의원들이 지역구 예산을 따내기 위해 민원을 가장 많이 밀어 넣는 대표적 상임위로 꼽힌다. 의원들이 상임위 예산안 심사 단계에서 증액을 요구하는 명분은 사업 설계비, 사업 타당성 조사비, 기본계획 용역비, 연구용역비 등이다. 기획재정부 등 정부 부처가 타당성을 이유로 사업 예산을 확보해주지 않는 만큼 일단 기초작업이라도 실시해 추후 본예산을 따내겠다는 의도로 보인다. 문제는 총선을 앞둔 의원들이 지역구에 보여주기 식으로 또는 아직 정부의 사업 타당성 검토가 끝나지 않은 상황에서 무차별적 증액을 밀어붙이며 정부를 궁지로 몰아넣는다는 것이다. 예를 들어 국토위는 인천발 KTX 사업과 수원발 KTX 사업에 대해 설계비 등의 명목으로 각각 200억 원을 증액했다(김만용, "지역사업 알박기 '문지방 예산' 극심… 국토위에서만 161건". 문화일보, 2015.10.30자).

3. 예산집행

1) 예산집행의 의의

예산집행은 국가의 수입·지출을 실행하는 모든 행위를 말한다. 이는 의회에서 의결한 세입·세출예산을 그대로 실행하는 것이지만, 예산편성과 심의 때 미처 예견하지 못했던 사태에 대응하기 위한 제반 행위도 포함된다.

예산집행의 의의는 크게 둘로 나눌 수 있다. 첫째 입법부의 의도와 재정한계를 엄수하는 것이며, 둘째 예산 성립 후의 여건변화에 대응하기 위해 신축성을 유지하는 것이다(신무섭, 1993: 220-221). 이 두 개의 목적은 상호 모순되는 것이기 때문에, 예산집행 단계에서는 그만큼 어느 단계에서보다도 공무원들의 책임성이 강조되어야 할 것이다.

2) 예산집행의 신축성 유지방안

예산은 국회에서 심의·결정한 대로 집행하는 것이 가장 바람직하다. 그러나 예산이 결정된 후 제반 사정의 변화로 인해 집행상의 신축성이 불가피하게 요구되는 경우도 있다.

예산환경이 변함에 따라 행정기관이 소기의 목표를 달성할 수 있도록 예산항목을 일부 변경하거나 사업계획을 수정하는 것은 예산의 능률적 집행이라는 측면에서 매우 중요하다. 예산집행의 신축성을 능률적으로 확보하기 위한 방안으로는 다음과 같은 것들이 있다.

❶ 전용(轉用)과 이용(移用): 세출예산은 기관, 장(章), 관(款), 항(項), 세항(細項), 목(目) 등으로 분류되어 있는데, 세항과 목을 행정과목, 그리고 나머지를 입법과목이라고 한다. 예산의 전용은 행정과목 간의 융통을 말하고, 예산의 이용은 입법과목 간의 융통을 말한다.

❷ 이체(移替): 이체는 정부조직 등에 관한 법령의 제·개정, 폐지로 인해 그 직무와 권한에 변동이 있을 때, 중앙관서장의 요구에 의해 기관간의 예산 상호이용을 승인하는 것을 말한다.

❸ 이월(移越): 이월은 당해 회계연도 예산을 차년도 예산으로 사용하는 것이다. 이것이 제도화돼야만 연말의 마구잡이식 예산집행(year-end spending out)[27] 같은 낭비관행이 없어지고 예산집행의 효율성을 증진시킬 수 있다.

❹ 계속비: 완료에 수년을 요하는 공사나 제조 및 연구개발 사업은 경비의 총액과 연부액(年賦額)을 정해 미리 국회의 의결을 얻은 범위 내에서 수년에 걸쳐 지출할 수 있도록 하는데, 이를 계속비라고 한다.

❺ 예비비: 이는 예측할 수 없는 예산외 지출 또는 예산초과지출에 충당하기 위해 예산에 계상(計上)한 경비를 말한다.

---

27) 강준만(2015: 126)은 이를 '불용(不用)예산 탕진병'이라고 부른다.

❻ 국고 채무부담행위: 이는 국가가 채무를 부담하는 행위를 말한다.
❼ 추가경정예산: 국회의 의결에 의해 예산이 성립된 후의 상황변화로
인해 사업을 변경하거나 새로운 사업을 추진해야 하는 경우 별개의
예산을 편성하여 국회의 의결을 거침으로써 정부는 예기치 못한 사
태에 대처할 수 있다.

3) 한국 예산집행의 문제점과 대처방안

예산의 능률적 집행을 위한 신축적 예산운용은 위와 같이 불가피한
측면이 있다. 그러나 탄력적 예산집행에는 빈틈도 많다. 즉 재량예산은
자칫 낭비의 원인이 되기 쉽고, 실제로는 그 본래의 취지를 구현하지
못하는 경우도 많다.

일례로 예산집행 시 전용, 이월, 예비비 등이 이용될 수 있는 범위와
절차가 정해져 있지만, 내부적으로는 음밀한 방법으로 남용되는 경우
가 많다. 불용액(不用額)이 있어 예산이 남으면 다음년도에 그만큼 예산
확보가 어렵다고 보아 사고이월의 형식을 많이 사용하고, 가능한 한 연
말까지 예산을 집행하려고 한다. 그 결과 4/4분기에 가까워지면 예산
통제가 다소 느슨해지기 마련이다(이종수·윤영진 외, 2012: 460-461). 그
렇다면 이를 막는 대안은 무엇인가?

첫째, 연말 마구잡이식 예산집행(year-end spending out)의 원인은 통
제 지향형의 점증주의 예산편성 때문이다. 즉 전년도 예산이 주요기준
이 되고 그 삭감기준이 예산 불용액이 되니 다 써버리는 것이다. 따라
서 영(零)기준예산[28]을 적절한 범위 내에서 추구해야 하고, 예산불용

---

28) 영기준 예산제도는 예산편성에 있어 전년도 예산에 구애됨이 없이 조직체의 모든
사업과 활동에 대해 제로 상태에서 각각의 효율성과 효과성 및 중요도를 체계적으로
새로이 분석하고, 그에 따라 우선순위가 떨어지는 사업은 과감히 정리하고 반대로
우선순위가 높은 사업과 활동은 우선적으로 선택해 실행예산을 편성하는 예산제도이
다(Phyrr, 1977: 1-8).

액을 '예산절약액'으로 그 명칭을 변경해 예산절약 마인드를 유도하고,
절약 시에는 그에 대한 유인책을 제공할 필요가 있다(행정자치부, 1998:
84-85).

둘째, 정부는 단년도 위주에서 다년도 예산편성방식으로 전환해 당
해연도에 완료하지 못하는 것으로 예상되는 사업은 명시이월 예산으로
편성하도록 해 예산집행의 신축성을 제도적으로 확보하는 방안이 있을
수 있다(정채융, 1999: 25). 최근 미국 지방정부들에서 2년 주기의 장기
예산제도가 대두하고 있는데, 이는 사업의 지속성을 확보하고 재정지
출의 효율성을 제고하기 위한 것이다.

셋째, 무엇보다도 담당공무원의 윤리의식, 책임의식이 필요하다. 왜
냐하면 아무리 법적 규제조치가 잘 짜여져 있어도 공무원이 그 빈틈을
이용해 재량예산의 취지를 악용한다면 아무 소용이 없기 때문이다. 예
산이라는 것이 국민의 혈세이기 때문에 아껴서 능률적으로 써야 한다
는 공무원들의 확고한 공직의식만이, 이러한 재량과 법규의 상충문제
를 해결해 주는 유일한 길인지도 모른다.

4. 결산 및 회계검사

의회의 심의를 거쳐 집행된 예산은 다시 의회로 돌아와 결산되도록
해야 한다. 여기서 다시 한번 국민의 대표기관인 의회에 의해 정부의
돈 씀씀이가 통제되는 것이다.

결산과 회계검사는 정부업무 수행의 적법성, 내부통제의 적격성, 불
합리한 관리의 존재여부, 사업의 효과성 등을 확인하는 행위로서, 그
목적은 두 가지이다. 하나는 예산운영과 관련하여 공무원의 책임을 명
확히 하는 것이며, 다른 하나는 정부의 정책 및 사업운영에서 능률성과
효과성을 확보하기 위한 관리의 효율화이다(신무섭, 1993: 224).

결산은 정부가 의회의 의도대로 예산을 집행했는가를 사후적으로 감독하는 것이기 때문에, 행정부의 책임을 해제시켜 주는 역할뿐 아니라 감사원의 감사권을 발동시켜 주는 역할까지 한다. 그러나 이는 어디까지나 사후감독이기 때문에 위법적 지출, 부당한 지출이 있어도 이를 무효 · 취소시킬 수는 없다. 따라서 결산은 법률적 의의보다는 정치적 의의가 강하다. 그러다보니 국회의 결산은 다분히 형식적 추인의 성격을 띠고 있다.

감사원의 회계검사 역시 형식 위주에 그치고 있다. 대개의 감사결과는 변상이나 개선요구에 집중되지, 징계요구나 고발은 없다. 특히 고위직이나 권력기관에 대한 회계검사는 극히 형식적이다. 예산이 통제 정향성을 띠었을 때는 회계검사가 지출의 적법성에 초점을 두었지만, 관리 또는 기획 정향성을 띠는 현대에는 지출의 효과성에 회계검사의 초점을 두어야 한다. 예산이 정해진 절차와 형식을 갖추면서 지출되었는가? 라는 소극적 방향에만 몰두해서는 행정의 역할만 위축시키고 경직되게 할 뿐이다. 또 아무리 철저하게 적법성의 입장에서 회계검사를 해도 부당한 지출이나 낭비를 막을 수는 없다. 회계공무원이 마음만 먹으면 형식적 요건을 갖추어 놓고 얼마든지 예산을 부당하게 사용할 수 있기 때문이다.

따라서 정책감사로의 방향전환이 필히 요구된다. 이는 정책의 잘잘못을 사후적으로 따져 그것의 시정을 촉구하고 유인하는 강제적 활동이다(백완기, 1988: 567-577). 정부지출이 얼마나 경제적으로 사용되었는지, 또 예산의 집행으로 국민이 어떠한 혜택을 보았는지를 정확히 따져 행정목표인 공익과 사회후생을 효과적으로 확보하기 위한 정책감사가 보다 활성화되어야 할 것이다.

지출의 효과성에 초점을 두는 정책감사를 도모하기 위해선, 형식적 추인절차로 전락한 결산 내용을 국민이 더 정확히 알게 할 필요가 있다. 즉 집행비용의 단순한 합법성 여부를 넘어 정책집행에 소요된 비용이 사업의 목적 달성에 어떻게 효과적으로 기여했는지를 납세자인 국민이 한눈에 파악할 수 있어야 한다. 즉 정책목표와 예산을 통해 정책성과를 제대로 냈는지를 국민이 쉽게 확인할 수 있도록 다음과 같이 결산서 체계를 조속히 개편해 나갈 필요가 있다.

 사례 3-15 주민이 알기 쉬운 결산보고서의 전국적 확산

행정안전부는 2019년부터 지방자치단체의 결산서를 핵심정보 위주로 요약하는 등 주민이 알기 쉽게 개편한다. 지방자치단체만의 결산정보를 단순히 담던 기존의 결산서 총괄 편을, 주민이 알기 쉽게 핵심정보 위주로 작성한 결산 요약보고서로 대체한다. 또 요약 보고서는 자산, 부채, 순세계잉여금(純歲計剩餘金)29) 등 주민의 관심항목에 대한 연도별 추이와 지방자치단체 간 비교 가능한 그래프나 도표를 활용해 주민 눈높이에 맞춰 작성하게 한다. 즉 정책목표와 예산을 통해 성과를 제대로 관리하고 있는지 주민이 쉽게 확인하도록 결산서 체계를 개편한다. 세출사업별 조서와 성과보고서 요약자료를 함께 편제해 주민이 예산성과 달성정도를 파악하기 쉽게 만든다. 결산서의 복잡한 구성과 유사중복 정보를 통합해 보고서 분량도 30%까지 감축할 계획이다(행정안전부, 2019에서 참고).

---

29) 순세계잉여금은 거두어들인 세금의 총액에서 지출된 세금의 총액을 뺀 나머지를 뜻한다(다음어학사전에서 참고).

제5절 세출예산의 구조조정과 자주적 재원확보의 필요성

1. 세출예산의 구조조정

현대국가의 조세국가(租稅國家)적 성격은 무척 강하다. 우리나라도 조세부담률이 1991년의 17.9%, 1995년의 20.7%, 2004년엔 22.1%에나 이르는 등 가파른 상승세를 타고 있다. 여기에는 기금, 부담금 등 준조세는 누락된 수치인데도 그러하다(공병호, 2005).

 사례 3-16 외국 조세국가의 발달사

세원 포착이 어려웠던 17세기에도 영국 왕 윌리엄 3세는 집 안의 벽난로 숫자대로 재산세를 부과했다. 따라서 당시 런던의 주택들에는 굴뚝이 드물었다고 한다. 18-19세기 초엔 창문 수에 따라 세금이 부과되는 창문세가 시행되기도 했다.

제정 러시아에서는 수염길이에 따라 세금을 매기는 수염세가 있었다. 소련 시대에 들어와선 독신자나 자식 없는 부부에 소득의 6%를 부과하는 무자세(無子稅)가 인구증가 정책수단으로도 활용되었다.

한편 비만세가 최근 영국, 스위스에서 도입 추진 중인데, 이는 패스트푸드 업체에서 세금을 거둬 사회문제화되고 있는 비만퇴치 비용으로 활용한다(이철호, "벽난로세", 중앙일보, 2005.7.12자).

정부가 돈 쓸 데는 참 많은데, 국민의 세금은 혈세이다. 따라서 공무원들이 예산을 절약해 쓰려는 책임 있는 자세가 필요하다. 하지만 정부 각 부처 공무원들이 자발적인 예산절약 노력에 따라 받는 '예산성과금'

지급실적이 2008년 이후 2012년까지 대폭 감소한 것으로 나타났다. 공무원들의 예산절감 노력이 그만큼 지지부진했다는 얘기이다.

기획재정부에 따르면 예산성과금[30] 제도가 도입된 1998년부터 2011년까지 지급된 성과금 규모는 총 344억 원(1,745건)이며, 성과금이 지급된 사례를 통해 절약된 세출예산 규모는 총 1조 7,370억 원에 달한다. 하지만 이 비율이 예산절감을 통한 작은 정부와 실용주의를 강조한 이명박 정부의 집권시기인 2008년 이후 대폭 감소한 것으로 나타났다. 2008년 5,545억 원, 2009년 4,828억 원, 2010년 9,705억 원, 2011년 7,330억 원 등 연평균 6,852억 원으로 급감했다. 평균치만 놓고 보면 예산절약 수준이 전 정권의 절반에도 못 미친 셈이며, 이에 따라 성과금 지급 규모도 대폭 감소했다. 예산절약에 따른 성과금 지급액은 2006년 23억 3,500만 원이었으나 2008년 1억 9,100만 원, 2011년 3억 2,100만 원으로 급감했다. 세입증대를 제외한 지출절약 실적만 놓고 봐도 2003~2007년 기간 평균 1,950억 원 수준인 것과 비교해 2008~2011년 기간 지출절약 실적은 1,602억 원으로 더 낮았다("게을러진 정부(?)… 예산절감 노력 '퇴보'(退步)", 조세일보, 2012.2.16자).

 사례 3-17 문재인 정부의 국책사업 계획

매니페스토 실천본부는 "문재인 정부에서 지방분권이 강조되면서 공약이행을 위한 재정과 국비 비율이 민선 6기보다 늘었다"라고 분석했다. 재원규모가 가장 큰 공약은 경기도의 '저소득층 공공주택 안정적 공급' 사업으로 42조 27억 원이 필요했다. 서울시의 '여의도 33배 도시공원 지키기-도시공원 실효제 대비 사유공원 보상' 사업은 14조 2,227억 300만 원으로 집계됐다. 경상북도의 '대구·경북 통합신공항 추진 및 연계교통망 구축' 사업에도 7조 2,465억 원이 투입될 것으로 봤다. 또 각 시도의 공약 중 국책사업에

---

30) 예산성과금은 정부 각 부처에 배정된 예산을 절약하거나 세원 발굴 등 수입증대에 직접 기여한 공무원에게 지급되는 일종의 인센티브 제도로서 지급 한도액은 1인당 3,000만 원이다.

서 재원규모가 가장 큰 것은 전라남도의 '목포~제주 고속철도 추진' 사업으로 16조 8,000억 원이 필요했다. 경기도의 '수도권 광역급행철도(GTX) 조기 추진' 사업도 14조 3,008억 원이 요구됐다(김진아, "경기 '저소득층 공공주택' 42조… 국책사업은 전남 '목포~제주 고속철' 16조 들어", 서울신문, 2019.4.22자).

　　세수 부족은 매우 심각한데, 천문학적 숫자의 세금이 소요재원으로 들어가는 국책사업 등 정부의 씀씀이는 여전히 너무 헤프다. 지금이라도 돈이 많이 들어가는 초대형 국책사업들은 우선순위를 정해 시급하지 않은 것은 뒤로 미루고 불필요한 사업들은 과감히 정리해 비만형 세출예산의 군살을 빼야 한다. 나라살림이 어려운 가운데 이런 신규사업들의 범람은 재정악화를 초래하므로, 현실성이 없거나 사업효과가 떨어지는 국책사업은 보류하거나 신중히 집행해야 한다.

　　따라서 오늘날에는 경비를 아껴서 합리적으로 쓰고자 하는 예산절차상의 혁신이 개혁의 큰 관심사이다. 왜냐하면 공무원들 간에는 국민의 세금이 '화수분'처럼 생각되는 경향이 있고, 이처럼 정부의 수입원으로서 세금을 지극히 당연시 할 때 '밑 빠진 독에 물 붓기'와 같은 좋지 않은 결과가 생기기 때문이다.

　　미국의 지방세는 야금야금 훔쳐 비열하게 빠져나가는(sneaking) 식이 아니라 1년 동안 어디어디에 돈을 쓰겠다고 확실히 사용처를 정해 시의회에서 통과된 세율만큼만 세금을 일괄 징세하는 시스템을 갖고 있다. 따라서 세금이 가시적으로 느껴지니까 예산을 들여 만든 공공시설물을 시민들이 내 것처럼 활용한다. 공익을 최대한 개인 이익화해 사회 전체의 공익을 높이는 미국 방식이 인간의 본성에 더 솔직하게 맞는다. 세금을 낸 만큼만 서비스를 제공하기 때문이다(허명환, 1999). 이제부터는 우리 정부도 국민의 세금을 화수분으로 보지 말고 혈세로 받아들여 한 점의 낭비도 없어야겠다. 그렇지 않으면 조세저항은 커진다.

2. 재원의 자주적 확보

더 나아가서는 가능한 범위 내에서 자주적으로 재원확보를 하려는 정부의 적극적 자세도 필요하다. 정부의 목적은 기업과 달리 이윤추구가 아니라 공공선을 최소비용으로 실현하는 것이다. 따라서 이윤과 수익만을 밝히는 행정은 좋은 행정이 아니다. 그러나 지나치게 이윤을 무시하는 분위기 속에서 행정을 통한 수익창출 노력은 너무 뒤처져 왔다 (Osborne & Gaebler, 1992: 195-196).

1) 경상비나 투자재원의 자주적 확보를 위한 수익사업의 추진

정부분야에서 수익, 이윤을 중시함으로써 발생되는 재정적 여유는 다른 부족분을 메우고, 미래의 공공사업과 공공시설을 확충하는 데도 활용될 수 있다. 그런 면에서 기업과 똑같은 수준은 아니지만 자주적 재원확보를 위해 적정범위 내에서 수익과 이윤을 도모하려는 행정능력의 적극적 개발은 긴요한 일이 아닐 수 없다. 매번 국민에게 손만 벌릴게 아니라 정부가 경상비의 일부쯤은 홀로 서기해 스스로 마련하는 것이다.

우리는 외국의 지방정부들에서 이처럼 돈을 벌어들이려는 강한 유인책을 발견할 수 있다. 그러나 이들은 이를 이윤이라고 부르지 않고 '보유성 수익'이라고 부른다. 그 수익은 공무원들에게 전액 배당되는 것이 아니라, 정부의 금고 안에 잠시 있다가 정부의 여타경비에 충당되는 활동재원이기 때문이다.

사례 3-18 외국 정부들의 자주적 재원확보 사례

외국의 지방정부들은 세금 이외의 다른 조달원을 찾기 위해 노력한다. 이들은 이윤동기를 공공사업에 활용하기 위해 투자수익률을 측정하고, 투자재원을 자주적으로 확보하기 위해 약간의 영리사업도 추진한다.

일례로 미국 밀워키 시 정부의 하수관리국은 하수폐기물을 비료로 만들어 7,500만 달러의 판매수입을 올렸다. 피닉스 시는 대형 폐수 처리시설에서 생기는 메탄가스를 뽑아내 한해 75만 달러를 번다. 탬파 시도 상하수도 서비스, 쓰레기 수거, 공공선착장, 시의 골프코스 운영사업을 기업회계식으로 운영해 남은 예산을 시 정부의 경상비로 충당한다(Osborne & Gaebler, 1992).

우리나라 지방자치단체들도 자주적 재원 확보에 노력하기 시작했다. 일례로 부산 해운대 구청은 '경영수익 아이디어 공모전'을 시행한 바 있다. 그러나 일부 자치단체들이 자주적 재원확보의 일환으로 관할구역 내 점포들의 입간판 설치에 대한 점용료를 거두어들이고 있는 것은 너무 편협한 방법이다.

외국의 경우는 그냥 버리는 데서 돈이 될 만한 것을 찾아내는데 비해, 이런 식의 점용료를 걷는 것은 오히려 시민불편을 가중시키는 근시안적인 방법이며 또 하나의 조세저항을 가져올 수도 있다. 향후에는 시민불편을 조장하지 않으면서도 좀 더 효과적인 자주적 재원확보책이 다각도에서 강구되어야 할 것이다.

2) 각종 사용료(charging fees) 부과를 통한 자주적인 재원확충

전기료, 전화료, 수도료 등 공공요금은 세금보다 조세저항이 작고 사용자 부담(user charges)의 원칙에 따라 부과되므로, 사용료의 부과방식이 외국 지방정부의 주요 재정확보수단으로 일반화되고 있다. 시 운영

예산의 37%를 사용료에서 충당하고 있는 서니베일 시 등 미국 지방정
부 세입총액의 25% 이상이 사용료에서 나오고 있다.

3) 이익분담제(shared savings)의 실시

미국의 페어필드, 비세일리어, 세인트 폴 시와 미네소타 주는 직원들
의 정책 아이디어를 활용해 벌어들인 행정수익과 행정비용 절감분의
일정비율에 대해 금전적 보상을 함으로써, 지방공무원들이 시정부 예
산을 절약하도록 동기부여하고, 거기서 발생된 수익을 다른 지출용도
에 활용하고 있다(Osborne & Gaebler, 1992: 197-211).

제6절 **예산개혁의 정향과 예산제도**

예산은 국민과의 계약이며, 정부지출은 국민의 세금으로 충당된다.
따라서 예산은 국민의 문제를 해결하기 위해 항상 효율적으로 편성, 집
행되어야 한다. 따라서 효율성을 평가기준으로 할 때 이에 함량미달인
예산제도의 부분들은 적시에 개혁되어야 할 것이다. 예산제도의 개혁
은 이처럼 시대의 욕구를 반영해야 하는데, 이러한 측면에서 외국의 예
산제도는 다음과 같이 개혁되어 왔다(신무섭, 1993: 499-502).

1. 통제 지향과 품목별 예산제도

유럽에서는 절대군주를 통제하기 위해, 그리고 미국에서는 공무원의
부정부패를 막고 행정의 능률을 향상시키기 위해 초기에는 예산편성이

나 집행에 있어 통제정향을 강조해 왔다. 예산개혁에서 통제를 강조하던 시기는 미국의 경우 1930년대까지로서 예산의 규모와 행정기능이 거대하고 복잡하지 않았던 반면 공무원의 정직성이 크게 문제가 되었던 시대였다. 따라서 예산지출항목을 명백히 하여 지출한도를 엄수하도록 하는 품목별 예산(line-item budget)이 발전하였다.

2. 관리 지향과 성과주의 예산제도

공직윤리가 점차 확립되고 정부의 예산규모가 크게 증대되기 시작하면서 국민들은 정부가 무엇을 하는지 궁금해 하기 시작했다. 따라서 정부는 사업의 성과에 초점을 두게 되었다. 즉 정부는 사업의 수행방법과 그것이 가져오는 실적을 검토하게 되어 '사업관리의 능률'을 기하게 되었다. 이에 대응해 발전한 예산제도가 성과주의 예산(performance budget)이다. 이는 1950년대까지 강조되었다.

3. 기획 지향과 기획예산제도

제2차 세계대전이 종결되면서 거시경제학의 발전, 정보기술과 의사결정기법의 발달, 그리고 예산과 기획의 점진적 통합경향에 따라 예산운영에서 기획의 관점을 강조하는 경향이 등장하게 되었다. 1960년대에는 그러한 관점이 기획예산제도(PPBS; Planning-Programming- Budgeting System)로 구체화되었다. 특히 국방 관련사업에 기획의 관점이 강조되었는데, 이는 많은 재원이 소요되는 방위 관련사업을 단기간 내에 수행할 수 없었던 까닭이다.

4. 감축 지향과 영(零)기준 예산제도

1970년대에 들어서면서 각국의 정부는 세계적인 원유파동을 겪으며 천연자원이 경제에 미치는 영향을 직접 체험하는 등, 성장의 한계를 인식하게 되었다. 또 한편으로는 정부의 재정확대에 대항하는 조세저항 현상이 나타나게 되었다. 따라서 재정적자를 축소하고 능률성을 제고시키기 위한 감축관리(cut-back management)가 논의되기 시작되면서 영기준 예산(zero-base budget) 제도가 도입되었다(Phyrr, 1977: 1-8). 이는 전년도 예산에 구애됨 없이 조직체의 모든 사업과 활동에 대해 처음부터 각각의 효율성과 중요도를 체계적으로 분석해 우선순위가 높은 사업을 선택해 실행예산을 결정하는 예산제도이다.

5. 선진국 예산개혁의 최근동향: 신공공관리적 접근과 결과지향 예산 도입

작고 효율적인 정부를 지향하는 선진국들은 효율적인 기업문화를 정부조직에 도입하려는 신공공관리(new public management)라는 새로운 패러다임 아래, 최근 또 하나의 예산개혁을 추진하고 있다.

과거와 달리 최근의 예산개혁은 '관리도구'로서의 예산의 성격에 초점을 두고 있다. 즉 i) 재무정보를 이용한 결과지향적, 집단책임적 성과측정, ii) 전략경영의 도입을 통한 정책과 예산의 연계, iii) 예산 의사결정에 사용하기 위한 사전 사업분석(program analysis)과 성과중심의 사후평가, iv) 예산삭감과 긴축재정을 통한 원가절감 및 생산성 향상, v) 효과성 측정으로 책임을 추궁하는 한도 내에서의 광범위한 자율권 부여, vi) 예산절감과 성과향상을 위한 인센티브 제공, vii) 발생주의회계31)를 사용한 기업식 재무제표의 작성 등을 강조한다.

〈표 3-18〉에서도 보듯이, 최근 선진국의 예산개혁은 회계·재무 중

표 3-18 예산제도 개혁의 변천사

연대별	예산제도	개혁초점	우리나라
20C 초반	품목별 예산	통제	-
1950	성과주의예산	관리 · 경제 효율성	1960년대에 시범적으로 도입
1960	기획예산	기획 · 평가 효과성	국방부 예산에서 변형 활용
1970~ 1980	영기준예산 표적기준 예산	기획, 우선순위 예산감축	ZBB 도입 검토 → 서울시 시범사업 → 지속적으로 추진하지 못함
1990~	성과(결과) 지향 예산	성과에 책임	기획예산처의 시범사업, 성과관리, 서울시 전면 실시

출처: 이종수 · 윤영진 외(2012: 467).

심이다. 즉 효과성 등 성과평가 기준을 강조한다. 자연히 이는 발생주의 회계, 성과주의 예산 등으로 제도의 초점을 옮기고, 예산회계 정보시스템의 개선을 요구한다. 또 징계해야 할 실패를 찾는 합법성 감사로부터 격려해야 할 실패를 찾는 정책감사 쪽으로 감사의 방향도 바뀔 것을 요구한다(윤성식, 2002).

한국의 중앙정부와 지방자치단체들도 성과 중심의 재정운영을 위해 2000년대 중반부터 예산 및 회계제도의 전면적 개편을 단행하고 있다. 기존 품목별 예산제도를 사업예산제도로 전환하고 종전의 현금주의, 단식부기 회계제도를 발생주의, 복식부기 회계제도로 바꾸었다. 특히 성과주의 예산제도를 구축하기 위해 2014년에 개정된 지방재정법은

---

31) 발생주의 회계는 지금까지의 현금주의방식과 달리 정부의 수입과 지출을 그 발생시점에서 기록하는 회계방식이다. 즉 납세자에게 납세액이 부과되었을 때와 같이 세입의 징수결정이 이루어졌을 때에 수입으로 기록하고 정부가 재화와 용역을 획득함으로써 돈을 지출해야 할 채무발생 시점에 지출로 기록하는 것이다. 이 제도는 자산과 채무의 현 상태를 나타내 주는 것이기 때문에 관리상의 목적을 위해 매우 중요하며, 정부사업을 운영하기 위한 재화와 용역을 획득하는 데 사용되는 실제비용을 정확히 파악하는 데도 유리하다.

2016 회계연도부터 전국의 모든 지방자치단체에 예산의 성과계획서와 성과보고서를 지방의회에 제출하도록 의무화하고 있다(엄태호, 2019: 382-383).

한국의 예산제도는 이에 힘입어 OECD가 작성한 보고서인『예산제도 개관(*Budgeting Outlook*)』에서 다른 OECD 회원국과 비교해 전 분야에서 우수한 평가를 받았다. 우리나라는 비교지표인 중기재정계획, 성과주의예산, 공개성, 투명성, 포용성 등에서 모두 OECD 평균을 웃돌았다. 특히 성인지 예산(性認知豫算, gender sensitive budget)[32]제도는 조사 대상국 중 3위를 차지했다.

하지만 동 보고서는 글로벌 금융위기 이후 재원배분의 초점이 자본지출·기반시설보다는 보건복지·일자리 등 수요주도 분야로 이동하고 있다고 분석했다. 따라서 향후 인구구조 변화 등 구조적 과제에 대응하기 위해선 재정역할의 재정립이 필요하다는 의견이 강조되었다(서홍식, "한국예산제도 OECD서 우수평가", 내일신문, 2018.6.8자).

저출산과 초고령화 등 인구구조의 변화는 사회에 엄청난 과제를 부여한다. 세금혜택을 받는 사람은 늘어나는데 세금 낼 사람은 줄어들기 때문이다. 더욱이 증세를 반대하는 국민 성향도 강하다. 향후의 복지지출 증대에 대비하기 위해 세출예산 구조조정 노력과 더불어 세원을 확충하려는 정부의 노력이 긴요하다.

우리는 선진국의 최근 예산개혁 동향이 주는 여러 가지 교훈들을 잘 음미하며, 인구구조 변화와 복지수요에 맞게 재정역할을 재정립하는 쪽으로 예산제도의 쇄신을 꾀하면서, 정부 사업성과 측정의 효율성을 도모해 가는 노력[33]을 지속적으로 해 나가야 한다. 그래야만 국민의

---

32) 예산편성, 집행과정에서 남녀에게 미치는 효과를 고려하여 남녀차별 없이 평등하게 혜택을 받을 수 있도록 하는 제도이다. 즉 남성과 여성의 동등한 참여를 보장하고 여성과 남성의 요구와 관점을 고르게 통합하여 의도하지 않는 성차별이 초래되지 않도록 한다(해외투자용어사전 참고).

세금해방일을 앞당기고 정부사업의 성과를 높일 수 있다.

제7절 거버넌스식 예산과정 설계

최근 들어와 우리 사회에서도 정부예산과정에서 거버넌스적 시도가 이루어지고 있다. 즉 예산편성절차 및 집행 이후의 평가과정에서 시민들의 목소리가 예산과정에 제도적으로 반영되기 시작했다.

예컨대 2004년도 지방자치단체의 예산편성 기본방침을 통해 주민참여형 예산편성제도의 정착이 이루어지고 있다. 우리나라에선 최초로 광주시 북구가 주민참여예산제 운영조례를 공포했는데, 이는 시민의회 또는 시민예산위원회에 예산결정권의 일부를 위임하는 주민권력단계로서의 예산참여로서, 브라질의 포르투 알레그레 시의 모형을 벤치마킹한 것이다.

여기서 주민참여예산제도는 공공예산의 효율적 운영과 지출가치의 극대화보다는, 예산주권이 극대화되도록 주민참여와 합의를 예산편성의 주요기준으로 해야 한다는 시민욕구를 반영한 제도로서, 예산편성과정에 주민이 직접 참여해 자신의 선호 및 우선순위에 따라 예산을 스스로 결정함으로써 참여와 자기결정이라는 지방자치의 이념을 구현하는 제도이다. 또 자치단체장과 지방의회의 인기성, 선심성, 분배성 위

---

33) 성과주의 예산제도를 택하지만 그 핵심인 특정성과의 파악에 있어 사업수행에 소비된 원가(사업원가) 관련 정보를 적극 활용하지 못하는 중요한 문제가 지적되고 있다. 정확한 원가를 파악하기 어렵거나 활용할 수 없다면 사업성과의 효율성 측정이 아무 의미도 갖지 못하게 된다(엄태호, 2019: 384).

주의 비효율적 재정운영을 방지하는 동시에, 재정운영이 지역주민의 재정주권에 근거해야 한다는 재정 민주주의를 구현하는 것이기도 하다 (나중식, 2004).

 사례 3-19 광주시 북구의 주민참여예산제도: 예산 거버넌스

주민참여예산제도는 1989년 브라질 노동자당이 포르투 알레그레시 정부를 장악하면서 세계적으로 시작되었다. 한국의 경우는 2004년부터 민주노동당과 대전시, 순천시의 시민단체 등이 조례제정을 추진했지만, 의회의 예산심의권 침해를 이유로 제정되지 못해왔다. 그러나 인천광역시와 경기도 부천시, 전남 나주시, 전북 익산시 등에서 공청회와 예산정책 토론회 등의 예산 사전심사제가 부분적으로 이루어졌고, 서울시 강남구는 1억 원 이상 주요예산에 대해 인터넷을 통해 시민의견을 수렴해온 사례가 있다. 그러던 차에 광주시 북구가 전국에서 처음으로 주민참여예산제도 운영조례를 공포해 주목을 받았다 (http://news.media.daum.net; 2005.12.16자).

주민참여 예산제도는 지방재정 운영에 대한 사전적 시민통제기제로서, 지방자치단체의 예산편성권을 분권화, 분산화, 공유화하고 '지방정부–지역주민–시민단체'가 상호 협력해 예산을 결정하게 되는데, 이에 따라 예산운영의 민주성, 투명성, 효율성을 증진시킬 수 있다. 따라서 이는 거버넌스라는 국정운영 패러다임에 부합하는 관–민협력 모형의 하나이다(나중식, 2004에서 참고).

상기한 제도가 예산편성과정에서의 거버넌스라면, '함께 하는 시민행동'이라는 한 시민단체의 예산감시 운동은 예산집행 및 결산단계에서의 거버넌스라고 볼 수 있다.

'함께하는 시민행동'의 구체적 활동목적은 i) 납세자 주권 회복운동을 통한 재정 민주주의의 구현, ii) 정부와 지자체의 예산 수립과 집행의 효율성, 투명성에 대한 감시활동 및 대안 제시, iii) 지역운동 및 각 부문의 전문화 및 활성화, iv) 예산 편성, 집행, 결산 과정의 정보공개 및 납세자로서의 시민참여 보장 등이다.

사례 3-20 함께하는 시민행동의 예산감시운동

그동안 우리나라에는 징세자의 권리만 있을 뿐 '납세자의 권리'는 없었다. 국민의 혈세는 '주인 없는 돈'이 되어 잘못 쓰이거나 낭비되는 예가 허다했다. 함께 하는 시민행동은 예산감시운동을 통하여 시민들이 더 이상 수동적인 징수의 대상이 아닌 납세자로서의 권리를 자각하고 능동적으로 자기가 낸 세금이 자신을 위해 잘 쓰이고 있는지를 감시하고 통제해 '납세자 주권'을 확보하는 계기를 마련하기 위해 출범했다.

이 단체의 그간의 성과를 보면, i) '밑빠진 독 상' 제정을 통한 6,200억 원의 예산절감, ii) 지방자치단체에 인터넷 행정정보 공개요구, iii) 예산감시 네트워크 구성(1999년 11월 조직화를 시작해 30개 지역에서, 5개 부문(지역, 공공, 환경, 교통, 문화)의 40개 단체로 구성되어 있음), iv) 국내 최초로 납세자소송 제기와 납세자소송 특별법 제정 청원 등이 있다(http://www.action.or.kr).

공공서비스의 공급

제1절 공공서비스 공급의 행정과정적 함의와 서비스행정의 대두

정부가 인력과 예산 등 소요자원을 잘 구비하고 문제해결의 전담주 체인 조직만 잘 갖추었다고 해서 문제해결이 저절로 되는 것은 아니다. 이것들을 적절히 활용해 문제해결에 도움이 되는 공공재화와 공공서비 스를 만들어 문제를 앓고 있는 국민들에게 이를 제대로 돌려 줄 때에만 문제해결이 가능해지는 것이다. 이로써 정책집행도 완료된다. 정부는 정책집행의 마지막 단계인 공공서비스의 공급에 만전을 기해 좋은 행 정의 대미를 장식해야 할 것이다.

정부는 이런 측면에서 '공공서비스의 생산 및 전달체계'[34]로서의 또

---

34) 전달체계(delivery system)는 서비스의 공급자들 간 그리고 공급자와 소비자 간의 조직적 장치(arrangement)이다. 이상적인 서비스 전달체계가 되기 위해서는, i) 서비스가 통합되어 있고, ii) 전달이 지속적이며, iii) 소비자의 접근이 용이하고, iv) 공급자의 책임소재가 명확해야 한다(Gilbert & Specht, 1978).

하나의 중요한 위상을 부여받는다. 즉 정부는 공공서비스의 공급단위로서 인적, 물적 생산요소들을 잘 결합해 적정범위의 공공서비스들을 만들어 내고, 국민에게 제때에 전달해 주어야 한다. 그럴 때 국민은 정부가 공급해 준 서비스에서 편익(benefit) 내지 만족을 얻는다.

불행히도 우리 국민의 마음속에 정부가 공공서비스 생산 및 전달체계라는 느낌은 크게 자리 잡아 오지 못했다. 왜냐하면 그간 정부는 자원배분자이자 국민행위 규제자로서 높은 곳에 군림하며 국민에 대해 명령을 내리고 일일이 간섭·지도하는 권력형 조직으로만 인식되어 왔지, 정부가 서비스형 조직으로서의 본연의 역할을 국민에게 거의 보여주지 못했기 때문이다. 특히 우리의 조세행정은 조세를 거두는 국가의 입장에서 경제·사회발전에 필요한 재원조달수단과 정책실현수단으로 활용되는 데 치중함으로써, 조세를 실제 납세하는 국민의 입장은 상대적으로 등한히 취급되어 납세자의 기본권이 그간 많이 침해되어 왔다.

이런 고리를 끊는 첫 작업이 1997년 실시된 '납세자권리헌장' 관련규정의 마련이었다. 이는 조세절차의 적정성 보장을 향한 역사적 거보의 첫걸음이다. 물론 아직은 사전 청문(聽聞)을 받을 권리, 절세권(節稅權), 자기정보 통제권 등 주요내용이 규정되어 있지 않고 납세자의 권리보장절차를 위반한 처분에 대해 제재하는 담보장치가 결여되어 있긴 하지만(최명근, 1997: 9-21), 시민의 권리의식을 정부가 처음으로 나서서 보장하겠다고 선언한 것은 아주 중요한 역사적 의미를 갖는다.

사실 행정은 국민을 위해 정부가 수행하는 제반활동이며, 그 산출물이 공공서비스이다. 따라서 행정의 본질은 시민에 대한 봉사 및 서비스 전달이며, 시민이 원하는 좋은 서비스를 골고루 신속하게 제공하는 것이 행정의 핵심기능이다(서삼영, 1995: 23). 따라서 현대행정의 범세계적 변화방향도, 행정이 공공관리(public management)에서 공공서비스(public service)로, 국민이 행정대상(object)에서 주인(principal)으로, 공무원이

내용 보태기 3-9 서비스산업 분류표상의 행정부문들

Drucker는 국가행정을 가장 큰 규모의 서비스산업으로 본다. 미국의 Survey of Current Business(1988)에서도 미국 연방정부, 주정부 및 지방정부의 활동은 광의의 서비스로 분류된다. 1991년 개정된 한국의 표준산업 분류표상에서도 공공행정, 국방, 사회보장행정(대분류상 L), 공공 교육서비스(대분류상 M), 보건 및 사회복지사업(대분류상 N) 등 제반 공공서비스 분야는 엄연히 서비스업으로 분류되고 있다(삼일회계법인, 1993에서 참고).

관료(public official)에서 공복(public servant)으로 전환하고 있다.

최근 이런 맥락에서 알찬 서비스 내용과 좋은 서비스방법으로 행정을 새롭게 하자는 서비스행정이 우리사회에서도 주창되고 있다. 서비스행정은 다음과 같은 두 차원에서의 행정쇄신을 지향한다.

첫째로, 서비스행정은 급격한 산업화와 도시화로 인해 현재 시민 대다수가 직면하고 있는 각종 지역생활문제들을 해결하는 데 유용한 공공 생활서비스들을, 정부가 보다 다양하게 제공해 내자는 '정책내용'상의 쇄신을 지향한다. 즉 이제는 정부가 공급하고 싶은 서비스만 고집할 게 아니라 시민이 정말로 필요로 하는 생활서비스들을 다양하게 제공하기 위해 '공공서비스 메뉴의 다각화와 다양화(variety)'를 도모해야 한다는 것이다.

둘째로, 서비스행정은 우리가 흔히 "어디에 가서 서비스를 잘 받았다 혹은 그곳은 서비스가 좋다"라고 얘기할 때의 그러한 느낌이 공공서비스 전달과정에서도 느껴질 수 있도록 '행정수행방식'을 좀더 민주적, 효율적으로 개선할 것을 강조한다. 즉 이제는 행정고객인 시민에게 서비스하는 자세나 방법에 대해서도 보다 신경을 써 보자는 것이다.35)

---

35) 서비스행정에서는 service란 단어가 S(sincerity, speed, smile: 성의있고 신속하게 미소를 곁들여 서비스를 제공해야 한다), E(energy: 고객과의 대화나 접촉이

결국 서비스행정은 민 위에 군림해 왔던 정부가 시민 생활현장을 두루 찾아다니며 그들의 생활문제를 빠짐없이 헤아린 뒤, 이를 해결해 줄 수 있는 다양한 공공 생활서비스들을 보다 많이 생산해, 이를 시민에게 친절하고도 신속하게 염가로 제공해 줄 것을 지향한다. 서비스행정은 이런 점에서 고객지향주의, 성과지향주의, 능률주의, 적시적(timely) 서비스정신을 그 내용과 방법론상의 기본요체로 하고 있다(이도형, 1997: 410).

 사례 3-21 선제적, 예방적 서비스행정의 확대

2019년에 발표된 『정부혁신 종합 추진계획』 역점과제 중 선제적·예방적 공공서비스 확대는 크게 4유형으로 구분할 수 있다.

첫째, 국민이 생애주기별로 필요한 서비스나 특정 자격요건(장애인·기초수급자)별로 받는 서비스를 통합 신청하는 패키지 서비스 유형으로서, 정부 24 임신출산 관련 서비스 통합처리 신청(행복출산)이 있다.

둘째, 각종 납부·갱신기한 도래, 일상생활에 밀접한 생활·안전정보, 기업지원 정보를 관련 수요자에게 맞춤형으로 안내하는 정보알림 서비스 유형으로서, 전기요금이나 건강 검진일을 푸시알람을 통해 한번에 확인하게 하는 정부24 나의 생활정보 서비스가 있다.

셋째, 서식을 미리 채워 주거나 개인별로 신청 가능한 서비스를 자동 안내하는 등의 온라인 신고·신청 편의제고 유형으로서, 대표적 예로는 소득세 전자신고 시 납세자별 특성에 따른 공제항목 등 자동으로 분류,제공하는 국체성 온라인 서비스가 있다.

마지막으로, 수요자가 필요로 하는 서비스를 선제적으로 현장에 찾아가 맞춤 제공하

활기넘쳐야 고객에게 좋은 인상을 줄 수 있다), R(revolutionary: 천편일률적이 아니라 언제나 신선하고 혁신적 요소가 부각되어야 한다), V(valuable: 어느 한쪽의 희생이 아닌 서로에게 이익이 되고 가치있는 것이어야 한다), I(impressive: 기쁨, 감동, 감명이 없으면 서비스가 아니다), C(communication: 상호 의사소통이 잘 되어야 한다), E(entertainment: 단순한 인사치례가 아니라 진심으로 고객을 환대해야 한다) 등의 합성어임을 명심해(이유재, 1995), 이러한 요소들을 행정수행방식에 보다 체계있게 방법론적으로 적용할 것을 강조한다.

는 찾아가는 서비스 유형으로서, 경찰청에서 시행하는 아동 및 장애인 대상 현장방문 지문등록 확대 서비스가 그 대표적 사례이다(행정안전부, 2019 참고). 이런 선제적 서비스가 자주 주어지면 국민들은 그만큼 service 단어의 이니셜대로 친절행정, 역동행정, 소통행정, 감동행정의 진수를 맛볼 수 있다.

산업화 이후 우리 사회에서 대두하고 있는 많은 생활문제들을 지켜볼 때, 이제 정부는 국민생활에 유용한 각종 생활서비스를 유효적절하게 제공해 주는 공공서비스의 생산 및 전달체계로서의 새 위상을 갖지 않으면 안 되게 되었다.

그렇다고 해서 모든 것이 다 정부의 일거리는 아니다. 민간이 더 잘하는 일은 민간부문에게 이양하는 것도 필요하다. 그렇지만 그 경우도 공공 서비스 공급과 관련된 정부의 책임이 절대 포기되어선 안 된다.

공공서비스 공급주체를 서비스 공급의 공공성과 효율성을 기준으로 따져보면 아래의 그림과 같다. 공공성이 절대적으로 요구될 경우는 정부가 직접 서비스를 공급하고, 효율성을 크게 중시해야 할 경우는 민영화 추진도 한 방법이다. 물론 효율성도 무시할 수 없지만 그래도 공공성이 더 요구될 경우는 공기업이나 책임운영기관을 운영해 서비스를 공급해야 한다. 공급의 효율성을 고려해 민간에게 공급을 맡기지만 그 책임은 정부가 분명히 해야 할 경우엔 민간위탁 등의 방법이 있다. 우선은 아래 연속선상의 맨 왼쪽, 즉 공공성이 강해 정부가 직접 생산하지 않으면 안 되는 공공 서비스부터 차례로 살펴보자.

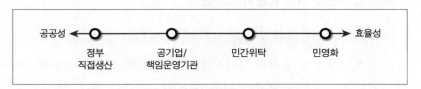

그림 3-9 공공서비스 공급주체의 유형화

제2절 **정부에 의한 서비스 공급방식**

1. 정부에 의한 직접 생산

국민에 대한 공공서비스는 전통적으로 중앙정부나 지방정부에 의해 공급되는 것이 일반적이다. 특히 공익성은 강하지만 기업성은 약해 민간부문에게 전적으로 위탁하거나 공동으로 제공하기 곤란한 서비스들은 정부의 직접공급이 일반적이다. 따라서 호적, 병사, 주민등록, 조세부과 그리고 사회복지 등 '생활서비스'와 '민원서비스'들은 대개 정부의 직접 공급형태를 취하고 있으며, 제 증명발급 수수료 등은 원가에 준해서 정부가 부과하고 있다.

중앙 또는 지방정부가 직접 공급하는 서비스 중, 중앙정부가 해야 할 사무는 정부조직법에서, 지방정부의 사무는 지방자치법에서 규정하고 있으나, 정부 간 업무가 명확히 확정되어 있는 것은 아니다. 다만 중앙정부는 국방, 치안 등 국가안보에 관한 서비스, 경제사업과 사회복지 서비스에 치중하고 있고, 반면 지방정부는 일반행정, 지역개발 서비스를 주로 관장하는 것이 특징이다. 특히 시정부의 경우에는 일반행정, 사회복지, 산업경제, 건설 및 지역개발, 환경미화 및 보존, 문화, 체육, 방범 등의 공공서비스를 직접 공급하고 있다.

2. 공기업 활동에 의한 공공서비스 생산

정부는 기업성을 띄고 있지만 순수한 이익추구의 형태로만 맡기기에는 곤란한 공공성도 동시에 갖고 있는 특정의 서비스들을 생산해야 한다. 이를 위해 정부는 공기업(public enterprise)을 설치한다. 실제로 공기업은 다음과 같은 여러 가지 서비스를 생산하고 있다.

❶ 공익사업: 모든 사람에게 보편적으로 요구되는 서비스성격을 띈 사업으로 개인에게 맡기면 사업을 운영하지 못할 가능성이 큰 사업이다. 다시 말해 개인에게 맡기면 수익성 때문에 못하지만 그 사업이 전 국민에게 필히 요구되는 사업이다. 예컨대 도로건설 및 보수, 공해제거, 국토개발사업이 여기에 속한다.

❷ 막대한 자본이 소요되는 사업: 공익성을 띠고 사업규모상 민간인이 경영하기 힘든 사업을 말한다. 철도, 전력, 제철, 전신, 전화사업이 여기에 속한다.

❸ 통일성이 요구되는 사업: 우편업무, 금융업무가 이에 속한다.

❹ 다목적사업: 여러 가지 목적을 동시에 성취하기 위해 추진하는 개발사업이다.

❺ 문화사업: 문화정책적 차원에서 정부가 관리하는 사업인데, 국영방송, 국영신문, 문화재 관리보호, 도서관 운영이 여기에 해당된다.

❻ 독점성 사업: 사업성격상 정부가 독점적으로 운영할 필요가 있는 사업으로서, 방위산업, 우주산업, 담배전매사업이 있다(백완기, 1988: 239-246).

3. 책임운영기관의 활용

책임운영기관은 공공성의 측면에서 민영화가 어려운 기능을 정부가 직접 수행하는 제도이다. 책임운영기관은 정부조직의 기능을 정책결정(통제)과 집행(서비스 전달)으로 구분하여, 집행 및 서비스 전달 업무를 담당하는 조직을 따로 분리시켜 집행의 재량을 부여하고 결과에 책임을 지도록 설계된 조직이다. 즉 인사, 예산 면에서 자율성이 확대되는 반면, 운영성과에 대해 인센티브와 벌칙이 주어지는 새로운 형태의 정부기관이다. 기관장을 계약직으로 공개 채용하지만, 소속 직원들은 공무원 신분을 유지하고 타 부처와의 인사교류도 가능하다.

책임운영기관은 1988년 영국에서 국방, 보건, 교도소 등 140개 부서를 집행기관(executive agency)으로 지정하면서 대두했으며, 이후 뉴질랜드, 호주, 캐나다 등 다수의 나라들이 채택했다. 우리나라는 1997년 정부혁신의 하나로 도입이 건의되었고, 1999년부터 국립영상간행물제작소, 국립의료원, 국립중앙극장 등 10개 기관의 시범사업이 실시된 뒤 확대, 운영되고 있다(이종수·윤영진 외, 2005: 656).

현재 중앙형 1개(특허청), 소속책임운영기관 49개의 책임운영기관이 설치되어 운영 중이다. 이 중 35개 기관이 일반회계로, 13개 기관이 특

표 3-19 **책임운영기관의 종류**

구 분	책임운영기관
조사 및 품질관리형 (10개)	국립종자원, 국토지리정보원, 항공교통센터, 지방통계청(경인, 동북, 호남, 동남, 충청), 항공기상청 해양측위정보원
연구형(10개)	국립과학수사연구원, 국립재난안전연구원, 국립생물자원관, 통계개발원, 국립문화재연구소, 국립해양문화재연구소, 국립원예특작과학원, 국립축산과학원, 국립산림과학원
교육훈련형(5개)	통일교육원, 국립국제교육원, 한국농수산대학, 해양수산인재개발원, 관세국경관리연수원
문화형(7개)	국립중앙과학관, 국립과천과학관, 국방홍보원, 국립중앙극장, 국립현대미술관, 한국정책방송원, 국립아시아문화전당
의료형(9개)	국립정신병원(서울, 나주, 부곡, 춘천, 공주), 국립재활원(마산, 목포), 경찰병원
시설관리형(5개)	국립자연휴양관리소, 대산지방해양수산청, 해양경비안전정비창, 정부통합전산센터, 국방전산정보원
기타형(2개)	고객만족센터, 고객상담센터
중앙형 책임운영기관 (1개)	특허청

별회계로, 2개 기관이 다른 법률에 의해 설치, 운영되고 있다(http://
www.mois.go.kr; 미래문화정책제도포럼〈cafe.daum.net/faclpi〉에서 참고).

제3절 민간위탁 및 민영화에 의한 공급방식

1. 민간위탁 및 민영화의 필요성

정부는 무한책임 보험장치로서 모든 공공서비스를 생산해 내야 하는
가? 물론 정부가 공공서비스의 주된 생산체계라는 점에는 재론의 여지
가 없다. 그러나 유효한 공공수요라고 해도 그 모두를 정부가 충족시켜
줄 필요는 없다. 상당부분의 공공수요는 정부가 공급의 주선만 맡고 실
제로 생산은 민간이나 공—사 혼합기업을 통해 이루어질 수도 있다(김석
태, 1993: 186). 우리는 이런 점에서 정부의 서비스 공급방식에 대한 인
식의 대전환과 이에 입각한 서비스 공급방식의 혁신적 재설계를 도모
해야 할 것이다.

여기서 분명히 재인식해야 할 점은, 정부가 서비스를 공급한다(pro-
vision)고 해서 그것이 곧바로 서비스를 생산하는(production) 것을 의미
하는 것은 아니라는 점이다. 정부가 제공하되 생산은 어느 방식이 더욱
효율적인지에 따라 정부가 직접 생산하거나 민간에 맡길 수도 있으며,
관—민 합동으로 공생산할 수도 있다(강인재, 1994: 4; Savas, 1987: 100).
따라서 생산의 효율성을 감안해 공공재나 공공서비스의 생산을 민간에
게 맡길 여지는 적지 않다.

서비스의 생산은 민간부문 등 다른 대안을 통해 얼마든지 가능하다.

표 3-20 공공서비스의 다양한 공급주체들

<table>
<tr><th colspan="3">구 분</th><th>내 용</th></tr>
<tr><td rowspan="6">공
공
부
문</td><td rowspan="2">정부부문</td><td colspan="2">정부부처</td><td>기획재정부, 외교통상부 등</td></tr>
<tr><td colspan="2">정부기업</td><td>조달청, 국립 중앙극장 등</td></tr>
<tr><td rowspan="4">준정부부문
(공공기관)</td><td rowspan="2">준정부
기관</td><td>위탁집행형</td><td>한국소비자원, 한국연구재단 등</td></tr>
<tr><td>기금관리형</td><td>국민연금관리공단, 예금보험공사 등</td></tr>
<tr><td rowspan="2">공기업</td><td>준시장형</td><td>한국철도공사, 한국마사회 등</td></tr>
<tr><td>시장형</td><td>한국전력공사, 한국공항공사 등</td></tr>
<tr><td rowspan="3">민
간
부
문</td><td rowspan="2">비영리부문</td><td colspan="2">시민단체법인</td><td>참여연대, 사회복지공동모금회 등</td></tr>
<tr><td colspan="2">시민</td><td>자원봉사자 등</td></tr>
<tr><td>영리부문</td><td colspan="2">기업</td><td>민간위탁기업, 민자유치기업 등</td></tr>
</table>

출처: 이종수·윤영진 외(2009: 41).

특히 재정압박에 직면해 있는 오늘의 정부들은 서비스생산 및 전달자로서의 그들의 기존가치와 역할기대를 재검토하면서, 기업부문이나 자발적 민간조직들과의 새로운 파트너십을 촉진해야 한다(Callahan, 1994: 205-206).

정부 역할범위의 수정 필요성을 잘 보여 주는 개념이 바로 권능(權能)부여(enabling)라는 개념이다. 이는 지방차원에서의 공공서비스 생산을 혼합경제(mixed economy) 쪽으로 전환시키자는 것이다. 즉 정부는 서비스의 직접적 생산보다는, 서비스 수혜자격조건을 명백히 규정하거나, 위탁계약 추진, 비영리기관 설립 및 자발적 분야의 활동고무 등 민간 서비스 제공조직들의 개발·지원과 규제 역할을 맡는 것이 더 효율적이고 바람직하다는 것이다(Wistow et al., 1992: 25-27).

정부가 모든 서비스를 공급하겠다고 나서는 것보다는 서비스 생산의 효율성을 위해 특정부문의 서비스 생산을 민간에게 의뢰하는 것은, 자신의 공급역량이 못 미칠 때 절대 무리하지 않고, 또 수요자들의 편의

내용 보태기 3-10 **민간위탁 및 민영화의 필요성**

민영화 및 민간위탁은 왜 일정부분 필요한가? 몇 가지 실례가 이를 말해주는데, 예컨대 정부가 무리하게 나서서 일자리를 만드는 일은 모두 낭비로 끝났다. 또 양양, 부안, 울진, 김제 등의 지역공항도 애당초 수요조사가 충실하지 못해 개점휴업 상태로 판명났다. 북평공단, 대불공단처럼 수요가 없는 곳에 정치적 목적으로 행한 투자는 모두 낭비였다. 김정호의 지적처럼, "수요 없는 곳만 골라 투자하는 곳이 정부"이고, 수요가 있는 산업과 지역엔 이미 민간투자가 완료되어 있다. 따라서 공병호(2005)는 "우리가 거대정부를 회의(懷疑)하는 것은 정부가 소비자의 욕구는 무시한 채 팔리지 않는 상품만 잔뜩 쌓아두고 재고정리에 여념이 없는 점포 같기 때문이다. 시장에 의존하지 않는 체제실험은 쓸모없는 상품·서비스를 양산하는 비효율로 귀결한다"고 말한다.

와 이익을 더 생각하는 슬기로운 서비스 전달자로서의 모습을 보여 주는 것이다.

2. 민간위탁의 장점

실제로 민간위탁은 공공서비스의 공급에 있어 다음과 같은 여러 가지 장점을 보여 줄 수 있다(로버트 풀, 김원 역, 1994: 33-34).

❶ **특수기술의 제공**: 어떤 시정부가 상근(常勤) 기술자를 고용할 만한 예산이 없을 경우, 시가 필요로 하는 기술을 그때마다 외부 민간전문인과의 계약을 통해 공급받을 수 있다. 특히 이는 영세 소도시의 경우에 적용할만하다.

❷ **시정부의 팽창 억제**: 외부와의 계약을 통해 서비스를 공급받음으로써 불요불급한 시정부의 상근 공무원을 감원하는 등 예산과 기구를

축소할 수 있다.

❸ **추가비용의 감소**: 민간기업과 계약하면 오물수거처럼 수거한 폐기물을 다시 가공시켜 새 상품을 만들어 냄으로써 추가비용을 줄이는 장점이 있다.

❹ **신축성 있는 서비스 운용**: 시정부가 계약에 의해 특정서비스를 공급받는다면 관련 공무원과의 마찰 없이 신축성 있게 운용할 수 있다. 민간기업들은 시정부와의 계약에만 의존해 재정자립을 기하는 것이 아니라, 다른 재원이 있기 때문에 사업상 수요에 따라 인력수급을 자유로이 할 수 있다.

❺ **다른 서비스와 비교할 기회 제공**: 특정 서비스를 시정부에서 일부를 공급하고 나머지를 민간기업에서 나누어 공급해 보면, 양자의 비용과 업무능률을 비교하고 상호 측정할 수 있는 장점이 있다.

❻ **목표성 제고**: 관료조직은 얼마만큼 능률적인 업무효과를 갖고 있는가에 대해 목표성을 분명히 갖고 있지 못하다. 그러나 서비스 운용의 책임이 외부에 주어져 있을 때는 보다 객관적인 눈으로 그 업무효과와 소요비용을 비교할 수 있게 된다. 이를 통해 결과적으로 저렴한 비용으로 좋은 서비스를 공급할 수 있다.

❼ **지방행정 경영개선**: 공공서비스의 공급을 민간기업체에 위탁하면 지방행정 책임자들도 매일 공급에만 집착하지 않고 시야를 좀더 넓게 장기적인 면에 두고서 사업계획 및 점검업무에 치중할 수 있어 지방행정의 경영개선에 유리하다.

3. 민영화 및 민간위탁에 의한 서비스 공급방식

민간부문의 서비스 공급은 대규모의 공공시설보다는 비용 효과적이고 사회의 수용성이 훨씬 높다. 따라서 공공서비스의 민영화는 그간의 부채로 점철된 필요 이상의 정부 생산활동을 줄이고 국민생활시설의 물리적 설비와 장비의 개선을 가져올 수 있다. 이를 통해 정부의 비용부담 없이도 사회에 보다 나은 서비스를 제공할 수도 있다(Savas, 1987: 108-112).

지방정부 차원에서 민간과의 계약전망이 밝은 분야로는 오물수거, 응급치료 서비스, 도로보수 및 교통신호등 수선, 도로포장 등이 있다. 또 복지서비스의 민간위탁 운영도 가능하다(Savas, 1987: 58-89). 우리나라의 경우도 정부서비스의 민영화가 추진되고 있다. 즉 오물수거, 분뇨 및 오수 정화시설, 노인요양원, 유아원, 장애자 복지회관, 직업훈련원 등 일부 공공시설의 운영을 계약, 위탁방식으로 민간에게 맡기고 있다(강병주, 1994: 91).

민영화 및 민간위탁 방식의 적극적 활용은 정부 기구축소와 예산절감을 가져와, 작은 정부를 구현하는 좋은 방법이 될 수 있다. 특히 서비스 생산과정에서 민간부문의 부실과 부조리 소지를 적절히 통제, 감독할 수만 있다면, 정부보다 탁월한 민간기업의 경영 마인드와 능률적 생산기법을 통해 주민에게 양질의 서비스를 보다 싼 비용으로 제공할 수도 있다. 따라서 정부기능 재조정 모델에 의거한 민간위탁 및 민영화 방식은 정부의 대안적 서비스 공급방식으로서 적정범위 내에서 활용될 필요가 있겠다.

단, 단기적 유동성 위기 때문에 국가 기간산업체를 외국에 헐값으로 파는 '철학 없는 민영화'는 국부유출을 낳기 쉬워 신중해야 한다. 민영화는 기업이 원하는 수익이 전망되지 않을 때 자칫 서비스 질 저하를 낳을 우려도 있다. 수리 보수가 제때 되지 않아 초래된 런던철도 파손사태나, 남미의 물 산업 가격폭등과 수질악화 등의 문제가 그 예이다.

민간위탁도 민간운영의 효율성을 의도한 것이지만 서비스 공급상의 책임 문제가 늘 따른다. 폴 버카일이 쓴 『정부를 팝니다』라는 책에 의

하면, 이라크 전쟁과 카트리나 태풍재해 시 미국 정부가 각 곳의 치안을 민간군수회사인 Black Water 사에 위임했는데, 두 곳에서 다 민간군수회사의 책임회피 우려와 더불어 치안업무의 효율성도 검증 안 된 문제가 발생했다. 그런데도 사태에 책임져야 할 정부 고위직은 기업으로 자리를 옮겨 고액 연봉을 탔다. 우리나라의 경우도 민간위탁은 관피아의 우려를 낳고 회전문 인사로 악용될 소지가 있다. 따라서 정부기능 재조정 모델에 의거해 민영화나 민간위탁의 필요성을 정확히 파악하되 그 적용에는 상기한 문제점들을 염두에 두며 신중에 신중을 기할 필요가 있다.

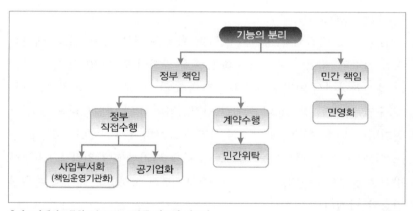

출처: 이계식 · 문형표(1995: 49)를 참고해 재구성.

그림 3-10 정부기능의 재조정 모델

제4절 **사용자 부담원칙에 입각한 서비스 공급방식**

1. 서비스 제공에 있어 사용자 부담원칙의 필요성

민영화만이 능사는 아니다. 왜냐하면 공공서비스 중에는 공공성이
매우 강해 정부가 직접 생산, 제공해야지 민간에 맡길 수 없는 분야도
많기 때문이다. 따라서 자칫 민영화만을 만병통치약으로 생각할 때 공
공성이 강한 서비스들의 공급은 큰 타격을 입기 쉽다.

그렇다면 이러한 난제는 어떻게 해결해야 하는가? 물론 이런 서비스
들의 경우에는 정부가 그 생산을 주도해야 할 것이다. 그러나 정부는
이를 생산하면서도 종래의 직접 공급형태 하에서의 비효율적 문제를
슬기롭게 극복해야 할 것이다. 이를 극복할 수 있는 공공서비스 공급방
식의 새로운 정향은 없는가?

정부의 적정한 역할범위 설정과 연관해 우리가 분명히 재인식해야
할 또 하나의 사항은, 정부가 공급하는 서비스가 모두 공공재는 아니라
는 점이다. 우리는 정부의 서비스를 공공재로 규정하고 반드시 세금으
로써 이를 모두 공급해야 한다고 생각하기 쉽지만, 정부가 제공하는 오
물수거, 위락시설, 응급의료서비스, 상수도 등을 자세히 들여다보면,
이들 서비스가 반드시 공공재의 성격을 띠고 있는 것도 아니다.

즉 특정서비스를 이용하는 주민들을 분명히 구별할 수 있는 특징을
발견할 수 있을 뿐 아니라, 비이용자가 이용자보다 많다는 것도 알 수
있다. 그렇다면 구태여 전 시민이 의무적으로 세금을 내어 이들 서비스
를 공급할 이론적 근거는 없다. 실제로도 사용자에게만 부담(user
charges)을 지우는 것이 더 공평하고 주민에게 선택지를 많이 줄 수도
있다(로버트 풀, 김원 역, 1994: 29-30).

2. 사용자 부담의 장점

❶ 서비스 생산의 효율성: 정부는 공공성의 명분 아래 불필요한 서비스를 다량 공급해 예산낭비를 초래하기 쉽다. 그러나 만일 서비스의 사용자 규모를 사전에 정확히 파악할 수 있다면, 그들에 대해서만 요금을 지불하게 하는 대신 서비스를 제공할 수 있으므로 서비스 공급량의 적정규모를 확보할 수 있다.

❷ 주민의 자유의사 보장: 오늘날 시민은 수동적인 수혜자에서 변신해, 어떤 서비스를 어떻게 제공받을지를 결정하는 과정에 개입해 서비스의 종류와 양을 선택하려 한다. 따라서 정부는 누가 어떤 서비스를 어떤 수준으로 얻을 것인가에 대한 선택지를 그들에게 제공해 주지 않으면 안 된다(Skelcher, 1992: 463-466). 이런 측면에서 사용자 부담원칙은 정부의 강제적인 세금징수를 줄이는 동시에 세출결정권을 주민들에게 전적으로 부여해 줄 수 있는 좋은 제도이다.

❸ 서비스 사용의 공평성: 서비스가 주민 모두에 의해 항상 사용되진 않으므로, 비사용자에게는 비용의 강제적 부담을 주지 않고, 또 이용자에겐 혜택을 더 많이 주기 위해 그에 상응하는 사용료를 받는 것은 공평성 면에서도 바람직하다.

3. 사용자 부담에 의한 서비스 공급방식들

외국에선 전기료, 상하수도료, 교통요금, 공원입장료 등 공공요금이 조세저항이 상대적으로 작고 사용자 부담의 원칙에 따라 부과되므로, 이들 사용료의 적정 부과방식을 지방정부의 재정확보방안으로 일반화하고 있다(박종화 외, 1994: 516). 우리나라도 공공서비스 생산의 효율성과 이용의 공평성을 제도적으로 확보하기 위해, 향후 사용자 부담에 의한 공공서비스 공급방식을 보다 전략적으로 활용해야 할 것이다.

제5절 시민참여 지향적인 거버넌스식 공생산과정

공공서비스 공급에 있어 정부에 의한 일방적 생산과 국민에 의한 일방적 소비라는 종래의 도식을 탈피하는 것도 차제에 필요하다. 정부는 재정압박을 받을 때마다 사업폐지, 축소 및 공공요금의 요율을 인상한다. 그러나 서비스의 양과 질을 희생시키지 않고도 현 예산범위 내에서 서비스 생산체제를 운영하는 방법은 없는가?

소비자인 시민들이 서비스 생산에 공동 관여하는 공(동)생산(co-production)이 하나의 답이 될 수 있다. 공생산은 시민들이 정부에게 일방적으로 사회문제의 해결을 요구만 하는 것이 아니라, 정부와 시민이 협조해 공동의 생활문제를 해결하는 생산적 참여이다.

예컨대 환경보전을 위해 시민은 분리수거와 재활용으로 쓰레기 배출량을 줄이고, 정부는 소각 및 매립을 통해 나머지 폐기물을 처분하는 방식이다. 이 밖에 공공기물을 파손하지 않는 것부터, 사회복지기관 자원봉사활동, 시민의 공공시설 관리·운영은 물론, 적극적으로는 시민이 행정기관과 공동부담해 골목포장, 소규모의 통행로 건설, 하수도 정비, 쓰레기 처리 및 일상 행정업무에 자원봉사하는 것도 포함된다(김일태, 1996: 28-29). 자원경찰, 자원소방, 자원청소대원제도 등도 시민의 자원봉사(self-service)를 토대로 한 공(동)생산의 일종이다(Brudney & England, 1983: 59-65).

향후엔 시민의 형식적 참여나 단순한 정보공유를 넘어, 민관 협치기구인 '주민자치회'를 제도화해, 지역의 특성에 맞게 협치기구를 운영하도록 맞춤형 모델을 만들 필요가 있다. 또 주민이 발굴한 지역사회문제를 정부, 지방자치단체, 공공기관이 함께 해결하는 플랫폼으로 지역혁신포럼을 확산시켜 나가야 한다. 또 리빙 랩(living lab) 방식의 참여를

활성화해 주민이 직접 일상생활 속에서 문제를 발굴하고 그 해결방안
도 모색하도록 할 필요가 있다(행정안전부, 한국행정연구원, 2019: 40).

제6절 공공서비스 생산에 있어 지방정부 간 경쟁 유도전략

공공서비스 생산에 있어 정부 간 협조도 중요하지만, 지방정부간에
선의의 경쟁을 유도하는 것도 효율적이고 신속한 서비스의 공급이란
측면에서 중시되어야 할 것이다.

일례로 미국의 피닉스 시는 공기업과 민간기업 간의 계약경쟁방식을
쓰레기 수거 및 매립작업, 주차장 관리, 거리청소 및 보수분야 등에 도
입했는데, 그 결과는 항상 민간기업이 정부보다 효율적인 것은 아니었
다. 실제로 어떤 경우 구급차 서비스 및 거리청소 등에서는 공공기관이
더 잘 운영했다.

여기서 문제가 되는 것은 공공부문 대 민간기업이 아니라 '독점 대
경쟁'이라는 중요한 사실을 알 수 있었다. 즉 경쟁이 있는 곳에 보다 좋
은 결과, 더 높은 비용절감의식과 양질의 서비스가 있다. 또한 정부조
직 간, 조직 내 팀 간의 경쟁은 공무원들의 사기를 높이고 창의적 업무
능력을 고취시킨다(Osborne & Gaebler, 1992: 76-107).

정부의 이러한 경쟁 마인드는 도시랭킹 매기기에서 잘 드러나고 있
다. 미국에선 도시들도 경영성적을 평가받는다. '가장 살기 좋은 도시',
'차 한대 굴리는 데 가장 돈이 적게 드는 도시', '결식아동이 가장 적은
도시', '가장 경영을 잘한 도시', '가장 환경이 좋은 도시' 등등 각종의 도

시경영 평가기준을 설정하고, 시정부들이 주민복지 및 주민생활의 질을 높이도록 경쟁시킨다.

언론이 도시랭킹과 그 변동사항을 대서특필하므로, 각 도시는 이에 적지 않은 자극을 받는다. 선의의 경쟁을 유도하는 것이다. 도시 랭킹 매기기는 일본에서도 보편화되고 있다. 시 경영을 외부 평가함으로써 행정의 경쟁력을 유도하는 것이다. 우리나라에서도 한 중앙 일간지가 관련 학회와 공동 주관해, 쾌적성, 편의성 등의 도시평가 지표를 중심으로 '어느 도시가 살기 좋은 지역인가?'를 조사해 세인의 관심을 끈 바 있다.

내용 보태기 3-11 | 2011년 전국 도시평가

중앙일보와 대한국토도시계획학회가 공동 주관한 2011년 도시평가에서 경기도 부천시가 최우수도시로 선정되어 대통령상을 수상했다. 1970~80년대의 공업도시에서 벗어나 문화와 환경이 살아 숨 쉬는 도시로 꾸준히 가꿔온 점이 높은 점수를 받았다.

총 99개의 기초자치단체가 참가한 2011년 대회에서 부문별로 수상한 도시는 다음과 같다. 녹색도시(전남 담양, 충북 증평), 문화도시(순천), 교육, 과학도시(서울 노원구, 강동구), 안전건강도시(전남 광양), 녹색교통도시(경기도 안산), 활력도시(경북 김천), 선도사례 분야(경기도 남양주시), 도시계획 분야(강원도 인제) 등이다.

그 외에도 국토연구원의 도시재생네트워크가 주최하는 '전국 도시재생 우수사례 발표,' 또 행정안전부와 대한상공회의소가 공동 시행하는 '기업환경 우수지역 선정(기업하기 좋은 도시 선정)' 등이 있다.

지방정부 간 서비스 생산의 선의의 경쟁은, 우리가 살고 있는 지역을 인간 생활정주(生活定住) 공간으로 탈바꿈시키는 데 꼭 필요한 공공서

비스들을 우리 시민들이 신속하게 더 많이 제공받는 하나의 지름길로
작용할 것이다.

단, 도시랭킹 매기기에도 유의할 점이 있다. 예컨대 신자유주의 물결
속에서 생태도시보다는 녹색산업도시, 문화도시보다는 문화콘텐츠산
업도시 등 본래의 취지인 도시생활의 질적 제고보다는 산업정책적 측
면에서만 도시를 들여다보는 한계점이 드러난다. 물론 도시발전의 물
적 토대 구축은 중요하다. 하지만 산업적 측면에서만 도시를 보면 다시
한번 개발이익만 좇는 개발주의 물결 속에서 도시생활의 질적 측면은
소외되기 마련이다. 진정한 생태도시, 생활문화도시가 자리 잡아 시민
들이 도시생활에서 먼저 행복감을 실컷 맛본 뒤 그 행복 바이러스가 차
츰 전국으로, 전 세계로 퍼져나가 외지 사람들이 그 도시를 찾아 방문
하게 해야 한다. 신자유주의가 대세라고 해서 도시인들의 삶의 보금자
리까지 지나치게 돈과 수익의 문제로 연결되는 것은 곤란하다.

도시대상의 선정에서 지나치게 많은 지방자치단체들에게 상을 나눠
주는 듯한 최근의 행태에도 성찰할 점이 많다. 별로 잘한 것도 없는데
나눠 먹기 식으로 상을 자꾸 주면 자치단체장의 생색내기 용으로 상의
권위만 실추되기 쉽다. 상의 권위 회복을 위해서도 도시대상 선정의 본
취지에 집중할 필요가 있다.

행 정 학 의 샘 물

제4편

좋은 행정의 제도화를 위한
행정개혁과 행정통제

● 제13장_행정개혁

● 제14장_행정통제

엿보기

행정을 둘러싼 환경은 계속 변화한다. 따라서 특정시점에서 성공적이었던 정책내용과 행정과정, 특히 그 속에서 작용하는 구조와 사람이 다른 시대에서까지 계속 효과적이기는 어렵다.

여기서 정부는 행정 전반을 새로운 시대의 요구에 맞게 뜯어 고치는 일련의 개혁작업을 지속적으로 전개해 나가야 할 것이다. 즉 행정과정을 생선에 비유할 때, 생선에 탄 부위는 없이 맛있게 잘 구워졌는지? 먹기 불편한 작은 가시들은 잘 빼내졌는지? 등 끊임없이 생선 굽는 과정을 되새겨 보는 절차를 거침으로써 다음번엔 생선을 더 잘 골라 더 맛있게 요리할 가능성을 높여야 할 것이다.

국민도 정부에 잔뜩 요구만 한 뒤 팔짱만 끼고 있다가 정부가 자신의 요구를 들어 주지 않는다고 뒤에서 욕만 할 것이 아니다.

환경변화 속에서 정부가 좋은 행정을 도모하고 개혁에 박차를 가할 수 있도록, 국민들도 정부에 대한 건설적 비판과 좋은 행정에로의 유도 노력에 적극성을 보여야 할 필요가 있다.

따라서 제4편에서는 좋은 행정을 지속시키고 제도화하기 위한 정부의 행정개혁과, 국민에 의한 행정통제의 규범적 함의 및 그 실천전략들을 자세히 살펴본다. 또 이런 행정통제의 맥락을 거버넌스라는 각도에서 재조명해 본다.

행정개혁

제1절 행정개혁과 행정변수 간의 관계

1. 행정개혁의 개념

　행정개혁은 무엇을 뜻하는지, 학자들의 개념정의에 의거해 이를 살펴보자(김수영, 1988).

　Caiden(1982)은 행정개혁을 행정변형의 인위적 유도라고 정의하면서, 행정개혁의 목표로서 정부조직 업무의 간소화, 정부기관의 합리화, 행정과정의 단순화, 각종 규제와 형식적 업무의 폐지, 관료제에의 과잉의존 축소, 주민대표성 증대 등을 들고 있다.

　Siedentopf(1982)는 행정개혁을 행정환경의 수요와 요구에 부응하기 위해 정부 또는 공공부문의 정책사업을 변화시키는 것으로 본다. 특히 그는 경제·사회적 발전사업을 지도하고 규제하며 통제하는 개념으로 행정개혁을 정의함으로써, 사회에 대한 행정개혁의 광범위한 파급

효과를 강조한다.

Mosher(1965)는 개혁이 좀더 나은 방향으로의 변화(change for the better)라는 규범적 의미를 지닌 것으로 보면서, 특히 조직개편(reorganization)을 행정개혁의 주요수단으로 보고 있다.

Abueva(1970)는 관료제의 목적, 구조, 과정을 변화시키기 위해 권력과 리더십을 사용하여 공무원 개개인의 행태까지 변화시키고자 하는 시도라고 행정개혁을 정의하고 있다.

행정개혁은 이처럼 한 나라의 행정수준을 바람직한 방향으로 한 단계 더 높여 주기 위한 제반 노력과 그 과정이라고 할 수 있다. 그렇다면 우리는 행정개혁을 통해 구체적으로 무엇들을 한 단계 더 점프시켜야 하는가?

2. 행정개혁과 행정변수 간의 관계

여기서 우리는 행정변수를 다시금 음미해 보아야 한다. 행정을 둘러싼 환경은 계속 변화한다. 따라서 특정시점에서 성공적이었던 정책내용과 행정과정, 특히 그 속에서 작용하는 구조와 사람들이 다른 시점에서까지 계속 효과적이기는 어렵다. 여기서 정부는 정책내용 및 행정과정에 대한 전반적 평가를 통해 행정전반을 새로운 시대의 요구에 맞게 뜯어 고치는 일련의 개혁작업을 지속적으로 전개시켜 나가야 할 것이다.

오늘날 정부가 환경과 행정수요의 끊임없는 변동에 대처하고 올바른 방향으로 자국의 사회변동을 유도·촉진시키기 위해서는, 행정의 성패를 좌우하는 주요 행정변수들, 즉 환경, 구조, 사람을 늘 긍정적인 방향, 즉 양(+)의 값으로 작용하도록 유도해야 한다. 따라서 환경의 요구에 대응하기 위한 국가정책사업 내용의 변화, 조직구조의 개혁, 행정절차의 개선, 행정인의 능력 및 행태의 순기능적 변화가 끊임없이 요구된다.

내용 보태기 4-1 행정개혁과 정책평가의 상관성

행정개혁과 관련해 하나 더 살펴봐야 할 개념이 바로 정책평가(policy evaluation)라는 개념이다. Wholey et al.(1976)는 정책평가를 국가사업의 전반적 효과성을 평가하는 것으로 정의한다. 즉 정책평가는 정부가 수행한 사업 전반을 사후적으로 검토하는 것으로서, 미래를 지침으로 하여 과거를 반성하는 것이다.

　그러나 평가는 단순히 검토하는 것 이상의 것을 의미한다. 왜냐하면 그것은 이해와 재형성(reshaping)까지도 뜻하기 때문이다. Herzog(1981)는 이런 점에서 '정책평가'를 어떤 종류의 변화가 바람직한 것인가? 변화를 유도하기 위해서는 어떤 수단들이 강구되어야 하는가? 이러한 변화와 수단들은 어떠한 관계에 있는가? 등을 탐구하는 것으로 본다. 따라서 정책평가는 '행정개혁의 사전토대'로서의 함의를 지닌다.

제2절 행정개혁의 접근방법과 개혁방식에 대한 기존 논의들

1. 행정개혁의 접근방법

　현재 행정개혁은 세계 모든 국가의 공통과제이다. 어느 나라 국민이나 자기가 속해 있는 나라의 행정에 불만을 갖기 쉽다. 좋은 행정의 구현은 매우 지난(至難)한 작업이기 때문이다.

설혹 국민이 자국의 행정에 일시적으로 만족하더라도 국내의 사회경제적·정치적 환경과 국제적 환경변화에 따라 행정수요가 달라지게 되므로, 현시점에서의 행정에 늘 지속적인 만족감을 갖기는 대단히 어렵다. 따라서 행정개혁이 지속적으로 필요하며, 이런 점에서 Caiden (1991)은 "행정개혁은 전 세계에 걸친 핫이슈"라고 말한다.

한편 행정개혁의 필요성이 어디에 있는지에 따라 개혁내용이나 개혁대상은 다양해진다. 즉 어떤 대상을 개혁할 것인가는 개혁의 필요성에 따라 달라지는데, 이는 아래와 같이 개혁에 대한 다양한 접근방법들을 낳고 있다.

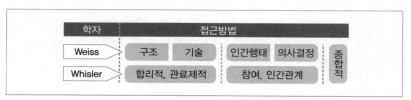

출처: 박동서(1990: 677)를 참고해 재구성.

그림 4-1 행정개혁의 접근방법

1) 구조·기술적 접근방법(합리적·관료제적 접근방법)

개혁에 대한 구조·기술적 접근은 행정을 구조·기술적 과정으로 파악하면서, 최적의 구조와 기술이 최적의 업무수행을 가져와 행정성과를 향상시킬 수 있다는 논리에 바탕하고 있다(Weiss, 1967; 박명수, 1986: 305). 즉 과학적 관리법 및 관료제 조직이론에 근거하여, 행정기구·직제(職制)·절차의 간소화, 중복된 기능제거, 행정사무의 적정배분과 권한·책임 명확화, 또 조직재편 시 조정·통합·계층제·통솔범위 등 조직설계원리의 반영, 행정절차의 표준화 및 업무처리에 필요한 장비·기술(예: OR, EDPS) 도입 등을 통해 행정개혁을 이루고자 하는 것이다.

그러나 이런 방법은 인간적·사회적 요인을 등한시한 채 행정의 구조·기술·절차의 합리적 개혁에만 초점을 둠으로써, 행정개혁이 그 소기의 목적을 달성하기 어렵고, 따라서 자칫 개혁이 형식적이 될 우려를 안고 있다.

2) 인간 행태론적 접근방법(참여·인간관계적 접근방법)

관료의 가치관·신념·태도를 변화시켜 행정개혁을 도모하고자 하는 방법으로서, 개혁의 중점을 인간의 행태변화에 두고 있다. 이는 공무원 스스로의 인식에 의한 행동변화가 수반되지 않는 구조·기술의 합리화만으로는 행정개혁이 실효를 거두기 어렵다는 사실을 전제로 한 것으로서, 인간관계론자나 행태론자들이 행정개혁에 대해 취하는 일반적 논리라고 할 수 있다(Bennis, 1969).

그러나 관료의 행태변화에는 장시간이 소요되며, 행태과학에 대한 많은 연구와 지식이 요구되는 등 이 방법에도 많은 제약이 따른다(박명수, 1986: 305-306). 또한 행정조직은 기업과 달라 공식적, 계층제적 성격이 강하고 법적 규제를 많이 받으므로 인간관계 등 비공식적·정서적 요인을 중시하는 이 방법을 행정조직에 전면적으로 적용하기는 어렵다. 우리처럼 자연스런 의사소통이나 참여 의식이 불충분하고 권위주의적인 행정문화가 지배적인 나라에서는 더욱더 적용하기 어렵다.

3) 종합적 접근방법(comprehensive approach)

행정의 구조·과정·행태와 이를 둘러싸고 있는 환경과의 상호관련성을 중시하는 방법으로서, 앞의 두 가지 접근방법을 통합적으로 적용하고자 하는 방법이다(Weiss, 1967). 이 방법은 행정개혁은 위의 개혁대

상 중 어느 하나에 의해서만 이루어질 수는 없는 것이며, 실제로 행정
개혁에는 구조 · 기술 · 절차의 개선과 공무원의 참여, 이해와 같은 체
제 내적 요소뿐 아니라, 정치적 리더십, 국민의 요구나 지지와 같은 체
제 외적 요소도 똑같이 중요한 비중을 차지한다고 본다.

종합적 접근방법은 국민의 정책수요와 정치적 지지 등 환경변수와
행정의 구조, 기술, 인간요인 간의 전체적 상관성을 고려하여 '체제이
론'적 입장에서 행정개혁을 파악하고자 한다. 따라서 이 방법은 공식적
인 조직구조, 표준절차, 대인관계, 의사결정절차, 의사소통통로 등의
개혁대상에 대해, 정부조직의 정치적 성격과 사회의 특수한 행정수요
등 환경적 요인이 미치는 영향력을 행정개혁에서 중시하고 있다.

행정조직의 능률성이라는 관점에서 행정개혁을 본다면, 구조 · 기술
적 접근이나 인간관계론적 접근이 개혁논리로서 타당하겠지만, 행정개
혁의 실천 가능성이라는 측면에서 볼 때는 국민의 정치적 요구 및 지지

내용 보태기   4-2   종합적 접근으로서의 치유적 개혁

물론 태평성대에는 이렇게까지 종합적 접근을 할 필요는 없다. 즉 문제가
되고 있는 부족한 부문만 손보는 미봉식 개혁(palliative reform)도 가능하다.
그러나 나라 전체가 총체적 난관에 봉착하는 위기적 상황에서는, 삼성 이건
희 회장의 말처럼 "처자식만 빼곤 다 바꾸는" 근본적인 치유적 개혁(remedial
reform)이 요구된다. 일상적인 정책 피드백만으로 문제해결이 잘 안 되면 행
정개혁을 대대적으로 단행해야 하는 것이다.

요즘은 행정개혁이라는 말도 약해서 아예 정부 재창조(reinventing govern-
ment)라는 말을 쓰기도 한다. 즉 민간의 리엔지니어링에 대비되는 말로 정부
'뜯어고치기'라는 말이 한창 유행했다(김진호 외, 2001). 이는 공공개혁 혹은
정부부문 구조개혁으로 불리기도 하는데, 우리는 이런 용어들이 집중적으
로 쏟아져 나오는 이유를 치유적 개혁을 필요로 하는 현재의 총체적 위기상
황에서 쉽게 발견할 수 있다.

와 행정인의 개혁의지가 뒷받침되어야 하므로, 체제 외적 요소까지 행정개혁과정에서 고려하는 체제론적인 종합적 접근전략이 필요하게 된다(김수영, 1988: 73-75). 따라서 행정개혁은 체제 내적 요소와 체제 외적 요소가 상호 유기적 관련성을 갖고 개혁과정에서 작용할 때, 비로소 그 실효를 거둘 수 있다.

최근 영연방국가에선 민주정부라도 효과적인 행정이 없이는 물질적 복리증진을 꾀할 수 없다는 전제 하에, 행정개혁에 대한 '전체론적' 접근(holistic approach)을 시도하고 있다. 이들 국가는 개혁 비전, 성과확보를 위한 정책수립과 집행의 분리, 시민사회와의 협력, 인적 자원관리의 신축성 중시, 정보기술의 적합성, 조직문화 쇄신, 성과 지향적 재무관리, 서비스 공급자 간의 경쟁 등 다양한 고객 지향적 관리를 추진하고 있다(Kaul & Collins, 1995: 201-206).

단 종합적 접근 시 필히 고려해야 할 점은, 구조, 기술, 인간, 환경 등 4가지 변수 모두를 종합적으로 고려하되, 우선순위를 환경, 인간, 구조, 기술의 순(順)으로 설정해야 한다는 점이다(최철화, 1985: 25-26). 환경요인을 가장 우선시해서 고려하는 이유는 행정개혁의 궁극적 목표가 사회구조 개선, 국민생활의 질적 향상 등 환경의 요구와 주로 관련되기 때문이다. 한편 인간적 요인을 두 번째로 고려하는 것은 행정인의 가치관, 태도, 행동의 변화가 수반되지 않는 구조·기술의 변화는 형식적 변화로 그쳐 그 실효를 기대할 수 없기 때문이다.

2. 행정개혁의 방식

개혁의 추진속도 등 행정개혁의 방식을 보면, 급진적(radical) 방식과 점진적(incremental)인 방식이 있다(김수영, 1988: 20). 여기서의 급진적 방식과 점진적 방식은 행정개혁의 추진과정에 있어 대체로 어느 정도의 시간적 여유를 두고 이를 추진하느냐와, 절차상 이해관계인이나 이익집단들과의 협의 및 합의의 과정을 거치느냐에 따라 구별될 수 있다.

1) 급진적 개혁방식

급진적 방식은 장기간에 걸친 개혁으로는 그 성과를 거두기 힘들 때, 또 행정여건과 행정개선을 지원해 주는 정치적 리더십의 변동으로 인해 개혁이 중단될 우려가 있을 때 취해진다. 특히 이 방법은 새로운 정치이념이 도입되었을 때 이에 대처하기 위해서, 또 발전목표를 달성할 수 있게 하는 유효한 행정체계를 신속히 갖추기 위해서도 필요하다. 그러나 이는 자칫 파괴적이며 유해한 결과를 초래할 우려가 있다. 따라서 정부가 급진적 개혁안에 대한 지지를 규합시키든가 아니면 반대의 저항을 무릅쓰고 이를 강행할 때만 성공할 수 있다.

2) 점진적 개혁방식

점진적 방식은 행정의 계속성을 파괴시키지 않고도 새로운 필요와 조건에 점진적으로 적응해 가는 방식으로서, 개혁에 따른 저항을 최소화시킬 수 있다. 이는 급진적 방법에 비해 개혁의 성공률은 높지만, 자칫 개혁을 추진하는 과정에서 보수성과 정체성을 면하기 어려우며, 무정견(無政見)의 개혁이 되기 쉽다. 결국 행정개혁의 대상범위와 국내외 여건 등 당시의 상황을 십분 고려해 개혁속도 등 개혁방식을 조절해야 할 것이다.

제3절 향후 행정개혁의 주요대상 및 바람직한 개혁기법들: Re-ing 모델

행정개혁의 성공은 지금까지 논한 바와 같이 '종합적 접근법'에 의거해 상황에 맞게 속도를 유지하며 체계적으로 이루어질 때 비로소 가능해진다.

따라서 행정의 3대 변수, 즉 환경의 요구변화를 제대로 담지해 내는 국가정책사업의 내용, 조직구조와 절차, 사람 변수 등이 행정가치의 제도화 맥락 속에서 종합적으로 상호 연관성 하에 변화되어야 한다. 그렇다면 이에 참고가 될만한 개혁모델은 없을까?

최근 비탄력적인 정부의 근본적 변화(reshape)를 유도하기 위해 야심에 찬 권고안들이 각국의 정부들에 가해지고 있다. 아래의 Re-ing 모

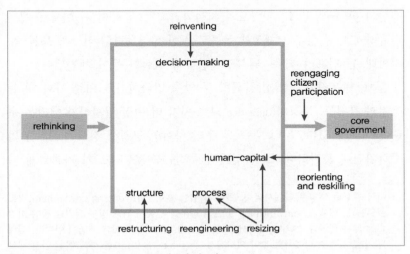

출처: Marlowe et al.(1994: 309)를 참고해 재구성.

그림 4-2 정부의 재설계방향: Re-ing 모델

델은 이런 맥락에서 외국의 정부들이 재정위기 및 서비스 전달위기에 대응해 자체의 질적 변화를 모색하는 '종합적 접근모형'이다.

Re-ing 모형에 입각해 향후 요구되는 정부개혁의 주요대상과 구체적인 개혁방법론들을 살펴보면 다음과 같다. 이해를 돕기 위해 우리 정부의 문제점과 개혁방향에 초점을 두고 이를 얘기해 보자.

1. 정책사업의 재창안(reinventing)[1]

행정개혁의 일차적 대상으로서, 최근의 환경변화를 반영한 새로운 행정수요에 대응하기 위해 정책내용의 우선순위와 정책기조가 재조정돼야 할 것이다.

첫째, 우리나라는 압축성장을 통해 외연적 성장을 이루었지만 국가발전의 물적 토대는 아직 충분하지 못하다. 현대경제연구원이 지적한 한국경제의 5대 구조적 문제점, 이른바 Down Five는, 잠재성장률의 지속적 하락, 내수-수출 간 불균형 심화, 소득분배 악화와 중산층 감소, 생산가능인구의 감소, 한반도의 지정학적 리스크 등이다. 이들 문제를 치유하기 위한 향후 경제정책 목표로는 신 성장동력의 적극적 육성, 투자확대 등 인프라 확충, 남북경제협력의 내실화 등이 제안된다.

둘째, 빈부격차와 기회 불균형 등 압축 양극화가 야기한 사회 내 불공정과 불평등, 부정의(unjustice)의 수치가 더 이상 방치하기 어려운 수준에 이르고 있다. 지니 계수 등 우리 사회의 공정성 정도는 OECD의 중하위권에 불과하다. 압축 양극화와 빈곤층 증가속도가 가파르게 나

---

1) 미국 클린턴 행정부 하에서의 정부개혁작업을 흔히 reinventing government라고 부르는데, 이때의 reinventing은 효율적 정부를 만들기 위해 정부 전반을 뜯어 고친다는 넓은 뜻이다. 그러나 여기서의 reinventing은 이런 광의의 개념이 아니라, 앞의 Re-ing 모델 그림에서와 같이 의사결정(decision-making)을 통해 어떤 안을 새로 안출(案出)하다, 고안하다, 창안하다 등의 협의의 reinvention 개념을 가리키는 것으로 사용한다.

타나며 피라미드형 소득계층 구조를 보여 중산층 소멸위기마저 나타나고 있다.

셋째, 생활문화도 빈곤하다. 삶의 질은 물리적, 환경적, 심리적, 문화적 측면까지 포괄하는 삶의 종합적 상태이다. 『유로피안 드림』의 저자 리프킨(J. Rifkin)에 의하면, 선진국에선 완전고용에서 완전한 행복(full happiness) 쪽으로 삶의 패러다임이 변화하며 삶의 질 제고를 위한 생활문화의 활성화, 문화 향유의 민주화를 중시한다. 그러나 우리는 문화 개념을 문화산업 쪽의 돈벌이 문제로만 치우쳐 본다. 시민들의 매력적 라이프 스타일을 위해, 공공 도서관과 시립 미술관 등 각종 문화시설과 생활체육시설이 우리들 주거공간에 보다 가깝게 자리 잡도록 확충되어야 한다.

넷째, 생태계 파괴도 심각하다. 환경문제에 대한 사회적 관심이 크게 높아졌지만, 아직도 정부는 경제중심, 개발중심 정책을 선호한다. 단기적 고용창출과 경제성과만을 노린 정교하지 못한 작금의 개발들은 난(亂)개발로 연결되기 쉽다. 기업도시와 혁신도시 추진도 개발 이념을 토대로 한 신개발주의라는 점에서 난개발 우려와 함께 지방의 재 종속성을 염려하게 만든다.

상기한 것처럼 해외경제여건의 영향을 많이 받는 우리 경제의 구조적 종속성, 사회 양극화, 생활문화의 빈곤, 생태계 파괴, 안전 불감증 등 숱한 생활문제들이 산적해 있다. 그렇다면 이런 환경변화에 대응하기 위해 어떤 정책기조가 새로 마련되어야 하는가?

먼저 국가발전의 물적 토대를 마련하는 차원에서 지식집약형 산업구조로의 개편과 이를 현실화하기 위한 전제조건으로서 기술-교육-고용구조의 정책 연계성 확보, SOC 확충, 규제청산 등의 경제문제를 중점적으로 살펴보아야 한다.

그러고 나서 사회 양극화를 해소하고 공정사회를 구현하기 위한 배분적 정의원칙과 보편적 복지의 제도화, 생활문화의 활성화와 문화 향유의 민주화뿐 아니라, 신개발주의가 낳은 생태계 파괴를 치유하기 위한 환경보전과 생태계의 복원, 안전사회로 가는 길 등을 집중적으로 논의해야 한다.

물론 2020년에 들어와 전 세계를 강타한 코로나19 사태처럼 자국민의 생명과 안전에 만전을 기하는 생명관리정치 시대의 인구관리기능, 보건방역 기능 강화도 무시할 수 없다. 덧붙여 제4차 산업혁명이 몰고 올 고용위기 문제에도 민첩하게 대응해 나가야 할 것이다.

환경의 변화가 초래한 상기한 새 일거리들에 가깝게 다가가는 정책 길라잡이 역할을 정부가 톡톡히 수행하도록 하기 위해선, 산업 도우미, 고용 지킴이, 보건방역 등 공적 돌봄자, 문화일꾼과 생태 지킴이, 안전 파수꾼 등등 좀더 친숙하고 명확한 표현으로 정부의 미션과 정책방향을 제시해 나가야 할 것이다(이도형, 2016: 12-18).

2. 정부조직구조의 재설계(restructuring)

리스트럭처링은 조직이 환경변화에 대응적이지 못할 때 기존조직의 기본틀을 깨고, 환경요구에 보다 대응적인 사업구조 쪽으로 조직구조를 탄력적으로 개편하는 것을 말한다. 원래 이 개념은 극심한 환경변화에 대처하지 않으면 도산 위기에 빠지는 기업 쪽에서 조직구조의 탄력적 재설계 전략으로 나온 것인데, 오늘날에는 정부조직에도 매우 유효한 개혁전략이라고 말할 수 있다.

오늘의 행정이 '서비스행정'으로 전환되고 있는 현 시점에서 볼 때, 공공서비스의 생산 및 전달체계로서의 정부조직의 수단적 가치를 보다 발현하기 위해서는, 행정환경의 변화에 대응적인 조직구조의 재설계가 다음과 같이 더욱 요구된다.

향후 행정환경 및 사업의 변화에 발맞춰, 새로운 일거리(신규사업) 혹은 늘어난 일거리(주력사업)를 전담하기 위한 정부조직은 신설 혹은 강화시키고,[2] 이제는 불필요해져 한물간 일거리(사양사업, 한계사업)를 맡고 있는 기존조직은 적절히 축소·폐지시켜야 한다. 또 중복사업이나 갈등과 마찰을 빚는 정부기능 문제는 별도의 조정기구를 설치하거나 기구통합을 꾀해 해결해야 할 것이다.

3. 행정절차의 쇄신(reengineering)

리엔지니어링은 원래 공학(工學)에서 나온 개념이다. 예컨대 제품 개발자가 제품을 개발할 때 수없이 많은 난관과 예기치 않은 일에 부딪히면 모든 수단과 방법을 동원한다. 즉 계획을 세워 효율적으로 실험하는 것이 아니라 아이디어가 떠오르는 대로 이것저것 시도해 본다. 이를 통해 간신히 제품이 개발되면, 이제는 대량생산을 위해 제품개발과정을 꼭 필요한 부분만 남기고 단순화시키는 재개발 과정이 필요한데, 이것이 리엔지니어링이다.

양질의 기업에서는 기존의 관념이나 관행에서 벗어나 원하는 기능을 수행하는 효율적 조직을 새로 짜낼 목적으로, 불필요한 절차나 라인을 없애고 꼭 필요한 부문만 남도록 하기 위해 이 개념을 기업운영과정이나 업무절차를 쇄신하는 차원에서 적극 활용하고 있다(Hammer & Champy, 1993). 상품의 조립과정뿐 아니라 상품전달체계상의 군살을 빼기 위한 리엔지니어링은 신속한 서비스 제공을 생명으로 하는 기업 입장에서 보면 너무나 당연한 것이다.[3]

특히 리엔지니어링은 서비스가격과 생산비용에 가장 큰 영향을 미치는 서비스 생산·전달과정(process)의 슬림화, 간소화를 중시하는데 (Cavanaugh, 1994: 7-8), 규제의 질적 접근이 긴요한 우리 사회에선 정부 차원에서도 이 개념을 적극 활용해야 할 여지가 많다.

미국의 정부업적 평가팀(NPR: National Performance Review)의 정부 뜯어고치기 작업이나, 일본의 임시행정개혁 추진심의회, 또 영국 행정개혁 추진팀(Efficiency Unit)의 개혁 초점은, 모두 민원처리 시간과 절차의 간소화에 초점을 맞춰 정부규모의 팽창을 억제하고 서비스의 질적 향상 등 행정성과를 높이는 데 있었다(송하중, 1994: 70). 이는 우리에게 정부절차의 간소화와 운영과정의 혁신 필요성을 잘 보여 주는 사례들이라고 하겠다.

다행히도 최근 전자정부(e-government)가 막을 올리고 있어 우리나라 행정절차의 간소화에 크게 기여할 것으로 보인다. 향후 행정의 전자화, 정보화가 좀 더 체계화되어, 원스톱 서비스, 원콜 서비스 등 서비스 행정제도들이 우리 행정일선에서 신속히 정착되어 복잡다단한 행정절차를 간소화시키는 데 크게 일조해야 할 것이다.

 사례 4-1 행정절차 간소화를 통한 한국행정의 혁신

『정부혁신 종합추진계획』에 따르면, 정부는 별도의 구비서류 제출이 필요 없도록 공공기관 간 시스템 연계를 통해 정보공유를 확대할 계획이다. 주민등초본 등 각종 증명서를 종이로 출력하지 않고 모바일로 주고받는 서비스(가칭 전자문서지갑)를 개발하고 국민-정부기관 간 공문을 우편, 방문 대신 인터넷으로 주고받는 '문서 24'를 모든 행정업무에 확산해 '종이 없는(paperless) 행정'을 구현한다.

---

3) 일례로 자동차 조립에는 이틀밖에 안 걸리지만 그것을 주문자에게 인도하기까지는 대략 15-26일 걸린다. 또 PC 조립은 1시간 46분이면 되지만, 그 배달에는 72시간이나 걸린다(정진호, 1996: 8).

국민안전 등 긴급현안이나 도전적 과제 추진 시 조직설치 요건을 완화해 신속하게 대응할 수 있도록 한다. '긴급 대응반'을 시범 운영해 긴급한 상황에 부처가 신속하게 대응하도록 조직운영에 자율성을 부여한다.

국민이 몰라서 불이익을 겪지 않도록 별도 신청이 없더라도 필요한 서비스를 안내하고 제공하는 '선제적 서비스'를 강화한다. 임산부 진단 시 진료비와 엽산, 철분제 등 관련 서비스를 한번에 안내받고 신청하도록 하며, 기초연금 신청을 희망하는 사람의 이력관리를 해주고 사전에 신청안내를 할 예정이다(행정안전부, 2019에서 참고).

4. 적정규모의 유지(resizing)

정부규모의 재정비와 관련된 리사이징은 크게 다운사이징(downsizing)과 적정규모화(right sizing)로 나누어진다. 일반적으로 다운사이징이 필요 이상으로 과잉 팽창된 조직의 양적 규모를 단순히 줄이는 것이라면, 적정규모화는 다운사이징을 지향하긴 하지만, 조직이 효과적으로 기능할 수 있는 수준으로 규모를 줄이는 것이다(Cooper et al., 1998: 393).

그렇다고 해서 적정규모화가 반드시 축소 지향적인 것만은 아니다. 정부가 공공서비스 생산 및 전달체계라는 본연의 역할을 다하기 위해서는 기능, 조직, 인력 등 목표달성수단의 적절한 양적 확보도 필요하다. 할 일은 많아지는데 전담조직은 없고 일손도 달린다면 이것 또한 큰 문제이기 때문이다. 모든 일의 순조로운 완수를 위해서는 규모의 경제(economy of scale) 논리가 적용되어야 할 것이다. 그러나 그렇다고 해서 규모 확대만이 능사도 아니다. 정부의 과잉팽창 조짐과 이에 따른 방만한 운영은 재정위기를 증폭시킨다.

따라서 우리나라의 경우는 획일적인 일방적 다운사이징[4]보다는 공무

---

4) 개발도상국에서의 공무원 수 줄이기(downsizing) 혹은 관료제 규모 잘라내기는 정부의 예산 부족 때문에 필요하다. 그러나 대규모의 공직감축은 정치적으로 수용하기

원들이 과학적 직무분석과 적정 인력계획에 의거해 자신의 일터인 정부의 역할범위(what)와 역할방식(how)을 정확히 설계함으로써 기능 재조정을 통해 정부규모의 적정화를 꾀하는 것이 필요하다. 물론 과대 성장한 국가관리부문과 방만한 준공공기관의 감축이 필히 병행되어야겠다. 그렇게 되면 정부는 군살이 없으면서도 필요한 부위의 근육은 골고루 발달해 있는 이상적인 체형을 갖게 될 것이다(이도형·김정렬, 2019: 439-440).

5. 공무원의 가치관 재정립(reorienting)과 행정능력 개발(reskilling)

1) 공무원의 새로운 가치관과 역할의 재정립

"행정은 시대정신을 구체화하는 것"이라는 이문영(1991: 162)의 논지에 의하면, 공무원들의 가치관과 신념체계야말로 행정에 있어 매우 중요한 요소이다. 즉 시대의 변화에 맞는, 더 나아가 시대정신의 변화를 주도하는 공무원들의 의식개혁이 필요한 것이다.

서비스행정 시대로 진입한 현 시점에서 볼 때, 이제 우리의 경우도 공직의 재개념화가 우선되어야 할 것이다. 공직은 지난 개발행정 시대 때의 국민을 통치, 관리, 지배하기 위한 자리가 아니고, 국민이 공직자에게 위임한 공공서비스를 제공하기 위해 마련된 자리이며, 그 재원은 국민의 세금으로 충당된다는 사실을 명심할 필요가 있다(박세정, 1993: 87-88). 즉 수탁자이되 자기에게 권한을 위임해 준 국민의 뜻에 적극 부응하려는 대응적 수탁자로서의 새로운 학습자세가 필요하다. 무엇보다

어렵고, 단순히 그럴듯하게 보이지도 않는다. 즉 퇴직금 선택안은 돈의 문제이기도 하지만 궁극적으로는 신분보장의 문제이다. 따라서 다운사이징은 정치적 결정의 영역이다. 공무원개혁이 모든 개도국의 질병을 치유하는 만병통치약은 아니다. 대규모 감축은 정치적으로 수용하기 어렵고 또 사회정의와 공정성의 관점에서도 받아들이기 어려우므로(MacGregor, Peterson & Schuftan, 1998: 61-64), 신중하게 이루어질 필요가 있겠다.

도 공무원 자신들의 다음과 같은 의식개혁과 역할지각이 재차 있어야
할 것이다.

❶ **국정대리인의 역할**: 국민과 정부의 관계는 주인-대리인(principal-agent) 관계이다(Kass, 1990; Kettl, 1990). 그러나 이런 기본 역학구도와 달리, 현재 우리는 공무원하면 단순히 하나의 직업으로서 공직을 택한 사람들이라고 막연히 생각한다. 실제로 적지 않은 공무원들은 공직을 생계유지를 위한 하나의 직업(occupation)으로 생각하지, 국민의 국정대리인이라는 의식은 강하게 갖고 있지 않다. 이는 최근 공직자나 공직 지원자들이 국가발전의 길잡이라는 소명(calling)의식보다는 양호한 근무조건과 신분보장을 공직선택의 주요동기로 강조하는 데서도 잘 드러난다(서원석·김광주, 1992: 168). 따라서 그들은 종종 국민의 대리인이란 본연의 역할을 망각한 채, 국민의 요구가 귀찮을 때는 대응하지 않거나 소극적으로 대응하고, 간혹 기회를 틈타 사익을 추구하려는 일개 직업인으로 전락할 우려가 있다.

그러나 여기서 우리가 분명히 명심해야 할 점은, 공무원은 바로 우리 국민 중 누군가를 우리가 정부 안에 들여보낸 우리의 국정대리인이라는 사실이다. 가족주의 문화가 강한 우리사회에서는 개인적 연고가 있어 잘 아는 사람에게는 친절하게 대하고, 또 그를 통한 문제해결에 고마움을 갖는다. 같은 논리로 공무원도 개인적으로 잘 아는 민원인들에 대해선 크게 신경 써 주고 그의 민원을 신속히 해결해 주는 경향이 있다.

지방자치시대를 맞아 우리는 관-민 간의 친밀도를 증폭시켜야 한다. 물론 이런 논리가 '연고 우선의 특혜행정'을 정당화하자는 것은 아니다. 지방에서는 공무원이 여러 연(緣)을 통해 개인적으로 아는 주민도 많고, 특히 지방자치 하에서는 이들의 재량권이 점차 커지므로, 주민의 국정 대리인이라는 공직 본래의 의미를 되새기며 도와

줘야 할 주민의 범위를 넓혀 보자는 것이다.

❷ 무한책임 보험장치의 모범적 생활설계사와 손해사정인 역할: 자치가 본격화되면서, 우리 일선행정의 성격은 특정지역 내에서의 주민 생활행정, 대화행정으로 바뀌고 있다. 따라서 기본적으로 공공 생활 서비스의 일차적 생산체계 및 전달체계로서의 정부역할이 강화되고 있으며, 정부는 국민의 생활문제 해결에 대한 무한대의 책임의식을 요구받고 있다.

따라서 일선공무원들은 정부라는 무한책임 보험장치의 직원으로서, 즉 시민들이 직면할 우려가 있는 모든 생활위험들을 책임지고 분산시켜 보호해 주는 '모범적인 생활설계사'이자, 누구보다도 먼저 생활문제현장에 신속히 달려가 그 문제를 적극적으로 해결해 주는 '모범적 손해사정인'으로서의 본분을 분명히 재인식할 필요가 있다.

❸ 대표시민답게 사랑하는 대상을 확대해 나가는 공적 돌봄자 역할: 나라 살림을 맡은 공무원은 책상만 지키고 앉아 있어선 곤란하다. 시민의 생활문제현장으로 달려가야 한다. 그러려면 무엇보다도 공무원은 대표시민(representative citizen)답게 사랑하는 대상이 많아야 한다. 우리는 사랑하는 사람을 행복하게 해주기 위해 그 사람이 직면해 있는 모든 문제와 아픔에 공감하고 그것을 같이 극복하기 위한 방법을 찾아내려고 무척 애를 쓴다. 공무원들도 마찬가지이다. 자신이 사랑하는 대상인 부모님, 친구, 형제, 친지들이 직면한 생활문제의 원인을 알려고 애쓰고 꼭 문제를 해결해내 그들을 행복하게 해주고 싶은 마음이 강하다. 더 나아가선 자신과 직접적 관계가 없더라도 많은 동료시민이 직면해 있지만 그들 혼자 힘으론 해결하기 어려운 공공문제를 해결하는 데도 발 벗고 나서야 한다. 그것이 대표시민으로서의 공무원의 직업소명이다.

사랑해야 할 대상이 사람에 국한되는 것은 아니다. 집 주변의 자연도 우리 모두가 다 같이 터 잡고 살아가야 할 공동의 서식처이기에 공무원들이 사랑의 마음으로 지켜줘야 한다. 마을의 역사문화 유적도 우리 선조들이 대대로 살아온 삶의 흔적이다. 그래서 공무원들이 문화 지킴이가 되어 길이길이 보존하고 또 후손들에게 고스란히 물려줘야 할 의무가 있다.

주변에 사랑하는 대상이 많아야, 우리는 사랑하는 대상들의 아픔을 치유해 주려고 한 번 더 고민하고 한 발짝 더 움직이게 된다. 공직에 종사하는 사람들에겐 정말 사랑하는 대상이 많아야 한다. 그러나 한국 공직사회의 상사 모시기 문화를 보면 불행히도 그 사랑의 대상이 자신의 인사권을 쥔 상사에게만 국한된 것은 아닌지 심히 우려가 된다.

러시아계 미국 작가인 블라디미르 나보코프는 "세상에서 가장 약한 자들도 능히 살아갈 수 있는 곳이 가장 진화된 곳이다"라며 약자 생존 법칙을 강조한다. 공무원들이 낮은 데로 임해 자신을 필요로 하는 사회경제적 약자들의 심정을 헤아리고 그들의 공적 돌봄자로서의 자기 소임을 되새겨야 할 것이다(이도형, 2019: 44-46).

❹ 유교문화의 '좋은 관료' 이미지 학습: 공무원들의 이러한 역할정체성 학습에 큰 힌트를 주는 것이 바로 옛 선인들의 공직관과 윤리기준이다. 예로부터 동양은 유교 통치이념에 따라 독특한 관료문화를 형성해 왔다. 즉 인치(人治), 좋은 관료(good officials)로서의 이미지, 공무원에게 있어 교육과 실적의 중요성, 덕성(virtue)과 도덕(moral)의 개념 등이 유교적 관료제를 위한 도덕적 정당화 요소로서 인식되어 왔다.

특히 여기서 말하는 '좋은 관료'는 중국의 학자 겸 통치자를 뜻하는 gentlemen처럼 교육을 많이 받고 문화적으로 세련되어 있으며 도덕적 성품이 깊은 관인(官人)으로서, 배움과 지식을 사랑하며, 돈, 직함, 아양 때문에 부패하지 않는 사람들이다. 이들은 모름지기 도덕적 예의에 의거해 행동하고, 자기 수련, 정직, 신뢰, 용서, 정의 등 지금보다 훨씬 복잡한 윤리코드를 준수해야 했다.

결국 유교 관료적 도덕성의 함의는, 법치보다는 좋은 관료에 의한 인치가 통치의 최우선적 수단이라는 점, 권력은 도덕적 행위에서 도출되는 것이라는 점, 또 능률, 생산성보다는 백성에 대한 의무에 치중해야 하므로 관료들의 행동기준은 교육과 자기 수련을 통한 덕성과 도덕에 의거해야 한다는 점 등이다.

표 4-1 관료적 도덕성에 대한 동서양 사상 비교

구 분	서양사상	유교 혹은 동양사상
통치수단	헌법, 법, 규칙, 규정	사람, 판단
권 력	권위, 지위에서 유발	도덕, 지위에서 유발
목 적	능률, 효과성, 형평	이해, 선행(善行)하기
규칙과 역할	애매모호	명확함
절차, 과정	좋은 관리, 총체적 질, 과학적, 의사결정	도덕적 관습, 직관적, 판단적, 도덕적 행위
가 치	중립성, 정책옹호	덕(virtue)
교 육	지식, 기술	이해, 덕의 수양
구 조	유동적, 느슨하게 짝짓기, 애매모호	위계적, 명확함
질	역량, 판단력	덕과 판단력
열 정	봉사, 리드	선행하기
기 준	헌법, 법규, 규정, 윤리장전	도덕관례, 자기 수련, 덕

출처: Frederickson(2002: 623).

최근 서구에서는 정부에 대한 국민의 신뢰가 급감하고 법규에 의해 사회문제를 해결하려는 정부의 역량에 큰 한계가 드러나면서, 관료들의 높은 도덕성에 대한 사회적 요구가 매우 크다. 따라서 서구의 정치 지도자들은 국민의 신뢰와 존경을 얻기 위해 자국의 정부종사자들이 유교적인 좋은 관료의 도덕성을 배워야 한다고 주장한다(Frederickson, 2002: 624-625).

서양에서조차 관료양성의 텍스트로서 동양적 정서의 장점을 벤치마킹하는데, 하물며 유교문화 속에서 오래 살아온 우리가 전통적 가치를 전근대적인 것으로 가치폄하하며 하냥 무시해서만은 안 된다. 전복적 계보학5)(subversive genealogy)의 자세로 되돌아가 우리가 부정해온 문화유산 속에서 이미 우리에게 낯익은 인간상을 재발굴하여, 도덕적 품성과 통치에의 소질을 겸비한 새로운 공무원상을 '좋은 관료' 이미지를 중심으로 재설계해 볼 필요가 있겠다.

2) 공무원의 능력개발방향

공무원의 능력으로서 무엇이 요구되는가? Friedrich(1966: 221-246)는 공무원의 구비요소로서 대중적 정서(popular sentiment)를 읽을 수 있는 능력과 기술적 지식역량(technical knowledge)을 강조한 바 있다. Jun(1982: 351-359)은 미래지향적 시각에서 능동적 개성(quality of proactive personality), 학습능력, 대안 모색력(designing alternatives), 리더십, 간주관적 이해력(understanding inter-subjectivity), 실천력(praxis) 등을 강조한다.

한편 Denhardt(1991: 19-20)는 공공관리자가 갖추어야 할 능력으로서 다음의 3가지를 들고 있는데, 이는 앞의 인사행정 부분에서 살펴본

---

5) 전복적 계보학은 그간의 역사, 문화 속에 망각되고 주변화되어 온 파편들을 모아 재구성해, 오늘의 문제를 재조명하고 해결하는 데 응용하는 방법론이다(한상진, 1998).

H형 인재의 3가지 구성요소와 일치해 자세히 살펴볼 가치가 있다.

첫째, 개념적 기술(conceptual skill)은 조직의 모든 부분과 제 기능이 어떻게 작동되고 결합되는지를 전체적으로 볼 수 있는 능력, 환경변화 맥락과 조직을 연결시켜 볼 수 있는 능력 등 공공관리 지식과 가치구성을 위한 통합적 사고력을 말한다.

둘째, 기법적 기술(technical skill)은 목표달성을 위한 효율적 과정과 기법들을 이해하고 또 이를 신속히 습득할 수 있는 능력, 예컨대 예산편성 및 재무관리, 인사관리기법의 숙련도 등을 뜻한다.

셋째, 인간관계기술(human relation skill)은 조직구성원으로서 효과적으로 일할 수 있는 능력 혹은 타인들을 협력하게 만드는 능력들을 일컫는다.

상기한 기술 중 특히 환경변화를 읽을 수 있는 능력인 개념적 기술의 습득과 연관해 오늘의 공무원들에게 요구되는 또 하나의 능력이 바로 '창의성'이다. 지금 제4차 산업혁명의 물결이 몰려온다고 난리이다. 제4차 산업혁명은 로봇이나 인공지능을 이용해 실재와 가상현실을 통합시켜 사물을 자동적, 지능적으로 제어할 수 있는 산업시스템을 구축해 가는 것을 일컫는다. 따라서 미래의 인간은 로봇과 협업하며 높은 생산성을 만들어 내야 한다. 4차 산업혁명 시대에선 IT 기술혁신을 기반으로 한 창의적 융합인재의 육성이 필요한 것이다(교육부, 2017).

창의성 분야의 권위자인 와인스버그의 '10년 법칙'에 의하면, 고도의 창의성은 10년 이상 암묵적 지식을 쌓은 베테랑에게서 나온다고 한다. 즉 우리가 한 분야에 관심을 갖고 꾸준히 노력하면, 인간 뇌 속에 특정 분야를 중심으로 새로운 신경결합이 만들어져(공병호, 2005), 독창적 생각과 창의적 아이디어를 낼 수 있다는 것이다.

창의성 능력의 개발과 관련해 우리는 지역소재 대학들을 이용한 공무원 재교육의 방향을 탐색할 필요가 있다. 예컨대 대학의 입학생수 감

소를 걱정하는 우리와는 반대로, 미국의 지역 전문대(community college)
에는 고령의 학생들이 늘어나고 있다. 즉 컴퓨터, 소프트웨어, 엔지니
어링, 보육, 회계, 마케팅 등 직업관련 교육이 온라인으로 실시되면서
평생교육 시스템으로 자리 잡고 있는 것이다(샘 힐, 형선호 역, 2004). 공무
원의 지속적 능력개발도 이의 예외는 아니어서, 공무원의 능력개발 양
성기관으로서 지역소재 대학들을 적극 활용해야 할 것이다.

제4절 **행정개혁의 어려움과 그 성공조건**

1. 행정개혁 실패의 요인

개혁(reformation)은 현 체제의 기본골격을 유지하면서 그 안의 비합
리적인 것들을 의도적으로 완전히 제거하는 것이다. 따라서 개혁은 그
주도세력이 강한 의지를 갖고 인위적 힘을 가해 환부를 수술하는 혁신
(innovation)과 유사하다.

반면 개혁은 생물학적 개념인 진화처럼 인위적 힘을 가하지 않은 상
태에서의 자연스런 발전을 의미하는 진보(evolution)와는 다르고, 짧은
기간 안에 한 사회의 정치·경제·사회·문화적 가치관과 구조를 근본
적으로 바꾸는 혁명(revolution)과도 다르다(신복룡, 1997: 114).

바로 이런 점에서 개혁은 혁명보다 더 어렵다. 혁명처럼 힘으로 한순
간에 뒤바꾸어 버리기보다는 이성에 의거해 기존의 것들 중 옥석(玉石)
을 가려 잘못된 점만 뜯어 고치는 것이 더 어려운 법이다. 따라서 많은
경우 개혁이 실패한다.

전종섭(1995: 19-31)은 개혁실패의 구체적 원인들로서, i) 개혁목표의 지나친 상징성, ii) 다른 핵심적 문제해결전략을 포함하지 않은 조직개편과 같은 구조적 변화의 지나친 강조, iii) 국민의 참여 없이 이루어지는 지도자의 성급한 개혁결정, iv) 적절치 못한 서구의 개혁모델 채택, v) 개혁프로그램 적용상의 실수로부터 교훈을 얻기 위한 진실한 노력이 없는 개혁영향평가의 실패, vi) 의회, 이익집단, 공무원 등에 대한 정치적 합의의 부족, vii) 지역여건 무시, viii) 개혁의 인간적 측면 무시, 즉 공무원에의 인센티브 제공 없이 헌신만 강요하는 점, ix) 비윤리적 방법을 갖고 정부와 거래하는 시민들의 부정적 행동 등을 들고 있다.

개혁이 어려운 또 하나의 이유는 '제도의 경로의존성'이라는 개념으로도 설명된다. 제도는 인간이 고안한 제약으로서 인간 간의 상호작용을 규정한다. 그런데 한번 만들어진 제도는 특별한 일이 없으면 제도 그 자체의 진행방향을 오히려 강화하는 현상을 보여 좀처럼 제도의 틀을 고치기 어렵다(North, 1990). 즉 한번 경로가 정해지면 그 방향을 강화하는 메커니즘이 발생한다. 이것이 경로의존성(path dependency)인데, 이는 시간적으로 사전적인 단계가 그 다음 단계에 인과적 영향을 미친다는 것으로서, 즉 초기의 선택을 뒤집기에는 너무 많은 비용이 들고 그것에 익숙하기에 이미 선택한 경로로부터 크게 벗어나기 어렵다는 것이다. 따라서 자기강화의 과정, 긍정적 환류과정이 나타난다. 그러므로 시간적으로 앞에 발생한 사건이 뒤에 발생한 사건보다 훨씬 중요한 의미를 갖게 되며, 경로의존은 행위자의 선택지를 좁혀 나가는 동시에 의사결정을 통시적으로 연결하게 되어, 그만큼 경로를 역전시키기가 어려워진다(하연섭, 2003: 169-185). 따라서 제도를 잘못 선택하면 그 폐해를 고치는 데 그만큼 오랜 세월과 막대한 비용을 치러야 하고, 이것이 행정개혁을 어렵게 만드는 한 원인이 되는 것이다.

2. 개혁의 성공조건

그렇다면 우리는 어떻게 개혁을 성공시켜야 하는가? 위에서 전종섭이 지적한 개혁 실패요인에서 보듯이, 현실을 무시한 '타국 개혁모델의 무비판적 모방'과 '지역여건의 무시'는 개혁의 실패를 가져오기 쉽다. 따라서 무엇보다도 특정 문화의 맥락을 십분 고려한 개혁모델이 있어야 한다. 행정개혁의 역사적, 문화적 맥락을 충분히 고려해야 한다는 것이다. 따라서 비교론적 시각이 필요하다. 즉 보편주의의 함정에서 벗어나기 위해 타국의 문화와 행정경험을 비교 검토하는 과정 속에서 우리 자신의 문화맥락과 상황성을 명확히 이해해야 한다. 그러면 자국의 여건은 무시한 채 함부로 자국과 문화적 차이를 보이는 타국의 행정개혁 아이디어를 무리하게 수입할 가능성은 줄어든다. 결국 어떤 행정형태가 우리에게 유용한지를 더 잘 이해하기 위해 우리의 문화와 가치를 좀더 천착해야 할 필요성이 있다(Spicer, 2000: 321-324). 그렇게 하다 보면, 좀더 우리 몸과 정서에 맞는 개혁모델과 전략적인 개혁 포인트를 찾아낼 수 있다.

한편 전종섭은 '지나치게 상징적인 개혁목표', '개혁대상의 인간적 측면을 무시한 구조 중심의 개혁', '국민참여를 배제한 위로부터의 밀어붙이기식 개혁', '국민의 부정적 행동'을 개혁의 주된 실패요인으로 들고 있는데, 정대위(鄭大爲)가 피력한 아래와 같은 개혁의 필요충분조건 3가지는 이런 점에서 우리에게 좀더 타당한 개혁 방법론을 제시해 줄 수 있다. 왜냐하면 그의 개혁방법론은 지도자-관료-국민의 3위일체를 다음과 같이 개혁과정에서 강조하기 때문이다.

첫째, 개혁의 홀씨(胞子)이다. 이는 신명을 바칠 개혁가의 의지와 결심, 소명의식 또 그들의 개혁 청사진과 경륜의 중요성을 가리킨다. 여기서 중요한 것은 행정가의 꿈이 지나친 이상주의에 빠지기 보다는 역사적 필요성과 국민의 현실적 요구에 잘 맞아야 한다는 것이다.

둘째, 개혁의 토양이다. 개혁의 홀씨가 배태할 수 있는 텃밭의 경작으로서 지지기반의 심도와 지지세력의 확보를 의미한다. 개혁은 그 시대 지도자들의 결심사항이지만, 개혁의 수족은 사실상 국가경영의 실질적 행위자인 지배관료들이다. 따라서 개혁은 그 시대의 관료동원의 성패에 달려 있다. 한비자(韓非子)의 말처럼, "훌륭한 지도자는 관료를 다스리는 것이지 백성을 다스리는 것이 아니다." 이런 점에서 서양식 기준과 문화의 틀에만 의존해 공직사회를 전근대적이라고 비난하며 관료를 적으로 몰면 개혁은 실패하기 마련이다. 개명(開明)된 관료들이 개혁성패의 문화적 측면을 충분히 이해하고 스스로 의식변화를 이끌어내도록 슬기롭게 뒷받침해 주어야 한다.

셋째, 개혁의 기온이다. 텃밭의 홀씨가 발아할 수 있는 적절한 온도로서, 이는 개혁의지를 받아들이는 시대적 분위기의 성숙을 의미한다. 개혁의 분위기가 무르익어 국민이 개혁을 낯설게 느끼지 않아야 한다 (신복룡, 1997: 115-125). 또 이를 위해 국민의 성숙한 문화의식에 기반한 정부에 대한 건설적 비판과 지지가 필요함은 두말할 나위가 없다.

물론 제도에는 경로의존성도 있어 개혁이 그리 쉽지는 않다. 그러나 이것이 반드시 난공불락의 요새는 아니다. 정부의 부단한 학습을 통해 어렵지만 개혁은 어느 정도 가능해진다.

따라서 개별 기관의 역량과 의지가 무엇보다 중요하다. 현실적 어려움에도 불구하고 개혁을 적극 실천하려는 의지가 강한 기관이 다수를 이룰 때 범정부적 차원의 성공적 개혁추진을 기대할 수 있다.

실제로 대부분의 우수 개혁기관들은 개혁에 높은 수준의 투자를 해왔다. 그 기관의 유능한 인적 자원을 개혁 업무에 투입하고, 그들이 성공적으로 개혁을 추진할 수 있는 환경을 조성해 주는 데 적극적이었다. 또 역량 고도화를 위해 외부의 전문지식과 전문적 조언을 적극 동원했다. 이런 체계적 변화관리(change management) 전략이 개혁 추진과정에 반영되어야 한다. 특히 개혁 추진과정에서 발생한 학습을 토대로 핵심적 성공요인들을 식별하고 이를 신규 지표로 개발해 기존 성과평가체계에 반영하려는 노력이 필요하다(이정욱, 2019: 423-425).

행정통제

제1절 행정통제의 개념과 그 필요성

"민의 좋은 행동을 관이 배우며, 관의 나쁜 행동을 민이 배운다"(이문영, 1992: 29). 그렇다면 국민은 좋은 행정을 만들기 위해 어떤 역할을 해야 하는가? 좋은 행정을 위해 국민이 해야 할 몫 중의 하나가 바로 정당한 절차를 거친 행정수요의 적극적 표출과 더불어 행정통제라는 것이다.

행정통제는 그릇된 방향으로 나아가려는 정부를 긍정적인 방향으로 회귀하도록 정부를 견제하고 유도하는 것이다. 즉 행정통제는 좋은 행정이 항상 가능하도록 하기 위해 무책임하고 비윤리적인 일부 공무원들의 일탈사례를 견제하고, 공무원들의 책임행정의식을 적극 유도해 내는 정부견제장치이자 '행정책임 확보장치'이다.

행정통제에는 공무원의 자율적 통제와 조직 상층부의 직접적 통제 등 내부통제가 있고, 행정으로 인해 직접적 영향을 받는 국민들 혹은 정치·경제·사회적 집단들이 정부 밖에서 결사체를 구성해 행정의 잘

못에 항거하고 그 시정을 요구하는 외부통제가 있다.

내부통제에 대해서는 이 책의 제6장 5절의 공직윤리와, 바로 앞의 행정개혁 부분 중 공무원의 의식개혁 부분에서 언급된 바 있어, 여기서는 간략히만 논의하고 주로 외부 행정통제에 초점을 두고 논의한다.

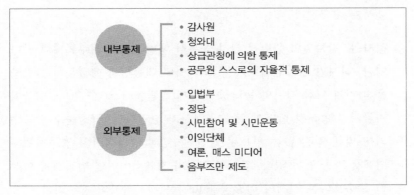

그림 4-3 행정통제의 유형

제2절 **내부 행정통제의 유형**

---

❶ 청와대: 대통령 중심제인 우리나라의 경우는 행정부 수반인 대통령과 그 의사결정보좌기관인 청와대의 정책결정권과 고위직 공무원에 대한 인사권이 막강하다. 이런 권한을 통해 대통령은 행정부를 장악하고 정책을 통제할 수 있다. 하지만 자칫 대통령과 소수 측근들에 의해 의사결정이 독점된다면, 밀실에서 이루어지는 소수의 계획오류에 의해 정책의 정당성과 실효성이 생기기 어렵다. 공무원 인사권

등 지나친 권력집중은 통치권력에 대한 공무원들의 해바라기 행태와 높은 사람 눈치를 보는 복지부동을 낳기 쉽다. 특히 대통령 측근임을 사칭하며 권력에 빌붙어 호가호위(狐假虎威)하려는 자들에 의한 공직부패와 공직기강 문란도 문제시될 수 있다. 따라서 측근들의 권력남용을 단속하기 위한 통치권자의 개혁의지와 신중한 인사권 행사가 요구된다.

❷ 감사원: 감사원의 합법성 감사를 통한 행정통제도 내부통제의 하나이다. 하지만 감사원이 행정부 소속이면 대통령과 행정부의 잘잘못을 따지기 위한 감사의 독립성 확보에 걸림돌이 될 수 있다. 더욱이 지금처럼 형식적 합법성 위주의 감사가 만연하면, 규정준수 만능주의에 따른 영혼 없는 공무원 양산 등 행정의 형식화와 업무지체의 병폐를 막을 길이 없다. 감사원 감사가 효율적이려면 법집행의 형식적 준수보다는 정책의 실효성을 따지는 정책감사의 제도화가 필요하다. 또 이를 위한 적극행정 면책(免責)제도의 정착이 요구된다.

❸ 상급기관: 상급관청(상사)의 하부기관(부하) 통제도 내부통제의 한 유형이다. 이런 맥락에서 기관평가와 심사승진제도 및 성과급(성과연봉제) 제도가 시행되고 있다. 하지만 상급관청(상사) 위주의 평가는 자칫 당근과 채찍을 무기로 한 타율적 관리의 한계를 드러낼 수 있다. 평가의 객관성과 공정성이 확고하지 못한 상사(상급관청) 일방의 평가 잣대가 권위주의, 연고우선주의 등 우리의 부정적 조직문화와 연결되면, 연줄인사 등 인사상의 불이익과 성과급 지급의 비형평성 문제를 낳기 쉽다. 그러면 공무원들의 사기앙양과 동기부여에 역 효과를 초래할 수 있다. 따라서 심사 및 평가의 공정성, 객관성을 확보하려는 제도적 노력이 수반되어야 한다.

❹ **공무원의 자율통제**: 그런 점에서 보면 공무원 본인들의 자율적 통제가 제일 중요하다. 공무원은 법규준수라는 소극적 윤리에 만족하지 말고 나라살림꾼답게 공무수행에 열정을 갖고 임하며 적극적 공직윤리의 구현에 진력해야 한다. 힘들더라도 자기 삶의 주인이 되기 위한 큰 각성이 필요하다. PDS(plan-do-see) 모델에 따라, 직장인으로서의 덕목과 업무목표를 스스로 설정하고 자기계발을 통해 자기성장, 자기강화를 도모하며 자기 일에 대해 스스로 책임지는 주체적 삶을 살아야 한다. 어려운 경쟁을 뚫고 공무원시험에 합격했다는 자부심을 잃지 않고 당당하게 일터를 자율 관리해 나가려는 공무원들의 주체적 각성과 주인의식이 정말 필요한 시점이다. 주어진 시간만 일하고 근로의 대가만 탐하는 일개 직업인이 아니라, 동료시민들에 의해 나라살림의 대행을 부탁받은 대표시민답게, 국정 대리인으로서의 직업소명을 되새기며 자기 직업세계에 대한 새로운 자긍심과 열정을 재충전해야 한다(이도형, 2019: 109).

제3절 **외부 행정통제의 유형**

1. 옴부즈만(Ombudsman) 제도

옴부즈만은 정부에 의해 부당한 취급을 당한 개별 시민의 행정불만을 조사하고, 그 불만에 정당성이 있을 때 구제책을 강구해 주는 의회의 고급 직원들을 말한다. 이 제도는 전통적인 외부통제인 의회의 기능이 약화됨에 따라 야기되기 쉬운 행정의 무책임한 권력발동과 이로 인한 국민의 권리침해를 방지하기 위해 의회통제의 보완수단으로 대두되었다.

옴부즈만 제도는 1809년 스웨덴에서 처음 실시된 이후 오늘날에는 효과적인 행정통제방법으로서 세계적 관심사가 되고 있다. 핀란드, 노르웨이 등 스칸디나비아 제국과 뉴질랜드에서 주로 이 제도를 시행하고 있다. 미국의 경우는 몇몇 지방정부에서 부분적으로 채택되고 있다. 영국에는 이와 유사한 것으로 의회 판무관(辦務官) 제도가 있고(임성한, 1980: 275-278), 우리의 경우는 이와 유사한 것으로서 '국민고충처리위원회'가 있다.

이 제도의 특징은 옴부즈만이 국민의 대표기관인 의회에 의해 선출되고 의회에 소속됨으로써, 정부를 독립적으로 감시할 수 있다는 점이다. 또 그는 직무수행상의 독립성과 비당파성을 인정받아 업무에 관해 의회, 특히 여당의 간섭을 받지 않는다. 또 국민의 불만제기 접수나 신문 공표, 의회보고 내용 혹은 직권(職權)으로 행정의 잘못을 조사하므로, 사법통제에 비해 국민의 불만을 신속하게 파악, 처리할 수 있고 그 비용도 저렴한 특징이 있다.

옴부즈만에는 물론 이빨 빠진 감시견(watch dog without teeth)이라는 제도적 한계가 있다. 즉 이들에게는 시정(是正) 건의권만 있을 뿐 해당 공무원들에게 시정조치를 강력하게 요구할 수 있는 권리나 징계권이 없다. 따라서 이 제도는 민주주의 정치문화가 발달한 서구의 선진국에서만 주로 효력을 발휘하고 있다. 그러나 옴부즈만 제도의 기본취지를 우리 공무원들이 이해하고 수용한다면, 옴부즈만의 시정건의는 행정개혁 및 행정운영의 개선기회가 될 수도 있다.

왜냐하면 이 제도는 큰 비용부담 없이도 국민의 권리구제를 가능하게 하기 때문이다. 특히 행정소송을 제기할 만한 경제적 능력이 없거나 권리 위에 잠자는 서민들의 피해구제에 좋은 방법이다. 또 관청의 독선적 자세를 견제해 행정운영 개선의 계기가 될 수도 있다.

2. 시민참여(citizen participation)

시민참여는 공무원들이 결정한 정책으로 인해 큰 영향을 받게 될 시민들을 정부의 정책과정에 직접 참여시켜 그들의 불만을 해소해 주면서, 시민들의 가치와 정책이익을 정책결정에 반영시키기 위한 제도이다.

Frederickson(1997)은 그간의 정부행정(government administration)이 아닌 공공행정(public administration)으로서의 행정을 새로이 규정하면서, 최근 시민의 역할을 재 강조한 바 있다. 그는 public에는 육체적, 정신적 혹은 지적 성숙의 의미와, 사익의 관점에서 벗어나 타인의 이익을 배려하는 의미가 내포되어 있다고 본다. 따라서 그는 정보에 밝고 적극적이며 강력한 시민으로서의 공중이 행정가, 입법가, 이익집단과 함께 정책과정에 참여할 것을 촉구한다.

시민참여 제도는 고객참여 혹은 근린(近隣) 민주주의라고도 불리며, 대개 인구 5~15만 명의 소도시에서 잘 제도화되므로 주민참여라고도 부른다. 이 제도의 기본취지는 행정국가화하면서 시민에게 큰 영향을 미치는 정책결정권들이 정부에 집중되고 있으나, 의회가 이를 적절히 통제하지 못하는 오늘의 현실에서는, 정부의 정책으로 인해 직접 영향을 받는 시민들을 관련된 정책결정과정에 직접 참여하게 해 행정을 효과적으로 통제하게 하자는 데 있다.

시민참여의 장점은 시민의 자기 결정적 문제해결능력을 고취시키고 그들의 피해를 최소화해 준다는 점이다. 정부의 입장에서도 시민을 정책과정에 참여시킴으로써 현재 및 미래의 행정수요를 파악, 예측하는 데 유리하다. 또 시민들의 행정에 대한 이해와 협조를 획득하는 데도 유용하다. 이를 통해 정부는 행정 책임성도 확보할 수 있다.

그간 통치대상으로 격하되어 온 시민을 행정개혁과정의 동반자로 인식해 정책과정에 참여시킴으로써, 우리는 관-민 간에 수평적 연대의식을 확산시키고 평등한 의사소통구조를 확립할 수 있다(Cooper, 1984: 143-144). Megill(1970)은 이런 점에서 시민참여를 신민주주의(new democracy)라고 명명한다.

3. 시민운동(citizen movement)

위의 두 제도는 이미 정부가 수용한 법적, 제도적 행정통제 장치이다. 그러나 시민참여는 그 효과가 당해 지역에만 국한되는 문제점이 있고, 옴부즈만 제도는 개별이익의 사후구제라는 한계를 노정한다. 그렇다면 이러한 한계를 극복하면서도 보다 영향력이 큰 참여장치는 무엇인가?

시민운동이 그 한 예이다. 시민운동은 의회나 정부 등 기존의 관례적 참여통로가 폐쇄적이어서 시민의 이익을 정책과정에 충실히 반영하지 못하거나 혹은 이에 반하는 쪽으로 나갈 때, 시민들이 하나의 결사체 (association)를 구성하여 집합행동(collective action)을 함으로써 그들의 일반이익과 시민적 가치를 정부에 제시하는 것이다. 이러한 점에서 시민운동은 자발적(voluntary) 결사체이자 사회영향(social-influence)적 결사체이다.

시민운동의 정치적 순기능은 정책결정 내용 및 정책우선순위의 친 (親) 시민화를 통해 시민생활의 질을 향상시키고, 정책결정구조를 민주적으로 변화시키며, 범국가적 차원에서 사회의 일반이익을 대변한다는 것이다.

시민운동이 활성화되려면, 시민사회(civil society)가 성립되어야 한다. 시민사회는 산업화 이후 중산층 등 사회세력의 양적·질적 성숙을 통해, 사회구성원들이 국가로부터 독립된 고유의 의사소통통로를 구축하고 시민적 연대를 통해 사회의 성격을 자기들이 생각하는 방향으로 변화시킬 만큼 성숙해진 사회를 말한다. 이처럼 사회의 성격이 시민사회가 되어야만 시민들은 신민(臣民)사회의 동원 대상에서 민주사회의 참여의 주체가 될 수 있다.

진정한 의미의 시민운동은 사회선택성(social selectivity)의 발현을 요구한다. 사회선택성은 시민들이 정부가 챙겨 주지 않는 특정한 문제를 사회문제로 규정하고 이를 해결하기 위해 사회운동을 전개하는 것이다.

최근 범세계적으로 민간 시민단체(NGO)들이 정부, 의회, 재계 등 기성세력을 견제하는 지구촌의 제3세력 내지 대안세력으로 부상하고 있다. 예컨대 미국은 시민단체들의 천국으로서 시민단체 활동가가 연방정부, 주정부 직원수보다 많다. 대부분이 회원들의 회비와 기부금으로 운영된다.

우리 사회에서도 1980년대 중반 이후 자발적인 시민결사체를 중심으로 시민운동이 크게 대두하고 있다. 이는 산업화로 인해 형성된 한국 시민사회가 하나의 정치세력으로서 활성화되고 있는 실제맥락을 잘 보여 준다.

거버넌스의 한 축을 담당하는 시민사회 부문을 좀더 구체적으로 나누어 살펴보자. 먼저 그 주축인 NGO(Non Governmental Organization)는 공익 추구를 위한 사회운동적 성격이 강한 시민조직이고, NPO(Non Profit Organization)는 비영리조직으로서 공익 실현과 서비스 제공을 주 목적으로 하는 조직이다. 현재 한국의 경우 사회운동형 NGO로서는 환경, 인권, 소비자, 정치개혁, 개발 NGO 등이 있고, 공공서비스 공급형 NPO로는 보건의료, 교육, 사회서비스, 예술, 문화, 여가, 법률구조, 종교단체가 있다(김진호 외, 2001: 305-312).

『시민의 신문』 연감에 의하면, 우리나라의 시민단체 수는 약 2만 개가 등록되어 있는 것으로 파악된다. 이 중 상당수는 봉사, 구호(救護) 활동을 하는 복지형 NGO이다. 반면 시민의 권익을 대변하고 정책을 주창하는 애드보커시형 NGO는 3천 개 정도이다.

한국의 시민운동은 아직 미흡한 점이 많다. 특히 '시민 없는 시민운동'이라는 비판을 크게 받고 있다. 그 이유는 그간 시민운동이 열의를 지닌 상근자(常勤者)들이 모든 것을 다하는 슈퍼맨식 운동이나 명망가 중심으로 이루어져 왔고, 철저히 언론에서 다룰만한 쟁점 중심의 정책과 이벤트성 행사를 결합해 여론화시키는 방식 등을 택해 왔기 때문이다.

그러다보니 시민이 참여할 틀을 스스로 봉쇄하고 말았다. 이렇게 된 데는 자금문제가 컸다.6) 시민운동이 활성화되면서 자연히 상근조직이 필요한데, 재원압박과 회비납부실적은 미흡했다. 따라서 큰 후원자를 물색하고 언론과의 연계활동을 위해 언론의 구미에 맞는 아이디어 창출에 몰두했던 것이다. 따라서 시민단체의 활동이 너무 사건 혹은 사안(event) 중심적이었다. 그 결과 한 가지 사안에만 매달리고, 또 새로운 사안이 대두되면 마무리 없이 그 쪽으로 흘러갔다(정수복, 1996; 권해수, 1996).

최근 시민운동단체의 과도한 정치화는 더욱더 시민의 신뢰를 상실하게 한다. 예컨대 2005년 중앙일보와 동아시아 연구원의 공동조사에 따르면, 경실련, 참여연대 등 주요 시민단체에 대한 신뢰도가 대기업, 사법기관보다도 낮게 나타났다. 따라서 시민단체는 투명성, 윤리성, 전문성을 갖춘 공신력 있는 기구로 거듭나야 한다. 이를 위해서는 스스로 내부규정을 엄격히 하고 행동강령을 강화해야 한다(김의영, "시민단체 역할", 중앙일보, 2005.8.17자). 시민운동단체의 윤리와 도덕성에 대한 가이드라인도 필요하다. "시민단체가 정치운동을 하려면 커밍아웃, 즉 자기 정체성을 드러내야 한다. 그걸 안하면 전체 시민운동이 다 죽는다"7)는 한 시민운동가의 목소리가 절실하게 들리는 것은, 오늘의 시민운동단체들이 나아가야 할 윤리적 방향을 잘 말해 주고 있다.

---

6) 한국민간단체총람(2003)에 따르면, 민간단체 56%의 1년 예산이 1억 원 미만이고, 80%의 단체가 상근자 수가 10명 이하이다.

7) 이는 박병옥 경실련 사무총장의 인터뷰기사 내용이다(중앙일보, 2007.3.26자).

향후 시민운동단체들이 자신의 존재의의를 다하기 위해서는 무엇보다도 사회의 위기를 관리할 수 있는 '시민안전망'으로 기능하겠다는 역할정체성의 학습도 필요하다. 그러기 위해 시민운동단체는 우선 시민의 관심사를 부각시키고 그것에 관련되는 정보와 경험을 적극 교류하는 코디네이터 역할을 수행해야 한다.8) 또 비영리 시민사업형태인 NPO로 전환해, 생활운동과 시민자치 사업을 전개해야 한다. 범세계적 이슈에 대한 국제적 연대도 요구되고, 환경문제, 실업문제 등 각 영역별 전문성과 종합적 전문성의 확보도 필요하다(정수복, 1996: 121-123).

특히 다양한 형태의 구체적이고 분화된 시민생활주제들(예: 환경, 소비자, 교육, 교통, 경제정의, 지방자치, 퇴폐사치추방, 노동 등)을 선정해, 시민생활환경개선을 시민운동의 가장 중요한 목표로 삼아야 할 것이다.

시민과 함께 할 수 있는 실천전략의 개발도 필요하다. 다양한 시민참여 프로그램들을 개발해 운동의 대중성도 확보하고, 시민의 실생활에 도움이 되는 생활정치의 한 현상으로 시민운동이 이해되도록 노력해야 할 것이다(권해수, 1996: 71-74). 최근 우리의 시민단체들이 녹색소비자운동(예: 소비자감시, 도농 직거래), 아파트공동체운동, 대안교육운동, 공동육아운동, 살기 좋은 마을 만들기 운동, 공동주거운동, 지역화폐운동(정규호, 2002: 70) 등 다양한 생활양식운동으로 자신의 활동영역을 넓혀가는 것은 이런 점에서 매우 바람직한 현상이다. 종래의 정책 주창형 운동이 사회관심을 끌기 어려워지면서, 이런 생활 밀착형 운동으로 전환할 필요성은 더욱 커지고 있다.

---

8) 이는 시민운동 활성화 관련 한 세미나에서 발표된 유종순 당시 열린사회 시민연대 공동대표와 오기출 한국 휴먼네트워크 운영위원장의 발언 요지이다(중앙일보, 1999.11.3자 14면).

4. 정당(political parties) 기능의 활성화

정당과 이익집단은 서구의 경우 가장 전통적인 이익통합 및 표출주
체이다. 특히 양자가 정책적 연계활동을 활발히 할 때 사회발전의 큰
계기가 마련되곤 했다.

정당은 정치이념과 정치노선을 같이하는 사람들이 자발적으로 구성
한 정치적 결사체이다. 정당은 자신의 집권을 위해 민의를 대변하는 과
정에서 정부관료제의 통제 및 민생정책의 개발에 작용한다. 즉 올바른
정당은 집권에의 '권력동기'를 수단으로 하여 집권한 뒤 '민생(民生)동기'
의 실현을 그 목적으로 추진한다. 따라서 서구의 정당들은 '정책정당'을
그 생명으로 한다.

그러나 한국 정당들의 현실은 불행히도 이와는 거리가 멀다. 역대의
여당들은 외생(外生)정당이나 피조(被造)정당으로서 정권찬탈자의 형식
적 정치기반으로 생성되었다. 따라서 자생정당이 아니므로 정책정당화
하지 못하고, 의회 내에서 거수기(擧手機)로 전락하곤 했다. 역대 야당
역시 명망가(名望家)정당, 인물정당으로서 민주화의 명분 하에 실제로
는 권력동기에 집착하는 목표전이현상을 보였다. 따라서 수권(受權)정
당으로서 정책정당화하지 못했다.

우리의 정당이 행정통제 장치로서 제구실을 하기 위해서는, 대중정
당화를 통한 자생력 회복, 당내 의사결정권의 분권화와 하의상달의 활
성화, 정책개발기구의 강화 등이 시급히 이루어져야겠다. 무엇보다도
민생동기에 입각해 정책정당화를 지향하는 정당들이 집권할 수 있는
정치문화의 발전이 있어야 한다(안병영, 1987).

그러려면 이념정당, 정책정당답게 정당들의 이념색채가 다양하고 정
당들 간의 이념적 스펙트럼이 넓어야 한다. 그래야 유권자들이 어떤 정
당의 공약이 자신의 이념성향이나 정책선호에 어필하는지를 판단해 투

표할 수 있다. 단, 정당들은 이른바 콘크리트 지지층만을 겨냥한 편협한 진영논리에서 벗어나야 한다. 정당들이 자신의 정치이념적 색깔을 분명히 하되, 고정 지지표만을 노린 지나친 부분이익 선택성보다는, 무엇이 더 공익과 형평에 가까운 공약인지를 늘 염두에 두며 정책의 외연을 넓혀 나가는 노력을 해야 한다.

지방의 정치일꾼을 키워 내는 동네정치 풍토도 필요하다. 즉 청년 정치인들이 많이 나와야 청년문제 해결에 직결되는 청년입법이 더욱 가능해진다. 가정주부들의 생활운동, 주민운동을 통한 사회적 주부화와 그 연장선에서의 지방의회 진출도 활성화되어야 한다. 그래야만 좀더 많은 생활입법이 가능해진다.

5. 이익집단(interest groups) 정치의 활성화

이익집단 정치는 사회경제적 이익을 같이하는 사람들(예: 농민, 노동자, 자본가 / 의사, 약사, 한의사)이 하나의 결사체를 구성해 집합행동을 함으로써 그들의 이익을 정책과정에 투입, 관철시키는 것이다. 특히 이익집단은 정책과정에서의 집합적인 이익표출을 통해 행정부의 정책적 독단을 막는 행정통제장치로서의 역할을 수행할 수 있다.

이익구조화 사회, 계급구조화 사회로 진입하고 있는 우리의 현실에서 볼 때, 각종 사회경제적 이익의 제도적 보호와 효과적인 이익중재를 위해, 이익집단 정치의 활성화가 필요하다.

이익집단 정치가 활성화되려면, 무엇보다도 이익집단들의 기능적 자율성(functional autonomy)이 있어야 한다. 즉 같은 이익을 중심으로 사람들이 자생적으로 결사체를 구성해, 자기이익을 스스로 표명할 수 있어야 한다. 우리나라의 대표적인 역대 이익집단들은 기능적 자율성을 결여해 이에 대한 대항조직이 출현했다. 즉 노총에 대한 전노협, 교런에 대한 전교조, 농협에 대한 전농(全農), 가톨릭 농민회 등이 그 예였다. 따라서 기존조직과 저항조직의 조정·통합문제가 아직도 잔존해 있다.

기능적 자율성을 확보하기 위해 이익집단들은 다음과 같은 요건을 갖추어 행정통제장치로서의 제역할을 다해야 할 것이다. 먼저 조직화율을 높여 특정이익의 전국 총망라적 조직(encompassing organization)을 중심으로 단결해야 한다. 또 하의상달적인 구조로의 내부개혁과, 임명제에서 선거제로의 집행부 구성이 필히 제도화되어야 할 것이다. 특히 재정적 자립기반을 구축해 정부에 의해 악용되지 말아야 한다(안병영, 1987).

이익집단 정치가 활성화되기 위해서는, 이익구조의 균형도 필요하다. 즉 실업부문의 이익이 중요한 것만큼 민중부문의 이익도 중요함을 정부가 인식해 이를 중재해 주기 위한 역할에 보다 적극성을 띨 필요가 있다. 즉 정부는 이익균형의 장기적 이익을 위해, 이익대립 세력들 간의 협상 테이블을 구축해 주는 등 이익중재에 최선의 노력을 다해야 할 것이다.9) 이를 위해서는 일반 국민들도 '주의 깊은 공중'(attentive public)이 되어, 이익구조의 균형이 이루어지도록 관심과 지원을 아끼지 말아야 할 것이다.

---

9) 일례로 스웨덴의 경우에는 수상을 위시한 고급관료들과 사회경제적 이익집단 대표자들 간의 집단협의체제가 보편적 정책결정절차로 자리 잡고 있다. 민주적 조합주의(democratic corporatism)라고 불리는 이러한 정책결정절차의 특징은, i) 강력하게 조직화되고 집권화된 이익집단들과 이들의 의견을 고려할 의무가 있는 정부 간에 합의적 협상구조가 갖추어져 있고, ii) 노-사-정 3자주의(tripartism)에 의거한 정상협상(peak bargain)이 공-사 간의 낡은 경계를 묽게 해 민간협상과 집합적 정부결정을 분리하기 어렵게 하며, iii) 그 협상범위도 광범위해 국가적 이슈를 총망라하고, 이로 인해 효과적인 사회계약을 가능하게 한다는 점이다(Wilensky & Turner, 1987: 10). 특히 이러한 민주적 조합주의식 정책결정절차는 주요 정책분야에서의 상이한 정치적 선호를 상쇄시켜 주고 편협한 집단이익을 사회적 동반자의식(social partnership)으로 승화시켜 준다(Katzenstein, 1985: 32-35; 이도형, 1993: 220).

제4절 **행정통제를 위한 거버넌스의 방향**

1. 행정개혁 및 행정통제를 위한 거버넌스의 실천적 함의

시민참여나 시민운동 부분에서 이미 언급했듯이, 최근 수십 년 동안의 역사를 통해 볼 때, 가장 일관된 발전을 보인 사회는 국가 대 시민사회의 2분법을 초월한 사회이다. 이런 점에서 볼 때 새로운 행정수요에 부응하고 최적의 결과를 얻어내기 위해 시민사회와 협력하며 시민사회의 잠재력을 촉진시켜 나가는 쪽으로 정부를 개혁하고 재설계해 나가는 것이 필요하겠다(Kliksberg, 2000: 245-247).

국가발전의 시너지 효과는 국가, 시민사회, 시장을 공익에 상호 기여하는 방법으로 한데 모을 때에만 가능하다. 따라서 우리는 기존의 관-민 간의 명령적-반응적 관계성을 양자의 상호 작용적-거래적 관계성으로 대체시키는 거버넌스 구조를 창출할 필요가 있다(Thynne, 2000: 227-237). 이런 점에서 우리는 행정개혁 및 외부적 행정통제에서도 거버넌스 구조를 적극 응용할 필요가 있겠다. 그렇다면 거버넌스는 행정개혁 및 행정통제와 관련해 어떤 실천적 함의를 갖는가?

첫째, 거버넌스는 시민 행동주의(civic activism)를 낳으며 과거의 비능률적인 대의제 민주주의를 보다 성숙한 참여 민주주의로 전환시켜 줄 수 있다. 현재 세계 각국의 NGO들은 지속 가능한 발전의 추진, 경제 세계화 속도의 감축, 인권투쟁, 사회적 불이익집단에 대한 복지서비스 제공을 위해 정부와의 네트워크를 형성하려고 한다. 따라서 정부가 이들과 손을 잡으면 복잡한 사회문제의 민주적, 능률적 해결에 보다 유리하다(Jun, 2000: 283). 더욱이 특정상황에서 국가와 사회행위자들은 권한을 상호 부여(mutual empowerment)할 수 있고, 양자의 특정한 상호

작용은 국가, 사회 모두를 위해 보다 많은 권력을 창출해 내는 효과가 있다. 따라서 거버넌스 형태에 의거한 국가–사회의 결합은 정치개혁 수행의 가장 능률적인 방식이 될 수도 있다(Wang, 1999: 232-246). 이는 곧 정치부문에 대한 시민운동 등의 외부적 통제 효과성을 의미한다.

둘째, 거버넌스적 접근은 공공서비스의 질적 향상에도 기여할 수 있다. 전통적 담론에 따르면, 공공서비스의 수혜자는 서비스의 본질에 어떤 영향력도 미칠 수 없는 수동적 소비자(passive consumer)로 간주되었다. 그러나 최근 생성 중인 분권화 담론에 의하면, 그들은 공공서비스의 모양과 특질을 결정짓는 데 있어 능동적 참여자(active participants)로 작용한다. 이는 시민들이 고객(client)에서 사용자(user) 또는 공공서비스의 적극적 공생산자(active co-producers)로 변하고 있음을 뜻한다(Sorensen, 2000: 24-25). 특히 공공서비스의 개별 사용자와 기관들이 고립되지 않고 적극적으로 정부의 의사결정망에 통합된다면, 정치행위자로서의 사용자 역할 도입은 민주적 거버넌스의 확립과 공공서비스의 질적 향상에 크게 기여할 것이다.

셋째, 거버넌스는 이런 점에서 지속 가능한 발전, 밑으로부터의 발전(development from below) 패러다임의 실천에도 방법론적으로 유용하다. 즉 중앙 집중에서 벗어나 지방정부, 시민사회 쪽으로 개발초점이 전환되면서(주성수, 2000: 85; 이도형, 2002), 시민참여 중심의 행정통제 모델이 강조될 수 있다.

 사례 4-2 행정조직 진단에 국민이 참여하는 사례

국민참여형 조직진단은 국민요구에 부합하는 행정서비스 제공을 위해 현장진단 → 집중토론 → 결과보고회 과정을 통해 조직 및 인력운영, 업무처리절차 등을 국민과 함께 진단하는 제도이다. 2018년 경찰청의 지역경찰 분야와 고용노동부의 근로감독 분야를 대상으로 시범적으로 실시해 2019년 정부조직 관리방안으로 본격 도입되었다. 주로 대규모 인력증원이 예상되거나 국민생활과 밀접한 분야를 대상으로 선정한다. 다른 국민참여 방식과의 차이점은 국민이 서비스를 제공하는 현장에 직접 방문해 절차를 살펴보고 제안할 점이나 평소 생활하며 느낀 점을 토론하는 것이다. 이를 위해 일회성 행사가 아니라 국민이 체감할 수 있는 진단절차를 설계했다. 국민참여단은 온오프 라인을 통해 공개모집하며 국민 누구나 참여할 수 있다. 현장진단과 집중토론에 앞서 조직진단 교육 단계인 사전 워크숍엔 공무원들도 함께 참석해 제도의 목적, 대상, 역할, 과정 등 진단의 전반계획에 대한 설명을 듣게 한다(행정안전부 · 한국행정연구원, 2019: 126-127).

2. 거버넌스식 행정통제를 위한 시민 재창조론

물론 거버넌스는 하나의 생성적인 개념이며, 사회 내의 갈등관리와 특정 서비스의 공생산 등 특정 사안별(case by case)로만 적용되는 보편성의 한계에서 아직은 자유롭지 못하다.

그러나 상기한 바와 같이 우리는 정치개혁 및 행정통제에 있어 거버넌스를 통한 시민사회와의 협치(協治) 가능성을 적극 타진해 볼 수 있다. 또 사안별로는 민간, 기업부문과의 네트워크를 통해 민간의 지혜와 기술을 공공문제의 해결에 끌어들임으로써 행정의 능률성 가치도 도모할 수 있다. 따라서 거버넌스는 민주성, 능률성의 가치 구현에 도움이 될 수 있는 개혁철학이라고 볼 수 있다.

거버넌스가 민주주의 개혁철학으로 자리 잡고 거버넌스식 발전주체로서 시민의 정책참여를 보다 촉진시키기 위해서는, 무엇보다도 시민을 고객보다는 정부 소유주(citizen owner)로 보는 인식의 대전환이 필요하다. 행정기관의 능률성과 대응성은 시민이 정부 소유주로서의(government of the people) 본연의 역할을 인식할 때까지는 크게 증대되지 않는다.

여기서 시민권의 재부활(citizen renewal)을 위한 시민권 재창조(reinventing citizenship) 이론이 대두하게 된다. 적극 시민권만이 정부변화의 필수조건이다(Schachter, 1997: 85-90). 따라서 정책사안별로 거버넌스적 정책결정구조를 만든 뒤, 시민참여 확대와 시민교육, 정보교환을 통해, 공중에게 다양한 행정통제 권한을 부여하는 것이 향후 정부개혁의 주요골자가 되어야 할 것이다.

지방자치의 가치와 성공조건

지금까지 우리는 주로 국가행정 차원에서 행정일반에 대한 논의를 했다. 그러나 이젠 지방화 시대이다. 따라서 각 지방을 중심으로 정치와 행정의 큰 축이 하나씩 더 생기고, 행정의 초점도 적지 않게 지방의 영역으로 옮겨 갈 것이다.

선진 지방자치국가들에서나 들을 수 있는 지방국가(local state), 지방정부(local government)라는 말이 우리의 일상 언어세계에서도 종종 등장하는 것은 이러한 시대적 변화를 반영한 것이다. 이런 맥락에서 또 하나의 새로운 행정차원인 지방자치에 대해 많은 것을 얘기할 필요가 있다.

여기서는 지방자치의 가치 및 구성요소에 대해 간략히 논한 뒤, 지방자치의 성공적 정착을 위해 우리가 반드시 짚고 넘어가야 할 기초적 논점들을 자치의 사회적 인프라 구축이라는 틀에 의거해 얘기해 본다.

지방자치는 좋은 것이므로, 그것이 이 땅에서 하루속히 구현되어야 한다는 규범적인 강조만 갖고는 그것이 정착될 리 만무하다. 지금은 일부 자치단체장들이 주장하듯이 완전 지방자치 시대나 지방의 태평성대가 아니다. 우리는 이제 '자치학교'에 입학한 학생에 불과하다. 더욱이 낮은 지방재정 자립도 등 숱한 난관으로 인해, 힘겹게 출범한 우리의 지방자치가 중앙타치로 회귀할 불씨는 여전히 꺼지지 않고 있다. 더욱이 지금 우리는 돈과 사람이 대도시로만 몰리는 지방소멸의 위험 앞에 놓여 있다.

자치의 권한과 더불어 성숙의 책임이 요구되고 있는 시점이다. 따라서 지방자치의 순조로운 정착과 제도화에 순기능적으로 작용하는 사전토대들을 찾아보는 자치의 사회적 인프라 구축 작업과 자치행정 역량강화 및 지역 재창생 전략의 모색은, 지방자치 이론과 제도에 대한 개념적 설명과 더불어 행정학입문 차원에서 필히 논의되어야 할 부분이라고 생각된다.

지방자치의 가치와 구성요소

제1절 지방자치의 개념과 그 대두배경

1. 중앙집권체제의 폐해와 서울 일극집중현상

지방자치는 일정지역의 주민들이 지방의 공공사(公共事)를 스스로의 의사와 책임 하에, 혹은 그들의 대표로 구성된 지방정부를 통해 자율적으로 처리하는 방식이다.

역사적으로 볼 때 지방자치는 크게 두 가지의 모습으로 출발한다. 먼저 그 하나는 유럽의 지방자치로서, 이는 근대 국민국가로의 통합과정에서 지방의 오랜 봉건적 분권체제 전통을 흡수하려는 하나의 제도적 방식이었다.

지방자치 출범의 또 다른 모습은 과거에 중앙집권체제의 전통이 강했던 곳에서 산업화, 민주화 등 여러 가지 요인으로 인해 지방의 자율성과 분권화 욕구가 폭발하면서 지방자치제도가 도입되는 경우이다.

주지하다시피 우리나라의 지방자치는 후자인 중앙집권체제의 오랜 병폐에서 기인하고 있다. 중앙집권체제는 행정의 통일성을 강조한다는 미명 하에 지역의 특수성을 무시하고 행정의 획일성을 강요한다.1) 따라서 중앙집권체제는 지역의 시급한 현안과 개별적 행정수요를 반영하는 지역 특유의 독자적 발전이나 지역생활문제의 자주적 해결에는 크게 역부족인 통치시스템이다.

중앙집권체제 하에서는 중앙과 지방 간에 수직적 상하관계를 전제하는 권위주의 정치문화가 기승을 부려, 중앙에 대한 지방의 예속과 의존심을 증폭시킨다. 관치행정의 오랜 전통 속에서 지방은 중앙의 획일적 지시에 수동적으로 따르게 되고, 예산과 행정기술면에서도 중앙의 각종 지원에 의존한다. 특히 중앙이 주는 공공사업비나 보조금의 지방유입은 지역경제에는 일종의 마약과 같은 것으로서(하야시 저, 장노순·김생수 역, 1998: 37-40), 지역경제의 구조적 변화나 지역개발능력의 주체적 조성을 어렵게 만든다.

중앙집권체제는 필요 이상으로 중앙에 업무를 과다하게 집중시킴으로써 국가 전체적으로 볼 때도 행정의 신속성과 능률성을 확보하는 데에도 큰 결함이 있는 통치시스템이다.

일례로 우리나라보다는 자치의 역사가 길지만 역시 중앙집권적 행정 폐해가 컸던 일본의 호소카와 전 수상은 구마모토 현 지사시절 모든 권한이 동경에 집중해 있는 이른바 '동경 일극(一極)집중현상' 때문에, 현의 문제를 해결하기 위해 1주일에 세 번이나 비행기를 타고 동경으로 날아가야 했다(호소카와·이와쿠니 공저, 김재환 역, 1993).

우리나라도 이의 예외는 아니어서 중앙의 권력집중 현상에서 결코

---

1) 근현대사 과정에서 우리의 작은 공동체들이 해체되어 하나의 강력한 권력을 중심으로 재편되면서, 일례로 지역의 고유한 이름마저 일련의 표준화된 코드(code)로 변경되고 있다. 신림1·2·3동, 제1·2·3한강교, 남산 1·2·3호 터널, 강동, 강서, 강남, 강북구 등이 그 예이다(김찬호·오태민, 1995: 61).

자유롭지 못하다. 아직도 '중앙은 정책, 지방은 집행'이라는 이분법적 사고가 강해, 행정사무의 실질적인 지방이양이 지연되고 있다(김익식, 1999: 550).

이는 무엇을 말하는가? 정치·행정권력이 나라의 중앙인 서울에 집중해 있는 '서울 일극집중현상'을 보여주는 것이다. 따라서 시급한 현안을 안고 있는 지역의 주민들은 자기 지역의 문제를 해결하기 위해, 문제 해결권을 독점하고 있는 수도 서울, 즉 보다 구체적으로 말해 세종로 및 과천 정부종합청사와 여의도 국회의사당으로 올라와 시위를 벌이려고 새벽부터 전세 낸 버스에 몸을 싣고 서울로 서울로 달려 와야 하는 고달픈 생활을 강요당했다.

서울 일극집중현상은 정치, 행정 측면에만 국한되지 않는다. 인구 및 경제 집중도에서도 서울을 비롯한 수도권의 비대화와 지방의 소외현상은 뚜렷하다. 각종 사회기능적 측면에서도 중앙 집중도는 엄청나게 높다.

나라의 각종 중추관리기능이 이처럼 서울에 집중되어 있다 보니, 지방도시의 거점(據點)성은 낮아지고, 결국 '서울과 나머지의 사막'이라는 결과를 초래할 우려가 있다. 서울은 Wolf(1966)가 말하는 '지배자의 거주지'가 되어 가는 것이다.

시야를 넓혀 수도권 지역까지 확대해서 살펴보면, 이러한 일극집중현상은 더욱 강해진다. 국토면적 11.8%에 수도권 인구는 2004년을 기준으로 48%이다. 수도권 인구는 2020년엔 52.3%, 2030년엔 53.9%로 계속 늘어날 것으로 예측된다. 100대 기업 본사의 91%, 공공기관의 85%, 금융기관의 67%도 수도권에 위치해 있어, 수도권 과밀－지방침체 등 국토의 이중구조화 현상이 매우 심하다.

결국 상기한 모든 논의는 한국의 중앙집권적 정치, 경제구조와 국토개발의 양극화 현상을 잘 입증해 준다. 그렇게 되면 자연히 '중앙의 눈으로 지방 내려다보기,' 즉 내부 식민지화가 진행되기 쉽다. 지방은 고

작 중앙의 결정과 그에 따른 사업비나 보조금 할당을 놓고 서로 물어뜯기 경쟁을 하는 처량한 신세로 비쳐지기 쉽다.

여기서 우리는 서울 일극집중현상이라는 중앙집권적 폐해를 근본적으로 극복하기 위한 하나의 방책으로서 지방분권화와 지방자치의 필요성을 언급하지 않을 수 없다.

2. 지방자치의 대두배경

그간의 폭발적 산업화와 도시화에 힘입어 각 지역의 정치 · 사회적 비판의식과 자치의식이 커지면서, 1980년대 후반에 들어와서는 우리 사회에서도 중앙집권적 폐해를 극복하기 위해 분권화와 자치화의 목소리가 커지게 된다.

특히 도시를 중심으로 산업화가 폭발적으로 진척되면서, 급격한 도시인구의 유입으로 인해 적정규모(optimal size)를 넘어선 많은 도시들이 각종 생활문제의 동시다발지역이 되면서, 무계획적 도시화는 도시대중의 정치의식과 자율적 사회비판의식을 강화시키는 등 권위주의의 사회적 기반을 해체시키며 '자치도시화'를 활성화시켰다(이도형, 1992: 291).

사회세력의 민주화, 자치화 욕구에 부응하기 위해, 1991년 3월 기초 지방의회 선거가 실시되고, 동년 6월에 광역 지방의회 선거가 실시되면서 지방자치가 개화되었다. 1995년에는 자치단체장의 민선화(民選化)가 이루어짐으로써 일단 제도상으로는 지방자치의 완결구조가 이루어졌고, 현재 민선 7기가 진행 중이다.

제2절 지방자치의 가치

중앙집권의 폐해를 극복하며 지방분권의 장점을 제도화시킬 수 있는 지방자치는 다음과 같이 여러 가지 측면에서 순기능적 가치를 지닌다.

1. 정치적 가치

먼저 지방자치의 정치적 가치를 살펴보자. i) 지방자치는 지역의 민주화를 통해 국정의 민주화를 구현하는 수단이다. 즉 독재정치, 전제정치를 막는 민주주의의 방파제 역할을 한다. ii) 선거, 주민발의, 주민투표, 해직청구권 등 지역주민들이 지방정치에 참여하는 기회를 제도적으로 부여해 줌으로써 민주주의의 훈련장, 민주주의의 실험실로도 작용한다.[2] iii) 중앙정국의 변동에 따른 정치적 격변기의 완충기능을 수행한다. iv) 지역주민들의 정치적 참여욕구를 충족시켜 준다. v) 지역 정치인을 양성해 국가지도자를 배출한다. 일례로 일본수상을 지낸 호소카와는 구마모토 현의 지사였고, 클린턴 전 미국 대통령도 아칸소 주의 주지사였다(강용기, 1999).

---

[2] 일찍이 Brice(1921: 133)는 소규모 자치제를 민주주의의 원천으로 비유하며, 지방자치를 "민주주의의 최량(最良)의 학교일뿐 아니라 최량의 증인"이라고 강조했다. Mill도 지방자치가 "민주주의를 위한 정치교육 혹은 정치훈련의 장 역할을 한다'고 보았다.

내용 보태기 | **5-1** | **지방자치와 민주주의의 상관성 논쟁**

지방자치의 정치적 가치 중에서 무엇보다도 의미 있는 것은 '지방자치와 민주주의의 상관관계'이다. 이를 상세히 부연해 볼 필요가 있다.

지방자치의 개막으로 중앙정치에만 적용되던 민주주의 이념과 원리가 지방정치에도 확대 적용되고 있다. 예컨대 Hirschman(1971)식으로 말하면, 주민들은 더 이상 중앙에의 충성(loyalty)을 강요받지 않고 지방자치에 직간접적으로 참여함으로써, 주장(voice)의 선택권(예: 자신의 의견, 요구를 지방정부나 의회에 자유롭게 개진하는 것)과 퇴장(exit)의 선택권(예: 기대에 부응하지 못하는 자치단체장, 지방의회의원에 대한 지지를 차기선거에서 철회하는 것)을 부여받는다. 따라서 '주민의, 주민에 의한, 주민을 위한' 지방자치가 가능해지고, 이를 통해 지방행정의 대응성과 책임성이 제고된다. 결국 지방자치는 주민이 생활현장에서 겪는 공동의 문제를 민주주의 절차와 방법으로 해결하는 민주적인 방법이며, 동시에 국가차원의 민주주의를 지방에서 보완해 주는 중요한 요건인 것이다(성경륭, 1997: 20-22).

지방자치는 정치적 효율성과 안정성을 높여 민주주의의 발전에도 기여한다. 시장에서 고객수요에 대응하려는 기업들처럼, 지방정부들도 주민에게 다양한 '조세-서비스 패키지'를 제공하는 데 있어 서로 경쟁적일 것이다. 해당 지역주민을 고객 혹은 세원(稅源)으로 묶어두기 위해 공공서비스를 다양하게 만들지 않으면 안 되기 때문이다.

물론 이에 대한 반론도 만만치 않다. 먼저 개념정의상 민주주의는 평등주의 및 다수결 원리에 입각해 사회전체의 획일화평균화를 추구한다. 반면 지방자치는 사회집단의 공간적 분리, 차별화를 지향해 양자는 상호 모순적이라는 것이다. 또 주민들은 자신이 선호하는 조세-서비스 패키지를 찾아 발로 뛰는 투표행위(voting by foot)를 할 것이므로, 개별 지방정부 입장에서는 지역의 힘이 상실되는 것을 방지하기 위해 궁극적으로 이웃 지방정부와 비슷한 정책을 제시하려는 경향을 보일 것이다(전상인, 1997: 99-103).

그러나 이런 반론에도 불구하고 지방자치는 궁극적으로 주민들 간의 정치적 공감대 수준을 높이며 민주주의를 위한 기초 교육장의 역할을 충실히 수행해온 것도 사실이다. 일례로 지방자치가 본격적으로 시행되면서 관선시대와는 다른 발전적 징후들이 나타나고 있다. 무엇보다도 민선 자치시대의 가장 큰 성과는 수요자 위주의 행정이 뿌리내리기 시작했다는 점이다. 도지사나 시장이 정기적으로 주민을 초청해 현장민원을 직접 수렴하는 등 과거 임명직시대에선 상상도 할 수 없는 일들이 일어나고 있다. 이에 따라 지역실정을 제대로 알고 반영하려는 지역개발사업들이 독자적으로 도모되기 시작한다. 따라서 민주주의 구현에 있어 지방자치의 비중을 결코 과소평가할 수는 없겠다.

2. 행정적 가치

지방자치는 다음과 같이 행정기술적 측면에서도 지방행정에 유용하다. i) 지역의 특성에 맞는 고유의 행정을 가능하게 한다. ii) 지방행정 과정에서 주민들의 협력적 참여를 증진시켜 주고, 지역적인 종합행정을 확보해 준다. iii) 제도와 정책의 지역적 실험을 가능하게 한다.[3] iv) 지역 행정수요에의 대응능력을 강화할 수 있다. v) 지방공무원들의 능력발전에도 유용하다. vi) 지방공무원들의 실질적 권한과 재량권이 증대되고, 인사 및 보수 측면에서도 지방공무원 위주의 제도가 정착하게 되므로 지방공무원들의 사기앙양에도 좋다(강용기, 1999: 43-44).

3. 사회·경제적 가치

지방자치는 다음과 같은 사회·경제적 가치도 제공한다. i) 지방자치는 지역주민들의 오랜 숙원사업과 지역개발을 촉진시킴으로써 주민들의 소득증대와 생활향상에 기여한다. ii) 점차 약화되고 있는 주민들

---

3) 지역수요를 반영한 지역 고유의 실험사례로는 경기도와 서울의 청년기본소득 실험, 부분적 기본소득제로 평가되는 성남시의 청년배당, 용인시의 취업수당, 서울 강남구의 인터넷 강의사업 등이 있다.

의 향토애와 공동체의식을 함양시켜 이웃의 소중함을 일깨워 줄 수도
있다. iii) 관치행정의 폐해인 인적·물적 자원의 특정지역 편중현상을
막을 수 있다. 지방자치는 모든 지방이 골고루 잘 사는 특징 있는 고장
을 만들어 나가는 것을 지향하기 때문이다. iv) 지방자치를 실시함으로
써 지방의 정책결정과정에 다양한 계층의 주민들이 함께 참여해 대화
하고 토론하는 기회가 늘어남에 따라 지역 내 사회계층간의 갈등완화
에도 기여한다(이종수·윤영진 외, 1997: 670-671; 강용기, 1999: 45-46).

결국 지방자치는 민주주의 정치문화의 구현(참여 제도화, 주인의식 고양,
사회교육적 기능 수행), 지역경제 발전(지역경제의 하부구조 구축, 지역개발사업, 지
역사회 개발 지원), 사회불평등 축소(공공서비스 제공을 통한 간접임금효과로 배분
적 정의실현, 고용기회 창출), 시민사회의 발전(NGO 등 자조집단 결성)에 기여한
다(Smith, 1996: 163-174). 특히 기능이 잘 잡힌 지방정부는 중앙의 행·
재정상의 짐을 크게 덜어 주므로 행정 전체의 생산성 제고에도 기여한
다. 또 사회발전의 조건인 자조(self-hlp)정신과 사회 동원화를 가능하게
하고, 지방공무원의 능력개발기회도 제공한다(Muhammad, 1988: 19).
따라서 많은 나라에서 분권화와 지방자치를 탈 관료제화(debureau-
cratization) 및 민주주의의 육성수단으로서, 또 지방 차원의 서비스전달과
의사결정과정에서의 대중참여 확보수단으로서 제도화하려고 노력한다.

제3절 지방자치의 구성요소

지방자치가 완벽하게 기능을 발휘하기 위해서는 제도를 구성하는 여
러 요소들이 적절히 구비되어야 하고, 이들 간에 유기적 협조관계가 원

활하게 이루어져야 한다. 지방자치를 구성하는 주요요소들을 살펴보면 다음과 같다(정세욱, 1994).

1. 지방자치단체

지방자치단체는 국가로부터 독립된 법인격을 가진 공법인(公法人)이며,4) 종류로는 광역자치단체인 특별시, 광역시, 도 그리고 기초자치단체인 시, 군, 자치구가 있다.

출처: 행정안전부. 『2017년도 지자체 행정구역 및 인구현황』 참고.

그림 5-1 우리나라의 지방자치단체 현황(2017년 1월 기준)

광역자치단체는 현재 17개이다. 특별시(서울) 1개, 광역시 6개, 특별자치시(세종) 1개에, 8도 및 1 특별자치도(제주도)로 구성된다. 기초자치단체는 75개의 자치시, 82개의 자치군, 69개의 자치구로 구성된다. 서울특별시와 광역시의 구는 자치구이며, 기초자치단체인 자치시에 속한 구는 일반구이다.5)

---

4) 이런 맥락에서 지방자치단체를 하나의 지방국가로 보고, 자치단체의 의결기관인 지방의회는 국회, 집행기관인 지방정부는 국가의 행정부에 비교한다. 또 국가권력이 입법, 사법, 행정권으로 나뉘듯이 자치권도 자치입법권, 자치행정권 등으로 나뉜다. 그러나 우리의 경우 국토면적이 작고 법적용의 통일성 유지를 위해 자치사법권은 부여하지 않는다.

1) 의결기관: 지방의회

지방의회는 주민에 의해 선출된 주민의 정치적 대표인 지방의원들을 구성원으로 하는 합의제적 의사결정기관이다. 지방의회는 그 권한의 범위 내에서 공공사무에 관한 지방자치단체의 의사를 결정함으로써 지방자치 운영의 주체적 역할을 한다.

현재 우리나라의 지방의회는 주민의 대표 및 의결기관, 입법기관으로서의 지위와 더불어, 집행기관에 대한 감시 및 통제기관으로서의 지위를 지닌다. 따라서 지방의회는 각종 의결권, 행정사무감사 및 조사권, 선거권, 청원(請願)의 수리 및 심사권, 의회의 자율권(내부조직권, 의사자율권), 집행기관에 대한 질문답변 요구권, 의견제출권, 자료제출 요구권, 자치단체장의 선결처분에 대한 사후승인권 등을 갖는다.

2) 집행기관: 지방자치단체의 장

집행기관은 의사결정기관인 지방의회가 결정한 바에 따라 지방자치단체의 목적을 구체적이고도 적극적으로 실현해 나가는 행정관청이다. 집행기관이라고 하면 법률상으로는 자치단체장을 의미하지만, 사실상은 자치단체장을 보조하고 있는 지방자치단체의 보조기관이나 소속 행정기관, 그리고 하부 행정기관(읍면동 사무소, 출장소)까지 총칭하는 의미로 사용된다.

지방자치단체장은 주민의 직접선거에 의해 선출하도록 되어 있으며, 당해 지방자치단체의 사무뿐 아니라 국가 또는 상급 자치단체들의 위임사무도 처리한다.

지방자치단체장의 권한으로는 자치단체의 대표권 및 사무통할권, 사

---

5) 자치 기능이 없는 일반구와, 제주특별자치도의 행정시(제주시, 서귀포시)는 기초자치단체가 아니다.

무의 관리·집행권, 소속 행정관청과 관할 자치단체에 대한 지도 감독권, 소속 직원에 대한 임면(任免)권, 지휘감독권, 지방의회에의 출석 발언권, 규칙 제정권 등이 있다.

지방자치가 성공하기 위해서는 지방자치단체장의 올바른 선출과 이들의 실천적 리더십이 필요하다. 물론 현재 자치단체장들은 자치의 기능과 재원의 배분이 충분히 안 된 상태에서 중앙의 의존에서 탈피해야 한다는 자치적 명제와 중앙예산의 획득을 위한 뜨거운 경쟁을 하지 않을 수 없는 현실적 요청 사이에서 크게 번민하고 있다. 그러나 민선 자치단체장들은 과거에 비해 임기가 보장된다는 신분상의 변화와 직접 선출직이라는 정치적 위상의 긍정적 변화를 체험하고 있어 이들의 노력 여하에 따라서는 활동의 폭이 클 수 있다. 따라서 지방자치단체장들은 지방정부의 수장(首長), 분권화의 선도자, 지역경영자, 지역문제의 조정자 및 지역사회의 통합자로서의 제기능을 다해야 한다(고건, 1995: 50-51).

2. 자치권

자치권은 일정지역의 주민들이 국가로부터 상대적으로 독립하여 중앙정부의 감독과 통제를 받지 않고 지역 내의 공공사무를 주민의 뜻에 따라 처리할 수 있도록 하는 권한이다. 자치권의 종류에는 조례 및 규칙 제정권인 자치입법권, 자치조직권, 자치행정권, 자치재정권 등이 있다.

1) 자치입법권

자치입법권의 하나인 조례(條例)는 지방자치단체가 국가의 법령 안에서 그 소관사무에 관해 지방의회의 의결로써 제정하는 법규이다. 주로 주민의 기본권리와 의무를 규정하거나 당해 지방자치단체의 운영·관리에 관한 기본사항을 정할 때 조례를 제정한다. 반면 규칙(規則)은 지방자치단체의 장이 법령 또는 조례가 위임한 범위 내에서 그 소관사무에 관해 제정하는 규범이다.

2) 자치조직권, 자치행정권, 자치재정권

자치조직권은 지방자치단체가 행정기구, 정원, 사무분담 등 자기의 조직을 자주적으로 정하는 권능(權能)을 뜻한다.

자치행정권은 지방자치단체가 자기의 사무를 원칙적으로 중앙정부의 간섭을 받지 않고 자주적으로 처리할 수 있는 권능을 말한다.

자치재정권은 자치행정의 수행에 필요한 경비를 충당하기 위해 자치권에 기초하여 자주적으로 재원을 조달하고 관리하는 권능을 말한다.

3. 지역(구역)과 주민

지방자치는 일정한 지역과 주민을 그 요소로 한다. 즉 지방자치단체는 국가영토의 일부를 그 구역으로 하고 있으며, 국민의 일부를 그 주민으로 하고 있다. 특히 주민은 지역자치권의 주체이며, 권리와 의무의 대상으로서, 지방자치단체의 기관구성에 직접 관여하는 자치단체의 최고 선임기관으로서의 지위를 갖는다.

4. 지방적 공공사무

지방자치는 일정지역에서의 공공사무를 지역주민의 의사와 책임 하에 처리하는 제도이므로 지역적 공공사무를 그 구성요소로 하고 있다. 여기서 공공사무는 특정 개인이나 집단의 문제해결을 위한 사무가 아니라 불특정 다수 주민의 일반이익을 위한 사무를 말한다.

지방적 공공사무로는 주로 i) 공익적 사업기능(상하수도, 도로, 지역계획, 도시재개발, 교육행정), ii) 사회복지기능으로서의 생활행정(생활보호, 재해구호, 사회보험, 아동복지), 보건의료행정, 환경위생행정(오물처리 및 청소, 환경보호 및 환경오염규제, 식품위생 및 영업규제), 소비자 보호행정, 노동행정 등이 있으며, iii) 산업경제기능으로는 농업·임업·축산업행정, 상공행정(중소기업진흥, 시장관리, 지방공업개발), 관광·운수행정 등이 있다(정세욱, 1994: 598-643).

5. 자주적 재원

지방자치는 자치에 소요되는 비용을 원칙적으로 주민이 부담하는 세금으로 처리할 것을 전제로 한다. 사실 지방자치제도가 아무리 완벽하게 정비되어 있어도 지역 내 공공사무를 처리할 만한 자주적 재원이 마련되어 있지 못하면 지방자치는 한낱 이상(理想)으로 그치기 쉽다. 따라서 각 자치단체는 재정자립과 지방재정의 확충을 위해 절대적으로 노력해야 한다.

여기서 지방재정자립도라는 말이 중시되는데, 이는 지방정부의 활동에 소요되는 전체재원 가운데 중앙정부나 상위 자치단체에 의존하지 않고 자체적으로 조달될 수 있는 자주재원이 차지하는 비중을 말한다.

$$지방재정자립도(\%) = \frac{자주재원 (지방세, 지방채, 세외수입)}{총세입 (자주재원 + 의존재원)} \times 100$$

그림 5-2 지방재정자립도

지금까지 논의한 지방자치의 다양한 구성요소들을 국가행정 차원에서 그것에 상응하는 대응 개념들과 비교해 보면 다음의 〈표 5-1〉과 같다.

표 5-1 지방자치의 구성요소들과 국가 차원의 대응개념들

구성요소	국가 차원의 대응개념들
지방의회	국 회
집행기관	정 부
조 례	국회가 제정한 법률
규 칙	정부의 행정입법(행정명령)
지 역	국 토
주 민	국 민
지방적 공공사무	정부의 행정기능

6. 로컬 거버넌스

오늘날 지방자치와 분권화로 인해 중앙정부의 힘이 지방자치단체나 지역 소재의 기업 및 주민조직들에 위임되면서(주성수, 2003: 22-23), 거버넌스의 지역적 차원인 로컬 거버넌스의 형태도 구체화되고 있다.

로컬 거버넌스는 공-사 부문의 구별 없이 지역 내 여러 사회부문의 공동참여와 상호협력을 통해 지역의 공공문제를 해결하는 새로운 지방 통치양식이다. 특히 이는 지방정부를 중심으로 한 제도적, 공식적 관계 보다는 지역 내 행정기관, 기업, 시민집단들이 각 사안에 따라 선별적 으로 참여하며 각각의 전략적 목표와 이해관계를 정책 네트워크를 통 해 조정, 통합하는 데 그 전략적 특징이 있다(박재욱·류재현, 2000). 이는 지역의 공공서비스 공급과정에 거버넌스적 정책결정구조의 핵심인 관-민 공동참여의 가치와, 거버넌스적 정책집행의 장점인 공동협력 및 자

원 공동부담의 책임성을 접목시키는 것이다(Hoggett & Thompson, 1998: 주성수, 2003: 17). 실제로 로컬 거버넌스는 행정기관과 민간부문이 각각 제공해온 서비스의 중복을 막아 자원의 효율성을 제고시킨다. 또 로컬 거버넌스는 시장의 저렴한 비용, 아이디어 등 민간역량을 공공의 표준화된 서비스 생산능력에 결합시킬 수 있다(Geddes & Benington, 2001: 25).

로컬 거버넌스는 로컬 파트너십이라는 개념과 만날 때 현실세계에서 보다 가시화될 수 있다. 로컬 파트너십은 지역 구성원들이 조직 관계망을 통해 공동목적을 달성하는 과정으로서, 공공기관-기업-자발적 부문-풀뿌리조직 등 지역 내 여러 부문 간의 공동협력을 지향한다(Benington & Geddes, 2001: 2).

 사례 5-1 서울시 주민자치회

로컬 거버넌스 및 주민자치의 구체적 실현수단으로 주민자치회가 있다. 주민자치회는 주민생활과 가장 밀접하게 닿아 있고 기초적 행정구역인 동(洞) 단위에서 주민이 적극적 주체로서 지역문제 해결에 참여하는 제도적 장치이다. 2000년부터 전국적으로 도입된 주민자치위원회의 성과와 한계를 반영해, 풀뿌리 자치를 활성화하고 민주적 참여의식을 고양할 것을 설립목적으로 한다. 행정안전부는 2013년 31개 읍면동을 시작으로 시범사업을 시행하고, 각 지자체는 조례 및 규칙에 따라 주민자치회를 도입하고 있다.

일례로 서울형 주민자치회는 주민에 의한 자치계획 수립, 행정사무 위·수탁 운영, 자치회관 자율운영 등 주민에게 다양한 자치권한과 역할을 제도적으로 보장하려는 시도로서 50명의 위원과 다양한 분과에서 활동하는 주민으로 구성한다. 서울시의 주민자치회는 진정한 주민자치를 위해 2017년 주민대표조직을 새로 구성했다. 행정조직이 주도하고 주민이 수동적으로 참여하는 것이 아니라, 주민이 결정하면 행정이 지원하는 방식으로 변화시켰다. 50명 이내로 대표조직을 구성하되 선출이 아니라 자격요건을 갖춘 주민들 중에서 추첨으로 선정한다. 자치계획을 수립하고 참여예산을 제안할 수 있고 자치회관 운영권을 가진다(서울시, 『2018년 서울형 주민자치회 시범사업 매뉴얼』 참고).

그런데 여기서 한 가지 유의할 점은 로컬 거버넌스의 주요 파트너인 지방 시민사회 세력의 성격이다. 지방자치에 대한 전통적 견해는 상위 정부로부터의 분권인 '단체자치'와, 지방정책과정에 대한 시민의 참여인 '주민자치'만 강조해 왔다. 특히 상위정부로부터의 분권만 이루어지면 지방정부의 자율성이 당연히 확보되는 것으로 전제해 왔다. 그러나 지방정부의 자율성 제약은 지역사회 내의 지배집단, 이웃 지방정부, 외국으로부터도 온다. 특히 자치의 초기에 관심을 가져야 할 외부요인은 기업, 지역토호 등 지역 내 지배집단의 부정적 영향력이다.

여기서 지방정부의 지배집단에 대한 중립·종속 여부가 지방자치 발전의 핵심적 논의사항이 되는데, 지방자치단체는 지역 내 지배집단에 대해 중립적 위치를 고수하며 이들에게 편파적인 정책대응을 하지 말아야 한다.

이승종(2005)에 의하면, 이를 '정부자치'라고 명명할 수 있는데, 이는 지배집단과 시민 간의 중간자적 소극적 의미보다는, 지방정부가 지배집단의 이익에 앞서 일반시민을 위한 우대정책을 로컬 거버넌스 과정에서 적극 천명해야 한다는 적극적 의미로 이해되어야 할 것이다.

표 5-2 지방자치의 제 차원

요 소	자치측면	관 계	이 슈	관련 이념
분 권	단체자치	상위정부-지방	분권/집권	능률, 민주
참 여	주민자치	주민-정부	참여/통제	민주, 능률
중 립	정부자치	정부-지배집단	중립/종속	평등

출처: 이승종(2005: 355).

지방자치의 사회적 인프라 구축과 자치행정전략

제1절 지방자치의 사회적 인프라 구축

 지방자치가 시행되곤 있지만, 오랜 중앙집권적 역사로 인해 아직 우리의 지방자치는 생활적 체험으로까지는 크게 발전하지 못하고 있다. 그런데도 우리는 자치단체장을 주민의 손으로 뽑게 되었다고 해서 완전 자치시대가 도래했다는 등 한동안 허풍을 떨었고, 경제가 어려운 지금도 지방자치단체들이 대규모 국제대회를 열며 주민의 혈세를 경쟁적으로 낭비하고 있다.

 지방자치 15년 역사에 대한 중앙정부의 평가를 참고하면, 지방자치 이후 공개행정과 지역산업의 상품화는 성공적이었다. 그러나 자치단체장의 선심행정과 지역이기주의에 따른 국책사업의 표류, 각종 전시성 행사와 시청사나 지역 문화시설의 무리한 신축 등이 주요 문제점으로 지적되었다. 한편 경실련의 조사에서도 지역주민들은 지방자치의 폐해로 선심행정(20.7%)과 무분별한 난개발(19.9%)을 가장 큰 문제점으로 지적하고 있다. 이 외에 자치단체장의 불합리한 인사운영으로 인해 지방공무원들의 안정성과 중립성이 저해된 측면과, 자치단체장들이 재선을 의식해 환경오염 단속 등을 기피한 것도 큰 문제점으로 지적된다.

일부 단체장들과 지방의원들의 위법행위도 자치발전의 걸림돌로 작용한다. 행정자치부에 따르면, 1991년 각 기초자치단체에 지방의회가 만들어진 이후 2005년까지 모두 763명의 지방의원이 각종 비리혐의로 기소되었다. 자치단체장들도 모두 142명이 뇌물수수 등의 혐의로 기소되었다.

표 5-3 임기 중 기소된 자치단체장의 수 (단위: 명)

구 분	계	선거법, 정치자금법 위반	뇌물수수	기타
계	142	66	67	9
1기(1995.7-1998.6)	23	4	16	3
2기(1998.7-2002.6)	59	24	33	2
3기(2002.7 -)	60	38	18	4

출처: 중앙일보, 2005.6.28자 6면.

민선 4기에 들어와서도 사정은 마찬가지여서, 행정안전부의 민선 4기 지자체장 기소 현황에 따르면, 기초자치단체장 246명 중 뇌물 및 정치자금 수수, 선거법 위반으로 기소된 인원이 118명으로 전체의 47.9%에 달한다. 이런 혐의로 광역의원 71명, 기초의원 155명 등 226명의 사법처리가 확정되었다(더 지방포스트, 2018.8.17자).

2018년에 시행된 제7회 지방선거에서도 당선된 광역단체장 4명과 교육감 3명이 공직선거법 위반혐의로 재판에 넘겨졌다. 금품선거 사범은 20.4% 줄었지만, 거짓말 선거와 여론조사 조작 사범이 크게 늘어났다. 기소된 당선자 중 광역단체장 1명, 기초자치단체장 3명, 기초의회 의원 20명 등 총 24명은 1심에서 판결 선고를 받았다. 징역형이나 100만 원 이상 벌금형을 받을 경우 당선 무효이다("광역단체장 4명 기소", 법률신문, 2018.12. 14자).

조례 제·개정 등 지방의회의 임무 등한시(等閑視)도 문제이다. 2012년 기준으로 지방의원 조례발의 실적을 보면, 3,080건으로 조례 비율은 22.4%이다. 의원 1인당 0.8건인 셈이다. 물론 2017년엔 광역의원 1인당 2.6건, 기초의원 1.4건으로 늘긴 했다(더 지방포스트, 2018. 8.17자). 그러나 아직도 지방 선거철만 되면 민원업무의 지연이 단골 메뉴로 등장한다. 이는 지역현안 해결을 위한 지방의원들의 조례안 발의 노력이 그만큼 미흡한 실정임을 잘 보여준다.

상기한 지방자치의 아픈 단면들이 말해주듯이, 아직은 지방자치의 필수적 구성요소들이 미비하거나 아니면 겉만 화려하게 치장되어 있는 형국이다. 그러다 보니 우리의 지방자치 현실은 마치 두 다리를 땅에 붙이지 못하고 허공에 붕 떠있는 풍선인형처럼 사상누각의 불안감을 불식시키지 못하고 있다. 더욱이 〈표 5-4〉에서 보듯이 낮은 지방재정 자립도 등 숱한 난관들로 인해, 힘겹게 출범한 우리의 지방자치라는 배

표 5-4 지방재정 자립도 (단위: %)

구 분	1996	2005	2010	2015
전국	62.2	56.2	52.2	45.1
특·광역시	89.9	80.3	68.3	61.2
도	43.1	36.6	31.6	22.8
시	53.4	40.6	40.0	31.1
군	22.5	16.5	18.0	11.6
자치구	53.0	44.3	35.4	25.8

출처: 행정자치부, 『지방자치단체 통합재정개요』 참고.

는 좌초되기 쉽다.

지방재정 자립도는 1996년부터 2015년까지 20년간 줄곧 하락 추세를 보인다. 하락폭이 가장 큰 곳은 특·광역시로 27.7%나 하락했다. 지난 20년간 지방자치단체의 자체재원에 비해 교부세, 보조금 등 의존재원 증가율이 높고, 이중에서도 보조금 비율이 가장 높았다(권용훈. 2015).

자치의 권한과 더불어 자치단체 및 지방의회의 역량강화와 자주적 재원 확보 등 지방자치단체의 성숙한 책임의식이 요구되는 시점이다. 따라서 우리는 내가 살고 있고 우리의 후손들이 살아가야 할 이 지역에 자주적인 지방국가(local state)를 필히 건설하겠다는 '건국의 아버지'적 심정에서, 어떻게 하면 시행착오를 줄이며 자치를 빨리 정착시킬 수 있는지를 고민해야 한다. 또 어떤 제도들이 살기 좋은 지역의 건설에 유용하면서 우리 현실에도 잘 맞는지를 신속히 파악해야 한다.

자연히 이는 우리를 '자치의 사회적 인프라 구축' 논의에 이르게 한다. 자치의 정착과 내실을 기하는 데 필수적인 자치의 사회적 인프라(social infrastructure)가 튼실하지 않고는 지방자치가 사상누각이 되기 쉬우며, 지반(地盤)공사가 잘 되어야만 그 위에 멋있는 구조물을 안전하게 앉힐 수 있다. 그렇다면 어떤 것들이 지방자치의 사회적 인프라가 되어야 하고 또 될 수 있을까?

지방자치의 현장을 지켜보면서 우리가 느끼는 점은 지방자치의 핵심변수인 사람들이 변하지 않고는 자치가 성공할 수 없다는 점이다. 특히 자치의 역사가 일천해 제도화된 자치관련 노하우가 없고 지방정부의 물적 자원도 충분하지 못한 현재와 같은 자치의 초기단계에서는, 중앙정부 사람들의 솔직한 분권화 의지, 자치단체장, 지방공무원들의 살기 좋은 지역을 만들기 위한 서비스 지향적 책임행정, 지역주민들의 공동체적 마을 가꾸기 노력이 절실히 요구된다.

표 5-5 자치의 성패에 관련되는 요소들

자치의 관건	성 공	실 패
자치단체장	대화행정, 경영마인드, 수익사업 전개, 예산확보를 위한 중앙부처 방문, 해외세일즈 진력	선심행정, 전시행정, 과잉의욕에 따른 부채급증, 정실인사로 인한 공직사회 기강해이
지방공무원	행정의 자율성, 창의성 신장, 서비스제도 개선, 경영 합리화, 행정수요에의 적극 대응, 지역경제 활성화 여건 조성	전문성 등 자질 시비, 자치행정 경험 부족, 행정방만, 기강해이, 재정악화로 인한 구조조정 결과 심각한 동요현상
중앙정부 사람들	자치공간 마련을 위한 법령정비, 권한, 기능의 이양	중앙-지방 간 갈등 심화, 소극적인 권한과 기능의 이양
지역주민	주민참여 확대, 작은 권리 지킴이 활동, 지역주민운동 및 지역경제의 활성화, 자치에 대한 자신감	지나친 개발욕구 표출, 지역이기주의식 지역분쟁 촉발, 한편으로는 지역정책 일반에 대한 무관심 표출

출처: 이도형(2000: 38).

따라서 우리는 자치변수로서의 함의가 큰 '사람' 변수, 즉 현재 자치시대를 살고 있고 또 앞으로 자치시대를 실제로 이끌어가야 할 핵심인물들의 역할정체성을 중심으로 자치의 사회적 인프라 구축 영역을 찾아볼 필요가 있겠다. 그렇다면 자치의 사람변수들이 필히 수행해야 할 역할구조나 그들의 일터는 어디인가?

1. 지방주권과 연방제형 자치: 중앙엘리트들의 분권화 의지와 실질적 지원

우리가 지방자치의 꽃을 활짝 피우기 위해서는, 무엇보다도 발상의 대전환, 즉 본래 권한은 지방에 있고 필요에 따라 그 일부를 중앙에 위임해 준다는 식으로 생각하는 것이 필요하다. 즉 지금처럼 중앙에서 지방으로가 아니라, '지방에서 중앙으로'라는 권력의 새로운 흐름에 대한 인식이 있어야만 지방주권과 생활자 주권(生活者主權)이 가능해진다.

권력을 중앙에서 지방으로 이동시키는 진정한 자치가 실현되면, 세금은 지방세가 원칙이 되고, 인허가권도 당연히 지방정부가 갖게 된다. 그렇게 되면 비로소 우리도 '지방생활자 시대'를 열 수 있고, 통일한국에 대비하는 포석도 깔 수 있다(박세일, 1995: 20-24).

연방주의 국가개혁은 이러한 사고의 전환을 성공적으로 이끄는 큰 방향이 될 수 있다. 연방주의는 정치적 자율성을 갖는 지방들을 기초 구성단위로 해 수립되는 연방정부가 일정한 범위 내에서 한정된 기능을 수행하되, 지방정부의 정치적 자율성과 자기 통치권을 온전하게 보장해 주는 국가체제를 의미한다.

연방주의 개혁은 국가의 주권을 이원화(二元化)하여, 각 지방자치단체에 대해선 입법권, 행정권, 조직권, 재정권을 독자적으로 행사할 수 있는 하위 권위(low authority)를 완전히 부여하고, 중앙정부에 대해선 국가적 일체성을 국제적으로 대표하고 국내적으로는 여러 지방자치단체를 통합, 조정할 수 있는 상위 권위(high authority)를 부여하는 방향으로 국민국가 체계를 개혁하는 것이다.

연방주의로의 국가개혁을 향한 열망은 이미 우리 사회에서도 상당히 형성되어 있다. 한림대학교 사회조사연구소의 조사에 의하면, 응답자의 90~95%가 중앙의 과도한 간섭과 지역발전계획 및 재정조달에 있어 지방정부 및 지방의회의 무기력 현상을 지적하고 있다. 또 응답자의 75% 내외가 국세의 대폭적인 지방세 이양에 찬성하고 있다.

표 5-6 국세-지방세 비율(단위: %)

구 분	2008	2010	2012	2014	2016
국세	78.6	78.3	79.0	76.9	76.3
지방세	21.4	21.7	21.0	23.1	23.7

출처: 통계청, 『국세 및 지방세 비중』; 경기연구원(2019)에서 참고.

향후 국가개혁은 이런 점에서 국가주의를 극복하고 지방정부에 자율성과 자치권을 최대한 보장하는 '연방제6)형 자치' 쪽으로 방향 잡혀야 한다. 또 지방과 중앙 간의 권력배분과 기능 재조정은 이중주권(二重主權)의 원칙에 의해 이루어지게 해야 한다. 즉 중앙정부는 외교안보, 거시경제관리, 전국적 국토개발, 낙후지역의 지원, 지방간 갈등조정을 담당하고, 그 밖의 기능은 모두 지방정부에 맡겨져야 한다. 이렇게 지방정부의 우선성과 연방정부의 보충성이라는 기능배분원리가 올곧게 자리 잡아야 지방주도의 발전이 가능해진다(성경륭, 1997: 38-61).

연방제에 의거한 권한분산과 지방에로의 권력이양은 중앙정부가 지방의 자치권을 인정하고 존중하는 데서 비로소 그 의미를 찾을 수 있다. 이런 점에서 중앙엘리트들의 자치 마인드가 매우 중요하다. 즉 중앙정부가 양보와 배려라는 소극적 자세보다는 지방의 실체 인정과 자치의 존중이라는 적극적 마인드로 지방을 대해야 한다. 자치단체 파산선고제 같은 중앙의 발상은 추호도 안 된다(이기옥, 1995: 415-416).

지방자치의 제도화를 위해선 중앙정부가 캥거루족에서 벗어나 새끼들의 생존교육에 냉철하게 임하는 독수리의 지혜를 배울 필요가 있다. 미국 콜로라도 협곡의 독수리들은 아이언 우드라는 가시나무로 둥지를 만든 뒤, 처음엔 새끼들이 나무가시에 찔리지 않도록 깃털과 풀로 잘 감싸준다. 이윽고 새끼들이 어느 정도 크면 깃털과 풀을 둥지 밖으로 내버려 새끼들이 둥지를 떠나게 한 뒤, 절벽에서 떨어지지 않기 위해 스스로 나는 법을 깨우치게 한다.

자식들에게 자생력을 기를 기회를 주지만 그들이 힘겨워할 땐 지친 자식들을 다시 품에 안아주는 어머니 같은 중앙의 역할도 필요하다. 그런 점에서 장성한 자식을 분가(分家)시키는 전략적 분가방법을 자치시

---

6) 여기서의 연방제는 남북한의 통일방안으로서 언급되는 거시형 연방제가 아니라, 한국 사회 내의 중앙-지방 간 권력균점을 우선적으로 뜻하는 '중범위형 연방제'를 가리킨다.

대에 응용할 필요가 있다. 일시적인 실수나 서투름을 이유로 지방에게 서 자치의 자유와 권한을 빼앗는 것은 그리 바람직하지 못하다. 발전이 조금 더디고 실수가 있더라도 그들이 자생력을 키워 자치의 꽃을 피우 도록 자율권을 부여해야 한다. 관 주도적 중앙집권 시대의 각종 규제를 풀고 발목을 잡는 간섭을 줄여, 지방과 지역사회가 자율과 창조력을 마 음껏 기르도록 지원하고 배려해 주는 조력자, 지원자로서의 중앙정부 의 인내와 신뢰가 필요하다.

2019년 전국 39개 시군구 기초단체장이 참여한 자치분권지방정부협 의회는 '자치분권 촉구 서울선언'을 채택했다. 자치분권을 위한 재정권 한이 신속히 지방으로 이양되어야 한다는 것이다. 즉 지방소비세 확대, 양도소득세의 지방세 전환, 법인세 공동세화 등을 통해 국세-지방세 비 율을 70 대 30을 거쳐 점차 60대 40으로까지 개편해야 한다는 것이 그 핵심요지이다(http:www.diodeo.com/news/view/3307600). 다행히 중앙 정부도 지역의 자율성, 책임성 제고와 균형발전을 위한 재정분권 추진 방안 발표를 통해, 일단 2022년까지 국세 대 지방세 비율 7 대 3으로 개선할 것을 천명한 바 있다.

2. 서비스행정: 자치단체장 및 지방공무원의 역할정체성

자치시대를 맞아 단체장과 공무원들은 어떤 새로운 역할정체성과 행 정능력을 갖고 지방정부의 운영에 관여해야 하는가? 지방자치가 시행 되고 사회민주화에 따라 시민의 주권의식, 납세의식이 강해지면서, 우 리의 행정도 그간의 개발행정, 통제행정에서 벗어나 서비스를 강화하 는 쪽으로 나가야 한다는 주장이 강하게 제기되고 있다. 행정도 하나의 '서비스분야'이므로, 좋은 서비스로서의 요건을 잘 갖추어 행정의 질을 한 차원 높여 보자는 규범적 논의가 제기되고 있는 것이다.

작금의 이러한 상황에서 서비스형 조직으로서의 정부, 특히 '공공서비스의 일차적 생산자이자 전달체계'로서의 지방정부에 거는 시민들의 역할기대가 날로 커지고 있다. 이왕 자치를 할 바에는 지방행정의 본질인 생활행정, 대화행정에 자치정부가 보다 만전을 기해달라는 시민들의 오랜 염원이 폭발하고 있는 것이다.

'조세-서비스 패키지'를 인식해 공공서비스의 질적 향상을 도모하고 시민이익에 좀더 부합되는 '행정실명제'도 아울러 자리 잡게 하기 위해선, 이제 지방정부 종사자들인 '자치단체장과 지방공무원들'의 서비스 지향적 자세와 서비스 공급능력의 배양이 필수적이다.

위와 같은 얘기들은 결국 알찬 서비스 내용과 따뜻한 행정수행방식을 강조하는 '서비스행정'이라는 새로운 행정스타일이 '자치시대의 행정패러다임'이 되어야 함을 잘 말해 주는 것이다. 시민의 손에 의해 선출된 자치단체장과 일선관료들[7]이 자치시대에 걸맞게 시민생활에 유용한 공공서비스 메뉴의 다각화에 노력하며 친절한 얼굴로 생활서비스의 능률적, 적시적 공급에 최선을 다한다면, 이는 한국 정치 · 행정사에 커다란 질적인 변화를 가져오는 중요한 계기로 작용할 수 있다.

특히 지방자치의 방향타인 자치단체장의 선출이 중요하다. 중앙에서 출세한 인물보다는 지역에서 태어나고 쭉 자라서 지역실정을 잘 아는 사람을 지방의 참된 일꾼으로 뽑아내는 투표방식을 도출해야 한다. 지역을 사랑하고 지역문제 해결을 오랫동안 고민하며 방책을 강구해온 사람에게 자치의 방향타를 쥐어줘, 그가 생활정치의 지방 일꾼으로 커나가면서 역량과 식견을 쌓게 한 뒤 후일 중앙 정치무대에 데뷔하는 순

---

7) 공공서비스의 공급자로서 일선행정관료들의 중요성은 매우 크다(Lipsky, 1980). 이들이 주요 연구대상이 되는 이유는 이들이 일반시민과 1 대 1로 얼굴을 마주 대하며, 일반시민의 일상생활에 중대한 영향을 미치는 역할을 수행하기 때문이다. 서비스에 대한 의존도가 높은 서민층일수록, 또 복지행정이 발전할수록 이들의 역할은 더욱 중요해진다.

으로 일꾼을 키워 나가야 한다. 이를 위해선 자치단체장 후보들이 지금까지 어떤 약속을 하고 실천해 왔는지를 체크해 보는 회고적 투표(retrospective voting)와 이에 의거해 그들의 선거공약 이행 가능성을 면밀히 검토하는 전망적 투표(prospective voting)가 지방선거 시점에서 상호조화를 이루어야 할 것이다.

3. 지역사회 개발: 지역주민들의 공동체적 일터

우리의 경우 지역의 발전을 위한 것이긴 하지만 아직은 설익은 자치욕구들이 무분별하게 폭발하고 있다.

우리는 이런 측면에서 '자치의식'에 대해 다시 한번 생각해 볼 필요가 있다. 지방자치가 제도화되기 위해서는 실천주체로서의 지역주민들의 왕성한 자치욕구뿐만 아니라 '올바른 자치의식'이 전제되어야 하기 때문이다.

올바른 자치의식은 자유와 권리의 자율적 행사와 더불어 이에 대한 책임과 질서를 강조한다. 일찍이 근대 민주주의와 서구 지방자치의 정착과정에서 중시되었던 '자유의 사회성' 관념은, 자치의식에 내재되어야 할 주민들의 자유, 권리와 책임, 의무의 조화 필요성을 잘 보여 주고 있다(Pateman, 1970: 24-44).

우리는 여기서 진정한 자치의식은 '지역공동체'(community) 의식임을 발견하게 된다. 즉 우리는 한 배를 타고 있는 공동운명체라는 것이다. 따라서 내가 잘 살기 위해서는 남의 이익과 가치도 보호해야 하며, 내 문제를 해결하려면 타인의 협조와 지지가 필요하다는 발상의 대전환이 요구된다.

자유의 사회성에 입각한 진정한 자치의식은, 결국 주민들이 자치시대를 맞아 하나의 공동체가 되어야 함을, 즉 주민 모두가 살기 좋은 지

사례 5-2 자치의식의 실종과 님비, 핌피 현상

본격적인 지방자치 시행의 초기단계에서 혐오시설의 자기 지역 내 배치를 반대하는 님비(NIMBY; Not In My Back Yard) 혹은 LULU(Locally Unwanted Land Use) 현상뿐 아니라, NIABY(Not In Anybody Back Yard) 현상, 즉 혐오시설은 우리 지역은 물론 다른 어느 지역에도 설치되어서는 안 된다는 강한 부정적 메시지를 담은 주민들의 태도도 나타나고 있다(구자인, 1996: 211-214). 반면 물적 자원 및 수익시설과 기업유치 등 지역경제기반의 자기 지역유치를 둘러싼 임피(IMFY; In My Front Yard) 혹은 핌피(PIMFY; Please In My Front Yard) 현상도 두드러지게 나타나고 있다.

최근 특정한 이유가 없다 하더라도 지역경제의 손실이 예상되는 시설이라면 기피시설, 혐오시설로 정의하는 님비 현상의 범위가 확대되고 있다. 일례로 방폐장(방사선폐기물처분장) 입지선정 반대는 1986년부터 2005년까지 근 20년간 있었던 님비현상으로서 기피혐오시설의 대표적 반대사례이다. 이 과정에서 경북울진 → 충남 안면도 → 전북 부안 순서로 후보지가 결정되었으나 주민의 격렬한 반대에 부딪혀 무산되었고, 결국 2005년 특별법 제정으로 입지지역에 대한 지원을 명문화한 후 지역 주민투표를 거쳐 경주시로 결정되었다. 2017년 발생한 서울 금천구 소방서 건설 반대도 사회기간시설의 건립 반대사례의 대표적 예이다. 주민들이 사이렌 소음과 집값 하락 등의 이유로 반대하고 나서며 소방서 설립 여부가 불투명해졌으며, 금천구 소방서뿐 아니라 서울 강남구에 만들려고 했던 파출소도 주민들 반대에 부딪쳐 큰 차질을 겪기도 했다.

핌피 현상의 예로는 영남권 신공항 입지선정 사례를 들 수 있다. 2011년과 2016년 2차례에 걸쳐 벌어진 일로서, 부산, 대구, 경북, 울산, 경남 간의 갈등이었다. 현재 이 갈등은 김해공항 확대라는 제3의 대안으로 결론이 난 상태이다. 2015년에 발생한 경부고속선 오송역-인덕원-수원 복선전철 흥덕역 핌피 현상은 두 지역 모두 지자체와 주민의 요구로 계획에 없던 정차역을 추가하게 되면서 열차 속도가 저하되거나 승객안전이 위협받는 부작용을 걱정하게 된 사례이다(출처: 환경용어사전 '님비현상', '핌피현상'; 한국기후환경네트워크, http://www.kcen.kr에서 참고).

역 건설에 무임승차(free-riding)하지 말고 적극 참여해야 할 필요성을 제기한다. 따라서 우리는 관할 지방정부에 의존하지만 말고 공동체의식을 중심으로 살기 좋은 지역의 건설에 주체적으로 나서야 한다.

그렇다면 지역현안 해결에 있어 주민이 공동체의식을 중심으로 주체적으로 나설 수 있는 제도적 장치는 무엇인가? 지역사회 개발(community development)이 그 해답이다.

지역사회 개발은 주민의 조직화된 행동양식으로서, 자발적 주민참여를 통해 지역의 물질적, 정신적 생활향상을 도모하는 지역공동체적 노력의 한 형태이다. 일종의 지역공동체 작업(local community work)인 지역사회 개발은 주민을 자기가 필요로 하는 서비스제공에 자발적으로 관여하게 하는 점에서 지역적 삶의 '개방적 자급자족 모델'이기도 하다.

재정부족 등으로 인해 현재의 지방정부가 제구실하기엔 아직 여러 모로 함량미달인 점을 고려하면, 자치의 또 하나의 주체인 주민들이 적정범위 내에서 자신이 필요로 하는 생활서비스를 어느 정도 자급자족하는 것은 더욱 더 중요한 의미를 갖는다.

주민이 세금을 내고 생활서비스를 소비만 할 것이 아니라 자기가 소비할 생활재화를 스스로 생산, 창조한 뒤 그것을 한껏 소비한다면, 그렇게 하는 것이 자기 입맛에도 잘 맞고 더 떳떳하지 않을까? 물론 이런 생각이 지방정부의 서비스 공급 책임을 회피시켜 주기 위한 것은 절대 아니다. 아직은 역부족인 지방정부의 역량이 본궤도에 오르기까지 주민이 살기 좋은 지역건설에 발 벗고 나설 필요성을 제기하는 것이다.

결국 지방자치가 성공하려면 〈그림 5-3〉에서 보듯이, 자치의 핵심변수인 사람들이 지방자치의 가치를 십분 이해하고 그 가치를 실현하기 위해 각자의 역할구조 영역에서 최선을 다해야 한다. 이를 지방화 시대를 향해 달려가는 지방화호 기차의 상황에 대입해 정리해 보면, 다음과 같이 묘사될 수 있겠다.

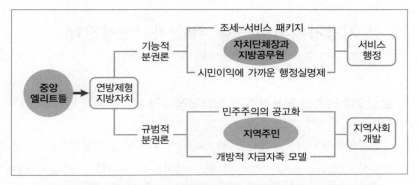

그림 5-3 **지방자치의 가치 구현을 위한 사람 변수와 자치의 사회적 인프라 간 연계**

먼저 자치단체장들은 지방화 시대를 향해 달려가는 지방화호 기차의 '기관사'이다. 기관사가 기차를 잘 운전해야 수많은 주민들이 객차 안에 편안하게 앉아 지방자치 및 서비스행정의 종착역까지 안전하게 달려가고 또 적시에 도착할 수 있다. 한편 객차 안에서는 '승무원'인 일반직 지방공무원들이 주민의 안전운행을 위해 허리를 굽히고 친절하게 서빙해 주어야 한다. 그리고 열차 밖에선 '선로안전요원'인 기술직 공무원들이 철로 레일이나 기차바퀴를 망치로 두드리며 안전점검에 만전을 기울여야 한다. 그래야 지방화호 기차가 탈선하지 않고 달리다가 멈추지도 않는다. 물론 지방화호 기차가 지방화시대, 서비스행정시대를 향해 마음껏 달려갈 수 있도록 '철로'를 확장해 주어야 하는 것은 중앙정부 사람들의 몫일 것이다. 물론 '승객'인 주민들도 기차가 힘겹게 나가거나 뜻하지 않게 장애물을 만날 때 객차에서 뛰어내려 기차를 밀거나 철로 보수작업에 동참해야 한다(이도형, 2000).

이렇게 각자의 영역에서 자치의 핵심변수인 사람들이 자치의 사회적 인프라 구축에 열심일 때, 제도적 체험에만 머물던 우리의 지방자치가 명실공한 자주적 통치방식이자 생활양식으로서 자리 잡을 것이다.

제2절 **지방자치의 성공을 위한 자치행정전략**

1. 로컬 거버넌스를 활용한 지방 정책과정에의 시민참여

지방자치의 가치와 장점들을 제도화하기 위해서는 지방정부의 정책 과정에서 Ostrom(1989: 87-94)의 셀프 거버먼트 형태인 '시민대표위원 회'가 만들어져, 관-민 간에 활발한 의사소통의 창구를 마련하는 것이 필요하다.

물론 평범한 지역주민들의 활발한 정책참여도 요구된다. 향후 정부 는 정책추진 시 처음부터 이해관계자들을 참여시킨다고 하는데, 여기 서 진일보한 것이 지역주민들을 정책수요자보다는 '정책투자자'로 보는 관점이다.

전통적 담론에 따르면, 주민들은 지방정부가 제공하는 서비스의 본 질에 어떤 영향력도 미칠 수 없는 수동적 소비자(passive consumer)로 간 주되었다. 그러나 최근의 분권화 담론에 의하면, 그들은 공공서비스의 모양과 특질을 결정짓는 데 있어 능동적 참여자(active participants)로 작 용한다(Sorensen, 2000: 24-25).

따라서 지역에서 조직된 각종의 시민행동 연대를 지역주민들이 사업 상의 편익을 얻기 위해 적극적으로 모인 투자단(컨소시엄)으로 보는 발 상은, 이미 선진국들의 주요 정책 접근법이 되어 가고 있다(곽재원, "지역 주민을 정책투자자로"; 중앙일보, 2005.2.17자 참조). 여기서 지방자치단체는 이들 정책 투자자들의 투자방향이 활발히 논의되는 장소인 로컬정책 네트워크를 구성해 주는 역할 및 이에 대한 행·재정적 지원의 역할을 부여받는다. 그럴 때 정책투자자인 주민들의 감시를 받으며 그들에게 반드시 투자수익을 되돌려 주어야 할 강한 책임감을 배양할 수 있다.

2. 중앙-지방 간 행정기능의 배분방향

우리나라의 경우 권한의 중앙 집중과 과도한 중앙통제의 역사가 길어, 중앙-지방 간 행정기능 배분의 불균형이 심했다. 비록 최근 들어 지방자치단체의 국가위임사무가 줄어들고 있어 다행이지만, 2017년을 기준으로 할 때, 행정사무의 67.7%가 아직도 중앙정부에 집중되어 있는 현실이다. 특히 도시계획, 주택정책을 국가사무로 규정하고 있어 지역의 특성을 고려한 지역개발이 어렵고, 지방자치단체의 행정기구 설치와 정원관리에 대한 중앙의 통제로 인해, 지방의 자율적, 탄력적 조직개편과 운영도 어렵다.

표 5-7 중앙-지방 행정기능 배분비율 (단위: %)

연 도	중앙사무	지방사무
1994	75	25
2002	73	27
2009	72	28
2015	72	28
2017	67.7	32.3

출처: 총무처(1994); 지방이양추진위원회(2002); 유민봉(2010); 『지방자치백서』(2017)에서 각각 참고.

완전 지방자치를 전제로 한다면 중앙-지방 간의 적절한 기능 재배분이 보다 완벽하게 이루어져야 할 것이다. 먼저 주민의 공공복지와 자치단체의 존립유지를 위한 사무는 보다 완벽하게 자치단체의 고유사무로 전환시켜야 할 것이다. 즉 교육 및 생활문화 향상, 보건 및 사회복지, 지역경제 활성화 기능들은 모두 주민과 근접성이 높은 지방정부, 특히 기초자치단체에서 일차적으로 수행될 필요가 있다. 이를 기능배분상의

'현지성 원칙 혹은 기초자치단체 우선원칙'이라고 부른다.

국가사무라도 특별지방행정기관 등 별도기관의 설치보다는 지방자치단체에 위임하는 것이 주민에게 유리하고, 행정 능률화에도 도움이 된다. 따라서 그간 특별지방행정기관이 맡아오던 지방의 병무, 보훈업무, 환경업무, 노동업무 등은 주민관리와 크게 연관되므로 자방자치단체로 완전 이양해야 한다(이달곤, 1993: 148-150). 이는 '행정의 통합성, 능률성 원칙'을 반영한 것이다.

표 5-8 지방자치단체의 종류별 사무배분기준

구 분	사무배분기준
국가 사무기준	- 국가존립이 필요한 사무 - 전국적 통일이 필요한 사무 - 전국적 규모인 사무 - 자치단체의 기술이나 재정능력으로 수행하지 못하는 사무
시·도 사무기준	- 행정처리 결과가 2개 이상의 시·군 및 자치구에 미치는 광역적 사무 - 동일 기준에 따라 처리되어야 할 성질의 사무 - 지역특성을 살리며 시·도 단위로 책임성을 유지할 필요가 있는 사무 - 국가와 시·군 및 자치구 간 연락조정 등의 사무 - 시·군 및 자치구가 독립적으로 처리하기에 부적당한 사무 - 2개 이상의 시·군 및 자치구가 공동 설치하는 것이 적당하다고 인정되는 규모의 시설을 설치, 관리하는 사무
시·군·구 사무기준	- 시·도가 처리하는 것으로 되어있는 사무를 제외한 사무 　다만 인구 50만 명 이상의 시에 대해선 도가 처리하는 사무의 일부를 직접 처리하게 할 수 있음

출처: 지방자치법 제10조(지방자치단체의 종류별 사무배분기준)에서 참고.

차제에 지방자치법 제10조의 정부 간 사무배분기준에 의거해 정부 간 사무배분의 합리성을 더욱 도모할 필요가 있다. 즉 지방분권 이념을 기반으로 한 현지성, 책임성, 주민만족도 제고 원칙을 기준으로 정부 간 사무배분이 철저히 이루어져야 한다.

특히 기초자치단체는 지역주민의 일상생활과 직결되는 일을 처리하는 생활현장행정의 중심으로서 지역문제를 자율적으로 처리할 권한이 부여되어야 한다. 즉 보충성 원칙에 따라 모든 의사결정은 주민과 가까운 곳에서 이뤄져야 하고, 상위단체는 하위단위의 보조 입장에 서야 하며 이 경우도 부족분을 보충하는 한도에 그쳐야 한다(장종태, 2019).

3. 자치행정조직의 내부구조 강화

지방분권은 국가와 지방을 대등한 것으로 전제하고 출발한다. 이로 인해 지방은 권리를 얻는 동시에 막중한 책임을 지게 된다. 지방재정을 방만히 운영하면 파산한다는 각오가 우리에게도 필요한 것이다.

지방분권은 지방에게 더 이상 감미로운 어휘가 아니다. 특히 그것은 행·재정 운영상의 진정한 자치능력에 의문을 제기하는 것이다. 더 이상 지방의 중앙 의존적 행·재정 시스템은 지방자치 본래의 역할을 망각하게 한다. 따라서 행·재정의 리스트럭처링과 이를 위한 지방정부의 자치역량 강화가 필요하다(하야시 저, 장노순·김생수 역, 1998: 12-23).

향후 이런 맥락에서 자치 및 참여욕구에 부응하는 자치행정조직의 구조적 재설계가 다음과 같이 모색되어야 할 것이다. 무엇보다도 중앙정부 기능의 지방이양에 따른 업무증가에 대응하고 그 기능의 전문화를 도모하기 위해 지방정부조직의 합리적 분화 및 구조적 강화가 있어야겠다. 이런 측면에서 생활문화, 복지, 보건, 환경보전 등 주민복리 증진 전담부서들을 확대·강화할 필요가 있다.

지역경제의 생산성 제고를 위해서는, 지방행정의 기업경영적 운용체계를 강화해야 한다. 이를 위해 투자관리기능을 확대 개편해 중장기 재정계획과 각종 공기업, 민간위탁 업무를 담당하게 해야 한다. 특히 각종 사무소를 정리해 지방공사, 지방공단, 제3섹터로 위탁하는 등 공기업화가 필요하다(이규환, 1991: 34).

무엇보다 행정 민주화 추세에 맞게, 주민들이 지근(至近)거리에서 그들의 생활과 직결되는 행정서비스를 신속히 받을 수 있도록 해야 한다. 따라서 일선 조직들을 주민생활, 복지행정 위주의 서비스형 조직으로 확대 개편할 필요가 있다.

표 5-9 **지방자치단체 기구** (단위: 개)

구 분	보조, 보좌기관		직속기관	사업소	출장소
기관별	실, 국	과, 담당관			
시(75)	274	1,983	160	336	11
군(83)	18	1,087	163	193	-
자치구69)	258	1,691	69	36	2
시의 구(33)	-	296	-	-	-

주: 한시적으로 설치된 기구는 제외.
출처: 『행정자치통계연보』(2017: 186).

그러려면 지방자치단체의 자치조직권 확보를 위한 실질적인 제도 개선이 이루어져야 한다. 다행히도 해당 여건에 따라 지방자치단체가 자율적으로 정원을 관리할 수 있으며, 모든 자치단체의 과(課) 단위 이하 기구 설치는 자유로워질 전망이다.

행정안전부의 지방자치단체 기구정원규정(대통령령) 개정령안 입법예고(2017.12.27)에 의하면, 자치단체가 인건비성 경비 총액(기준인건비)을 초과하여 인건비를 집행하는 경우에도 별도의 제약을 적용하지 않도록 해, 자치단체별 여건과 필요에 따라 자율적으로 정원을 관리할 수 있게 된다. 즉 인구 10만 명 미만 시·군(총 78개)에 대한 과(課) 설치 상한기준이 삭제되고, 국(局)의 설치가 가능해진다. 이로써 향후 모든 지방자치단체에서 과 단위 이하에 대해선 자율적 조직운영이 가능하다. 그동안 인구 10만 명 미만 시·군의 경우 국 조직을 설치할 수 없어 부단체장(4급)이 9~18개의 과를 직접 관할함에 따라 통솔범위의 문제가 계속 제기되어 온 바 있다. 또 인구 100만 명 이상 대도시(예: 수원·고양·용인·창원)의 경우엔 행정수요의 특수성을 반영해 직급 기준의 탄력성도 확대하도록 할 예정이다.

4. 지방정부 행정역량의 강화

지방자치는 민주주의의 꽃이라고 불린다. 그러나 지방자치가 제도상으로 들어와 있다고 해서 민주주의의 꽃이 금방 만개하는 것은 아니다. 지방자치의 순기능이 발현되기 위해서는, 지방의회를 구성하는 지역일꾼들의 올바른 선출과 정책과정에서의 주민참여 등 정치적 자치의 활성화와 더불어, 지역주민의 다양한 요구에 적극 대응해 양질의 공공서비스를 저렴한 비용으로 적시에 제공해 줄 수 있는 '지방정부의 행정 역량'이 뒷받침되어야 한다.

그러나 우리의 자치행정역량은 그리 높지 못하다. 예컨대 복합적인 정책문제와 고도의 정치적 판단을 요하는 문제들이 날로 늘어나지만, 수직형 행정조직에서 일상 업무에 길들여진 지방관청들이 종전처럼 품의(稟議)를 올려 처리하는 방식으로는 이런 문제들에 대응하기가 쉽지 않다. 특히 관료들이 책임을 면하기 위해 임기 중 정책결정을 내리지 않는 님츠(Not In My Terms) 현상은 큰 병이다. 미국의 관료들은 "자신의 임기 내 100%의 성공"을 다짐하지만, 우리는 "절대 실패하지 않겠다"고 다짐한다. 말만 무성하고 행동은 전혀 없는 나포(No Action Policy Only) 현상도 문제이다(곽재원, "지역주민을 정책투자자로": 중앙일보, 2005.2.17자 참조).

미국, 일본, 영국 등 외국의 지방정부 운영은, 이런 측면에서 후발 지방자치국가인 우리에게 시사하는 바가 적지 않다. 지방정부의 운영

논리와 기본 틀을 바꾸기 위한 외국 지방정부들의 다음과 같은 행정능
력 개발사례를 잠시 살펴보자.8)

내용 보태기　5-2　외국 지방정부들의 행정능력 개발방향

외국의 지방정부들은 지방자치를 정치제도로만 보지 않고 그것을 실제로
운영하는 지방행정의 역량도 중시하면서, 기존과는 다른 정부운영방식과
지방공무원들의 새로운 행정능력을 개발하기 위한 일련의 개혁을 단행하고
있다. 그 개혁의 기본방향은, 민주행정원칙에 입각해 시민들에게 제공되는
서비스는 늘리면서도 돈은 적게 드는(more services and less taxes) 그런 정부를
만들겠다는 것이다(Osborne & Gaebler, 1992).

---

1) 고객지향적 행정능력

　행정서비스의 제공자인 지방정부들은 행정편의보다는 고객인 시민
이 원하는 쪽으로 서비스를 제공하기 위해 이들에게 선택권을 부과하
고 시민의 요구에 책임감 있게 대응해야 한다. 외국의 지방정부들은 이
를 위해 지방공무원의 고객 대응적 자세와 고객 지향적 행정능력의 다
양한 개발에 노력을 경주하고 있다. 행정수요 파악용 여론조사의 정례
화, 고객위원회 설치 및 정책과정에의 시민참여 제도화, 시민제안함 설
치, 서비스 전달체계의 다각화 등이 그 예이다. 이런 민주적 대응성
(responsiveness)의 회복노력은 정부를 기피해 온 시민들을 정부운영에
의 참여적 고객(committed customer)으로 이끌어, 자치정부의 정당성을
스스로 회복하는 발판을 만들어 줄 수 있다.

---

8) 외국 지방정부들의 행정능력 개발사례들은, 이 책의 제6장 행정가치 부분 중 민주성,
　효과성, 능률성 확보전략의 예와, 제11장 재무행정 말미에 소개된 자주적 재원확보를
　위한 수익지향적 행정능력 부분에서 자세히 소개되었으므로, 여기에서는 간략하게만
　언급한다.

2) 능률 지향적 행정능력

관료제적 행정 하에서 크게 파괴되어 온 행정 능률성을 재확보하기 위해선, 경제마인드나 원가관리기법을 적극 도입·응용해 능률지향적 행정능력의 개발을 지향해야 한다. 영국, 미국, 일본 등에서 전개된 정부사업 입찰제의 실시, 비능률적인 행정규칙 및 행정절차의 철폐, 서비스 산출비용 계산체계의 합리화, 회의시간 단축 등은 능률 지향적 행정능력 개발의 좋은 사례이다. 능률 지향적 행정은 더 나아가 생산적 성과와 수익까지 중시하는 행정으로 발전한다.

3) 생산성 혹은 성과 지향적 행정능력

오늘의 시민들은 질은 형편없으면서도 터무니없이 높은 가격의 공공서비스를 받기 위해 많은 세금을 내려고 하지 않는다. 자신이 낸 세금으로 무엇을 얻고 있는지, 과연 그들이 요구한 것이 얼마나 되돌아오는지를 구체적으로 모르는 데서 납세자들의 좌절감은 증폭되고 있다. 이에 적극 대응하기 위해 성과지표의 개발과, 전사적 품질관리제의 실시, 결과 지향적 예산제도의 개발이 이루어지고 있다.

4) 수익 지향적 행정능력

정부분야에서 수익·이윤을 중시함으로써 발생되는 재정적 여유는 다른 부족분을 메우고, 미래의 공공사업과 시설을 확충하는 데도 활용될 수 있다. 그런 면에서 기업과 똑같은 수준은 아니지만 자주적 재원확보를 위해 적정범위 내에서 수익을 도모하는 행정능력의 개발이 외국의 지방정부에서 추진되고 있다. 예를 들면, 경상비나 투자재원의 자주적 확보를 위한 수익사업의 추진, 각종 사용료 부과방식 등이 있다(이도형, 1994: 197-207).

제3절 **지방소멸 위험과 지역 재창생 전략**

산업화, 도시화로 인해 농어촌 인구가 줄고 특히 종래의 성장거점 발전전략으로 인해 국토의 불균형발전이 심화되자, 지방은 쇠락하고 대도시권에 고밀도의 생활환경이 조성되는 극점(極點) 사회가 탄생하면서 많은 나라가 지방소멸 위기에 직면하고 있다(마스다 히로야, 2015). 우리 사회에서도 앞에서 언급했듯이 서울 일극(一極) 집중현상이 심각하다. 공공기관은 지방으로 많이 이전되고 있지만, 아직도 대기업, 대학, 주요 문화시설과 쇼핑시설, 종합병원 등 생활편의시설과 돈이 되는 것은 다 서울에 있다(이도형, 2019: 50). 지방으로 이전한 공공기관들의 경우도 직원들은 대개 단신부임이고 그 가족들은 생활이 편리한 서울과 수도권에 계속 머물고 있어 인구분산 효과가 크지 않다. 결국 인구의 절반이 수도권에 거주하는 등 서울과 나머지 지방 간의 인구편차가 매우 심하다.

한국고용정보원(2019)의 『한국의 소멸위험지수와 국가의 대응전략』보고서에 따르면, 2019년 11월 기준 한국의 소멸위험지역은 기초자치단체를 기준으로 97개로서 전체 기초자치단체의 42.5%나 해당된다. 이 중 소멸위험지수(65세 이상 노인비율 대 20~30대 가임여성 비율)가 0.2 미만인 소멸 고위험지역은 16곳이고, 0.2~0.5 미만인 소멸위험지역은 81곳이다. 고령화에다가 저출산 쇼크로 인해 머잖아 지방이 사라질 지경에 이른 셈이다(구본영, 2019).

그간에는 낙후된 지역을 물리적으로 개량하는 도시재생이나 가임(可姙)여성의 인구유출을 막기 위한 복지제도 제공, 또 지역경제 활성화를 위한 지역산업단지 조성 등이 지방소멸을 막는 차원에서 모색되어 왔다. 그러나 지방산업단지에 기업들이 잘 들어오지 않고 복지제도의 재정적 문제 누출, 또 지역 내 문화시설 부족 등 인구유출 요인이 여전히 강하다(마강래, 2017: 162-163). 특히 산업개발은 지역의 난개발 및 지역 생태계 파괴 등의 후유증을 크게 남긴다.

난개발의 후유증 없이 생태적으로 지속 가능한, 또 더 이상의 인구유출을 막고 인구유입을 가능케 하는 지역 재창생의 길은 전혀 없는가? 이를 위해선 지방자치단체들이 지역의 땅을 개발의 대상인 공간(space)보다는 사람이 사는 생명의 장소(place)로 재해석해, 장소감각(sense of place)적으로 의미가 있는 지역 내 장소를 적극적으로 보존, 복원하는 등 지역을 생태 친화적, 생활문화적 차원에서 재구성해 나가는 노력이 긴요하다.

사람이 속한 장소는 식물상, 동물상 등 생태계의 고유한 특성과 지형 등의 자연지리적 경계이자, 인간 생활관계 속에서 형성된 역사, 문화적 경계이기도 하다. 따라서 사람은 특정한 장소감각을 자연스럽게 갖게 된다. 그런데 사람의 자아감(sense of self)은 그가 사는 곳의 장소감각과 연결된다. 우리는 장소감각에 의거해, 개인의 정체성과 심리적 평안을 구할 수 있는 생태적 적소(ecological niche)를 발견한다(Benton, 1993: 184).

자기가 사는 지역이 자신의 생태적 적소라는 인식이 생기면 그곳에 대한 장소애(場所愛; topophilia)가 생기고 그러면 굳이 그곳을 떠날 필요성을 덜 느끼게 된다. 그렇다면 자신이 살고 있는 지역의 곳곳이 그런 생태적 적소로서의 장소적 매력과 장소애를 키울 수 있는 잠재력을 갖고 있음을 알아내고 그것을 계속 지켜나가는 것이 매우 중요해진다. 그런 점에서 주민들의 장소감각을 자극하고 장소애를 유발할 수 있는 지역 내 천혜의 자연환경이나 선조 대대로 내려오는 지역 내 역사유적과 문화적 토양 등 지역 고유의 잠재적 발전자원을 잘 찾아내 지역 재창생 전략으로 현실에 맞게 응용하는 것이 필요하다.

그럼에도 불구하고 최근 우리 사회에서의 지역개발 논의는 지역 소재 고유자원의 체계적 발굴 및 장기적 육성보다는, 중앙 차원에서 전개되는 국토개발 사업의 떡고물 챙기기나 토건업 위주의 지역건설 경기 부양 등 단기적 시각에서 이루어져 왔다.

지금은 차이와 다양성의 가치가 존중되어야 하는 시대이다. 따라서 지역의 특화와 차별화가 긴요하다. 단 선택과 집중의 원리에 치중해, 지역 고유의 잠재적 발전자원을 적극 발굴해 내는 노력이 필요하다. 즉 생태환경도시, 문화역사도시, 교육학습도시, 방재안전도시로서의 개별 특장을 잘 살려나가야 한다. 그러고 나서 살기 좋은 도시로서 갖추어야 할 위의 요소들을 각 지역이 장기적 안목에서 점차 골고루 갖추어 나갈 필요가 있다.

혁신도시, 기업도시 등 중앙의 개발계획들에 편승해서 중앙의 예산에 의존해 지역의 경제소생을 도모하기보다는, 이미 지역 내에 잠재해 있는 비경제적인 잠재적 발전자원들을 지역 재창생의 요소로 승화시키는 것이 긴요한 시점이다. 그렇다면 지역 내 잠재적 발전자원들을 어떻게 지역 주도적으로 찾아내 생태도시, 문화역사도시, 교육도시 등의 지역 재창생 전략으로 연결시킬 것인지, 또 향후 이들 재창생 사업을 어떻게 확장, 추진할 것인지 그 구체적 로드 맵을 찾아보는 과제가 남는다.

결국 어렵게 시작된 우리의 지방자치가 성공리에 정착되고 지방소멸 위험에 대비하기 위해선, 이처럼 지역의 잠재적 발전자원을 발굴해 지역 재창생을 도모하려는 지방자치단체장의 적극적 리더십 및 지방공무원들의 의식개혁과 서비스행정 역량, 지역주민들의 적극적인 정책참여가 필요하다.

지방자치의 이러한 사회적 인프라들이 조속히 구축되고 멋진 앙상블을 이룰 때, 특히 우리 지방정부들의 자치행정 역량이 하루속히 강화될 때, 어렵게 출범한 우리의 지방자치라는 배는 지방소멸 위험 등 험난한 파고를 헤치며 자치의 꽃이 활짝 핀 항구에 무사히 안착할 수 있을 것이다.

|참|고|문|헌|

1. 국내 저서

강성철 외.『새인사행정론』. 서울: 대영문화사, 1996.

강인재·권해수 외 공저.『행정사례문제』. 서울: 대영문화사, 1998.

강용기.『현대지방자치론』. 서울: 대영문화사, 1998.

강준만.『지방식민지 독립선언』, 서울: 개마고원, 2015.

강형기.『관의 논리, 민의 논리』. 서울: 비봉출판사, 1998.

경제정의실천시민연합 정책연구위원회 편.『우리사회 이렇게 바꾸자』. 서울: 비봉출판사, 1992.

_____.『우리 서울 이렇게 바꾸자』. 서울: 비봉출판사, 1995.

공병호.『한국 번영의 길』. 서울: 해냄, 2005.

교육부.『지능정보사회에 대응한 중장기 교육정책의 방향과 전략』, 2017.

구본형.『일상의 황홀』. 서울: 을유문화사, 2004.

권혁빈.『행정에 대한 공무원, 국민 인식조사』, 한국행정연구원, 2013.

권혁창 외.『OECD 주요국가들의 연금개혁의 효과성 연구』. 국민연금연구원, 2013.

김광주·서원석.『행정에 관한 국민의 인식과 평가』. 한국행정연구원, 1992.

김교빈·이현구.『동양철학 에세이』. 서울: 동녘, 1998.

김두식.『헌법의 풍경』. 서울: 교양인, 2004.

김수영.『행정개혁론』. 서울: 박영사, 1988.

김승욱 외.『시장인가? 정부인가?』. 서울: 도서출판 부키, 2004.

김정길.『공무원은 상전이 아니다』. 서울: 베스트셀러, 1998.

김진현.『한국주식회사』. 서울: 한샘문화사, 1978.

김진호 외.『인터넷 시대의 행정학입문』. 서울: 박영사, 2001.

김찬호·오태민.『여백의 질서: 닫힌 지구, 그 열린 세계로』. 서울: 장산, 1995.

김항규.『행정철학(개정판)』. 서울: 대영문화사, 1998.

김형철.『한국사회의 도덕개혁』. 서울: 철학과 현실사, 1997.

마강래.『지방도시 살생부』. 서울: 개마고원, 2017.

문지영.『국가를 계약하라』 서울: 김영사, 2011.

문태현.『글로벌화와 공공정책』. 서울: 대명출판사, 1999.

민진.『행정학개설(제3판)』. 서울: 고시연구사, 1995.

박경원·김희선.『조직이론 강의: 구조, 설계 및 과정』. 서울: 대영문화사, 1998.

박동서. 『한국행정론(제2전정판)』. 서울: 법문사, 1990.
_____. 『한국행정의 쇄신사례』. 서울: 법문사, 1999.
박명수. 『한국행정론』. 서울: 대왕사, 1986.
박성복·이종렬. 『정책학 원론』. 서울: 대영문화사, 1994.
박세정. 『세계화시대의 일류행정』. 서울: 가람기획, 1995.
_____. 『한국행정에 적합한 사무혁신방안의 모색: 기법개발을 위한 탐색적 기초연구』. 한국행정
          연구원, 1993.
_____. 『행정의 능률성 제고를 위한 기본틀 구축』. 한국행정연구원, 1992.
박연호. 『행정학 신론(신정판)』. 서울: 박영사, 1994.
박영희. 『재무행정론』. 서울: 다산출판사, 1989.
박종화 외. 『도시행정론』. 서울: 대영문화사, 1994.
박태견. 『관료망국론과 재벌신화의 붕괴』. 서울: 살림, 1997.
배득종. 『공무원 재임용제』. 서울: 자유기업센터, 1997.
백완기. 『행정학(전정판)』. 서울: 박영사, 1988.
삼성경제연구소 편. 『21세기를 향한 한국의 국가경쟁력』. 서울: 삼성경제연구소, 1994.
삼일회계법인. 『서비스기업의 성공조건』. 서울: 김영사, 1993.
서영진·김성. 『지방경영시대의 선택: 지역활성화의 논리와 실제』. 서울: 나남출판, 1994.
서울시. 『찾아가는 동주민센터 업무 매뉴얼』, 2017.
서원석·김광주. 『공무원의 의식·행태연구』. 한국행정연구원, 1992.
세계화 추진위원회 편. 『세계화의 비전과 전략』. 서울: 세계화추진위원회, 1995.
송하중. 『정부행정 중·장기 발전을 위한 기본구상』. 한국행정연구원, 1994.
신무섭. 『재무행정학(개정판)』. 서울: 대영문화사, 1993.
신영복. 『담론』. 서울: 돌베개, 2015.
안병영. 『자유민주주의를 위한 변론』. 서울: 전예원, 1987.
오석홍. 『신판 행정학』. 서울: 박영사, 2004.
_____. 『인사행정론』. 서울: 박영사, 1995.
_____. 『한국의 행정』. 서울: 경세원, 1996.
오성호·이도형·한승준. 『공직기강 확립을 위한 효율적 체제에 관한 연구』. 국무조정실 의뢰 연
          구용역보고서, 한국국정관리학회, 2002.
오연호. 『우리도 행복할 수 있을까』. 서울: 오마이북, 2014.
오희환. 『지방행정 기능분석에 관한 연구(II)』. 한국지방행정연구원, 1992.
유민봉, 『한국 행정학』. 서울: 박영사, 2010.
유종해. 『현대 행정학(제3전정판)』. 서울: 박영사, 1995.
윤성식. 『정부개혁의 비전과 전략』. 서울: 열린책들, 2002.
이각희. 『공무원연금제도론』. 공무원연금공단, 2017.
이계식 · 문형표. 『정부혁신』. 서울: 한국개발연구원, 1995.

이도형. 『지방자치의 하부구조』. 서울: 한울아카데미, 2000.

_____. 『행정철학』. 서울: 대영문화사, 2004.

_____. 『정부의 전략적 인적자원관리: 디지로그 공무원 만들기』. 서울: 북코리아, 2007.

_____. 『우리들의 정부: 시민 속의 정부만이 사람을 위한 정책을 만든다』. 파주: 한국학술정보, 2016.

_____. 『당근과 자율: 나라살림꾼 키우기의 키워드를 찾아서』. 서울: 북코리아, 2019.

이도형 · 김정렬. 『비교발전행정론: 세계 각국의 발전경험 비교와 한국의 발전전략(제4판)』. 서울: 박영사, 2019.

이명환 엮음. 『신바람 나는 인사관리』. 서울: 21세기 북스, 1997.

이문영. 『자전적 행정학』. 서울: 실천문학사, 1992.

이범일. 『혁신의 늪』. 서울: 삼성경제연구소, 1997.

이서행. 『청백리 정신과 공직윤리』. 서울: 인간사랑, 1991.

이승종. 『지방정부의 공공서비스 배분』. 한국지방행정연구원, 1993.

이유재. 『서비스 마케팅: 경쟁우위 확보를 위한 고객 지향적 사고』. 서울: 학현사, 1995.

이은호 외. 『행정학』. 서울: 박영사, 1994.

이종수 · 윤영진 외. 『새 행정학(개정판)』. 서울: 대영문화사, 1997.

_____. 『새 행정학(6정판)』. 서울: 대영문화사, 2012.

이헌수. 『행정에 대한 공무원의 인식과 태도』. 서울: 한국행정연구원, 1998.

임성한. 『관료제와 민주주의』. 서울: 법문사, 1980.

장용석 외. 『글로벌 시대의 사회통합: 세계적 추세와 한국의 위상』. 파주: 집문당, 2017.

전병유. 『한국의 불평등』. 서울: 페이퍼 로드, 2016.

전영우. 『숲과 한국문화』. 서울: 수문출판사, 1999.

정석 편. 『지방회춘: 지방도시를 살린 8가지 방법』. 서울시립대 대학원, 2018.

정세욱. 『지방행정학』. 서울: 법문사, 1994.

정우일. 『행정통제론』. 서울: 박영사, 1995.

정인화. 『작은 도시가 사는 길』. 서울: 신구문화사, 1998.

정진환 · 김재영. 『행정학원론』. 서울: 학문사, 1996.

정철현. 『행정학개론』. 서울: 법문사, 1998.

조석준. 『한국행정조직론』. 서울: 법문사, 1994.

_____. 『한국행정학』. 서울: 박영사, 1984.

조윤제 편. 『한국의 소득분배: 추세, 원인, 대책』. 서울: 한울아카데미, 2016.

주성수. 『공공정책 거버넌스』. 서울: 한양대학교 출판부, 2004.

_____. 『글로벌 거버넌스와 NGO』. 서울: 도서출판 아르케, 2000.

_____. 『사회민주주의와 경제민주주의』. 서울: 인간사랑, 1992.

중앙인사위원회. 『공무원 인사개혁백서』. 중앙인사위원회, 2005.

중앙인사위원회 편. 『사람이 나라의 미래: 정부 인사시스템의 변화와 혁신의 현주소』. 서울: 나남출판, 2005.

진재구. 『행정전문성 제고를 위한 공무원 임용체계 개선』. 한국행정연구원, 1993.

_____. 『직업공무원제 확립을 위한 인사행정기관 및 공직분류체계 개선방안』. 한국행정연구원, 1992.

최동석. 『똑똑한 자들의 멍청한 짓: 한국 관료조직의 개혁을 위한 진단과 처방』. 서울: 비봉출판사, 1998.

최성현. 『바보 이반의 산 이야기』. 서울: 도솔, 2003.

최순영. 『직위분류제 확대와 연계한 공무원 인사관리의 개선방안』, 한국행정연구원, 2015.

하연섭. 『제도분석』. 서울: 다산출판사, 2003.

한국노동연구원. 『2015년 민-관 보수수준실태조사』. 인사혁신처 용역보고서, 2015.

한국조사연구학회. 『2013년 민-관 보수수준실태조사』. 행정안전부 용역보고서, 2013.

함종섭 · 이남국 · 한창섭. 『행정에 관한 공무원 인식조사』. 한국행정연구원, 2010.

허명환. 『관료가 바뀌어야 나라가 산다』. 서울: 한국세정신문사, 1999.

2. 국내 논문

강병주. 「민영화와 지방재정 자주권 신장」. 『지방행정연구』 9:3, 1994.

강인재. 「기업적 예산운영제도의 내용과 조건」. 『지방자치』 4월호, 1994.

_____. 「지방정부와 지방재정」. 강인재 외, 『지방재정론』. 서울: 대영문화사, 1993.

강진성. 「HPI 프로그램과 밀착채용으로 우수인재 확보」. 『인사관리』 9월호, 1997.

경기연구원. 「신정부의 지방분권 추진방향과 대응전략」. 『GRI 연구』, 2019.2.28자.

고건. 「지방분권과 경영행정 구현을 위한 개혁과제」. 나라정책연구회 편저, 『한국형 지방자치의 청사진』. 서울: 길벗, 1995.

구본영. 「지방소멸 위기」. 『파이낸셜 뉴스』, 2019.12.30자.

권용훈. 「지자체 세입구조의 추세와 시사점」. 국회 입법조사처, 『지표로 보는 이슈』, 제26호.

권해수. 「지자체, 시민단체 지원 강화해야 한다」. 『지방자치』 6월호, 1996.

김경미. 「지방도시 소멸, 자치와 분권에서 길을 찾다」. 『경상일보』, 2020.1.6자.

김린. 「직역연금과 국민연금의 관계에 대한 규범적 관점에서의 소고: 공무원 연금법 개정논의를 중심으로」. 『사회보장법학』, 3:2, 2014.

김상균. 「세계화시대 무엇이 달라지나」. 김상균 편, 『삶의 질 향상을 위한 길잡이』, 서울: 나남출판, 1996.

_____. 「한국인의 복지의식」. 『사회과학과 정책연구』 16:1, 1994.

김상묵. "공직가치: 연구주제 탐색." 『한국행정연구』 기획논문 추진 워크숍(한국행정연구원, 2016.10.24), 2016.

김석태. 「공공서비스와 공공지출」. 강인재 외, 『지방재정론』. 서울: 대영문화사, 1993.

_____. 「행정통제의 행태모형적 접근」. 『한국행정학보』 25:3, 1991.

김성순. 「21세기 송파가 서울을 열어갑니다」. 『경제정의』 여름호, 1996.

김성한. 「세계화, 분권화, 지방화」. 김경진·임현진 편, 『세계화의 도전과 한국의 대응』. 서울: 나남, 1995.

김세영. 「Theory E에 의한 관리」. 『인사관리』 11월호, 1996.

김영수·장용석. 「제도화된 조직구조의 합리성에 대한 신화와 비판」. 『한국사회학』 36:6, 2002.

김의영. 「한국 이익집단정치의 개혁방향」. 『계간사상』 여름호, 1999.

김익식. 「지방자치제 개혁의 평가: 제1기 지자제를 중심으로」. 『정부정책 및 정부개혁의 평가』 (1999년도 한국정책학회, 한국행정학회 하계학술대회 논문집, 한국통신 지리산 수련관, 1999.6.25-26).

김일태. 「지속가능한 사회 건설을 위한 참여행정 전략」. 『도시행정학보』 9집, 1996.

김정아. 「미국의 참여복지」. 『사회복지』 겨울호, 2004.

김준한. 「행정학의 위기: 다면적 현상」. 『kapa@포럼』 90호, 2000.

김중양. 「공직분류체계」. 『한국행정연구』 가을호, 1997.

김중웅. 「세계화와 신 인본주의」. 김진현 외, 『21세기 국가경영전략』. 서울: 현대사회경제연구원, 1997.

김진현. 「개화 120년과 21세기 미래개척」. 『계간사상』 가을호, 1996.

김춘석. 「시민참여형 의사결정 방법, 공론조사에 대한 이해」. 한국지방정부학회, 『2017년도 하계 학술대회 발표논문집』, 2017.

김태일. 「정부인력규모와 공공서비스제공방식」. 『정부학연구』 18:1, 2012.

김판석. 「정부혁신과 행정학: 외연확장과 정신복」. 『kapa@포럼』 102호, 2003.

김학수. 「종업원의 노력회피성향과 그 원인 연구」. 『경영학 연구』 26:1, 1997.

나중식. 「브라질 알레그레 시의 주민참여예산제도: 성공요인과 한계」. 『한국행정논집』 16:3. 2004.

남덕우. 「세계화의 역학과 우리의 대응」. 김경원·임현진 편, 『세계화의 도전과 한국의 대응』. 서울: 나남, 1996.

박경효. 「한국의 지역문제와 정부관료제의 대표성」. 『관료와 정책』(한국행정학회 1993년도 추계 학술대회 발표논문집, 학술진흥재단 대강당, 1993.10.15).

박동서. 「고급공무원의 성분변화」. 『행정논총』 30:1, 1992.

_____. 「한국의 관료권과 통제」. 『계간사상』 겨울호, 1991.

박동서 외. 「'작은 정부'의 개념논의」. 『한국행정학보』 26:1, 1992.

박세일. 「세계화시대와 지방으로의 권력이동」. 나라정책연구회 편저, 『한국형 지방자치의 청사진』. 서울: 길벗, 1995.

박세정. 「대민행정의 쇄신방안: 경영관리적 접근을 중심으로」. 『한국행정학보』 28: 1, 1994.

박재욱·류재현. 「로컬 거버넌스와 시장의 리더십」. 『국정관리의 새로운 방향과 과제』. 한국행정 학회 발표논문집, 2000.

박종민·김병완. 「한국 국가관료의 의식」. 『한국행정학보』 25:4, 1992.

박천오. 「한국에서의 정치적 피임명자와 고위 직업관료의 정책성향과 상호관계」. 『한국행정학보』

27:4, 1993.

박천오. 「한국 공무원의 책임확장: 법적, 계층적 책임에서 윤리적, 개인적 책임으로」. 『한국행정학보』 50:1, 2016.

박천오·한승주. 「개방형 직위제도의 성과에 대한 실증연구: 관련 공무원들의 인식비교」. 『한국인사행정학회보』 16:3, 2017.

배득종. 「공공재와 공개재 그리고 공유재」. 『Kapa@포럼』 95호, 2001.

서광석·안종태. 「공무원노동조합의 발전과 노사관계의 성격변화」. 『경영사학』 32:4, 2017.

서규환. 「국가의미론: 비판시민사회의 이론화」. 『한국정치학회보』 제24집 특별호, 1990.

서삼영. 「서비스행정 증진을 위한 정보화정책」. 『한국행정연구』 4:2, 1995.

성경륭. 「21세기의 변화전망과 국가경영의 신 패러다임」. 한국 공공정책연구소 편, 『국가혁신의 비전과 전략』. 서울: 삼성경제연구소, 1998.

_____. 「지방자치와 국가개혁」. 성경륭 외, 『지방자치와 지역발전』. 서울: 민음사, 1997.

신복룡. 「한국의 근현대사에 나타난 개혁가의 꿈과 좌절」. 『계간 열린 지성』 여름호, 1997.

신옥주. 「공론화위원회를 통한 신고리 5·6호 건설중단 결정방법의 문제점과 개선방안 연구」. 『국가법연구』 14:1, 2018.

안병영. 「전환기 한국관료제의 갈등과 발전방향」. 『계간사상』 가을호, 1990.

양창삼. 「조직을 활성화하는 고부가가치 리더십」. 『인사관리』 1월호, 1997.

엄태호. 「정부회계 및 예산제도 개혁: 효과가 미진한 이유」. 하연섭 외, 『한국사회와 한국행정』. 서울: 다산출판사, 2019.

우석훈. 「토건 이긴 정권 없었다: 탈토건위원회를 만들자」. 『오마이뉴스』, 2019.3.13자.

원한식. 「공자가 생각하는 행정신뢰」. 『정부정책 및 정부개혁의 평가』(한국정책학회, 한국행정학회 1999년도 하계학술대회 발표논문집, 한국통신 지리산수련관, 1999.6.25-26).

유상엽. 「정부조직개편의 현황, 문제점 그리고 개선방향」. 하연섭 외, 『한국사회와 한국행정』. 서울: 다산출판사, 2019.

유석춘. 「한국 시민운동의 문제와 바람직한 방향」. 『시민사회』 가을호, 2001.

유완빈. 「Administration과 administration의 개념에 관한 어의적 고찰」. 『현대사회와 조직이론』, 한영춘 교수 화갑 기념논문간행집 수록논문, 1993.

유필화·권혁종. 「기업의 내부고객에 대한 세분화전략과 제품정책의 결정에 관한 연구」. 『경영학연구』 25:2, 1996.

윤성식. 「행정학의 위기」. 『kapa@포럼』 92호, 2000.

윤우곤. 「현대 한국관료의 의식구조」. 『계간경향』 봄호, 1988.

윤태범. 「공무원 부패, 효율적 방지전략」. 이은영 외, 『부정부패의 사회학』. 서울: 나남출판, 1997.

이규환. 「서울특별시 행정조직, 인사의 발전방향」. 『자치행정』 11월호, 1991.

이근주. 「PSM과 공무원의 업무성과」. 『한국사회와 행정연구』 16:1, 2005.

이기옥. 「바람직한 중앙정부와 지방정부 간 관계」. 조창현 외, 『한국 지방자치의 쟁점과 과제』. 서울: 도서출판 문원, 1995.

이내영. 「세계화와 정치개혁」. 김경원・임현진 편, 『세계화의 도전과 한국의 대응』. 서울: 나남, 1996.

이대희. 「감성정부와 이성정부의 비교론적 고찰」. 『한국사회와 행정연구』 16:1, 2005.

이도형. 「공무원 경력개발제도의 강화 필요성과 그 효과적 설계방향」. 『충북행정학보』 창간호, 1998.

_____. 「공무원 연금개혁방향: 이론적 근거와 외국사례의 시사점을 중심으로」. 『정부학연구』 24:3, 2018.

_____. 「공직가치 형성주체의 새 관점과 전제조건: 숙의형 공직가치 형성과 가치갈등관리의 공론화를 중심으로」. 『한국교통대학교논문집』 제54집, 2019.

_____. 「로컬 복지 거버넌스 전략: 자활사업을 중심으로」. 『한국행정학보』 38:3, 2004.

_____. 「발전행정론의 재구성을 위한 시론」. 『한국행정학보』 36:4, 2002.

_____. 「서비스행정의 구축과 그 촉진전략」. 『현대사회와 행정』 8집, 1999.

_____. 「스웨덴 행정제도의 민주성과 그 정치적 함의」. 『한국행정학보』 27:1, 1993.

_____. 「자치시대 지역사회개발의 현대적 유형, 도시복지공동체」. 『지방자치』 3월호, 1998.

_____. 「지방공무원의 능력개발방향」. 『충주대학교논문집』 29집, 1994.

_____. 「지방공무원의 서비스행정 인지부조화 원인과 그 처방」. 『한국행정논집』 9:3, 1997.

_____. 「한국 국가-사회관계 변화에 따른 국가기능 재정립 방향」. 『한국행정학보』 26:2, 1992.

이병화. 「지방시대 삶의 질과 지역불균형 문제」. 부산여대 사회과학연구소 편, 『삶의 질과 지역 불균형』. 부산: 세종출판사, 1996.

이선우. 「공무원 실적평가제도 개선방향」. 『한국행정연구』 가을호, 1997.

이승종. 「노무현 정부의 지방분권 정책평가」. 『행정논총』 43:2. 2005.

이용모. 「공무원 승진제도 인식에 대한 연구: 6급 이하 공무원을 대상으로」. 『한국인사행정학회보』 10:3, 2014.

이원희. 「부처 쌈짓돈 전락한 정부기금」. 『중앙일보』, 2014.5.18자.

이정욱. 「행정개혁, 어떻게 제대로 추진할 것인가?」. 하연섭 외, 『한국사회와 한국행정』. 서울: 다산출판사, 2019.

이종구. 「혁신시정과 공무원 노동운동: 자치노 가와사키 시직원 노동조합의 정책참가」. 『경제와 사회』 봄호, 1997.

이지문. 「시민의회는 직접민주주의인가 대의민주주의인가?」 『시민과 세계』 통권 32호, 2018.

이지원. 「시민공감 도시지표 시민과 함께 개발」. 『시사매거진』, 2016.4.11자.

이태수. 「직함 인플레」. 『철학과 현실』, 1998.

이한구. 「한국경제의 선진화를 위한 경제사회적 조건」. 『국가전략』 1:1, 1995.

임의영. 「지구화시대 국가의 거버넌스 전략에 관한 비판적 고찰」. 『정부학연구』 11:1, 2005.

임혁백. 「민주화 시대의 국가-시민사회 관계틀 모색: 국가, 시장, 민주주의」. 『한국의 정치변동과 시민사회』(한국정치학회, 한국사회학회 공동학술발표회 발표논문집, 서울대학교 선경경영관, 1992.4.23-24).

임혁백. 「세계화와 민주화: 타고난 동반자인가, 사귀기 힘든 친구인가?」. 김경원·임현진 편, 『세계화의 도전과 한국의 대응』. 서울: 나남, 1996.

장용석. 「사회적 가치를 통해 본 한국사회 난제풀이: 공공가치 융합과 사회혁신전략」. 하연섭 외, 『한국사회와 한국행정』. 서울: 다산출판사, 2019.

장종태. 「지방분권, 보충성의 원리에 기초해야」. 『충청투데이』, 2019.1.29자.

전상인. 「지방자치와 민주주의의 이론과 역사」. 성경륭 외, 『지방자치와 지역발전』. 서울: 민음사, 1997.

전종섭. 「행정개혁은 왜 실패하는가」. 『행정문제논집』 13집, 1995.

정규호. 「생태공동체운동」. 이병철 외, 『녹색운동의 길찾기』. 서울: 환경과 생명, 2002.

정대화. 「민주화과정에서의 시민운동과 정치개혁의 관계」. 『동향과 전망』 64호, 2005.

정무권. 「새로운 국정관리 능력과 민주적 책임성」. 대통령 자문 정책기획위원회, 『새 천년의 한국정치와 행정』, 서울: 나남, 2000.

정수복. 「한국인의 모임과 미시적 동원맥락」. 『경제와 사회』 봄호, 1996.

정영헌. 「선진국의 납세자 권리보호 현황과 시사점」. 자유기업센터, 『납세자의 권리를 찾아서』. 서울: 자유기업센터, 1997.

정진호. 「발전전략과 경제운영의 틀」. 한국경제연구원, 『국가경쟁력 강화를 위한 기본구상』. 한국경제연구원, 1996.

정창률·김진수. 「한국공무원 연금개혁 평가 및 발전방안」. 『사회보장연구』 31:4, 2015.

정채융. 「1996년 지방재정의 운영방향」. 『자치행정』 3월호, 1999.

정철. 「공무원 연금통합의 헌법적 검토」. 『세계헌법연구』 21:2, 2015.

조명성. 「역대 정부의 조각에 관한 고찰」. 『한국인사행정학회보』 13:1, 2014.

조성한. 「21세기 한국행정학의 역할과 위기극복」. 『kapa@포럼』 94호, 2001.

조성혜. 「독일의 직업공무원제도와 공무원연금」. 『법과 정책연구』 15:4, 2015.

조영택. 「1999년 인사행정의 운영방향」. 『자치행정』 1월호, 1999.

진재구. 「공무원 사기진작을 위한 인사정책」. 『자치행정』 3월호, 1999.

최도림. 「규모증가에 따른 우리나라 정부조직의 구조변화」. 성균관대학교 대학원 석사학위논문, 1991.

최명근. 「한국의 납세자 권리, 그 문제점과 개선방안」. 자유기업센터, 『납세자의 권리를 찾아서』. 서울: 자유기업센터, 1997.

최순영·조임곤. 「개방형 임용제도의 성과향상을 위한 정책대안의 우선순위」. 『한국인사행정학회보』 12:1, 2013.

_____. 「개방형 임용제도에 대한 공무원의 평가」. 『한국인사행정학보』 13:1, 2014.

최승노. 「세금해방일과 재정해방일」. 공병호 편, 『경제가 보이는 풍경』. 자유기업센터, 1999.

최연홍. 「한국행정학의 미래와 비전」. 『kapa@포럼』 94호, 2001.

최정운. 「서구 자본주의와 국가: 조직과 지식, 그리고 계급」. 『계간사상』 여름호, 1993.

최철화. 「한국행정개혁의 전개과정 분석과 개선방향에 관한 연구」. 경희대학교 대학원 박사학위논문, 1985.

하태권. 「국정개혁의 성공을 위한 조건」. 『kapa@포럼』 102호, 2003.

한상진. 「위험사회에 대한 동·서양의 성찰: 유교의 잠재력은 남아 있는가」. 『계간사상』 봄호, 1998.

허범. 「새로운 공공행정의 모색: 민본행정의 이념과 과제」. 한국행정학회 편, 『한국민주행정론: 민주사회의 성숙을 위한 공공행정』. 서울: 고시원, 1988.

홍성만·왕재선. 「정부관료제의 역사적 형성과 제도변화과정」. 2003년도 한국행정학회 동계학술대회 발표논문집, 2003.

홍성수. 「입법의 홍수, 무엇이 문제인가」. 『공감통신』, 2016.9.9자.

홍준형. 「공무원 인사제도의 개혁과 직업공무원제도」. 『자치행정』 3월호, 1999.

_____. 「행정과 법」. 강인재·이달곤 외, 『한국행정론』. 서울: 대영문화사, 1998.

홍학표. 「납세자 행동에 영향을 미치는 요인」. 『한국행정학보』 27:3, 1993.

황윤원. 「행정학위기의 역사적 순환가설」. 『kapa@포럼』 91호, 2000.

3. 번역서

고든 털럭, 김행범·황수연 역. 『사적 욕망과 공공수단: 정부의 바람직한 규모에 관한 경제학적 분석』. 서울: 대영문화사, 2005.

고든 털럭 외, 김정완 역, 『공공선택론: 정부실패』. 서울: 대영문화사, 2005.

고바야시 요시아키, 이호동 역. 『공공선택론』. 서울: 오름, 1997.

로버트 위브, 이영옥 외 역. 『미국 민주주의의 문화사』. 서울: 한울아카데미, 1999.

로버트 풀, 김원 역. 『지방정부 경영론』. 서울: 법문사, 1994.

Marie-Laure Onnee-Abbruciati, 민문홍 역. 『유럽연합의 공무원 연금제도 연구』. 공무원연금공단, 2005.

마스다 히로야, 김정환 역. 『지방소멸: 인구감소로 연쇄 붕괴하는 도시와 지방의 생존전략』. 서울: 와이즈베리, 2015.

뭉크, 함규진 역. 『위험한 민주주의: 새로운 위기, 무엇이 민주주의를 파괴하는가?』 서울: 와이즈베리, 2018.

베네딕트 마니에, 이소영 역. 『백만 개의 조용한 혁명』. 서울: 책세상, 2014.

샘 힐, 형선호 역. 『60 트랜드 60 체인지』. 서울: 한국경제신문, 2004.

西尾勝, 강제호 역. 『일본의 행정과 행정학』. 부산: 부산대학교출판부, 1997.

스틸만 II, 김번웅·김동현·이홍재 역. 『미국관료제론』. 서울: 대영문화사, 1992.

앤드류 커크, 유강은 역. 『세계를 뒤흔든 시민 불복종』. 서울: 그린비, 2005.

제러미 리프킨, 이원기 역. 『유럽피안 드림』. 서울: 민음사, 2005.

제임스 카드, 김정현 역. "한국의 4대강 프로젝트: 경기부양책인가, 쓸데없는 짓거리인가." 『녹색평론』 2010년 5-6월호.

조셉 나이 외 편저, 박준원 역. 『국민은 왜 정부를 믿지 않는가?』. 서울: 굿 인포메이션, 2001.

토머스 프리드먼, 신동욱 역. 『렉서스와 올리브나무: 세계화는 덫인가, 기회인가? (I),(II)』. 서울: 도서출판 창해, 2002.

폴 버카일, 김영배 역. 『정부를 팝니다』. 서울: 시대의 창, 2011.

프란츠 알트, 박진희 역. 『생태적 경제기적』. 서울: 양문, 2004.

하야시 저, 장노순 · 김생수 역, 『지방분권의 경제학』, 춘천: 강원대학교 출판부, 1998.

호소카와 · 이와꾸니, 김재환 역. 『지방의 논리: 정치는 지방에 맡겨라』. 서울: 삶과 꿈, 1993.

4. 외국 저서

Barnard, C. I. *The Functions of the Executive*. Cambridge, Mass.: Harvard University Press, 1958.

Beck, Ulrich. *Ecological Enlightenment: Essays on the Politics of the Risk Society* (trans. by Mark Ritter). N.Y.: Humanities, 1995.

Bennis, W. G. *Organization Development : Its Nature, Origins and Prospects*. Menlo Park, Calif. : Addison Wesley, 1969.

Benton, T. *Natural Relations: Ecology, Animals and Social Justice*. London: Verso, 1993.

Bowman, J. S.(ed.). *Ethical Frontiers in Public Management*. San Francisco: Jossey- Bass, 1991.

Caiden, G. E. *Public Administration, 2nd ed.*. Pacific Palisades, Calif.: Palisades Pub., 1982.

_____. *Administrative Reform Comes of Age*. Berlin: Walter De Gruyter, 1991.

Chandler, R. C. & Plano, J. C. *The Public Administration Dictionary*. N.Y.: John Wiley and Sons, 1982.

Claire, G. *Administocracy*. N.Y.: The Macmillan Co., 1934.

Cobb, Roger W. and Elder, Charles D. *Participation in American Politics: The Dynamic of Agenda-Building*. Baltimore: The Johns Hopkins University Press, 1983.

Cooper, Phillip J. et. al.. *Public Administration for the 21C*. Fort Worth, TX.: Harcourt Brace College, Pub., 1998.

Daft, R. L. *Organization Theory and Design, 4th ed.*. St. Paul, M.N.: West Pub., 1992.

Dalton, R. *Citizen Politics in Western Democracies: Public Opinion and Political Parties in the United States, Great Britain, West Germany and France*. Chatham, N.J.: Chatham House Pub., Inc., 1988.

Denhardt, R. B. *Public Administration: An Action Orientation*. Calif. : Brooks / Cole Pub., Co., 1991.

Dror, Y. *Design for Policy Sciences*. N.Y.: American Elsevie Pub., Co. 1971.

Easton, D. *The Political System: An Inquiry in the State of Political Science*. N.Y.: Alfred Knopf, 1953.

Esping-Andersen, G. *The Three Worlds of Welfare Capitalism*. N.J.: Princeton Univer- sity

Press, 1990.

Etzioni-Halevy, E. *Bureaucracy and Democracy: A Political Dilemma*. London: Routledge & Kegan Paul, 1983.

Evans, P. *Dependent Development*. Priceton: Princeton University, 1979.

Finer, H. *The Britisch Civil Service*. London: Fabian Society, 1957.

Fisher, F. Politics, *Values and Public Policy: the Problem of Methodology*. Boulder, Colorado: Westview Press, 1980.

Frederickson, H. G. *The Spirit of Public Administration*. San Francisco: Jossey-Bass Pub., 1997.

Golden, Marissa Martino. *What Motivates Bureaucrats?* N.Y.: Columbia University Press, 2000.

Goodsell, C. *The Case for Bureaucracy: A Public Administration Polemic, 2nd ed.*. Chatham, N.J.: Chatham House Publishers, 1985.

Gore, A. *The Gore Report on Reinventing Government*. N.Y.: Random House, 1993.

Hammer, M. & Champy, J. *Reengineering the Corporation: A Manifesto for Business Revolution*. N.Y.: Harper Business, 1993.

Hirschman, A. O. *Exit, Voice and Loyalty : Response to Decline in Firms, Organizations and States*. Mass.: Harvard University Press, 1970.

Holzer, M. & Callahan, K. *Government At Work: Best Practice and Model Programs*. London: Sage Pub., 1998.

Jones, C. *An Introduction to the Study of Public Policy*. Mass.: Duxbury Press, 1977.

Jun, Jong S. *Philosophy of Administration*. Seoul: Daeyoung Moonhwa Inter- national, 1994.

_____. *Public Administration: Design and Problem Solving*. N.Y.: Macmillan Pub., 1986.

Katz, D. & Kahn, R. *The Social Psychology of Organizations*. N.Y.: John Wiley and Sons, 1966.

Kennedy, Paul. *Preparing for the Twenty-first Century*. N.Y.: Random House, 1993.

Kingdon, J. *Agenda Alternatives and Public Policy*. Boston: Little, Brown and Co., 1984.

Lipsky, M. *Street-Level Bureaucracy: Dilemmas of the Individual in Public Services*. N.Y.: Russel Sage, 1980.

McGregor, D. *The Human Side of Enterprise*. N.Y.: McGraw-Hill, 1960.

Megill, K. A. *The New Democratic Theory*. N.Y.: The Free Press, 1970.

Metcalfe, L. & Richards, S. *Improving Public Management*. London: Sage Pub., 1987.

Mosher, F. C. *Democracy and the Public Services, 2nd ed.*. N.Y.: Oxford University Press, 1982.

Murphy, John W. *Post-modern Social Analysis and Criticism*. N.Y.: Greenwood Press, 1989.

Newman, W. H. *Administrative Action*. N.J.: Prentice-Hall, 1958.

Nigro, F. A. *Modern Public Adiministration*. N.Y.: Harper and Row, 1965.

_____ & Nigro, L. *Modern Public Administration, 5th ed.*. N.Y.: Harper & Row, 1980.

_____. *New Public Personnel Administration, 3rd ed.*. Illi.: F.E. Peacock, Pub., Inc., 1986.

Niskanen, W. *Bureaucracy and Representative Government*. Chicago: Aldine- Atherton, 1971.

North, D. C. *Institutions, Institutional Change and Economic Performance*. Cambridge: Cambridge Univerisity Press, 1990.

OECD. *Government at a Glance*. 2017.

Osborne, D. & Gaebler, T. *Reinventing Government: How the Entrepreneurial Spirit is Transforming the Public Sector*. Mass.: Addison-Wesley Pub., Co., 1992.

Ostrom, V. *The Intellectual Crisis in American Public Administration, 2nd ed.*. Tuscaloosa: The University of Alabama Press, 1989.

Parkinson, G. N. *Parkinson's Law*. N.Y.: Harper & Row, 1957.

Pateman, C. *Participation and Democratic Theory*. Cambridge University Press, 1970.

Peirce, William S. *Bureaucratic Failure and Public Expenditure*. N.Y.: Academic Press, 1981.

Peters, B. Guy. *The Future of Governing: Four Emerging Models*. University Press of Kansas, 1996.

Phyrr, P. A. *Zero-Base Budgeting: A Practical Management Tool Evaluating Expenses*. N.Y.: John Wiley and Sons, 1977.

Pierre, Jon & Peters, B. Guy. *Governance, Politics and the State*. N.Y.: St. Martin's Press, 2000.

Pressman, J. & Wildavsky, A. *Implementation*. Berkeley, Calif.: University of California Press, 1979.

Presthus, R. *The Organizational Society*. N.Y.: St. Martin's Press, 1985.

Przeworski, Adam. *Democracy and The Market*. Cambridge University Press, 1991.

Przeworski, Adam et. al.. *Democracy, Accountability and Representation*. Cambridge University Press, 1999.

Raadschelders, Jos C. N. *Handbook of Administrative History*. New Brunswick: Transaction Pub., 1998.

Rawls, J. *A Theory of Justice*. Cambridge: Harvard University Press, 1971.

Reynaud, E. *Social Dialogue and Pension Reform*. International Labor Organization, 2000.

Robbins, S. *Organization Theory: Structure and Design of Organizations*. N.J.: Prentice- Hall, Inc., 1990.

Rosenbloom, D. H. *Public Administration: Understanding Management, Politics and Law in Public Sector*. N.Y.: McGraw-Hill, 1989.

Rourke, Francis E. *Bureaucracy, Politics and Public Policy, 3rd ed.*. Boston: Little, Brown and Co., 1984.

Sandel, M. *Justice: What's the Right Thing to Do?* N.Y.: Farrar, Straus & Giroux, 2009.

Savas, E. S. *Privatization: The Key to Better Government.* N.J.: Chatham House, 1987.

Schachter, Hindy L. *Reinventing Government or Reinventing Ourselves: The Role of Citizen Owners in Making A Better Government.* State University of New York Press, 1997.

Self, P. *Political Theory of Modern Government: Its Role and Reform.* London: George Allen & Unwin, 1985.

Sharkansky, I. *Public Administration: Policy-Making in Government Agencies, 4th ed..* Chicago: Rand McNally College Pub., 1978.

Simon, H. *Administrative Behavior.* Macmillan, Co., 1957.

_____, Smithburg, D. and Thompson, V. *Public Administration.* N.Y.: Alfred A. Knopf, 1973.

Stahl, O. *Public Personnel Administration.* N.Y.: Harper & Row, 1962.

Steiss, A. & Daneke, G. *Performance Administration: Improved Responsiveness and Effectiveness in Public Service.* Lexinton, Mass.: D. C. Heath and Company, 1980.

Stillman II., R. J. *Public Administration.* Boston: Houghton Mifflin Co., 1978.

Stockey, E. & Zeckhauser. R. *A Primer for Policy Analysis.* N.Y.: W.W. Norton & Company, 1978.

Sullivan III, M. *Measuring Global Values: The Ranking of 162 Countries.* N.Y.: Greenwood Press, 1991.

Terry, H. L. *Office Management and Control: The Actions of Administrative Management.* Homewood, Ill.: R.D. Irwin, Inc., 1962.

Waldo, D. *The Enterprise of Public Administration.* Chandler & Sharp Pub., 1980.

_____. *The Study of Public Administration.* N.Y.: Random House, 1955.

Weber, M. *The Theory of Social and Economic Organization.* by A. M. Henderson & T. Parsons (trans.), Oxford: Oxford University Press, 1947.

Weimer, D. & Vining, A. *Policy Analysis: Concepts and Practice.* Englewood Cliffs, N.J.: Prentice-Hall, 1989.

Wholey, J. et. al. *Federal Education Policy.* Washington, DC.: The Urban Institute, 1976.

Williamson, O. E. *The Economic Institutions of Capitalism.* N.Y.: The Free Press, 1985.

Wolf, Eric, *Peasants.* Prentice-Hall, 1966.

Wolf, Jr., C. *Markets or Governments.* Mass.: The MIT Press, 1990.

5. 외국 논문

Abueva, J. "Administrative Reform and Culture." In Lee Hahn-been & A. Samonte (eds.), *Administrative Reforms in Asia.* Manila: EROPA, 1970.

Andreassen, T. W. "Satisfaction, Loyalty and Reputation as Indicators of Customer Orientation in the Public Sector." *International Journal of Public Sector Management*, 7:2, 1994.

Argyle, Nolan J. "Public Administration, Administrative Thought, and the Emergence of the Nation State." In Ali Farazmand (ed.), *Handbook of Bureaucray*. N.Y.: Marcel Dekker, Inc., 1994.

Bang, H., Box, R., Hansen, A. and Neufeld, J. "The State and the Citizen: Communitarianism in the United States and Denmark." *Administrative Theory and Praxis,* 22:2, 2000.

Bellamy, Chris. "The Teaching of Public Administration in the UK." *Public Administration*, 77:4, 1999.

Benington, John & Geddes, Mike. "Introduction: Social Exclusion, Partnership and Local Governance: New Problems, New Policy Disclosures in the European Union." In Mike Geddes and John Benington (eds.), *Local Partnership and Social Exclusion in the European Union: New Forms of Local Social Governance?* London: Routledge, 2001.

Benton, E. & Daly, J. "The Paradox of Citizen Service Evaluations and Tax/Fee Preference: the Case of Two Small Cities." *American Review of Public Administration*, 22:4, 1992.

Block, F. "Social Policy and Accumulation: A Critique of the New Consensus." In M. Rein, G. Esping-Anderson and L. Rainwater (eds.), *Stagnation and Renewal in Social Policy: The Rise and Fall of Policy Regimes*. N.Y.: M. E. Sharpe, Inc., 1987.

_____. "The Ruling Class Does Not Rule: Notes on the Marxist Theory of the State." *Socialist Revolution*. vol.33, 1977.

Brown, Peter. "The Legitimacy Crisis & The New Progressivism." In Marc Holzer (ed.), *Public Service: Callings, Commitments and Constraints*. Westview Press, 2000.

Buchanan, J. "Rent-Seeking and Profit-Seeking." In J. Buchanan, R. Tollision & G. Tullock (eds.), *Toward a Theory of the Rent-Seeking Society*. Texas A & M University Press, 1980.

Brudney, J. L. and England, R. E. "Toward a Definition of the Co-production Concept." *Public Administration Review*, 43:1, 1983.

Callahan, K. "Rethinking Governmental Change: New Ideas, New Partnerships." *Public Productivity & Management Review*, XVII:3, 1994.

Catron B. I. & Hammond, B. R. "Reflections on Practical Wisdom: Enacting Images and Developing Identity." In H. Kass & B. Catron (eds.), *Images and Identities in Public Administration*. London: Sage Pub., 1990.

Cavanaugh, H. A. "Re-engineering: Buzz Word or Powerful New Business Tool?" *Electrical World*, April, 1994.

Chand, S. & Jeager, K. "Reform Options for Pay-As-You-Go Public Pension Systems." *Social Protection Discussion Paper Series*, no. 9927, 1999.

Clayton, Susan. "Social Need Revisted." *Journal of Social Policy*, 12:2, 1983.

Conant, James K. "Universities and the Future of the Public Service." In Marc Holzer (ed.), *Public Service: Callings, Commitments and Constraints.* Westview Press, 2000.

Cooper, T. C. "Citizenship and Professionalism in Public Administration." *Public Administration Review*, 44:2, 1984.

Doig, Alan. "Good Government and Sustainable Anti-corruption Strategies: A Role for Independent Anti-corruption Agencies?" *Pubic Administration and Develop- ment,* vol.15, 1995.

Dror, Y. "Policy Analysis: A New Professional Role in Government Service." *Public Administration Review*, vol.27, 1967.

Frederickson, H. G. "Confucius and the Moral Basis of Bureaucracy." *Administration & Society*, 33:4, 2002.

Frederickson, H. G. & Chandler, C. "The Public Administrator as Representative Citizen." In H. G. Frederickson (ed.), *The Spirit of Public Administration.* San Francisco: Jossey-Bass Pub., 1997.

Friedrich, C. J. "Public Policy and the Nature of Administrative Responsibility." *Public Policy*, vol.1, 1966.

Geddes, Mike and Benington, John. "Social Exclusion and Partnership in the European Union." In M. Geddes and J. Benington (eds.), *Local Partnership and Social Exclusion in European Union: New Forms of Local Social Governance?* London: Routledge, 2001.

Grosser, A. "The Evolution of European Parliaments." In S. R. Graubard(ed.), *A New Europe?* London: Oldbourne Press, 1964.

Hoggett, Paul and Thompson, Simon. "The Delivery of Welfare: the Associationist Vision." In John Carter (ed.), *Post-modernity and the Fragmentation of Welfare*, London: Routledge, 1998.

Johnson, P. "Some Historical Dimensions of the Welfare State 'Crisis'." *Journal of Social Policy*, 15:4, 1986.

Johnston, D. "Basic Disaggregation of Main Social Indicators." OECD Special Study, 1977.

Jun, Jong S. "New Administrator for Korea's Future." In Kim & Rho (eds.), *Korean Public Bureaucracy.* Seoul: Kyobo Pub., Inc., 1982.

Jun, Jong S. "Transcending the Limits of Comparative Administration." *Administra- tive Theory and Praxis*, 22:2, 2000.

Kass, H. "Stewards as a Fundamental Element in Images of Public Administration." In H. Kass & B. Catron (eds.), *Images and Identities in Public Administration*. London: Sage Pub., 1990.

Kaul, Mohan. "The New Public Adminisration: Management Innovations in Government." *Public Administration and Development*, vol.17, 1997.

Kaul, Mohan & Collins, Paul. "Government in Transition: Towards a New Public Administration." *Public Administation and Development*, vol.15, 1995.

Kettl, D. F. "The Perils and Prospects of Public Administration." *Public Administration Review*, vol.50, 1990.

Key, Jr., V. O. "The Lack of a Budgetary Theory." *American Political Science Review*, 34:6, 1940.

King, A. "Overload: The Problems of Governing in the 1970's." *Political Studies*, vol.23, 1975.

Kliksberg, Bernado. "Rebuilding the State for Social Development: Towards Smart Government." *International Review of Administrative Sciences*, vol.66, 2000.

Lambright, W. H. "The Minnowbrook Perspective and the Future of Public Affairs." In F. Marini (ed.), *Toward a New Public Administration*. Chandler Pub., 1971.

Landau, Martin. "Redundancy, Rationality and the Problem of Duplication and Overlap." *Public Administration Review*, vol.29, 1969.

MacGregor, J., Peterson, S. & Schuftan, C. "Downsizing the Civil Service in Developing Countries: the Golden Handshake option revisited." *Public Administration and Development*, vol.18, 1998.

Marlowe, H., Nyhan, R., Arrington, L. & Pammer, W. "The Re-ing of Local Government: Understanding and Shaping Governmental Change." *Public Productivity & Management Review*, XVII:3, 1994.

Martinez, J. Michael. "Law versus Ethics: Reconciling Two Concepts of Public Service Ethics." *Administration and Society*, 29:6, 1998.

Migue, Jean-Luc. & Belanger, Gerard. "Toward a General Theory of Managerial Discretion." *Public Choice*. vol.17, 1974.

Moore, M. "Realms of Obligation and Virtue." In J. Fleishman, L. Liebma & M. Moore (eds.), *Public Duties: Moral Obligations of Government Officials*. Cam- bridge, Mass.: Harvard University Press, 1981.

Muhammand Faqir. "Public Administration: Prevailing Perceptions and Priorities." *International Review of Administraive Sciences*, vol.54, 1988.

Nye, J. "Information Technology and Democratic Governance." In Kamarck, E. & Nye, J. (eds.), *Democracy.com?: Governance in a Networked World.* N. H.: Hollis Pub., 1999.

O'Conner, J. "The Democratic Movement in the United States." *Kapitalistate*, vol.7, 1978.

Ostrom, V. & Ostrom, E. "Public Goods and Public Choice." In E. Savas (ed.), *Alternatives for Delivering Public Service.* Boulder: Westview Press, 1977.

Pan-suk, Kim. "Public Bureaucracy and Regionalism in South Korea." *Administration and Society*, 25:2, 1993.

Perry, J. L. "The Effective Public Administrator." In L. Perry, *Handbook of Public Administration.* San Francisco, Calif.: Jossey-Bass Pub., 1989.

Pfiffner, J. P. "Political Appointees and Career Executives: The Democracy- Bureaucracy Nexus in the Twentieth Century." *Public Administration Review*, 47:1, 1987.

Pritchard, Jane. "Code of Ethics." In *Encyclopedia of Applied Ethics.* Academic Press, 1998.

Raadschelders, Jos C. N. "Understanding Government in Society: We See the Trees, But Could We See the Forest?" *Administrative Theory and Praxis*, 22:2, 2000.

Ramos, A. "Models of Man and Administrative Theory." *Public Administration Review*, vol.32, 1972.

Roberts, Andrew. "The Quality of Democracy." *Comparative Politics*, April, 2005.

Rose, P. "Costing Government Services: Benchmarks for Making the Privatization Decision." *Government Finance Review*, 10:3, 1994.

Rosenbloom, David H. "Public Administration Theory and The Separation of Power." *Public Administration Review*, 43:3, 1983.

Siedentopf, H. "Introduction: Performance and Administrative Reform." In H. Siedentopf & G. E. Caiden (eds.), *Strategies for Administrative Reform.* D. C. Heath and Company, 1982.

Simon, H. "The Proverbs of Administration." *Public Administration Review*, 36:6, 1946.

Skelcher, C. "Improving the Quality of Local Public Services." *The Service Industries Journal*, 12:4, 1992.

Smith, B. C. "Sustainable Local Democracy." *Public Administration and Development*, vol.16, 1996.

Sorensen, Eva. "Democratic Governance and the Changing Role of Users of Public Services." *Administrative Theory and Praxis*, 22:1, 2000.

Spicer, Michael W. "Herder on Cultural Pluralism and the State: An Explanation of His View and Their Implications for Public Administration." *Administrative Theory and Praxis*, 2:2, 2000.

Stever, James A. "Modernism, Administration and The Post-Progressive Era." *International Journal of Public Administration*, 16:2, 1993.

Thynne, Ian. "The State and Governance: Issues and Challenges in Perspective." *International Review of Administrative Sciences*, vol.66, 2000.

Tiebout, C. "A Pure Theory of Local Expenditure." *Journal of Political Economy*, vol.64, 1956.

Vocino, Thomas & Wilson, Linda C. "Changes and Reforms in Public Administration Education." in Kuotsai Tom Liou(ed.), *Handbook of Public Management Practise & Reform*. N.Y.: Marcel Dekker Inc., 2001.

Weiss, M. "Toward a Comprehensive Approach to Government Reorganization." *Philippine Journal of Public Administration*, 11:1, 1967.

Wilson, Woodrow. "The Study of Administration." (Originaly Published in *Political Science Quarterly*, II, June, 1887), Reprinted in *Political Science Quarterly*, vol.56, 1941.

Wistow, G., Knapp, M., Hardy, B. & Allen, C. "From Providing to Enabling: Local Authorities and the Mixed Economy of Social Care." Public *Administration*, vol.70, 1992.

Woller, Gary M. "Toward a Reconciliation of the Bureaucratic and Democratic Ethos." *Administration & Society*, 30:1, 1988.

|찾|아|보|기|

(ㄱ)

(ABC)